北大社 普通高等教育“十三五”规划教材

大学生职业生涯规划与就业指导

■ 刘少华　马明亮　戴丽梅 ／主编

College Students
Career Planning and
Employment Guidance

北京大学出版社
PEKING UNIVERSITY PRESS

内容简介

本书是在总结大学生就业指导课程教学经验，借鉴国内高校就业指导成果，采集最新信息并预测未来发展趋势的基础上，编写而成。本书将职业意识、职业生涯规划到就业形势、求职心理准备和求职技巧、职业道德诸方面，相互渗透，相互联结，打通学生职业素养和职业能力发展、人格完善和人生规划能力提升的路径，实现就业指导贯穿大学生涯全过程。本书所选案例通俗易懂，贴近学生，贴近时代，贴近社会生活，瞄准了社会发展趋势，体现了知识性、趣味性和前瞻性，具有很强的针对性和实用性。本书适合作为大学生职业生涯规划与就业指导课程的教材，也可供职场人士阅读借鉴。

图书在版编目(CIP)数据

大学生职业生涯规划与就业指导/刘少华，马明亮，戴丽梅主编. —北京： 北京大学出版社，2020. 3

ISBN 978 - 7 - 301 - 31265 - 0

Ⅰ. ①大… Ⅱ. ①刘… ②马… ③戴… Ⅲ. ①大学生—职业选择—高等学校—教材 Ⅳ. ①G647. 38

中国版本图书馆 CIP 数据核字(2020)第 025943 号

书　　名	大学生职业生涯规划与就业指导 DAXUESHENG ZHIYE SHENGYA GUIHUA YU JIUYE ZHIDAO
著作责任者	刘少华　马明亮　戴丽梅　主编
策划编辑	王显超
责任编辑	郑　双
标准书号	ISBN 978 - 7 - 301 - 31265 - 0
出版发行	北京大学出版社
地　　址	北京市海淀区成府路 205 号　100871
网　　址	http://www.pup.cn　新浪微博：@北京大学出版社
电子信箱	pup_6@163.com
电　　话	邮购部 010 - 62752015　发行部 010 - 62750672　编辑部 010 - 62750667
印 刷 者	北京飞达印刷有限责任公司
经 销 者	新华书店
	787 毫米 × 1092 毫米　16 开本　16. 5 印张　396 千字
	2020 年 3 月第 1 版　2023 年 3 月第 5 次印刷
定　　价	39. 80 元

《大学生职业生涯规划与就业指导》

编委名单

主　编：刘少华　马明亮　戴丽梅

副主编：熊细滚　胡　林　黄报声

参　编：（按姓氏拼音顺序排列）

陈　武　戴晓敏　郭玉娟　何华松

康　宁　李　杰　李欣晏　柳世全

罗会珊　伍文斌　熊　巍　张礼萍

邹桂元

前　言

当前我国的经济已经步入增速放缓、结构优化升级、质量提升的新常态阶段。新常态形势下，经济增速换挡和大学毕业生人数逐年增加，新增就业岗位减少，技术性行业对大学生专业技能提出更高的要求，这使得大学生面临的就业压力加大。从高校实际情况来看，有很多学生在进入大学之后，对前途感到迷惘，具体表现为自我定位不准、学习动力不足、对职业缺乏了解、对社会环境不适应以及对未来生活与职业目标缺乏规划和准备等。

因此，对大学生进行职业生涯规划教育很有必要，通过科学的职业生涯规划指导，大学生在进入社会之前能更好更快地清楚自己未来的发展方向，了解自己的职业前景。构建高校大学生职业生涯规划教育体系，能够有效地帮助大学生认清自己未来的道路，这样一方面可以为社会提供合格的高素质人才，另一方面也可以帮助学生更好地进入社会。

加强对大学生进行职业生涯规划教育，是深化高校课程改革、坚持以就业为导向构建人才培养体系的重要组成部分，是实现大学生学业与职业的良好对接、高质量就业的重要保障。在大学阶段开设职业生涯规划与就业指导课程，不仅弥补了大学生在高中时期对职业教育和就业认知的不足，更解决了大学生在迈入社会前对职场认识不足的问题以及大学期间科学的职业规划导向缺失的问题。这门课程主要是对大学生进行职业教育，培养学生良好的职业素养，引导学生树立正确的就业理念，根据自身的职业兴趣，结合科学的指导方法评估自我，从自身实际情况分析，进行自我定位，树立职业发展目标，站在就业形势的角度上进行合理的职业生涯规划，力求实现自我职业价值的最大化。

教材的开发是课程改革的关键和保障。基于上述要求，本书编者在多年实施职业生涯规划与就业指导的基础上，不断总结经验，强化课程的针对性与适应性。本书的内容确定过程是首先制定课程的能力目标，然后围绕能力目标确定知识目标，最后设计能够包含知识目标、能力目标和情感价值观目标的学习项目。在有针对性的教学内容中，主要突出以下四个方面。

（1）强化职业素养和专业思想教育。培养学生良好的职业道德、严谨的工作态度、团队合作精神、摄取知识和信息的能力、创新和创造能力以及知识和能力的迁移能力，使学生具备过硬的就业素质，为就业做好准备。

（2）理论与实践指导相结合。本书介绍了科学的职业生涯规划及其发展理论，并选录了就业政策和生动的案例，以提升学生对职业的认知，帮助学生进行角色的转换，帮助学生完成目标的制定。

（3）强化心理咨询与引导的重要性。心理咨询辅导贯穿教学的全程。针对当前学生的就业心理状况和普遍存在的心理问题设计教学内容，灵活变通，安排合理。

（4）强化学生就业维权意识。学生就业维权意识的增强具有极其重要的意义，这是学生自身权益的需要。

本书在教学内容的选择上，强调知识与能力相适应、能力与岗位相适应，突出实用性。同时，重视在课程中着重培养学生的表达与交际能力、自理和自律能力等基本能力，处理人际关系的能力、解决问题的能力等关键能力，创业能力和维权意识、坚强的心理承受能力以及规划人生的能力。

本书的内容具有通用性，教师在教学过程中，可不断改进和创新教学方法，结合学生成长特点，可以活学活用，可以与思想政治工作、专业实践教学结合起来，增强其专业性和职业针对性，还可以主动谋求与社会资源的对接，共同促进大学生的职业生涯规划与发展，使学生在不断提升职业素养和职业能力的同时，一步一步实现职业生涯目标。

本书大纲由刘少华、马明亮、戴丽梅设计，具体编写分工如下：第一章罗会珊、李欣晏；第二章康宁、李欣晏；第三章陈武；第四章熊巍；第五章柳世全；第六章李杰；第七章郭玉娟；第八章伍文斌；第九章何华松；第十章张礼萍；第十一章戴晓敏；第十二章邹桂元；第十三章黄报声；第十四章胡林。全书由熊细滚、胡林、黄报声统稿。

由于编者水平有限，书中疏漏之处在所难免，敬请广大读者批评指正。

编　者

2020.1

目　录

第一篇　建立职业与职业生涯意识

第二篇　职业生涯规划

第三篇　就业指导

第一篇

建立职业与职业生涯意识

第一章　职业生涯规划导论

评价目标

知识目标：认识职业发展与职业环境的关系，通过职业环境分析厘清职业环境对职业发展的要求、影响及作用，逐步形成对职业生涯的预期。

能力目标：了解职业生涯规划的指导理论，提升自我能力评估及角色认知，确立自身发展目标，为科学有效地进行职业生涯规划做好准备。

情感价值观目标：通过理解职业概念，了解职业的衍变、发展趋势以及未来热门职业，激发大学生树立正确的职业观念和职业理想。

教学方法

讲授、小组讨论、案例分析、社会调查。

职业，是指人们在社会生活中所从事的，以获得物质报酬作为自己主要生活来源，并能满足自己精神需求的，在社会分工中具有专门技能的工作。每个人都想拥有适合自己的职业，以此改变自己的生活并在社会中实现自己的价值，这种自我意识在职业选择领域的表现，就是职业意识。职业意识包括两个不可分割的方面：一是自己对现状的认识；二是自己对职业的期望。

“生涯”一词，英文为 career，引申意义为“一个人的一生从始至终的整个经历”。在我国，“生涯”又指“职业生涯”。建立生涯是生涯设计、确立人生目标、选择职业角色、寻求最佳发展前途的人生重要关口，是重整个体人生观、价值观，评价与认识自身兴趣、个性和能力的重要历程。

当今大学生刚踏入学校的大门时，就应当树立职业意识，考虑自己的职业生涯与发展，通过教师的职业指导为自己的职业生涯打下良好的基础，这是新时期大学生未来择业的必由之路。

第一节　职业概述

一、职业的定义及特征

（一）职业定义

中文词汇“职业”作为术语，有时指工作（集合名词），其概念与时代、社会经济水平有关。从广义上理解，职业是参与社会分工，利用专业的知识和技能，创造物质财富和精神财富，获得合理报酬，满足物质生活和精神生活的工作。

根据中国职业规划师协会的定义：职业（occupation），是性质相近的工作的总称，通常指个人服务社会并作为主要生活来源的工作。在特定的组织内，职业表现为职位（即岗位，position），我们在谈某一具体的工作（职业）时，其实也就是在谈某一类职位。每一个职位都会对应着一组任务（task），作为任职者的岗位职责。要完成这些任务，就需要这个岗位上的人（即从事这个工作的人）具备相应的知识、技能等。

职业是人们为获取主要生活来源而从事的社会性工作，是由于社会分工不同而形成的特定专业和专门职责。职业不单单是指一份工作，更包含了人在职业发展中的精神追求与人生价值。从社会角度看，职业是劳动者获得的社会角色，劳动者为社会承担一定的义务和责任，并获得相应的报酬；从国民经济活动所需要的人力资源角度来看，职业是指不同性质、不同内容、不同形式、不同操作的专门劳动岗位。

（二）职业特征

1. 社会性

职业作为一种社会现象，是社会分工的产物。随着社会的进步和发展，人类在长期生产活动中产生了劳动分工，职业由此产生和发展。也就是说，社会职业存在于社会分工之中，人们的社会角色是不一样的，一定的社会分工或社会角色的持续实现，就形成了职业。因此职业具有社会性。

2. 经济性

职业是以获得谋生的经济来源为目的的。从业人员在承担工作岗位职责并完成工作任务过程中要索取经济报酬。经济报酬既是社会、企业及用人部门对劳动者付出劳动的回报和代价，也是维持从业人员家庭稳定和社会稳定的基础。

3. 规范性

职业的规范性通常包含两层含义：一是要求从业人员具备一定的专业知识和技能；二是指职业道德的规范性。不同的职业都有一定的操作规范性，这是保证职业活动的专业性要求。当不同职业在对外展现其服务时，还存在一个伦理范畴的规范性，即职业道德。这两种规范性构成了职业规范性的内含与外延。

4. 群体性

职业的存在常常和一定的从业人员数量密切相关。凡是从业人员达不到一定数量的劳动，都不能称其为职业。

5. 时代性

职业的时代性，指职业由于科学技术的发展，从业人员生活方式、习惯等因素的变化，导致职业打上那个时代的印记。

6. 文化性

文化性是指从业人员处于同一企业、同一车间或同一部门，他们总会形成语言、习惯、利益、目的等方面的共同特征，从而使从业人员不断产生群体认同感。

二、职业与个体生活

大学生要认清形势，善于把握知识经济时代的就业机会，从当下开始努力培养自己的职业意识，以一个行业为自己的职业发展目标，实现自己的职业理想。

职业对个体生活有着重要的意义。1917 年，黄炎培在成立中华职业教育社时，对职业教育的本质使命这样概括："使无业者有业，使有业者乐业！"这句话可以理解为职业一方面为个体解决生存问题，另一方面为个体提升生存质量。个体的生存包含三个层次。生存的第一个层次是指生理的生存，即生命的存在、生活的延续，个体获得赖以谋生的物质资料基础，也就是温饱的解决。生存的第二个层次是指有保障的生存或有质量的生活，即个人对自己生存的物质条件基本满意，产生基本的满足感。所谓有质量的生活，事实上是指对生存机会和可能的不断拓展，继而产生满足生存的物质安全感。生存的第三个层次是指有价值的生存，即生存和生活实现了个人价值，创造了社会价值。具体而言就是工作变成自己喜欢的事，充满乐趣；同时又被社会承认，有较好的收入，并且在工作中找到了自己的人生价值和理想自我。

对于当代大学生来说，职业的价值是丰富的。职业生活是生活中的重要领域，职业发展是人重要的发展，而人的发展代表社会的进步。因此，大学生在择业时不仅要考虑经济收入、工作条件、工作地点等因素，还要考虑职业对自己一生发展的影响与作用，应看重职业能否帮助实现自我价值。大学生要在考察社会需要的基础上，树立职业发展、才能发挥、事业成功的职业价值观。对于那些虽然现在工作条件较差，但是未来发展空间大，能充分发挥才能的单位要优先考虑；对于那些现在经济发展水平不太高，但是发展潜力大、创业机会多的工作地点也要重视。

现代人大部分时间是在社会组织中度过的。我们的大部分人生需求都要通过职业生涯来满足。职业生涯使我们体验到爱与被爱的幸福、受人尊重、享受美和成就感的快乐。

第二节　职业环境与职业发展趋势

一、职业环境

职业环境包括社会环境和企业环境。职业环境对职业发展有重要的影响。大学生应通过对社会大环境（包括国际、国内与所在地区三个层次）的分析，来了解和认清国际、国内和自己所在地区的政治、经济、科技、文化、法制建设、政策要求及发展方向，以更好地寻求各种发展机会。

（一）社会环境

1. 政治环境

当前，我国处于决胜全面建成小康社会阶段，努力保持经济持续健康发展和社会稳定，增强人民群众获得感、幸福感、安全感。促进就业创业是实现经济持续健康发展、民生改善和社会稳定的重要保障。因此，国家坚持实施就业优先战略。

2. 积极的就业政策

我国有很多鼓励大学生就业的政策。例如，深入实施高校毕业生基层成长计划，激励大学毕业生服务基层、参军入伍、创新创业；大力推动“双创”，以创业带动就业，促进新兴产业发展，拓展就业新空间；支持企业稳定发展、鼓励支持就业创业、积极实施培训、及时开展下岗失业人员职业技能提升行动，改革完善高职院校考试招生办法，扩大高职院校奖助学金覆盖面、提高补助标准，加快学历证书和职业技能等级证书的互通衔接。

3. 地方人才新政

近年来，全国各大中城市“抢人大战”成为社会关注的焦点，各地纷纷出台人才引进办法，以吸引高层次人才和广大高校毕业生就业落户，聚集人才资源。这对于高校毕业生而言，无疑是好消息。

4. 经济环境

一个国家、地区在一定时期内的经济状况，直接影响其劳动就业状况。大学生选择职业，不可避免地要受到当时的社会经济状况的影响。从整个国家范围来说，经济的发展和科学技术的进步，劳动生产率的提高，职业演化速度的加快，就业岗位的增加，都是高度相关的因素。

5. 产业环境

产业是具有某种同类属性的企业经济活动的集合。我国产业的划分如下。第一产业为农业，包括农、林、牧、渔等行业。第二产业为工业，包括采掘、制造、自来水、电力、热力、燃气和建筑等行业。第三产业分流通和服务两部分，共四个层次：①流通部门，包括交通运输、邮电通信、商业、饮食、物资供销和仓储等行业；②为生产和生活服务的部门，包括金融、保险、地质普查、房地产、公用事业、居民服务、旅游、咨询信息服务和各类技术服务等行业；③为提高科学文化水平和居民素质服务的部门，包括教育、文化、广播、电视、科学研究、卫生、体育和社会福利等行业；④为社会公共需要服务的部门，包括国家机关、政党机关、社会团体以及军队和警察等。

近几年，我国经济运行总体平稳。据国家统计部门公布的数据，2018 年，国内生产总值增长 6.6%，总量突破 90 万亿元。第一产业占比 7.1%，第二产业占比 40.7%，第三产业占比 52.2%。产业结构的调整，导致就业市场和职业结构发生变化。第三产业吸纳了第一产业、第二产业转移的劳动力。2018 年，第一、二、三产业就业占比分别为 26.1%、27.6%、46.3%。第三产业的繁荣，提高了服务业中的岗位细分程度，增加了职业种类，知识型与高新技术型的职业数量呈现明显的增长趋势。

然而，当前我国的经济发展也面临着复杂的挑战，经济全球化遭遇波折，多边主义受到冲击，国际金融市场震荡，特别是中美经贸摩擦给一些企业的生产经营及市场预期带来不利影响，经济下行的压力加大，不确定的因素增多。经济下行将导致就业市场进一步承压。

6. 行业环境

行业是指从事国民经济中同性质的生产或其他经济社会的经营单位或者个体的组织结构体系的详细划分，如林业、汽车业、金融业等。行业是企业的集合，在同一行业内，劳动者可以从事不同的职业。例如，同在保险业，劳动者可以是保险业务员，也可以是人力资源部经理。

近年来，社会发展带来了行业的结构性调整。未来行业发展趋势会分化为两个方向：一个是有些行业会随着中国经济转型逐步退出历史舞台；另一个是有些行业会在经济转型的过程中脱颖而出，满足中国经济未来发展的需求，成为上升行业。从需求上看，教育、医疗、环保、交通、食品安全等全社会痛点问题的行业，就处于这样的上升行业中。但高污染、高能耗、高资金杠杆率、高投入低产出等不符合环保要求及经济发展需求的行业就会面临退出历史舞台的状况。

（二）企业环境

企业环境（也叫组织环境）是职业内环境，简单地说，就是用人单位的环境，是任职者所能获得的工作条件的便利与社会经济权利的总和。例如工作的技术条件、空间环境、劳动强度、工资收入、福利待遇、晋升机会等。大学生要想对企业环境有所了解应做到如下两个方面。

（1）通过多种途径了解用人单位的文化，包括用人单位的声誉和形象是否良好，企业实力，在本行业中的地位、现状和发展前景，所面对的市场状况，产品和服务在市场上的发展前景，能够提供哪些工作岗位，是否适合自己，有无良好的培训机会，企业领导人怎样，企业管理制度怎样，福利待遇是否完善等。

（2）通过对企业文化分析，理出一条清晰的线索，确定自己的职业生涯在这个企业中有没有足够的发展空间，衡量自己的目标能不能在该企业得以实现。

二、职业发展趋势

在社会发展的进程中，职业在不断地发展变化。社会的发展直接推动职业的发展，职业的发展会对人们择业观念产生较大的影响。因此，了解职业的发展，有助于我们树立正确的择业观。

（一）未来职业发展特点

未来职业发展特点如下。

（1）社会职业种类越来越多，职业教育含金量不断增加。

（2）职业分工由简单到精细。

（3）社会职业结构变迁的速度越来越快。

（4）职业活动的内容不断更新。

（5）脑力劳动职业增加。

（6）职业的专业化越来越强。

（7）职业活动自由化。

（8）第三产业的职业数量大幅度增加。

（二）目前社会较为认可的有前景的职业

（1）公务员。国家公务员考试报名人数一直居高不下，正是因为公务员具有工作稳定和待遇不错的特点，故而成为很多职场人羡慕的工作之一，受关注的指数极高。

（2）律师。随着人们日益加强的法律意识，各类法律纠纷案件逐年递增，人们对律师的服务需求也日渐增加，加上律师的职业声望颇高，一直是大家所公认的相当稳定的职业之一。

（3）教师。尽管每年的教师考评都较为严格，但不管是幼儿教师还是大中小学教师，与学生们相处和每年定期的寒暑假一直是很多职场达人所向往的职业，同时因为学校的职场环境有别于商业职场，其竞争压力相对较小，人员流动性偏低。

（4）医生。随着我国对医疗制度的改革，专家型医生将有更大地发展空间，就业大环境相对稳定，职业前景也被人们所看好。

（5）职业规划师。随着就业形势的严峻，全国高校和政府组织对职业规划的意识有了显著的提高，职业规划咨询行业近年来已经成了朝阳产业，而职业规划师则晋升成了该行业中的宝贵人才。

（6）财务人员。财务人员在企业中的流动性比较低，再加上该职业实际工作经验积累非常重要，是许多人所向往的稳定职业之一。

（7）社区管理者。相当于社区居委会的管理者，管辖对象以城镇非农业居民为主，是居民自我管理、自我教育、自我服务的基层群众性自治组织成员。社区组织近几年已逐步发挥着重要作用，是共建和谐社会格局下的重要民间组织，社区管理者的职业发展前景相当稳定。

（8）科技产品研发人员。科技产品人性化设计的理念已经被越来越多的企业所认可和接受，那么如何攻破产品人性化设计这一关，成了企业生存与发展中亟待解决的问题，故科技产品研发人员成了企业的生存命脉，无论职场生存环境多么地恶劣，骨干的核心研发人员依然是最稳定的人才。

（9）石油化工业高级技工。石油化工行业的工程技术人员经常出差，尤其是石油石化行业的工程技术人员，他们大多从事的是野外勘探开发工作。这些工作虽然对能力、身体素质要求较高，但是各项补贴、福利、保险也较高，而且其中高级技工是该行业的稀缺人力资源，供需缺口较大。

（10）语言培训师。随着中国改革开放的逐渐深入，对外语（不论是英语还是其他语种）的需求将越来越多，语言培训师则自然进入有前景职业行列。

（三）数字经济、高端制造人才需求预测

一场新技术革命和新产业变革正在进行，“互联网＋大数据＋人工智能”时代已经到来。新一代人工智能技术引领下的智能制造系统，是“互联网＋大数据＋人工智能”时代的一种智能制造新模式、新手段和新业态。这个时代需要创新、绿色、开放、共享、个性，其核心技术主要包括几类新技术深度融合的综合性技术，特别是新互联网技术、新信息通信技术等。其中新互联网技术（传统的互联网、物联网、车联网、移动互联网、卫星网、天地一体化网、未来互联网等），新信息通信技术（如云计算、大数据、5G、高性能计算、建模/仿真、量子计算等）与新人工智能技术（基于大数据智能、群体智能、人机混合智能、跨媒体推理、自主智能等）的飞速发展，正引发国民经济、国计民生和国家安全等领域新模式、新手段和新生态系统的重大变革。

2018年，我国以互联网、大数据、人工智能为代表的数字经济规模已达31.3万亿元，为经济社会发展注入了新动能。

1. 未来数字经济人才需求预测

（1）大数据人才需求180万人，目前从业人员只有30万人，人才缺口达到150万人。

（2）2020年，中国物联网的整体规模将达2.2万亿元，产业规模比互联网高30倍。2025年物联网安装调试员人才需求量近500万人。

（3）2025年中国电竞人才需求量为近200万人。

（4）5G时代已经来临，但人才缺口巨大，未来10年国内5G人才需求将达到2 000万人。5G人才集中需求高峰期将出现在2020—2025年，其中2020—2022年间缺口最大，缺口将达200万人。预计跨专业人才，包括管理＋IT、财务＋IT、大数据＋营销等人才未来5年将持续短缺，缺口将达百万之众。到2030年，5G将带动我国直接经济产出6.3万亿元、经济增加值2.9万亿元、就业机会800万个，同时间接创造就业机会1 150万个。在5G领域人才需求排名中，软件工程师位居第一，遥遥领先于算法工程师、硬件工程师、架构师、售前工程师、测试工程师、嵌入式工程师、运维工程师等。

2. 产业转型升级，高端制造业相关的人才需求预测

教育部、人力资源和社会保障部、工业和信息化部等部门2016年12月27日印发的《制造业人才发展规划指南》中预测，到2025年，新一代信息技术产业领域和电力装备领域的人才缺口都将超过900万人；高档数控机床和机器人领域人才缺口将达450万人；新材料领域人才缺口将达400万人；节能与新能源汽车领域人才缺口将达103万人；航空航天装备、农机装备、生物医药及高性能医疗器械三大领域都面临40万人以上的缺口；海洋工程装备及高技术船舶领域人才缺口将达26.6万人；先进轨道交通装备领域缺口将达10.6万人。在这份预测中，新一代信息技术产业、高档数控机床和机器人、航空航天装

备、海洋工程装备及高技术船舶、先进轨道交通装备、节能与新能源汽车、电力装备、农机装备、新材料、生物医药及高性能医疗器械10个专业榜上有名。

案例 1-1

就业数据分析

2018届大学毕业生的就业率为91.5%。其中，本科毕业生就业率（91.0%）持续缓慢下降，较2014届（92.6%）下降1.6个百分点；高职高专毕业生就业率为92.0%，较2014届（91.5%）上升0.5个百分点。2017届及2018届高职高专毕业生就业率高于同届本科毕业生。

月薪是衡量一个专业就业前景的重要指标。对于学生来说，每个月能赚多少钱，往往比就业率更加实在、更加重要。从2016届～2018届的趋势可以看出，应届大学毕业生月收入呈现上升趋势。2018届大学毕业生月收入高于城镇居民2018年月均可支配收入（3 271元）。2018届学生毕业后，在一线城市就业的本科生月收入为6 525元，比在“新一线”城市就业的本科毕业生月收入（5 117元）高1 408元；2018届学生毕业后，在一线城市就业的高职高专生月收入为5 121元，比在“新一线”城市就业的高职高专毕业生月收入（4 221元）高900元。

其中，2018届本科毕业生月收入最高的学科门类是工学（5 485元），最低的是历史学（4 348元）。在本科专业中，2018届毕业生月收入较高的是信息安全（6 972元）、软件工程（6 733元）、网络工程（6 597元）。在高职高专主要专业中，2018届毕业生月收入较高的是空中乘务（5 503元）、铁道工程技术（5 186）元、软件技术（4 995元）。

2018届本科毕业生就业率最高的学科门类是工学（93.1%），其次是管理学（92.7%）；最低的是法学（85.1%）。2018届本科毕业生就业率最高的专业类是电气类（95.5%）。2018届本科毕业生就业率排前三位的专业是软件工程（96.8%）、能源与动力工程（96.8%）、工程管理（95.8%）。

2018届高职高专毕业生就业率最高的专业大类是生化与药品大类（93.7%），其次是公共事业大类、材料与能源大类（均为93.3%）。2018届高职高专毕业生就业率最高的专业类是食品药品管理类（94.5%）。2018届高职高专毕业生就业率排前三位的专业是高压输配电线路施工运行与维护（97.1%）、电气化铁道技术（95.9%）、电力系统自动化技术（95.5%）。

麦可思研究院有关负责人通过与以往数据比较发现，本科学科门类中的艺术学、经济学、理学毕业生就业率下降较多。高职高专专业大类中的资源开发与测绘大类、医药卫生大类、土建大类毕业生就业率上升较多。

创业艰辛，但它带来的收益明显更高。《2019年中国大学生就业报告（就业蓝皮书）》显示，大学毕业生自主创业人群月收入优势明显。2015届本科毕业生半年后自主创业人群的月收入为5 131元，三年后为11 882元，涨幅为132%，明显高于2015届本科毕业生平均水平（半年后为4 042元，三年后为7 441元，涨幅为84%）。2015届高职高专毕业生半年后自主创业人群的月收入为4 601元，三年后为9 726元，涨幅为111%，明显高于2015届高职高专毕业生平均水平（半年后为3 409元，三年后为6 005元，涨幅为76%）。

资料来源：麦可思研究院发布的《2019年中国大学生就业报告（就业蓝皮书）》

第三节 职业生涯规划的步骤与方法

职业生涯是一个人一生所有与职业相连的行为与活动以及相关的态度、价值观、愿望等连续性经历的过程，也是一个人一生中职业、职位的变迁及职业目标的实现过程。简单地说，一个人职业发展的状态、过程及结果构成了个人的职业生涯。如果一个人对其职业发展有一定的控制力，他可以利用所遇到的机会，从自己的职业生涯中最大限度地获得成功与满足。职业生涯反映出生活中多种事件的演进方向，是个人独特的自我发展组型。他可以遵循传统观念，一生只从事一种职业，持续而稳定地在该岗位上晋升；也可以根据个人的兴趣、能力、价值观以及工作环境的变化而经历不同的岗位、职业甚至行业。

职业生涯是个人发展的基础，又是个人发展的历程体现。个体职业生涯规划并不是一个单纯的概念，它和个体所处的家庭以及社会存在密切的关系。每个人要想使自己的一生过得有意义，都应该有自己的职业生涯规划。萨帕对职业生涯提出了独到的见解：每个人都是有差异的。职业选择与调适会随时间和经验而改变，成为一种连续的过程，是人们把自身放入社会的职业角色的过程。职业发展的各个阶段可以通过指导而加以改善，这既包括培养人的职业才能与职业兴趣，使人达到成熟，也包括帮助人在职业角色上的选择和帮助人的自我概念的发展。

所以，职业生涯规划是指个人根据自身的主观因素和客观环境的分析，确定自己的职业发展目标，选择实现这一目标的职业，以及制定相应的工作、教育和培训的行动计划，并按照一定的时间安排，采取必要的行动实施职业生涯目标的过程。

一、职业生涯规划的特征

（一）阶段性与连续性

大学生职业生涯规划要从大一新生阶段、中高年级阶段、毕业生年级阶段、后续跟踪阶段等四个阶段展开。大一新生阶段要树立大学生职业生涯规划的意识，中高年级阶段要确立基本方向、培养相关素质，毕业生阶段要努力实现制定的目标，后续跟踪阶段则要对大学生职业生涯规划进行完善。

（二）可行性与适时性

大学生制定职业生涯规划时一定要有事实依据，要充分考虑到自身条件和外在环境的约束。这就要求大学生应不断加强自我认知能力，对自己进行全面客观的定位，并对外界条件进行仔细的分析，选择适合自己并且能够实现的职业目标。同时，大学生职业生涯规划要根据各学期、各阶段的特点，合理安排实施。凡事预则立，不预则废。因此，各项活动何时实施、何时完成，都必须做时间和时序上的妥善安排，以作为检查行动的依据。

（三）自主性与针对性

职业生涯规划具有强烈的个人导向性，因此，大学生职业生涯规划必须由大学生自己来主导。从马斯洛的需求层次理论中，我们已经认识到发展的动力源泉在于个人自身。每个大学生的成长环境、个性类型、价值观以及能力爱好等不尽相同，因此，大学生在进行自我职业生涯规划时一定要有针对性，不能盲目。

（四）发展性与前瞻性

大学生在自我定位和选择职业生涯发展道路之前，必须充分了解摆在面前的职业生涯道路的各种可能性，知晓未来的职业世界。只有这样，才能在自我认知的基础上做好自我定位，并选择好一条适合自身特点的职业生涯发展道路。同时，在所选择的职业生涯道路上，应根据社会与时代的变化适时做出必要的调整，以保证职业生涯规划的可持续性。

二、职业生涯规划的内容

每粒种子都有属于自己的季节，每条河流都有属于自己的方向，每个人的职业生涯规划也独一无二，不可重复。不同学生在进行职业生涯规划的时候，所考虑的因素有所不同，使各自的职业生涯规划具有明显的个性化特征。一般而言，有一些因素是必须考虑的，这些因素是职业生涯规划的基本要素（如图 1.1 所示）。

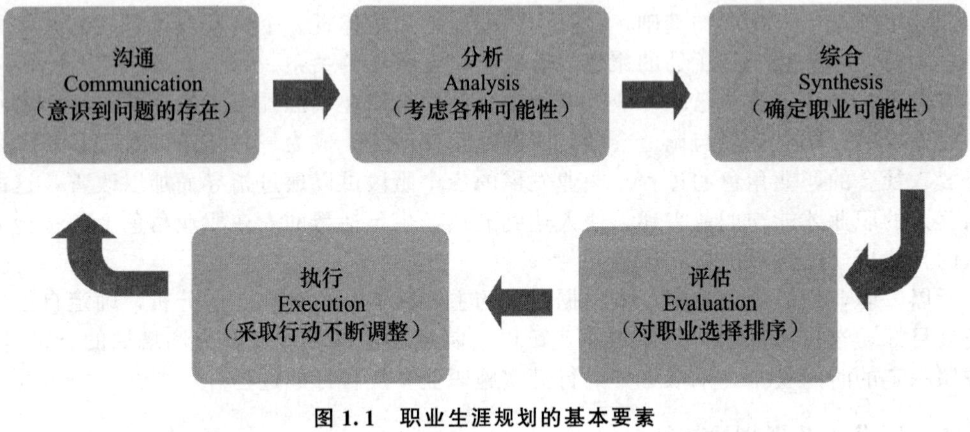

图 1.1　职业生涯规划的基本要素

要制定切实可行的职业生涯规划，首先必须知己，即全面了解自己的性格气质、特长及职业倾向；同时必须知彼，即客观分析所处的外界环境，全面了解职业领域的社会需求和发展机会；其次才是在这两者的基础上做出自己的抉择，进而制定学习目标，设计学习方案，并努力采取行动，实现自己的职业生涯规划。

（一）沟通（意识到问题的存在）

当个体发现职业理想与当下现状有差距，则表现为意识到了问题的存在，这是职业生涯发展的开始。一个人如果没有意识到自己的需要，后面的步骤则无从谈起。比如许多大一的学生，常常觉得“职业生涯发展规划”距离自己很遥远，认为找工作是“大三、大四的事情”，自己才大一，只要好好学习就够了。这样的观点是片面的，大学生应该意识到职业生涯规划的重要性，并愿意花费时间规划自己的职业生涯。同时也应该认识到职业生涯规划是一个不断发展的过程。因此，在长期的追寻摸索过程中，需要有决心与毅力，对规划有着合理的预期。

（二）分析（考虑各种可能性）

将问题的各个组成部分相互联系起来，了解自己和自己可能的选择，对所有的信息进行分析。职业生涯规划是一个“从内而外”的过程，需要审视自己、认识自己、了解自己，并做自我分析。自我分析的内容包括：我的兴趣是什么？我的性格有哪些特点？我拥有及愿意使用哪些技能？我最渴望从中获得什么？正如古希腊著名哲学家苏格拉底说：“认识自己，方能认识人生。”

（三）综合（确定职业可能性）

在分析的基础上，个体形成可能的解决方案并进一步收集相关信息，确认自己的职业生涯发展的可能性。因此，除了要有清晰的自我认识外，对工作世界的认识也是职业生涯规划中信息探索的重要组成部分。具体要了解工作世界中：职业的分类和内容；具体职业对工作人员的具体要求；教育方面的选择；获取以上信息的方法。在职业生涯发展规划中，我们提倡先扩展个人的职业前景清单（通常要列出10个以上可从事的职业），充分看到自己职业生涯发展的可能性，在收集信息的基础上确定3个以内的最后选项。

（四）评估（对职业选择排序）

在了解自我、认识工作世界后，大学生要整合各种因素，并评估其可行性，在修订方向后，制定出一个具体可行的目标和方案。例如，可以将所有的重要价值观列成表作为评判的标准，并按每一项的重要性对所有选项进行加权计分，最后按总分排序。这些过程是一个职业生涯决定的过程。

（五）执行（采取行动并不断调整）

在全部的探索和思考完成之后，便需要将具体的思考予以落实。对于大学生来说，执行阶段通常需要通过大量的社会活动、校园活动、求职准备、求职技能培养等途径来实现自己设立的目标。

职业生涯规划的最后一步，是评估目标执行的效果。在不断行动的过程中，我们可能会对自我产生新的认识，对职业生涯发展有了新的思考。但无论如何，都不要停止自己探索尝试的步伐，也不要忽略这些过程带给你的新启示。在行动中积累自己的资源，是执行阶段的重点。影响职业生涯的因素有很多，有些因素是可以预测的，有些因素却难以预测。在这种情况下，要使自己的职业生涯规划行之有效，就必须不断地对职业生涯规划进行评估与修订。因此，我们需要保持一种发展的观念来看待职业生涯发展规划，时刻为职业生涯的变化做好评估和调整。

三、职业生涯规划的基本步骤

大学生职业生涯规划的基本步骤包括：确定志向、自我评估、职业评估、外部环境分析、职业决策、职业目标确立、职业生涯发展路线设定、制定行动方案并实施、评估与反馈。

（一）确定志向

在为自己制定职业发展规划的时候，需要弄明白这样一个问题——自己到底想过一种什么样的生活？即个人生涯愿景。生涯愿景是个人发自内心的，一生最热切渴望达成的结果，它是一种期望的未来或意象。由于人在一生中要扮演多个角色，因此生涯愿景是多方面的。总的来说，个人生涯愿景主要包括以下几个内容。

自我形象：你希望成为什么样的人？假如你可以变成你向往的那种人，你会有哪些特征？

有形财产：你希望拥有哪些物质财产？希望拥有多大的数量？

家庭生活：在你的理想中，你未来的家庭生活是什么样子？

个人健康：对于自己的健康、身材、运动以及其他与身体有关的事情有什么期望？

人际关系：你希望与你的同事、家人、朋友以及其他人是什么样的关系？

工作状况：你理想中的工作环境是什么样子？取得什么样的成就？

社会贡献：对社会做出什么样的贡献？

个人休闲：期望有什么样的休闲生活？

美国职业咨询专家巴特勒博士说："很多学生在就业时会走入误区，他们选择了容易得到的或是薪水较高的工作，但在一段时间以后，他们并没有获得成功，因为真正的成功者必然是工作与个性、价值观、个人特点等相契合的。大家要意识到最重要的不是追求一份流行的工作，而是要找到自己想要的、喜爱的工作。"这一点对于每个人都很重要。

（二）自我评估

自我评估就是对自己进行全面的分析，认识和了解自己的特点，对自己进行准确定位的过程。自我评估包括了解自己的价值取向、兴趣爱好、气质、性格、学识技能以及各种组织管理、协调活动能力等多方面的内容。人们只有通过分析自己的职业价值观，才能弄清自己究竟要从工作中获得什么，只有通过对自己兴趣、性格、气质的了解，才能找到与自己相匹配的工作。因此，自我评估是职业生涯规划的基础，是职业生涯规划成功的前提。自我评估是对自己进行深入的分析和探索，借用人力资源领域的话，要"360度"看自己。对自我的评估可以包括以下五大方面：表现自我（年龄、性别、外貌等），发展自我（专业、成绩、学校、经验等），动力自我（需要、价值观、兴趣等），个性自我（气质、能力、性格等），品德自我（忠诚度、责任感、进取心等）。

（三）职业评估

正确认识自身将要面临的职业环境，评估职业生涯机会与行业制约因素，结合社会发展需要考察职业发展前景与要求是个人进行职业生涯规划的前提条件。

认识职业的方法有很多，大致可以归纳为以下三类：静态的资料接触、动态的资料接触、参与真实情境。

（1）静态的资料接触，是指阅读一些有关工作世界状况说明的书籍、调查报告、文献、招聘广告等存在于纸质或网络载体的文字材料。

（2）动态的资料接触，是指通过一些实践活动去获取自己感兴趣职业的信息。

（3）参与真实情境，是指通过参与到真实的工作情境中去，获取工作世界的信息。与动态的资料接触比较起来，通过参与真实工作情境获得的职业信息更加深入，在职业体验方面也更加深刻，而且通过参与真实情境还可以培养自己的职业能力，获得工作经验。社会实践和创业是大学生参与真实工作情境最常见的两种途径。

（四）外部环境分析

评估环境相当于外在条件评估。职业生涯环境的评估，主要是评估各种环境因素对自己职业生涯发展的影响。在制定个人的职业生涯规划时，要分析环境条件的特点、环境发展变化情况、自己与环境的关系、自己在这个环境中的地位、环境对自己提出的要求以及环境对自己有利与不利的影响等。

外部环境分析包括宏观环境（社会环境、经济环境和政治环境）分析与微观环境（家庭、学校环境和同辈群体）分析，以及企业环境分析（职业环境分析、行业环境分析、企业环境分析、地域分析和职场环境分析）。

（五）职业决策

职业决策就是人们根据自身特点和社会需要做出合理的职业方向的抉择过程，内容包括个人的价值探讨和认识、关于自我和环境的使用、谋划和决定过程。

职业决策应遵循择业的愿望与效果相统一、个人素质与社会需要相统一、职业稳定与调节相统一的原则来进行。职业决策是一个过程、一种方法、一个策略，也是一种可以学习的技巧。大学生应该学会寻找职业方向，学习必要的方法手段，克服难题，自信地进行职业决策。

一般来说，职业决策有以下的步骤：①认识问题，承担责任；②了解自己；③了解环境；④了解职业，收集信息；⑤找出可能的职业选择项目；⑥运用人职匹配等方法进行个人与职业的对比分析；⑦做出决定；⑧执行决定；⑨获得反馈。

（六）职业目标确立

职业目标的设定，是职业生涯规划的核心。一个人事业的成败，很大程度上取决于有无正确适当的目标。职业发展目标是根据个人的专业、性格、气质和价值观以及社会的发展趋势确定自己的人生目标和长期目标，然后再把人生目标和长期目标细化，根据个人的经历和所处的组织环境制定相应的中期目标和短期目标。

（七）职业生涯发展路线设定

个人现在所处的位置与总体目标总是有距离的（距离的长短要视总体目标的大小而定）。个人不可能一步就能达成总体目标。要完成总体职业发展目标，就必须将总体目标进行分解，分解成一个个阶段目标逐步完成。那么，当我们初步确定了自己的职业目标和职业定位之后，下一步就应该围绕着我们的职业目标和职业定位，设计合理的“职业发展线路图”，最终实现我们的职业目标。

在这里，和大家分享一个小故事。

案例 1-2

分段实现大目标

1984 年，在东京国际马拉松邀请赛中，名不见经传的日本选手山田本一出人意料地夺得了世界冠军。当记者问他凭什么取得如此惊人的成绩时，他说了这么一句话：凭智慧战胜对手。当时许多人都认为这个偶然跑到前面的矮个子选手是在故弄玄虚。马拉松赛是体力和耐力的运动，只要身体素质好又有耐性就有望夺冠，爆发力和速度都还在其次，说用智慧取胜确实有点勉强。两年后，意大利国际马拉松邀请赛在意大利北部城市米兰举行，山田本一代表日本参加比赛。这一次，他又获得了世界冠军。记者又请他谈经验。山田本一性情木讷，不善言谈，回答的仍是上次那句话：凭智慧战胜对手。这回记者在报纸上没再挖苦他，但对他所谓的智慧迷惑不解。十年后，这个谜团终于被解开了，他在自传中是这么说的：每次比赛之前，我都要乘车把比赛的线路仔细地看一遍，并把沿途比较醒目的标志画下来，比如第一个标志是银行，第二个标志是一棵大树，第三个标志是一座红房子……这样一直画到赛程的终点。比赛开始后，我就以百米冲刺的速度奋力地向第一个目标冲去，等到达第一个目标后，我又以同样的速度向第二个目标冲去。40 多公里的赛程，就被我分解成这么几个小目标轻松地跑完了。

资料来源：http://blog.sina.com.cn/s/blog_4dcdfcb40101c9wc.html，2019-12-25.

同样，在现实中，我们做事之所以会半途而废，这其中的原因，往往不是因为目标难度较大，而是觉得成功离我们较远。所以，我们制定目标的时候，应该把我们职业生涯的总目标，分解成一个个阶段性的目标，只要我们坚持下去，我们职业生涯的总目标也一定能够最终实现。

（八）制订行动方案并实施

这一步意味着将职业决策和规划付诸实施，包括参加教育学习、职前培训、积累工作经验、建立人际关系网、获取职业信息、养成职业所要求的品质等。

就大学生而言，如果将大学分成初期、中期和后期阶段，那么，各个阶段的行动任务是不同的。

初期阶段：全面了解自己所学习的专业，培养对自己专业的兴趣；确立自己未来的发展目标，确定职业生涯规划的定位。

中期阶段：通过努力学习和认真参加各种实践、实习科目，打好从事未来工作的技能基础；全面培养自己的各种能力，为适合社会发展需要做准备；确定两年后的目标，继续深造或者直接就业。

后期阶段：准备就业的同学，应做好收集信息、制作简历等各种准备，并学习求职技巧，掌握必要知识，把握机会，落实工作。

一份好的行动计划则应该包括清晰明确的长期目标、替代目标、达成目标的具体资源、行动步骤、一份细致的时间表、一份可能遇到的困难列表、预期障碍的应对策略等。

在行动计划的执行中，特别要认识到角色建议或职业生涯人物访谈的重要性，如向老师打听四年都开设哪些科目，找高年级的师兄、师姐寻求经验，从毕业了的师兄、师姐那里获得中肯的发展建议，等等。大学生只有拓宽视野，才能比较准确地把握好自己的各方面特征和职业世界的信息、资源。

（九）评估与反馈

人生的发展阶段，由于社会环境、自身条件的变化以及其他不确定因素的存在，将会使职业的发展实际与原先制定的职业生涯规划出现偏差。因此，为了使职业生涯规划可行，就需要对职业生涯规划进行再评估并作出新的调整，以更好地符合规划本身和社会发展的需要。再评估主要包括职业的重新选择、职业生涯路线的选择、人生目标的修订、成功标准的调整、实施措施与计划的变更等。

四、职业生涯规划的常用方法

在职业生涯发展规划的过程中，我们常常会面对多种选择而难以抉择。比如专科学生是选择专升本还是就业？选择就业，是去考事业单位的编制还是去企业，还是去创业？如果是升学，那么不同的学校、不同的专业之间又该如何选择？

面对上述情况时，一种有效的方法是生涯发展决策平衡单，以表格的方式清晰地帮我们厘清当下现状，促进我们直观全面地了解掌握当下职业发展的阶段，做出理性的选择。

（一）生涯发展决策平衡单

1. 确定价值标准

在白纸上画一张空的表格（即生涯发展决策平衡单），将你的各种生涯选择项目排列在决策平衡单的顶部，在平衡单的左侧，垂直列出你在“个人物质方面的得失”“他人物质方面的得失”“个人精神方面的得失”“他人精神方面的得失”四个方面的重要价值观和考虑因素，见表 1-1。

表 1-1　生涯发展决策平衡单

选择项目 考虑因素	权重	选择一（继续升学）		选择二（考事业编制）		选择三（自由创业）	
	−5～+5	加权分数（+）	加权分数（−）	加权分数（+）	加权分数（−）	加权分数（+）	加权分数（−）
个人物质方面的得失							
1. 个人收入	3	0（0）		3（+9）		4（+12）	
2. 未来发展	4	5（+20）		4（+16）		2（+8）	
3. 休闲时间	2		−1（−2）	0（0）		3（+6）	
4. 对健康的发展	1	2（+2）		2（+2）		4（+4）	
他人物质方面的得失							
1. 家庭收入	3		−2（−6）	2（+6）		4（+12）	
2. 家庭地位	2	5（+10）		4（+8）			−2（−4）
个人精神方面的得失							
1. 创造性	5	3（+15）		4（+20）		3（+15）	
2. 多样性和变化性	4	3（+12）		5（+20）		5（+20）	
3. 影响和帮助他人	2	3（+6）		4（+8）		5（+10）	
4. 自由独立	3		−2（−6）	3（+9）		4（+12）	
5. 被他人认可	3	5（+15）		3（+9）			−1（−3）
6. 具有挑战性	4	3（+12）		5（+20）		5（+20）	
7. 专业对口	5	2（+10）		3（+15）		1（+5）	
他人精神方面的得失							
1. 父亲	3	5（+15）		4（+12）		3（+9）	
2. 母亲	4	5（+20）		3（+12）			−1（−3）
3. 朋友	2	3（+6）		4（+8）		2（+6）	
4. 老师	4	2（+8）		4（+16）			−2（−2）
总分		137		190		127	

2. 明确分配权重

根据四个方面的重要价值观，将自己择业过程中的考虑因素罗列在表格的左边，并按 −5～+5 的等级分配权重。对自我需求和价值观准确了解，是给价值观和考虑因素指定权重的前提。一项价值观或因素越重要，它的权重就越高。

3. 生涯选择评分

按照各项生涯选择满足个体价值观和考虑因素的程度进行打分。分值为 −5～+5，其中“+5”表示“价值观和考虑因素在该生涯选择中得到了完全的满足”，“0”表示“不知道或无法确定”，而“−5”表示“价值观和考虑因素完全未能得到满足”，将各项生涯选择的得分与各项价值观和考虑因素的权重相乘进行计分，将结果记录在相应的空格内。

4. 确定最后选择

将空格内的分值相加得到总分进行比较和排序，总分最高的项目是当下最适合的职业发展选择。在使用决策平衡单的时候，要注意其目的不仅在于得出最后的排序结果，填写的过程也很重要。因为列举各项考虑因素，给各项价值观分配权重，以及给各项选择打分的过程本身，就是在帮助个人厘清当下杂乱的思维。这样一个仔细思索和反复推敲的过程，可能比单纯得出一个结果更为重要，更能够帮助个人做出适合于自己的决策。

由此可见，和许多事情一样，发展规划虽然有各种方法和技巧，却没有捷径可走。也正因为这种决定的结果具有十分重大的意义，我们才需要花费这么多的时间和精力去深思熟虑。

案例 1-3

路与方向

几个大学生结伴登山，天气突然变坏，找不到路出山，所幸警察、驻军联合搜救，才幸免于难。

“我们知道方向!”其中一个大学生躺在担架上对搜救者说，似乎觉得很不服气。

“只知道方向有什么用?”搜救者不客气地说，“方向固然可以帮你找路，但并不等于路。方向告诉你该往西走，偏偏西边遇到山谷，你下不去；方向又指示你往北走，偏偏遇到一条河，而你又无法渡过。到头来，方向没有错，路错了，唯有活活饿死、冻死在山里。”

在人生的旅途上，以为设定方向就能达到目标，却不衡量自己的能力，极有可能遭遇失败的命运。

资料来源：https：//www. vipyl. com/Article/3/933. html，2019 - 12 - 28.

（二）SWOT 分析法

SWOT 分析法最早由美国旧金山大学管理学教授韦里克在 20 世纪 80 年代初提出，是一种常用的机会评估工具。SWOT 分析法对于评估分析职业发展机会是较合适的。SWOT 是四个英文单词 Strength（优势）、Weakness（劣势）、Opportunity（机会）和 Threat（威胁）的缩写。其中，S、W 是内部因素，O、T 是外部因素。

一般来说，对自身的职业或职业发展问题进行 SWOT 分析时，应遵循以下五个步骤。

（1）评估自己的长处和短处。

（2）找出自己的职业机会和威胁。

（3）列出今后 3～5 年内自己的职业目标。

（4）列出一份今后 3～5 年的职业行动计划。

（5）寻求专业帮助。

相信你的父母、老师、朋友、上级主管、职业咨询专家都可以给你一定的帮助，很多时候借助专业的咨询会让你事半功倍。

（三）“五 W”归零思考法

“五 W”归零思考法共有五个问题：Who are you? What do you want? What can you do? What can support you? What you can be in the end? 一个人回答了这五个问题，找到它们的最高共同点，就有了自己的职业生涯规划。该方法尤其适合即将毕业的大学生朋友。

第一个问题“我是谁?”是对自己进行一次深刻的反思，对自己有一个比较清醒的认识，优点和缺点一一列出来。

第二个问题“我想干什么?”是对自己职业发展的一个心理趋向的检查。每个人在不同阶段的兴趣和目标并不完全一致，有时甚至是完全对立的。但随着年龄的增长和经历的增多会逐渐固定，并最终锁定自己的终生理想。

第三个问题“我能干什么?”是对自己能力与潜力的全面总结。一个人职业的定位最根本的还要归结于他的能力，而其职业发展空间的大小则取决于他的潜力。对于一个人潜力的了解应该从几个方面着手去认识，如对事的兴趣、做事的韧性、临事的判断力，以及知识结构是否全面、是否及时更新等。

第四个问题“环境支持或允许我干什么?”是指客观与人为主观两个方面的环境支持：客观方面包括本地的各种状态，比如经济发展、人事政策、企业制度、职业空间等；人为主观方面包括同事关系、领导态度、亲戚关系等，两方面的因素应该综合起来看。

明晰了前面四个问题，就会从各个问题中找到对实现有关职业目标有利的和不利的条件，列出不利条件最少的、自己想做而且又能够做的职业目标，那么第五个问题有关“自己最终的职业目标是什么”自然就有了一个清楚明了的框架。

第四节　职业生涯规划的指导理论

职业生涯规划理论大体分为三种类型：职业生涯选择理论、职业生涯发展理论和职业生涯规划决策理论。各种理论从不同角度进行分析和阐述，但其核心均围绕着对自我的认识、对职业的认识以及决策执行的方法。下面介绍几种流行的职业生涯规划理论。

一、特质因素论

特质因素论，又称帕森斯的人职匹配理论。1909 年美国波士顿大学教授帕森斯(Parsons) 在其著作《选择一个职业》中提出了人与职业相匹配是职业选择的焦点的观点。所谓“特质”，就是指个人的人格特征，包括能力倾向、兴趣、价值观和人格等，这些都可以通过心理测量工具来加以评量。所谓“因素”，是指在工作上要取得成功所必须具备的条件或资格，这可以通过对工作的分析而了解。帕森斯认为，每个人都是独一无二的，因此，每个人的人格特征与能力也是独特的，在职业选择时将特性和能力模式与社会职业所需相关联。通过量表对人的特性进行测验、对职业性质进行客观的观察，从而达到“人职”匹配的目的。帕森斯给出了职业指导三原则：了解自我、了解职业、“人职”匹配。但是帕森斯只是提出了这样的观点，并没有在具体操作上进行发展。

二、职业性向论

美国约翰斯·霍普金斯大学心理学教授霍兰德（Holland）在帕森斯的人职匹配理论的研究成果上，于 1959 年提出了具有广泛社会影响的职业性向论，又叫职业兴趣理论，更具体地指出人格类型决定职业选择。他认为，人的人格类型、兴趣与职业密切相关，兴趣是人们活动的巨大动力，凡是具有职业兴趣的职业，都可以提高人们的积极性，促使人们积极地、愉快地从事该职业，且职业兴趣与人格之间存在很高的相关性。他把人格分为六大类，每一类人格特质都有它的特征和行为表现，每种人格类型都有特定的职业型相匹配，匹配度越高，越努力工作证明自己的人生价值，而越努力工作的个体就越喜欢自己的工作。霍兰德职业兴趣类型，见表1-2所示。

表1-2　霍兰德职业兴趣类型

形　态	人格倾向	典型职业
实际型（R） 现实型（R）	特征：实际型的人具有顺从、谦虚、自然、坚毅、实际、害羞、稳健、有恒心、重视物质的特征 行为表现：喜欢使用性质的职业，如运动、机械、园艺、户外工作，避免社交性质的职业 重视具体的事物或个人明确的特征，如金钱、权力地位等	一般劳动者 农民 机械工 电器修理工 工匠 技术个人
研究型（I） 调研型（I） 探索型（I）	特征：研究型的人具有分析、谨慎、批评、好奇、独立、聪明、内向、条理、谦逊、理性、保守的特征 行为表现：喜爱研究性的职业，观察、学习、追根究底、分析、评估或解决问题 自觉好学、有自信、拥有数学和科学方面的能力，但缺乏领导方面的才能 重视科学，讲求证据	工程师 化学家 物理学家 数学家 生物学家 地质学家 研究人员
艺术型（A）	特征：艺术型的人具有复杂、想象、冲动、独立、直觉、无秩序、情绪化、理想化、不顺从、有创意、富有表情、不重实际的特征 行为表现：喜爱艺术性质的职业，创新、直觉、不拘 自觉富有表达能力、直觉、独立、具有创意、不顺从，拥有艺术与音乐方面的能力（包括表演、写作、语言、绘画、造型） 重视美感的特质	诗人 作家 音乐家 戏剧导演 演员 室内设计师 画家 造型师 广告创意撰稿人
社会型（S）	特征：社会型的人具有合作、友善、慷慨、助人、仁慈、负责、圆滑、善社交、善解人意、说服他人、理想主义、富有洞察力的特征 行为表现：喜爱社会性质的职业，从事与人有关的工作 自觉喜欢帮助别人、了解别人、有教导别人的能力、但缺乏机械与科学的能力 重视社会与伦理的活动与问题	教师 辅导人员 社会工作者 公关人员

续表

形　态	人 格 倾 向	典 型 职 业
企业型（E）	特征：企业型的人具有冒险、野心、独断、冲动、乐观、自信、追求享乐、精力充沛、善于社交、获取注意、知名度高等特征 行为表现：喜爱企业的企划、领导、管理等 重视政治与经济上的成就	推销员 政治家 专业经理 企业主管 民意代表
传统型（C） 常规型（C） 事务型（C）	特征：传统型的人具有顺从、谨慎、保守、自制、服从、规律、坚毅、实际、稳重、有效率、缺乏想象力等特征 行为表现：喜爱事务性的职业，与数字和资料为伍，接受上司指示行事，擅长处理细节性事务 自觉喜欢顺从、规律的工作、有文书与数字能力 重视商业与经济上的成就	秘书 出纳 会计员 银行职员 行政助理 税务人员

人格类型没有高低之分，也没有好与坏，每一种类型都有优、缺点。如果我们把自己放在和自己人格类型相合的环境中，将可以发挥所长，但如果放在相反的环境中，则不易发挥。

案例 1-4

做你自己最重要

大多数诗人都难逃穷困潦倒的命运。所以，通常这是一个不被看好的行业。赫塞是德国文学界最具代表性的作家之一。他在 12 岁时就立志成为诗人，周围的亲人认为他很可笑，把他看成疯子、叛逆者。学校教师给他的评语是“行为怪异”。家人把他送到特殊少年管教中心，希望改变他，使他变得正常一点，但这一切只让年轻的赫塞更不快乐。他试过在修道院住半年，思考自己的问题，用旅行的方式逃避、压迫自己，扭曲自己本性以符合家人、社会的期望，可是这些与环境的抗争、妥协，使他活得十分忧郁、痛苦，几乎崩溃，甚至有自杀的念头。一直到 39 岁，在心理医生的协助下，他终于敢于挣脱束缚，不顾一切要做回自己，抛妻别子隐居乡下，开始全身心的写作。经过这些困顿之后，他找回了自己，也摘下了世界文学桂冠，于 1946 年获得诺贝尔文学奖。赫塞鼓励世人不要被世俗所束缚、迷惑，必须倾听自己内心的声音。他强调不要崇拜偶像，不要以他为师，因为“做你自己”才是最重要的。

一个人如果知道自己的人格类型和职业类型，就可以预测自己的职业选择、工作变换、职业成就和教育及社会行为。个人的工作满意度、职业稳定性和职业成就感取决于个人人格类型和职业环境之间的适配度。

三、明尼苏达工作适应论

明尼苏达工作适应论由戴维斯与罗圭斯特等人在 1964 年提出。该理论认为，只有当工作环境满足个人的需求（内在满意），个人也能满足工作的技能要求（外在满意）时，个人在该工作领域才能得到持久发展。基于此种考虑，戴维斯等人从工作适应的角度，分析适应良好与否的因素。他们认为每个人都会努力寻求个人与环境之间的符合性，当工作环境能满足个人的需求，又能顺利完成工作上的要求，符合程度随之提高。不过个人与工作之间存在互动的关系，符合与否是互动的过程的产物，个人的需求会变，工作的要求也会随时间或经济情势而调整，如个人能努力维持其与工作环境间符合一致的关系，则个人工作满意度愈高，在这个工作领域也愈能持久。

四、职业锚理论

职业锚（又称职业定位）理论产生于美国著名的职业指导专家埃德加·H. 施恩（Edgar·H. Schein）教授领导的研究小组，是一种以个人为出发点的职业生涯选择理论。职业生涯是一个人一生中所有与工作相联系的行为与活动，以及相关的态度、价值观、愿望等的连续性经历的过程。职业锚理论在现代人力资源管理中的运用，是实现个人价值与组织目标有机统一的一种有效管理方式。对个人而言，职业锚是个人职业选择的依据，并为人的全部职业生涯设定了发展方向，是影响个人才能发挥的决定性力量。职业锚理论中的锚是指通过兴趣、爱好、能力、价值观、就业观等方面对人进行定位，而职业锚就是指人刚进入工作环境时所具有的与实际工作相结合的工作经验，并在经验中自我探索，换言之就是职业定位。施恩将职业锚分成五种不同的类型，具体如下所述。

（1）技术/功能型职业锚。技术/功能型职业锚的员工具有相当明确的职业工作追求、需要和价值观，表现出如下特征：强调实际技术或某项职能业务工作。技术/功能型职业锚的员工比较热爱自己的专业技术或岗位工作，注重个人专业技能发展，一般多从事工程技术、营销、账务分析、系统分析、企业计划等工作。

（2）管理型职业锚。愿意担负管理责任，且责任越大越好，这是管理型职业锚员工的追逐目标。与不喜欢、甚至惧怕全面管理的技术/功能型职业锚的人不同，他们倾心于全面管理，掌握更大权力，肩负起更大责任。具体的技术工作或职能工作仅仅被看作是通向更高、更全面管理层的必经之路；他们从事一个或几个技术职能区工作，只是为了更好地展现自己的能力，瞄准更高职位的管理权力。

（3）创造型职业锚。创造型职业锚的员工要求有自主权、管理能力，能施展自己的才干。但是，这些不是他们的主要动机或价值观，创造性才是他们的主要动机和价值观。

（4）自主与独立型职业锚。这种职业锚员工的特点是：最大限度地摆脱组织约束，追求能施展个人职业能力的工作环境。

（5）安全稳定型职业锚。重视长期的职业稳定和工作的保障，比较愿意去从事这样一类职业：这些职业应当能够提供有保障的工作、体面的收入以及可靠的未来生活。他们的安全取向主要为两类：一类是职业安全，稳定源和安全源是要一个给定组织中的稳定的成员资格，如大公司组织安全性高，做其成员稳定系数高；另一类注重情感的安全稳定，包括一种安居，使家庭稳定和使自己融入团队的感情。

五、社会认知职业理论

克朗伯兹于1979年出版《社会学习理论和生涯决定》，提出社会认知职业理论（Social Cognitive Career Theory，SCCT），这一理论基于班杜拉的社会认知理论。社会认知职业理论的主要特色是强调“个人—行为—环境”的交互作用，注重将社会、心理、经济等影响因素加以整合，动态地揭示人们如何形成职业兴趣，如何做出职业选择，如何取得不同的绩效并保持职业的稳定性。自我效能、结果预期与个人目标是社会认知职业理论强调的三个核心变量。

六、认知信息加工理论

1991年，盖瑞·彼得森（Gary Peterson），詹姆斯·桑普森（James Sampson），罗伯特·里尔登（Robert Reardon）合著了《生涯发展和服务：一种认知的方法》一书，阐述了这一认知信息加工（Cognitive Information Processing，CIP）的方法。认为生涯发展就是关于一个人是如何做出生涯决策以及在生涯问题解决和生涯问题决策过程中是如何使用信息的。该理论把生涯发展与规划的过程视为学习信息加工能力的过程。该理论按照信息加工的特性构成了一个信息加工金字塔。该模型强调职业生涯咨询是一个持续的学习过程，它区别于其他理论的最主要方面是着重强调了认知信息加工的重要性。认知信息加工金字塔模型为咨询师提供了帮助来访者的理论框架，决策制定的五阶段循环模型可用于发展来访者问题解决的能力，生涯决策能力的获得可以被视为是一种学习策略。该模型不同于其他理论的地方还在于其强调了元认知在生涯问题解决中的作用。促进元认知的发展也是该理论用于咨询所强调的重要方面。位于塔底层的是知识领域，包括自我知识（对自己兴趣、技能、价值观等方面的了解）和职业知识。金字塔中间是决策技能领域，包括沟通、分析、综合、评估、执行五个阶段，构成决策循环；最上层是执行领域，即元认知。该理论认为阻碍人们决策的原因有三个：信息不足、方法不会和理念不对。

第五节 职业生涯规划的重要意义

现阶段，一些大学生对自身职业生涯规划存在较大误解，主要表现为：一是对职业规划缺乏正确认识，对职业规划过于理想化、超前化，职业规划不符合自身的实际情况，所学专业与职业方向不对口，或者职业规划的期望过高；二是认为职业生涯规划没有什么实际作用，因为情况存在较多变数。

职业生涯发展规划是人生一堂必修课，如果一个人一生中没有任何目标和规划，那会很容易迷失自己。所谓人生赢家，是对自己了解很清楚，知道自己想要什么，想做什么，想过怎样的人生。大学生职业生涯规划是大学生在校期间成长成才极为关键的大学基础教育。大学生如果能通过课程对自己有一个综合的认识，对自身未来能找到科学、准确的定位，能提前开启或点拨自身的人生理想规划，对大学生的职业发展方向有很大促进意义。

一、有利于大学生明确人生目标

生涯规划是一个过程，规划的功能在于为生涯设定目标，并找出达成目标所需采取的步骤。目标可以为人生带来希望和意义，奥地利心理学家维克多·弗兰克（Viktor Frankl）凭借生命的意义成为奥斯威辛集中营中少有的幸存者之一，并开创了心理治疗中的“意义疗法”。他曾说过，“你不要去问生命，你应该要回答生命对你的质问。”在生涯规划中，目标的制定是一个探索过程，这个过程帮助一个人逐渐去厘清生命的价值和意义，并用行动去实现它，好像为飘忽不定的人生加了一个锚，无论风雨来自何方，人生之船都自有它的方向。

哈佛大学曾经做过一个非常著名的关于目标对人生影响的跟踪研究，调查对象是一群智力、学历、环境等条件都差不多的年轻人。调查结果发现：3%的人有清晰且长远的目标，并一直朝着同一个方向不懈地努力，25年后，他们几乎都成为社会各界的顶尖成功人士，其中不乏创业者、行业领袖、社会精英。10%的人有清晰的短期目标，大都生活在社会的中上层，他们的共同特点是：不断完成预定的短期目标，生活状态步步上升，25年后，他们成了诸如医生、律师、工程师、高级主管等各行各业的专业人士。60%的人目标模糊，25年后能安稳地生活与工作，但都没有什么特别突出的成绩。其余的27%是那些没有目标的人群，他们几乎都生活在社会的最底层，生活过得很不如意，常常失业，有的靠社会救济，并且常常都在抱怨他人，抱怨社会，抱怨世界。

当今社会，就业市场竞争激烈。对于即将加入这场竞争的大学毕业生来说，要想在竞争中保持更好的生存和发展空间，必须做好职业生涯规划。

职业生涯规划可以帮助大学生了解自己，了解职业，定位个人未来发展方向，增加学习动力，调动内驱力，使其在学习中完善自己，提升综合素质和职业技能，缩短自身和职业之间的距离。这样不但可以避免大学生在学习和选择中的盲目性和无目的性，还可以增加大学生学习的原动力。在接近职业目标的学习过程中，还可以增强自信心和社会竞争力。大学生有了完善的职业生涯规划并为之努力，可以为自己的就业打下坚实的基础。

职业生涯规划可以使大学生树立正确的职业价值观。青年学生个人的发展始终与国家民族的前途和命运结合在一起，他们对职业的追求和定位一样关系着国家未来的发展。职业生涯规划意义还在于，引领和指导学生在更大的格局中找准自己的人生目标，克服专业驱动的就业观，培养创业意识，把职业的选择、兴趣、才能、智商及情商结合起来，树立正确的职业观念和就业理想，合理规划大学生活，规划好自己的人生，担负起时代赋予的责任和使命。

二、有利于高校实现教育目标

做好大学生职业生涯规划是解决大学生就业问题的一个根本性和长远性的问题，也是高等院校面临的一项重大课题。大学生核心就业力的基础是职业素质和职业能力的培养，职业能力是职业生涯规划的重中之重，是毕业生就业的重要保障以及核心竞争力。职业能力是个体在职业、社会和私人情境中的科学思维、对个人和社会负责任行事的热情和能力，是科学的工作和学习方法的基础。大学生自身的能力和职业的要求存在很大的差距，进行有针对性的培养和训练，可以有效地提高大学生的工作能力和社会实践能力以及大学生就业心理的调适，更重要的是可以培养过硬的职业能力和心理调适能力。

三、有助于大学生探索适合自己的职业生涯之路

对于职业生涯发展规划，不同的人有不同的看法：一些人认为社会提供什么样的工作，自己就干什么工作，这就是职业生涯规划；另一些人则认为，坚持选择“我喜欢做”的事情，这就是职业生涯规划。这些观点都是片面的。

职业生涯发展规划是在了解自我的基础上，确定适合自己的职业方向和目标，并制订相应的计划，为个人走向职业成功提供最有效的途径，也就是为“我想做的事情”和“我能做的事情”搭建一座桥梁，并促进大学生在社会需求的引导下思索如何实现自己的人生目标。为了适应社会发展并促进自身的职业成长，大学生有必要加强对自我的认识和了

解，确定自己的优势所在，探索自己感兴趣的领域，完成当下每个阶段人生需要完成的任务，不断探索自己职业发展的有效途径。一个人最大的幸福是能以自己选择的方式生活。择其所爱，爱其所择，会使一个人以己为荣，并呈现出融洽、喜悦、智慧和充满创造力的气质。

四、有助于大学生及时评估调整所处的就业阶段

大学生生涯发展具有两个突出特点：一是时间点，大学生生涯发展并不是一段简单的、暂时的经历，其发展过程也不会断断续续，停滞不前，而是会随着时间的推移而呈现连续上升的发展形态；二是内容点，大学生生涯发展的内容是多元的，不仅仅包括大学生的职业发展，还包括发展过程中的学业规划与生涯选择等内容。

因此，大学生应该未雨绸缪，先进行职业生涯规划，有清晰的认识与明确的目标之后再把求职活动付诸实践。在职业发展的过程中，应该有意识地定期评估自己的实施效果，面对各种社会变化灵活调整，与时俱进，不断对生涯规划进行评估与修订，对自身价值进行重新定位并使其持续增值。

五、有利于塑造大学生的职业化精神

当今社会，用人单位越来越看重毕业生的综合能力，即综合运用知识的能力、对环境的适应能力和实际操作能力。在校期间的专业实践能力训练，使大学生尽早与用人单位接触，及早了解目标职业和职业环境，在根据用人单位的实际需要提高职业素质和职业技能的同时，为更好地进行职业生涯规划打下良好的基础。

学生通过参加社会实践，有利于塑造自己的职业化精神，适应市场化需求。社会所需要的高素质人才，应具有敬业精神、服务意识、创新能力。在工作中要有团队意识、责任意识、诚信意识，这样有利于自身的发展，以及用人单位对自身的认可，提升个人的自信心，使自己更快地适应社会。

行之有效的职业生涯规划将会引导大学生正确认识自身的个性特质、现有与潜在的优势，促进大学生对自身的综合优势与劣势进行对比分析，树立明确的职业发展目标与职业理想；同时，帮助大学生评估个人目标与现实之间的差距，探索或发现有潜力的职业机会，学会运用科学的方法，采取可行的步骤与措施，不断增强职业竞争力，实现自己的职业目标与理想。

大学毕业生在刚参加工作时，主要是追求基本的生活需求的满足，对于高层次的认知及自我实现需求关注较少。职业生涯发展规划可以帮助自己在基本生活需求得到满足的同时，通过职业上的不断成长与发展，得到他人的赞赏和尊重，获得社会地位及荣誉，实现人生的价值。由此可见，职业生涯发展规划可以促进个体的全面发展，不断提升自我素质，实现自身价值的升华，引导大学生不断追求健康的生理体系、健全的人格体系、丰富的知识体系、综合的能力体系、良好的人际关系和丰富的人生活动体系等全新的生活方式，最终实现人的全面发展。

思考题

1. 职业有什么特征？
2. 大学生应从哪些方面了解职业环境？

3. 未来职业发展有哪些特点？新技术革命和新产业变革需要哪些职业人才？
4. 在职业生涯规划中，目标为什么十分重要？
5. 大学生进行职业生涯规划时的步骤有哪些？
6. 根据职业性向论，你属于哪种性格倾向？
7. 根据职业锚理论，你给自己进行怎样的职业定位？
8. 怎样认识职业生涯规划的重要意义？
9. 在大学学习阶段，如何提升自己的职业能力？

第二章　职业生涯规划与职业发展

评价目标

知识目标：理解职业生涯和职业生涯规划两者之间的关系；理解职业发展的概念；理解职业生涯规划的概念；了解职业生涯规划的相关核心理论。

能力目标：通过理解职业人士角色的定位和含义，掌握社会需求与职业人士之间的关联性，学会职业选择；掌握对自我及其他人有用的职业生涯规划方式与方法。

情感价值观目标：认识职业生涯与发展规划的重要性，形成自主进行职业生涯规划的意识，从而积极进行职业生涯探索和规划，树立职业理想，为将来职业生涯的发展打好基础。

教学方法

多媒体教学、案例启发式教学、讲练结合的体验式教学、小组讨论的协作式教学。

第一节　职业生涯发展理论

案例 2－1

他们的困惑与思考

周嘉欣是大学新生，开学后没多久便觉得自己的生活一片灰色。身边其他同学不是参加各种社团就是加入学生会，忙得不亦乐乎。而自己的爱好并不多，每天只是上课学习，可是又觉得即使考试得了 90 分和及格万岁的 60 分并没有什么区别。偶尔想起未来的发展，她有些迷茫和焦虑，不过转念一想自己才大一，考虑未来应该是毕业生的事情吧。

吴磊是大学二年级的学生。随着对大学的新鲜感逐渐淡去，他成了校园里的“老生”，天天都很忙，上课学习，下课又有各种社团、学生会活动，和同学们去聚会逛街……但是他又不知道自己到底在忙什么。有时候觉得很累，但想到要为毕业后的工作打下基础，就觉得这些付出也许是值得的吧。可是有时候又很茫然，甚至有些沮丧，因为忙得无头绪，不知道这样的付出对未来的发展是不是有帮助。

刘晗语是大学三年级的学生。刚刚进入大学的时候她对自己毕业后的目标非常明确——考公务员。这主要来自父母的意见：当下大学毕业生如果随便找工作，这样的工作并不稳定，旱涝保收的工作才最让人安心。刘晗语最初还挺认同，但是随着大学生活的深入，生性活泼的她参加了很多社团活动，乐在其中并且小有成绩。渐渐地，刘晗语觉得毕业后去考公务员并不是她喜欢的，更想通过创业打造出属于自己的一片天地。可是，创业的风险很大，是否能赚到人生的第一桶金也让她很怀疑。所以，尽管自己不太喜欢，刘晗语每天还是按部就班地去图书馆看书复习备考公务员。

你是否对上述几位同学的经历感到非常熟悉？在大学生中，有人对自己的未来想得很清楚，一步一个脚印往前走。但是更多的同学要么对未来没有想法，希望自己毕业前再解决所有问题，一天天堆积焦虑；要么整天忙碌，却没有任何期望和目的，自己都不知道应该忙什么；还有一些同学看似对未来很有想法，但是又不知道如何确定自己的人生目标，甚至对达到目标缺乏信心。通过本章节的内容的学习，可以很好帮助大家认清：我是谁，我要去哪里，当下我该怎么做。

职业生涯规划起源于1908年的美国。有“职业指导之父”之称的帕森斯针对大量年轻人失业的情况，成立了波士顿职业局，首次提出职业指导的概念，从此职业指导开始系统化。在随后的几十年中，心理测验的广泛运用促进了职业指导的发展。第二次世界大战中对大量不同人才快速分类与安置的需要和第二次世界大战战后对复原人员就业安置的需要，使职业指导成为一种时尚。当时的职业指导主要关注人职匹配，内容以测评和提供职业咨询为主。20世纪五六十年代，萨帕等人提出“生涯”的概念，于是生涯规划才逐渐开始不限于职业指导的层面。

职业发展从理论上来看，是我们个人生活中一个连续的、长期发展的过程。职业选择不是个人生活中面临择业时的单一事件，而是一个过程。人们的职业态度和要求也并不是面临就业时才有的，而是在青少年时期就开始需要有目的地去孕育职业选择的萌芽（这个取决于家庭、学校、社会等生态环境），随着年龄、经历和教育等因素的变化，人们的职业心理也会发生变化。

职业发展如同人的身心发展一样，可以分成几个既相区别又相联系的阶段。每个阶段都有其不同的特点和特定的职业发展任务。如果前一阶段的职业发展任务未能很好完成，就会影响后一阶段的职业意识与行为的成熟，最后导致职业选择障碍。

课堂小活动 2-1

我的鱼骨生命线

活动目标： 通过鱼骨图练习，对过去的你、现在的你、未来的你做评估和展望，明确自我定位，界定自我形象。

活动说明： 鱼骨图又名特性因素图，是由日本管理大师石川馨先生设计出来的，故又名石川图。鱼骨图练习是一种发现问题“根本原因”的方法。鱼骨图可以被称为“因果图”。鱼骨图原本用于生涯规划及管理。鱼眼表示原点，即出生时刻及出生地；鱼头，呈现三角形，代表人出生后0～3岁的发展迅速的阶段；鱼尾，表示职业生涯结束后，生命逐渐老去的部分；鱼尾尖，表示生命的终点。

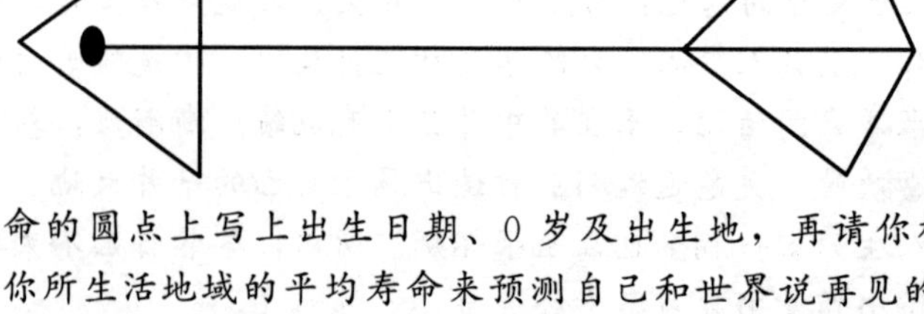

(1) 请你在生命的圆点上写上出生日期、0岁及出生地，再请你根据自己的健康状况、家族的健康和你所生活地域的平均寿命来预测自己和世界说再见的时间及你的年龄，并标注在箭头的终点上。

(2) 请找出今天你的位置，用一个自己喜欢的标记标示在生命线上，并写上今天的日期和年龄。

(3) 请你进一步仔细回忆过去，以生命线上的时间点为初始点，标出过去影响你最大或令你最难忘的5件事，用鱼刺表示。积极影响事件朝上，消极影响事件鱼刺朝下；并以鱼刺线段的长短表示事件对自己影响的大小。

(4) 请你在生命线上标出今后你最想做的3件事或最想实现的3个目标，同样用鱼刺表示。能够由自己全权决定的鱼刺朝上，需要别人参与或者全部由别人决定的鱼刺朝下，并以鱼刺线段的长短表示意愿的强弱。

请参考你的鱼骨图，深入思考，并回答下面的问题。

(1) 过去的事情对你有怎样的影响？你对这些事情的看法怎样？

(2) 对于现在的自己，你是否感觉满意？哪些人或事促成了现在的你？

(3) 对于未来的自己，你的预期是什么？如果想要成为这样的人，你现在需要做什么？

一、职业生涯发展理论

目前在普遍的职业生涯规划教育中所参考的理论观点，主要代表人物是来自美国的心理学家金斯伯格（Ginsberg）、唐纳德·E. 萨帕（Donald E. Super）、施恩和格林豪斯。接下来我们简要介绍一些相关的学术观点。

（一）金斯伯格的职业生涯发展理论

美国著名职业指导专家金斯伯格，是较早的生涯发展理论的提出者。金斯伯格于1951年提出了关于人的职业选择心理与行为发展变化的理论。这一理论认主要观点如下。

(1) 职业选择不是某一时刻完成的一次性的决定，而是从幼儿期就开始的包含一系列决策的长期过程。

(2) 职业选择的初期和中期在青年期，青年的每一个决定都与本人的经验有关，并且这些决定是连续、渐进的。

(3) 为了进行职业选择，应充分理解兴趣、能力、价值观等一系列个人因素，以及这些个人因素与社会需要、职业空缺之间的关系。

(4) 他认为人的职业是个体从懵懂憧憬的幼儿阶段到成年后的连续发展过程，每个阶段个体面临的任务对职业发展的影响都不同。人的职业选择可分为三个时期。

① 幻想期（0～11岁）。发生在儿童期，职业愿望还停留在空想阶段，职业意向随生随灭，漂浮不定，极易受外界的影响。儿童们对大千世界，特别是对于他们所看到或接触到的各类职业工作者，充满了新奇、好玩的感觉。

② 尝试期（12～17岁）。这是由少年儿童向青年过渡的时期，人的心理和生理在迅速成长发育和变化，有独立的意识，价值观念开始形成，知识显著增长，能力显著增强，初步懂得社会生产和生活的经验，并开始懂得将自身条件与职业结合。个人的兴趣、能力、价值观都反映到职业意向上。

③ 现实期（18岁及以后的青年阶段）。这是面对现实进行职业选择的时期，个体能够客观地评价自己，开始考虑现实环境，有明确的奋斗目标，能够客观地把自己的职业愿望或要求，同自己的主观条件、能力，以及社会现实的职业需要紧密联系和协调起来，寻找合适于自己的职业角色。人们一般在18岁以后就业，或进入具有职业限定性的教育机构

中学习，直到最后确定职业。

(二) 萨帕的职业生涯发展理论

美国著名的生涯研究专家萨帕是职业指导和应用心理学博士、哥伦比亚大学教授。1940—1950 年，萨帕出版了两本生涯发展的专著——《职业适应动力学》和《职业生活的心理学》，奠定了他在该领域的权威地位。

萨帕提出关于人的职业心理与职业行为成熟化过程的理论。他认为人因自身人格、兴趣及才能的不同而适于从事不同的职业；职业选择行为和心理调适是一种连续的过程。虽然父母的社会经济地位、个人智力与人格及机遇决定着个人的职业生涯，但通过指导可使人生的发展过程更好地进行；职业发展过程是“自我”概念的形成、发展和完成的过程，是一种调和的过程；工作与生活的满足感与个人的才能、兴趣、人格特质、价值观等有联系。

萨帕整合了差异心理学、发展心理学、社会心理学及现象学的长期研究成果，于 1953 年在《美国心理学家》发表文章，提出“生涯”的概念。他把生涯的发展看成是一个持续渐进的过程，一直伴随个人的一生。其主要理论观点是：职业生涯就是对自我的实践。“自我概念”是萨帕理论中的核心概念。自我概念，就是指个人对自己的兴趣、能力、价值观及人格特征等方面的认识和主观评价。一个人的自我概念在青春期以前就开始形成，到青春期较为明朗，并于成人期由自我概念转化为职业生涯概念。工作与生活满意与否，就在于个人能否在工作和生活中找到展现自我的机会。他提出了人一生完整的职业生涯发展阶段模式，认为人的职业生涯发展即自我实现的过程，分为成长阶段、探索阶段、建立阶段、维持阶段、衰退阶段五个阶段。每个阶段都有其独特的职责和角色，以及不同的发展任务，生涯发展阶段见表 2-1。

表 2-1 生涯发展阶段

阶段	主要任务
成长阶段 0～14 岁	儿童开始辨认他们周围的事物，认同并建立起自我概念，对职业的好奇占主导地位，并逐步有意识地培养职业能力。这个阶段发展的任务是：发展自我形象和对工作世界的正确态度，并了解工作的意义
探索阶段 15～24 岁	青少年开始通过尝试一些自己感兴趣的职业活动，对自我能力及角色、职业进行探索。职业倾向趋向于某些特定的领域。主要通过学校学习进行自我考察、角色鉴定和职业探索，完成择业和初步就业
建立阶段 25～44 岁	个人开始尝试获取一个合适的工作岗位，并谋求发展，是绝大多数人职业生涯周期中的核心部分。这个阶段发展的任务是个人致力于工作上的稳定，大部分人处于最具创造力的时期
维持阶段 45～64 岁	个人通过不断努力来获得职业生涯的发展和成就，开发新的技能，并逐渐能在自己的领域中占有一席之地。维护已获得的成就和社会地位，维持家庭和工作两者间的和谐关系，寻找接替人选
衰退阶段 65 岁及以后	由于生理及心理机能日益衰退，个人职业角色的分量逐渐减少，逐步退出职业和结束职业，发展社会角色，减少权利和责任，适应退休后的生活

人的职业心理与职业行为成熟过程理论的主要思想包括以下几个方面。

(1) 人的才能、兴趣和人格各不相同，因而适合从事不同类型的职业。

(2) 人的职业偏好心理与从业资格、生活和工作的境况及其自我认识都随着时间、经历和经验的变化而改变，职业选择行为和心理调适成为一个不断变化的过程。

(3) 人的职业行为可以分为不同的阶段，包括成长阶段、探索阶段、建立阶段、维持阶段和衰退阶段。

(4) 个体的职业生活受其父母的社会经济地位、个人智力、人格及其机遇的影响。

我们还要重点提下萨帕的生涯彩虹 (Life-Career Rainbow) 图理论。

萨帕认为每一阶段都有特定的发展任务需要完成，每一阶段需达到一定的发展水平，并且前一阶段的发展任务达成与否，关系到后一阶段的发展。同时，一个人一生中扮演的许许多多角色，就像彩虹同时具有许多色带，为了综合阐述生涯发展阶段与角色彼此间的相互影响，由此提出生涯彩虹图理论，引入生命广度 (Life-Span)、生命空间 (Life-Space) 的概念，展示了不同发展阶段各种角色的相互影响、继承与更替，如图 2.1 所示。

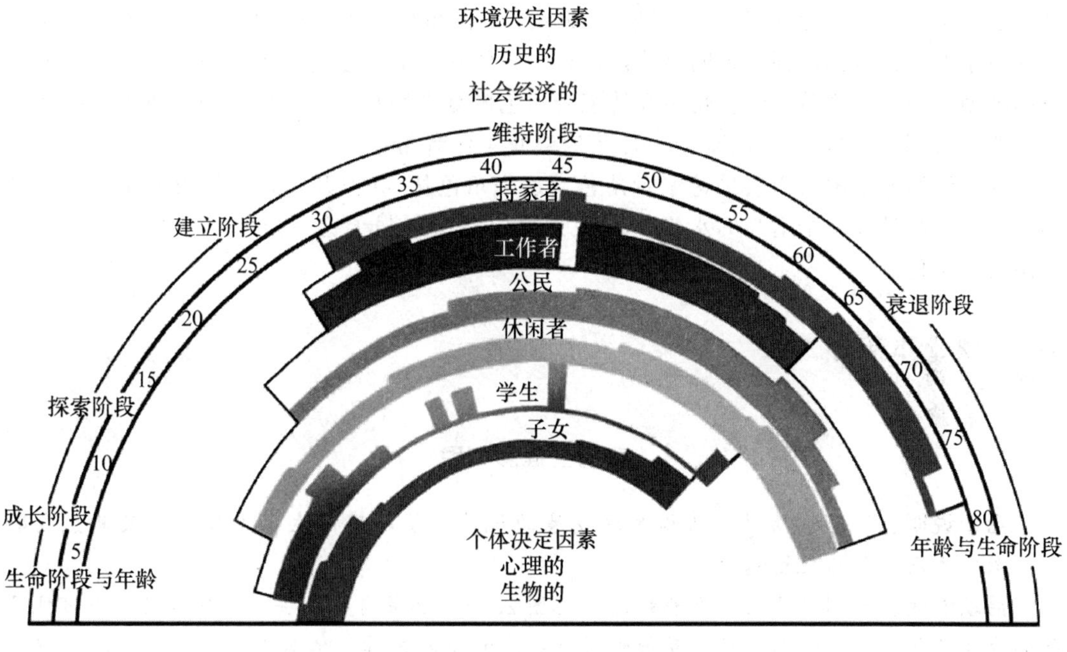

图 2.1 生涯彩虹图

在图 2.1 中，纵向层面代表的是纵观上下的生活空间，是由一组职位和角色所组成。分成子女、学生、休闲者、公民、工作者、持家者六个不同的角色，他们交互影响交织出个人独特的生涯类型。

萨帕认为在个人发展历程中，随年龄的增长而扮演不同的角色，圆的外圈为主要发展阶段，内圆灰色部分的范围，长短不一，表示在该年龄阶段各种角色的分量。在同一年龄阶段可能同时扮演数种角色，因此彼此会有所重叠，但其所占比例分量则有所不同。

（1）生涯彩虹图最里层子女的角色是一直存在的，在 5 岁以前是涂满颜色的，之后逐渐减少，10 岁时大幅减少，到 50 岁时开始增加。表明早期作为子女享受父母的照顾，慢慢与父母平起平坐，父母年迈之际，则要开始照顾、赡养父母。

（2）生涯彩虹图第二层是学生角色，学生角色从 4、5 岁开始，10 岁以后进一步增强，20 岁之后大幅减少，25 岁以后便戛然而止，30～50 岁期间出现几次恢复，65 岁以后还有出现。这表明，学习是一生相随的，离开学校工作一段时间之后，如果感觉自己已不能满足工作需要，那么重新返回学校充电是必需的，可以开创生涯发展新局面。

（3）生涯彩虹图第三层是休闲者角色，这一角色从 5 岁之后一直是平稳发展的，直到 55 岁之后显著增加。表明休闲是贯穿人一生的，是平衡工作的重要砝码，工作讲究劳逸结合，生涯发展也不能少了休闲。

（4）生涯彩虹图第四层是公民角色，这一角色从 20 岁开始，35 岁后得到加强，65～70 岁达到顶峰，随后慢慢减退。公民是一种法律上的含义，是学生走向社会，承担社会责任，关心国家事务的一种政治表现。

（5）生涯彩虹图第五层是工作者角色，这一角色大概从 25 岁开始，30 岁之后得到加强，表明该阶段工作达到了顶峰。到 45 岁后，工作角色进入空白期，对比发现，学生角色和持家者角色得到增强，表明该阶段进行了工作和生活中心的调整，更多关注家庭及自身的转型。两三年之后，学生角色和持家者角色恢复平均水平，工作者角色重新占据生活的中心，直到 60 岁之后开始减少，65 岁时终止工作者角色。

（6）生涯彩虹图第六层是持家者角色，这一角色从 30 岁开始，开始投入了相当多的精力，之后维持在一个适当的水平，65 岁退休之后又加强了这一角色，75 岁之后则逐渐淡出这一角色。

课堂小活动 2－2

我的生涯彩虹图

活动说明： 通过该活动，认识生涯发展的规律，了解不同生涯发展阶段及其主要特征，激发生涯角色与规划意识。

活动说明： 绘制自己的生涯彩虹图（见图 2.2）：思考自己过去、现在以及未来可能承担的生活角色，在彩虹图上标注年龄阶段和扮演的角色名称，然后在你某个年龄所扮演或希望扮演的角色区域，利用彩笔和文字区分你对这些角色的理解。

注意要点：

（1）角色扮演是否成功视个人的生理、心理因素及当时的社会环境等外在情境因素而定，该角色越成熟，代表的色带越饱满。

（2）生命中各阶段所扮演的角色，延续的时期可用色带的长度来表示。

（3）可用不同的颜色来代表对该角色的喜好。

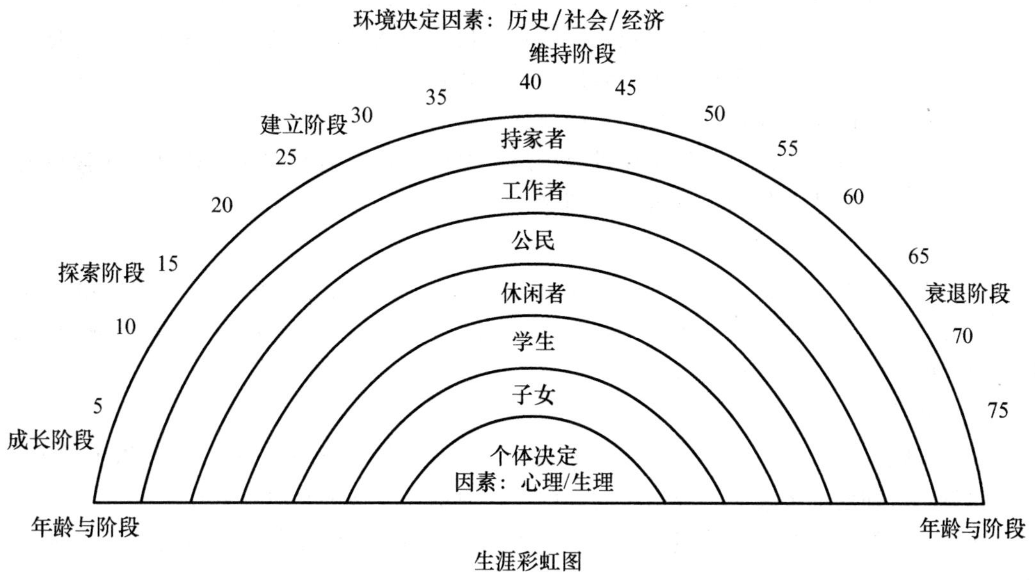

图 2.2 生涯彩虹图空白模板

案例 2-2

两兄弟爬楼梯

从前有两兄弟，他们酷爱旅游，一次他们旅游回来恰好大厦停电，可是他们住在八十楼啊，无奈之下两人决定爬楼。开始的时候两人兴高采烈，走到二十层的时候两人感觉有点累，于是他们决定把沉重的包袱先放在二十楼，等来电了再坐电梯来取。于是两人又继续走，当走到四十楼的时候，两人累得不想走了，于是开始相互抱怨，但不得已他们又开始前行了；走到六十楼的时候，他们已经没有力气再抱怨，低着头继续走，终于到达八十楼。走到自己家门前，他们才发现原来钥匙被他们放在了二十楼的包袱里。

有人说，这个故事其实反映了人的一生。二十岁之前时，人们意气风发地面对人生，当面对学习的压力和家人们的期望，他们却选择把这份沉重的包袱留在了二十岁；转眼间，他们到了不惑之年，没有成功的事业，没有汽车，没有房子，开始各种遗憾惋惜，抱怨这一切，但有什么用呢？无奈之下，只好继续人生。岁月不饶人，年近花甲的时候更是无心再去抱怨什么，只能享受最后生活；当生命走向尽头时，他们才发现原来自己的一生碌碌无为，年轻时的梦想与期待早就被自己所抛弃，遗憾终生啊。

原来，我们所有的梦想都留在了二十岁的青春岁月。

资料来源：http：//www.sohu.com/a/210873001_99962130，2019-12-18.

（三）施恩的职业生涯发展理论

美国著名的职业心理学家施恩（Schein）根据人的生命周期的特点和不同年龄阶段的人所面临的主要心理、生理、家庭问题及其职业工作的主要任务，将职业生涯划分为九个阶段。

1. 成长、幻想、探索阶段

人处于这一职业发展阶段的主要任务包括以下三个方面。

（1）发展和发现自己的需求和兴趣，发展和发现自己的能力和才干。

（2）学习职业方面的知识，寻找现实的角色模式，从测试和咨询中获取丰富信息发展和发现自己的价值观、动机和抱负，做出合理的教育决策，查找有关职业和工作角色的可靠的信息源，将幼年的职业幻想变为可操作的现实。

（3）接受教育和培训，开发工作世界中所需要的基本习惯和技能，在这一阶段所充当的角色是学生、职业工作的候选人、申请者。

2. 进入工作世界阶段

步入该阶段的人，首先要进入劳动力市场，谋取可能成为一种职业基础的第一项工作；其次，个人和雇主之间达成正式可行的契约，个人成为一个组织或一种职业的成员，充当的角色是应聘者、新学员。

3. 基础入职培训阶段

基础入职培训阶段与上一正在进入职业工作或组织阶段不同，该阶段要担当实习生、新手的角色，即已经迈进职业或组织的大门。此时的主要任务是以下两项。

（1）了解熟悉组织，接受组织文化，融入工作群体，尽快取得组织成员资格，成为一名有效的成员。

（2）适应日常的操作程序，应对工作。

4. 早期职业的正式成员资格阶段

早期职业的正式成员资格阶段面临的主要任务包括以下三个方面。

（1）承担责任，成功地完成与第一次工作分配有关的任务。

（2）发展和展示自己的技能和专长。为提升或进入其他领域的横向职业成长打基础。

（3）根据自身才干和价值观，根据组织中的机会和约束，重新评估当初追求的职业，决定是否留在这个组织或职业中，或者在自己的需要、约束和机会之间寻找一种更好的配合，还要体会第一次工作中的成功和失败。

5. 职业中期阶段

职业中期阶段的主要任务包括以下四个方面。

（1）选定一项专业或进入管理部门。

（2）保持技术竞争力。在自己选择的专业或管理领域内继续学习，力争成为一名职业能手。

（3）承担较大责任，确定自己的地位。

（4）制订个人的长期职业计划。

6. 职业中期危险阶段

职业中期危险阶段的主要任务包括以下三个方面。

（1）现实地估价自己的进步、职业抱负及个人前途。

（2）就接受现状或者争取看得见的前途做出具体选择。

（3）建立与他人的良好关系。

7. 职业后期阶段

职业后期阶段的任务包括以下三个方面。

（1）成为一名良师，学会发挥影响，指导别人，对他人承担责任。

（2）扩大、发展、深化技能，或者提高才干，以担负更大范围、更重大的责任。

（3）如果求安稳，就此停滞，就要接受和正视自己影响力和挑战能力的下降。

8. 准备退休和离职阶段

不同的人会在不同的年龄退休或离职，在此期间重要的职业任务：一是学会接受权力、责任、地位的下降是基于竞争力和进取心的下降；二是要学会接受和发展新的角色；三是评估自己的职业生涯，并准备退休。

9. 离开组织或职业——退休

在失去工作或组织角色之后，面临两大问题或任务。

（1）保持一种认同感，适应角色、生活方式和生活标准的急剧变化。

（2）保持一种自我价值观，运用自己积累的经验和智慧，以各种资源角色，对他人进行“传帮带”，回首过去的一生，感到有所实现和满足。

需要指出的是，施恩虽然基本依照年龄增大顺序划分职业发展阶段，但并未限于此，因为施恩教授划分职业周期阶段是依据职业状态、职业行为和发展过程的重要性，又由于每个人经历某一职业阶段的年龄有别，所以他只给出了大致的年龄跨度。

（四）格林豪斯的职业生涯发展理论

美国心理学博士格林豪斯（Greenhaus）的研究侧重于不同年龄段职业生涯所面临的主要任务，并以此为依据将职业生涯划分为五个阶段：职业准备阶段、进入组织阶段、职业生涯初期、职业生涯中期和职业生涯后期，形成他的职业生涯发展理论。

（1）职业准备阶段。典型年龄段为 0～18 岁。其主要任务：发展职业想象力，对职业进行评估和选择，接受必需的职业教育。

（2）进入组织阶段。19～25 岁为进入组织阶段。其主要任务：在一个理想的组织中获得一份工作，在获取足量信息的基础上，尽量选择一种合适的、较为满意的职业。

（3）职业生涯初期。处于此期的典型年龄段为 26～40 岁。其主要任务：学习职业技术，提高工作能力；了解和学习组织纪律和规范，逐步适应职业工作，适应和融入组织；为未来的职业成功做好准备。

（4）职业生涯中期。41～55 岁是职业生涯中期阶段。其主要任务：需要对早期职业生涯重新评估，强化或改变自己的职业理想；选定职业，努力工作，有所成就。

（5）职业生涯后期。从 56 岁直至退休为职业生涯的后期。其主要任务：继续保持已有职业成就，维护尊严，准备退休。

（五）国内的理论探索

根据中国职业规划师协会定义：所谓职业生涯，是指人的一生中的职业历程。人的职业生活是人生全部生活的主体，在其生涯中占据核心与关键的位置。人们一生的职业历程，有着种种不同的可能：有的人从事这种职业，有的人从事那种职业；有的人一生变换多种职业，有的人终身位于一个岗位上；有的人不断追求、事业成功，有的人穷困潦倒、无所作为。造成人们职业生涯的差异，有个人能力、心理、机遇方面的问题，也有社会环境的影响。

职业生涯这个概念的含义曾随着时间的推移发生过很多变化。在 20 世纪 70 年代，职业生涯专指个人生活中和工作相关的各个方面。随后，又有很多新的意义被纳入“职业生涯”的概念中，其中甚至包含了生活中关于个人、集体以及经济活动的方方面面。

从经济的观点来看，职业生涯就是个人在人生中所经历的一系列职位和角色，它们和个人的职业发展过程相联系，是个人接受培训教育以及职业发展所形成的结果。

职业生涯是以心理开发、生理开发、智力开发、技能开发、伦理开发等人的潜能开发为基础，以工作内容为确定和变化，工作业绩的评价，工资待遇、职称、职务的变动为标准，以满足需求为目标的工作经历和内心体验的经历。

职业生涯是人一生中最重要的历程，对人生价值起着决定性作用。

职业生涯是一个动态的过程，特别是职业、职位的变动及工作理想的整个过程，是指一个人一生在职业岗位上所度过的、与工作活动相关的连续经历，并不包含在职业上成功与失败或进步快与慢的含义。也就是说，不论职位高低，不论成功与否，每个工作着的人都有自己的职业生涯。

根据中国职业规划师协会定义，职业生涯成长分为两个方面。

(1) 内职业生涯（相对外在职场而言）。内职业生涯是指从事一种职业时的知识、观念、经验、能力、心理素质、内心感受等因素的组合及其变化过程。它是别人无法替代和窃取的人生财富，根据自身特点结合社会和企业的需求，个人为自己设计的职业发展通道。

(2) 外职业生涯（相对内在职场而言）。外职业生涯是指从事职业时的工作单位、工作时间、工作地点、工作内容、工作职务与职称、工作环境、工资待遇等因素的组合及其变化过程。它是依赖于内职业生涯的发展而增长的。

公司为员工提供职业阶梯，因为管理的职位有限，并且一些优秀的技术人员不愿做管理，或者不适合做管理，因此设计资深专家（或者类似职位），为技术人员提供向上的通道，一些资深专家的薪水和副总一样高。

那么两者之间是紧密关联的，随时互动的一种关系，具体表现为：内职业生涯发展是外职业生涯发展的前提，内职业生涯带动外职业生涯的发展；外职业生涯的因素通常由别人决定、给予，也容易被别人否定、剥夺；内职业生涯的因素由自己探索、获得，并且不随外职业生涯因素的改变而丧失；外职业生涯略超前时有动力，超前较多时有压力，超前太大时有毁灭力；内职业生涯略超前时舒心，超前较多时烦心，超前太大时要变心。

结合以上国内外关于职业生涯的理论和定义，根据当今社会环境和工作节奏，我们大体可以把职业生涯分为以下几个阶段。

1. 准备阶段

准备阶段一般从14～15岁开始，但主要还是以18～22岁大学生涯开始，更高学历求学者则多3～5年。这是一个人就业前学习文化，积累系统知识底蕴、职场礼仪、职业专业技能、职场工作经验的时期，也是一个人的职业生涯综合素养形成的主要积累时期。

2. 选择阶段

选择阶段一般集中在23～25岁这个阶段。这一阶段的主要特征是从学校走上工作岗位，是自我职场职业化工作开始的起点。在这个阶段中，青年们往往根据自我的愿望做出职业选择，走上工作岗位，和社会就业实际需求会有很大的偏差。这是职业生涯当中非常关键的一步。如果选择不得当或者完全错误，将会导致职业生涯的失败。

职业生涯如何开端将直接关系到职业人士的职业生涯成功与失败。我们建议青年求职者为了找到最适合自己的职业和工作岗位，应该尽可能地多去了解相关行业、市场、企业经营状况、企业文化、工作岗位责权利等，在进行了全方位的比对之后，根据自我主观意识上的精神和物质需求，自我工作能力的高低，再去进行工作和岗位的最终的抉择。另外在选择工作种类及岗位之后，建议完全可以多进行一些工作职业化体现的尝试、探索、磨合等，迅速地熟悉适应社会平台环境，熟悉工作内容并有初步的成果。发展和展示个人专长，积累知识能力，学会与他人沟通协作，获得认可。所有这些目标都需要通过学习过程来逐步实现。因此，这一阶段的规划策略方案也应当围绕学习进行自我提升这个目标来进行。

3. 适应阶段

传统的适应阶段一般在就业后 1～2 年内，但由于当今社会环境和市场变化加速，所以我们现在把这个适应阶段压缩到 3～6 个月。这一时期是对走上工作岗位人的综合素质检验和考核。具备岗位要求素质的人能够顺利适应职场中的职业岗位；素质较差或不能满足职业岗位要求的人，则需要通过继续培训教育来达到适应要求；自身的职业能力、人格特点等综合素质与工作岗位要求差距较大者难以达到与职业要求相适应，则需要重新选择职业；而个人素质超过岗位要求、个人兴趣与现职业类别很不相符者，也可能重新对职业进行选择。

4. 稳定阶段

稳定阶段的职业人士年龄为 30～50 岁。这一时期是人们职业生涯的主体。职业工作者正处在职业的成熟期而且也是身体的壮年时期，占据了职业工作者职业生涯历程的 50% 时间。这个阶段当中会出现工作事业稳步前进，也会出现工作事业停滞不前等不同情况。对于大部分人来说，在这个阶段当中应该更加致力于工作事业所涉及行业领域的深入挖掘探索和发展，在工作职务上获得大幅度的晋升，在业务能力上获得更多的进步和宝贵的经验。

这个时间节点不仅是职业工作者劳动效果最好的时期，也是所有职业工作者会同时面临社会及家庭责任担当的峰值期。

作为职业工作者，除非有特别的才干和抱负，在 35～40 岁这个阶段，是一个事业阶段性高峰的状态，不宜更换职业或者跨度较大的行业。因此，成熟的职业工作者往往倾向于稳定的专业领域内的职业或者特定的岗位。

与此同时，职业工作者的体力精力也不可能像大学时期那样充沛，边做边学，唯一可行的充电学习提升自我的方式只有短期培训和实践积累。即使真的处于职业生涯的瓶颈和转折期，需要重新调整职业和修订自己的事业工作目标，也应在 35 岁以前完成。

职业工作者在职业工作的稳定期当中，如果从业者的素质能够得到发展和提高，潜力得以体现，就一定能抓住机会取得事业成功，成为重要的乃至核心的优秀人才，并能得到职务岗位的晋升，同时获得职业生涯的成功之一。因此，处在这一阶段的职业生涯策略应重点围绕扩大提升个人生活、家庭生活、社会生活、工作生活的视野和格局，培养自我的领导力来进行。

5. 井喷和衰退阶段

从职业生涯角度来看，职业工作者在 45～60 岁这个阶段是职场职业化成果的井喷阶段；人脉、资金、渠道等各种社会资源的积累，会达到一个前所未有的新高度、黄金期。但是我们也不能忽略：这一时期，不同的职业工作者有着不同的身体、精神、责任、压力、健康等综合因素，所以会有不同的职业工作者开始步入衰退阶段。生理条件的变化，行动能力缓慢减退，心理需求逐步降低，这些也是会影响到自我的职场决策；因此我们也应该未雨绸缪、居安思危；科学性、系统性地全面规划职业工作退休前后的策略以及退休后的需求方案。

随着我国社会高速发展、科技高速进步，出现了越来越多老年人，智力并没有减退，而知识、经验水平还呈现越来越高的现象（有相关学者称之为“晶态智力”）。这种晶态智力的发挥，能够使他们的素质进一步提高，出现第二次创造高峰，直至巅峰。但是这些人普遍是在医疗卫生、文化教育、高级管理、学术研究等领域里的专家权威或专业方面的学术带头人。

对于个人而言，职业工作的稳定与适合是非常重要的。在上述5个阶段中，“稳定阶段”最长，“选择阶段”最为关键。而最开始的“准备阶段”在某种程度上决定和影响着选择方向与稳定性。

人一生的生命价值，在一定意义上说，就在于其职业生涯方面的成就和成功。在一个人有限的生命中，职业生涯往往占有绝对重要的位置。有统计资料显示，大部分人职业生涯时间占可利用社会时间的70%～90%。职业生涯伴随我们的大半生，甚至更长久，所以拥有成功的职业生涯才可能实现完美人生。

二、职业生涯发展规划的主要原则

大学生对自己的职业发展规划并不明确，不能运用职业生涯发展与设计理论，规划未来的工作与人生发展方向，这种情况目前还十分普遍，严重影响了大学生的职前准备和就业定位，甚至影响其参加工作后的适应和发展。因此，对大学生职业生涯进行合理规划十分必要。那么大学生该如何进行职业生涯发展规划呢?

大学阶段是职业的准备期，大学生进行职业生涯规划的主要目的是为进入工作世界做好各种准备。大学生在规划自己的职业生涯时，应该把个体和社会结合起来，把个体发展与组织发展结合起来，把现在与未来结合起来进行思考。正确的职业生涯发展规划能使一个人走向成功之路，不正确的职业生涯发展规划可能使一个人误入歧途。

1. 社会需要的原则

社会需要的原则是指个人在确定职业目标时，要把社会需要作为出发点和归宿，以社会对自己的要求为准绳，去观察、认识问题，进而确定自己的职业岗位。如果个人利益与国家利益发生矛盾时，个人要自觉地服从社会需要，到祖国最需要的地方去建功立业。

2. 发挥个人优势的原则

个人在选择职业岗位时，要综合自身素质情况，根据自身的特长和优势选择职业岗位，以利于今后在职业岗位上顺利地、出色地完成本职工作。根据自己能力所长选择职业岗位，既是胜任工作的需要，又是发挥个人的最大潜力进行创造性劳动的需要。适当考虑自己的性格特点，充分发挥性格特长也十分必要，从所学专业特点出发，做到专业基本对口，能够在职业岗位上大显身手。

3. 独立性原则

独立性原则是指规划职业生涯时有自己的主见，能根据自己的志向和判断独立做出选择。每个人在规划职业生涯时，他人及一些社会现象和信息会对自己产生一定的影响。如果没有主见，见的、听的越多会越糊涂。人云亦云、随大流的人多是没有多大作为的，但坚持独立性原则不是要求人们做规划时闭门造车，固执己见，不虚心听取别人的意见。

4. 主动性原则

主动性原则就是指我们在职业生涯规划实施过程中，要积极参与，主动出击。主动性表现在主动地完善自我，提高自己的素质，在就业前掌握一定的职业技能，为此后在职业竞争中获得成功打下基础。同时，还要主动地了解人才供求信息和规格要求，做好职业竞争的准备。

5. 长期性原则

职业生涯规划一定要从长远来考虑，只有这样才能给人生设定一个大方向，集中力量紧紧围绕这个方向做出努力。职业生涯规划一定要明确一个个可以实行的方案，各项主要活动何时实施、何时完成，都要有时间和时序上的妥善安排，人生各阶段的线路划分与安排都要具体可行，能够根据个人特点、用人单位发展需要和社会发展需要确定将来的目标。

6. 可操作性原则

职业生涯规划各阶段的路线划分与安排，必须具体清晰，切实可行；实现职业生涯目标的途径很多，在做规划时必须要考虑到自己的特质、社会环境、组织环境及其他相关的因素，选择切实可行的途径。职业生涯发展目标、措施是否清晰、明确？实现目标的步骤是否直截了当？职业生涯规划的设计应有明确的时间限制或标准，以便评估、检查与衡量，使自己随时掌握执行状况，并为规划的修正提供参考依据。

除了以上六种主要原则之外，还有挑战性原则、清晰性原则、适时性原则、适应性原则等。

第二节　影响职业生涯发展规划的因素

影响职业生涯发展的因素有很多，如个人特质、教育背景、人生目标等主观内在的个人因素，也有家庭背景、社会发展等客观外在的环境因素。在开始制定职业生涯规划之前，首先要仔细思考和探索影响自己职业生涯的每一个因素，只有这样，才能制定出行之有效的职业生涯规划。

一、影响职业生涯发展的个人因素

影响职业生涯发展最重要的因素是个人因素，个人因素主要包括个人特质、教育背景和人生目标。

（一）个人特质

个人特质是一个人相对稳定的思想和情绪方式，是其内部和外部可以测量的特质。我们把一个人在不同的情境下表现出的一些特点，称为个人特质，如害羞、进取、顺从、懒惰、忠诚、畏缩等。这些特质越稳定，在不同的情境下出现的频率越高，越有利于描述和预测个体的行为，跟职业生涯关系较密切的主要是气质、能力、意志。

气质这个概念最早是古希腊医生希波克拉底和罗马医生盖伦提出来的，他们在多次观察人们行为的个性特点后提出，人的气质分为四类：多血质、抑郁质、胆汁质和黏液质。巴甫洛夫在进行大量科学实验的基础上，用他的高级神经活动类型学说对气质类型的形成和划分做了自然科学的解释。气质对个体实践活动的影响，没有性质上的好坏之分，任何气质都有双重性，某种情况下可能具有积极意义，另一种情况下可能表现出消极的作用。

例如，多血质的人因为情绪丰富活泼，能力较强，容易适应环境，比较适合从事文艺性或公共关系性的工作，但是由于其兴趣转移比较快，不太适合从事科研工作。而抑郁质的人由于其情感深沉，观察力敏锐，办事稳重，比较适合从事科学研究或者政治理论研究工作，又因为其反应速度较慢，过于内向，不宜担任涉及公共关系的演讲及表演类工作。胆汁质的人一般感受性比较低，耐受性强，能忍受较强的刺激，能坚持较长时间的工作而不疲劳，精力旺盛且行为外向，直爽热情，情绪兴奋性高，此类气质的人从事行政管理类工作比从事计算机类及科学研究类工作要好。黏液质的人兴趣兴奋性低，但非常平稳，举止平和，行为内向，头脑清晰，做事有条不紊，不善言谈，从事档案管理类及文字编辑类工作比较好。由此可见，我们不能选择自己的气质，但是可以根据自己的气质来选择适合的职业，发挥气质中对职业积极的方面，克服消极的方面。

能力是掌握和运用知识技能、直接影响活动效率，使活动顺利完成的个性心理特征。个人能力决定了个人在职业生涯的道路上能够走多远，因为不同职业的不同阶段对个人能力的要求都是不同的，所以无论选择什么职业，向前发展都会受到能力的限制。在此意义上，个人能力比职业选择更加重要，能力足够强的人，即使选择了非最优的职业道路，一样可以取得理想的结果。

意志是一个人自觉地确定目标，支配与调节自己的行动，克服各种困难，从而达到预期目标的心理状态。一个人对自己行动的目标有全面充分的认识，能当机立断做出决定并予以执行，有坚韧的毅力、百折不挠的精神，在行动中善于控制自己的情绪，约束自己的言行，干事情有刻苦执着的精神等，这些都有助于职业生涯获得成功。没有坚强的意志，人就会在顺境中得意忘形，在逆境中消沉颓废，最终不能实现自己的职业生涯规划。由此可见，意志对于一个人的职业生涯发展影响深远。

案例 2-3

真正的高贵：不是优于别人，而是优于过去的自己

俞敏洪在《朗读者》第二季中，曾讲到过一个关于他父亲的故事。

年幼时候，父亲经常帮别人建房子，每次建完房子，就会把别人废弃不要的断砖乱瓦捡回来，或一块两块，或三块五块，久而久之，家里本来就小的院子多出了一大堆乱七八糟的砖头碎瓦。我完全不知道这堆东西的用处，就问父亲要做什么，父亲告诉我要造一间小房子。

终于有一天，父亲在院子一角的小空地上开始左右测量，开沟挖槽，随后的几天里，父亲和泥砌墙，用那堆乱砖左拼右凑，一间四四方方的小房子居然拔地而起，干净漂亮，和院子构成了一个和谐的整体。

当时我只是觉得父亲很了不起，从一块砖头到一堆砖头，最后变成一间小房子，父亲向我阐释了做成一件事情的全部奥秘。

一块砖头没有什么用，一堆砖头也没有什么用，如果你心中没有一个造房子的梦想，拥有天下所有的砖头也只是占据了一堆废物，但如果只有造房子的梦想，而没有砖头，梦想也没法实现。

日子如果没有目标地过下去，只不过是几段散乱的岁月，但如果把努力凝聚到每一日，去实现自己的某一个梦想，散乱的日子就积成了生命的永恒。

在《荀子·劝学篇》中有几句耳熟能详的至理名言：积土成山，风雨兴焉；积水成渊，蛟龙生焉；积善成德，而神明自得，圣心备焉；故不积跬步，无以至千里；不积小流，无以成江海，骐骥一跃，不能十步；驽马十驾，功在不舍；锲而舍之，朽木不折；锲而不舍，金石可镂。

无论做什么，要立志坚持。不管离目标还有多远，只要有志向，能坚持，永不放弃，就能到达胜利的彼岸。

迈克尔·乔丹是篮球界永远的传奇。但是，乔丹高中时的篮球水平并不怎么样，也没有显示出超常的天赋，甚至连校队都曾一度想拒绝他的加入。

教练看过他打球后说："年轻人，去做你更擅长的吧，篮球对于你实在不太合适，你无法改变你只有一米七的事实，球技也无法在短时间内变得炉火纯青。"

可是乔丹并未将这些放在心上，而对教练诚恳地说："谢谢您的提醒，不过，我觉得这些问题似乎都不是阻碍我喜欢篮球的、不可逾越的障碍，我现在年龄还小，个子还会长高，球技更不是问题，我可以练！"

教练被他的坚定打动了，允许他加入校队，入队后，乔丹从未忘记自己想成为"篮球巨人"的目标，他每天苦练球技，并尝试各种长高的办法，终于成为一个划时代的伟大的篮球"飞人"。

不断鞭策着自己朝着目标去努力、去行动的人，注定能成为他想成为的人。每一小步的自我激励，最后会创造奇迹。

拿破仑·希尔曾说："绝不要低估目标的力量，当你养成制定目标、实现目标的习惯之后，会大为改变，从前成就平平，现在却能取得连自己也想不到的成绩。"是的，相信自己能够改变，就能发挥无限的潜能。当一个人每时每刻朝着一个目标自我激励、不断努力之时，他定有机会创造辉煌。

成功的奥秘，在于坚定的目标、持续地努力、巧妙地分解以及自我的激励。

那些出类拔萃的人，往往很早就清楚地辨明了自己的方向，并且始终如一地去追寻心中梦想。

坚定地咬住目标，才能布局好自己的时间和精力，准确地寻觅突破口，找到聚光的"焦点"，才能一往无前，所向披靡。

一个追求卓越的人，一定有精彩的目标。

目标精彩了，人生也一定会精彩。

资料来源：节选自《朗读者》俞敏洪：优秀的人，都有这个特质

（二）教育背景

对于大学生来说，个体成长环境主要是指所受教育的环境。从狭义上来说，是指学校教育；从广义上来说，泛指社会上一切有教育作用的活动。就业问题，从根本上是人才培养问题。当前，社会环境的快速变革，对大学生的价值取向和政治信仰发生影响，也对高职教育提出了更高的要求。爱迪生曾说过，教育之于心灵，犹雕刻之于大理石。教育是赋予个人才能、塑造个人人格、促进个人发展的社会活动，它奠定了一个人的基本素质，对人生有着巨大的影响。很多时候一个企业会拒绝未达到某一教育水准的人。有些人拥有的技术已经过时或者过于专业化，结果因为市场对他们的才能需求削减，他们在职业上的处境就较为不利。由此可见，树立终身教育的观念，不断学习成为当下大学生的主要任务。教育上的成功与社会阶层的晋升有明显的关联，教育是改变社会阶层的主要动力，教育是一项工具，能够帮助优秀者突显于庸碌的同行者之上。人们的专业、职业种类，对其职业生涯发展有着深远的影响，即使人们转换职业，也往往与其教育水平和所学专业有一定联系。

（三）人生目标

有人说，生命是一支箭，你必须知道瞄准什么目标和如何拉弓，然后把弓弦拉足，这样箭才能飞射出去。由此可见，目标对人生发展十分重要。

人生目标分为内在目标和外在目标。内在目标是指一种内在的原有的人生目标，它主要包含四个方面：有意义的人际关系、对社会的贡献、个人发展成长和自身的健康。内在目标与自主需求、关系需求和能力需求有直接的联系，与个体的幸福感有显著的正相关，所以内在目标的实现是满足人们的基本心理需要的基础。外在目标是指一种外在附带的人生目标，主要包括三个方面：财富的积累、吸引人的外表和名誉。外在目标是由于基本心理需求不能得到满足从而导致产生不安全感，这种不安全感继而引发对外在抱负的追求，也就是说，假使人们无法满足基本心理的需要，但是又想获得一种确定的价值感，那么他们就可能会去追求那些外在目标，如财富的积累、吸引人的外表和名誉。而那些无法满足自身基本心理需求的个体追求外在目标的欲望会更加强烈。因为实现外在目标能够给个体带来一种确定的价值感，从而带来了个体内在需要的满足。

二、影响职业发展的家庭因素

家庭为每个人的早期成长创设了一种极其重要的情境，在决定个体将要做出的生涯决策的细节方面发挥着重要作用。与家庭成员相联系的因素则决定了个体的社会阶级地位、经济实力、对工作的态度。因此无论是在个体职业发展涉及的教育经济、社会支持等情境变量方面，还是兴趣、人格、能力等个体内部变量的形成过程中，家庭背景都发挥着十分重要的作用。

国外很多学者也一再论证了家庭因素对职业发展的重要性。职业生涯选择需求理论提出，早期的养育方式会影响个体职业选择的类型以及职业成就。职业选择是个体心理需要得到满足的过程，而个体心理需要的满足又受到遗传与环境的交互影响。家庭环境影响个体职业活动的形态，心理需要的强度则增强动机进而提高其职业成就水平。个体心理需要的满足受到早期家庭环境的影响，尤其是父母对待子女的态度，将极大地影响到个体成年后的职业选择。个体在早期家庭环境的影响下，发展出与人际交往、情绪反应、职业选择等相关的兴趣、能力、人格、价值观等。

案例 2-4

寒门贵子——《超级演说家》第二季总冠军刘媛媛

在这段演讲开始之前，我先问大家一个问题：你们当中有谁觉得自己是家境普通，甚至出身贫寒，将来想要出人头地只能靠自己？（现场嘉宾观众几乎全举手）你们当中又有谁觉得自己是有钱人家的小孩，起码奋斗的时候可以从父母那儿得到一点助力？（无人举手）

前些日子，有一个在银行工作了十年的资深人力资源管理师在网络上发了一篇帖子叫作《寒门再难出贵子》，意思是说在当下我们这个社会里面，寒门的小孩想要出人头地，想要成功比我们父辈那一代更难了。这个帖子引起了特别广泛的讨论，你们觉得这句话有道理吗？

先拿我自己来说，我就是出身寒门的，我家都不算寒门，我家都没有门。现在想想，我都不知道我爸跟我妈那么普通的一对农村夫妇，他们是怎么把三个孩子，我跟我的两个哥哥从农村供出来上大学、上研究生的。我一直都觉得自己特别幸运，我爸跟我妈都没怎么读过书，我妈连小学一年级都没上过，她居然觉得读书很重要，她吃再多的苦也要让我们三个孩子上大学。我一直也不会拿自己跟那些比如说家庭富裕的小孩做比较，说我们之间有什么不同，或者有什么不平等，但是我们必须要承认这个世界是有一些不平等的。他们有很多优越的条件而我们都没有，他们有很多的捷径我们也没有，但是我们不能抱怨。

每一个人的人生都不尽相同，有些人出生就含着金汤匙，有些人出生连爸妈都没有——人生跟人生是没有可比性的，我们的人生是怎么样完全决定于自己的感受。你一辈子都在感受抱怨，那你的一生就是抱怨的一生；你一辈子都在感受感动，那你的一生就是感动的一生；你一辈子都立志于改变这个社会，那你的一生就是斗士的一生。

英国有一部纪录片叫作《人生七年（7UP)》，片中访问了十二个来自不同阶层的七岁的小孩，每七年再回去重新访问这些小孩，到了影片的最后就发现：富人的孩子还是富人，穷人的孩子还是穷人。但是里面有一个叫尼克的贫穷的小孩，他到最后通过自己的奋斗变成了一名大学教授，可见命运的手掌里面是有漏网之鱼的。而且现实生活中寒门子弟逆袭的例子更是数不胜数。

所以当我们遭遇到失败的时候，我们不能把所有的原因都归结到出身上去，更不能去抱怨自己的父母为什么不如别人的父母。因为家境不好，它并没有斩断一个人他成功的所有的可能。当我在人生中遇到很大困难的时候，我就会在北京的大街上走一走，看着人来人往，那时候我就想："刘媛媛，你在这个城市里面真的是一无所依，你有的只是你自己，你什么都没有，你现在能做的就是单枪匹马在这个社会上杀出一条路来。"

这段演讲到现在已经是最后一次了，其实我刚刚在问的时候就发现了：我们大部分人都不是出身豪门的，我们都要靠自己！所以你要相信：命运给你一个比别人低的起点是想告诉你，让你用你的一生去奋斗出一个绝地反击的故事。这个故事关于独立、关于梦想、关于勇气、关于坚忍，它不是一个水到渠成的童话，没有一点点人间疾苦，这个故事是有志者，事竟成，破釜沉舟，百二秦关终属楚；这个故事是苦心人，天不负，卧薪尝胆，三千越甲可吞吴！

资料来源：刘媛媛．我不惧怕成为这样"强硬"的姑娘［M］．长沙：湖南文艺出版社，2017

三、影响职业发展的社会因素

社会是人才得以活动及发挥才干的舞台，也是影响人们成长与成功的重要条件和因素。社会的政治经济形势、涉及人们职业权利方面的管理体制、社会文化与习俗、职业的社会体系等社会因素，决定着社会职业岗位的数量与结构，决定着社会职业岗位出现的随机性与波动性，从而决定了人们对不同职业的认定和步入职业生涯、调整职业生涯的决策。同时，用人单位对员工的培养、自身的亲戚朋友交际网、在职业发展过程中所能获得的社会帮助、提高素质所需的学习机会和图书资料、与职业发展有关的制度与政策等也对社会职业结构的变迁、人的职业生涯变动的规律性产生了不同程度的影响。

社会因素中不得不提的还有机遇。机遇是一种随机出现的、具有偶然性和不确定性的事物，在人一生当中会遇到许多偶然的机会，有利的偶然机会就是机遇。如果出现了有利于个人发展、向上流动的职业环境，那就是出现了职业发展的机遇，这对一个人的职业生涯规划有积极的推动作用。把握机遇的前提是完善自我、提高素质、具备职业发展的潜质。如果事先缺乏周密的准备，就会与机遇擦肩而过。只有抓住了机遇，才能获得施展才华、快速成长的平台。

课堂小活动 2-3

拟定“墓志铭”

活动目标：通过活动思考生涯发展的终极价值，从而深刻领悟生涯规划的意义。

活动说明：墓志铭是把死者在世时的一切浓缩为一份个人的历史档案，无论是持家、德行、学问、技艺、政绩、功业等的大小，皆可介绍。请按以下提纲来编写自己的墓志铭。

基本信息：姓名、性别、生年、卒年、享年

1. 一生的理想与目标：
2. 在不同年纪时的成就：
3. 对社会、家庭或其他人的贡献：
4. 我是一个怎样的人：

起点一句话定位：

三十岁一句话定位：

四十岁一句话定位：

五十岁一句话定位：

六十岁一句话定位：

七十岁一句话定位：

将上述拟好的墓志铭与同学分享并讨论：

1. 你认为哪些人的人生目标吸引你并值得尊重？
2. 你认为哪些人的成就是“真正”的成就？为什么？
3. 你认为对社会或他人最有贡献的是谁？
4. 假如你要替自己重写墓志铭，你会怎样写呢？

活动总结：生命线不是掌握在别人手里，它只有一个主人，就是你自己。生命最宝贵之处，并不在它的长度，而在它的广度和深度。如果我们能精彩地过好每一分钟，那么这时间流过的总和，也必定精彩。

第三节　职业和职业理想

一、职业分类

（一）职业分类的概念

职业分类是采用一定的标准和方法，依据一定的分类原则，对从业人员所从事的各种专门化的社会职业进行全面、系统地划分与归类。职业分类客观地反映国家经济、社会和科技等领域的发展和变化，在某种程度上也反映了一个阶段的社会管理水平。

（二）职业分类的意义

职业分类是进行劳动力需求预测与规范，大力发展职业教育，全面提高劳动者素质，实施职业咨询和就业指导，形成劳动力资源优化配置的需要。

职业分类是制定国家职业资格标准、推进职业技能鉴定和职业资格证书工作的先行性、基础性工作。

（三）我国的职业分类

关于职业的描绘词语非常多，特别是当今社会高速发展，社会化分工越来越细化的时代，我国的职业分类大典最初版本是 1999 年发布的《中华人民共和国职业分类大典》，共收录了 1 838 个职业。虽然有增补本，但都是关于新职业产生的补充，并没有对职业分类的结构和标准进行结构上的变动，2004 年 8 月，劳动和社会保障部向社会发布第一批 9 个新职业以后，同年 12 月，又向社会发布了第二批 10 个新职业。这些新职业基本上都集中在现代服务业，主要是管理、策划创意、设计和制作。其特点是不仅要求从业人员有较高的理论知识素养，而且要求有较强的动手能力，属于高技能人才中知识技能型人才。

2010 年后，国家启动了《中华人民共和国职业分类大典》修订工作。2015 年 7 月，颁布了 2015 年版《中华人民共和国职业分类大典》。2015 年修订后的职业分类仍分为 8 个大类，但中类小类有所增减。

第一大类：党的机关、国家机关、群众团体和社会组织、企事业单位负责人

第二大类：专业技术人员

第三大类：办事人员和有关人员

第四大类：社会生产服务和生活服务人员

第五大类：农、林、牧、渔业生产及辅助人员

第六大类：生产制造及有关人员

第七大类：军人

第八大类：不便分类的其他从业人员

2015 年版《中华人民共和国职业分类大典》颁布以来，随着经济社会发展、科学技术进步和产业结构调整，新产业新业态新模式滋生孕育出新职业，亟须重启新职业信息发布工作。2019 年，人力资源和社会保障部正式发布 13 个新职业。

随着我国近 15 年来社会经济科技的高速发展，具体在传统职业种类上又继续增加了一些新的职业。

1. 第一批新职业

2004 年 8 月 19 日，劳动和社会保障部正式向社会发布第一批 9 个新职业，具体职业名称为：形象设计师、锁具修理工、呼叫服务员、水生哺乳动物驯养师、汽车模型工、水产养殖质量管理员、汽车加气站操作工、牛肉分级员、首饰设计制作员。

2. 第二批新职业

2004 年 12 月 2 日，劳动和社会保障部正式向社会发布第二批 10 个新职业，具体职业名称为：商务策划师、会展策划师、数字视频（DV）策划制作师、景观设计师、模具设计师、建筑模型设计制作员、家具设计师、客户服务管理师、宠物健康护理员、动画绘制员。

3. 第三批新职业

2005 年 3 月 31 日，劳动和社会保障部正式向社会发布第三批 10 个新职业，具体职业名称为：信用管理师、网络编辑员、房地产策划师、职业信息分析师、玩具设计师、黄金投资分析师、企业文化师、家用纺织品设计师、微水电利用工、智能楼宇管理师。

4. 第四批新职业

2005 年 10 月 25 日，劳动和社会保障部正式向社会发布第四批 11 个新职业，具体职业名称为：健康管理师、公共营养师、芳香保健师（SPA）、宠物医师、医疗救护员、计

算机软件产品检验员、水产品质量检验员、农业技术指导员、激光头制造工、小风电利用工、紧急救助员。

5. 第五批新职业

2005 年 12 月 12 日，劳动和社会保障部正式向社会发布第五批 10 个新职业，具体职业名称为：礼仪主持人、水域环境养护保洁员、室内环境治理员、霓虹灯制作员、印前制作员、集成电路测试员、花艺环境设计师、计算机乐谱制作师、网络课件设计师、数字视频合成师。

6. 第六批新职业

2006 年 4 月 29 日，劳动和社会保障部正式向社会发布第六批 14 个新职业，具体职业名称为：数控机床装调维修工、体育经纪人、木材防腐师、照明设计师、安全防范设计评估师、咖啡师、调香师、陶瓷工艺师、陶瓷产品设计师、皮具设计师、糖果工艺师、地毯设计师、调查分析师、肥料配方师。

7. 第七批新职业

2006 年 9 月 21 日，劳动和社会保障部正式向社会发布第七批 12 个新职业，具体职业名称为：房地产经纪人、品牌管理师、报关员、可编程序控制系统设计师、轮胎翻修工、医学设备管理师、农作物种子加工员、机场运行指挥员、社会文化指导员、宠物驯导师、酿酒师、鞋类设计师。

8. 第八批新职业

2007 年 1 月 11 日，劳动和社会保障部在上海召开第八批新职业信息发布会，正式向社会发布 10 个新职业，具体职业名称为：会展设计师、珠宝首饰评估师、创业咨询师、手语翻译员、灾害信息员、孤残儿童护理员、城轨接触网检修工、数控程序员、合成材料测试员、室内装饰装修质量检验员。

9. 第九批新职业

2007 年 4 月 25 日，劳动和社会保障部正式向社会发布第九批 10 个新职业，具体职业名称为：衡器装配调试工、汽车玻璃维修工、工程机械修理工、安全防范系统安装维护员、助听器验配师、豆制品工艺师、化妆品配方师、纺织面料设计师、生殖健康咨询师和婚姻家庭咨询师。

10. 第十批新职业

2007 年 11 月 22 日，劳动和社会保障部在青岛召开第十批新职业信息发布会，正式向社会发布我国服务业领域近来产生的 10 个新职业的信息。具体职业名称为：劳动关系协调员、安全评价师、玻璃分析检验员、乳品评鉴师、品酒师、坚果炒货工艺师、厨政管理师、色彩搭配师、电子音乐制作师、游泳救生员。

11. 第十一批新职业

2008 年 5 月 28 日，人力资源和社会保障部在广州市召开第十一批新职业信息发布会，正式向社会发布了动车组司机、动车组机械师、燃气轮机运行值班员、加氢精制工、干法熄焦工、带温带压堵漏工、设备点检员、燃气具安装维修工 8 个新职业信息。

12. 第十二批新职业

2009 年 11 月 12 日，人力资源和社会保障部在上海召开第十二批新职业信息发布会，正式向社会发布中国生产操作和服务业领域近来产生的 8 个新职业的信息。具体职业名称为：皮革护理员、调味品品评师、混凝土泵工、机动车驾驶教练员、液化天然气操作工、煤气变压吸附制氢工、废热余压利用系统操作工、工程机械装配与调试工。

13. 第十三批新职业

2019年4月1日，人社部、市场监管总局、统计局正式向社会发布了人工智能工程技术人员、物联网工程技术人员、大数据工程技术人员、云计算工程技术人员、数字化管理师、建筑信息模型技术员、电子竞技运营师、电子竞技员、无人机驾驶员、农业经理人、物联网安装调试员、工业机器人系统操作员、工业机器人系统运维员13个新职业信息。这些新职业是2015版《中华人民共和国职业分类大典》中未收录的，社会经济发展中已有一定规模从业人员，且具有相对独立成熟的专业、技能要求的职业。

在对新职业的定义和主要工作任务描述中，并不含有对从业人员的学历层次要求，但是从对主要工作任务的描述中不难看出，新职业所需的人才培养对高等教育和职业教育均有涉及。新职业信息的发布有利于促进职业教育和职业培训改革，推动专业设置、课程内容与社会需求和企业生产实际相适应，促进职业教育培训质量提升，实现人才培养培训与社会需求紧密衔接。

（四）新职业：大学生就业的风向标

这些新职业产生是产业结构升级、科技发展、信息化的产物。

（1）产业结构升级催生高端专业技术类新职业。当前，我国经济已由高速增长阶段转向高质量发展阶段，这对劳动者的科学文化素质和能力水平提出新的要求。近几年，随着我国人工智能、物联网、大数据和云计算的广泛运用，与此相关的高新技术产业成为我国经济新的增长点。对从业人员的需求大幅增长，形成相对稳定的从业人群。人工智能工程技术人员、物联网工程技术人员、大数据工程技术人员和云计算工程技术人员四个专业应运而生。

（2）科技发展引发传统职业变迁。随着新兴技术的采用，传统的第一、第二产业越来越智能化。工业机器人替代生产流水线上简单劳动力的做法在部分地区得到推广，与机器人相关的生产、服务和培训企业蓬勃发展。工业机器人的大量使用，对工业机器人系统操作员和系统运维员的需求剧增，使其成为现代工业生产一线的新兴职业。随着无人机技术的成熟，利用无人机完成一些人类难以完成的高难险和有毒有害工作成为可能，通过无人机可以进行植保、测绘、摄影、高压线缆和农林巡视，无人机在物流等领域也拥有广阔的应用空间。大量无人机的使用，使无人机驾驶员成为名副其实的新兴职业。

（3）信息化的广泛应用衍生新职业。信息化如同催化剂，使传统职业的职业活动内容发生变革，从而衍生出新职业，如数字化管理师、建筑信息模型技术员。随着物联网在办公、住宅等领域得到广泛应用，信息化与现代制造业深度结合，物联网安装调试从业人员需求量激增。近几年，在国际赛事的推动下，基于计算机的竞技项目发展迅猛，电子竞技已成为巨大的新兴产业，电子竞技运营师和电子竞技员职业化势在必行。在农业领域，农民专业合作社等农业经济合作组织发展迅猛，从事农业生产组织、设备作业、技术支持、产品加工与销售等管理服务的人员需求旺盛，农业经理人应运而生。

新职业的诞生是大学生就业的风向标，有利于加快开发就业岗位，扩大就业容量，强化职业指导和就业服务，促进劳动者就业创业；有利于促进职业教育和职业培训改革，推动专业设置、课程内容与社会需求紧密衔接；有利于完善我国职业分类和职业标准体系。

二、职业理想

职业理想是人们在职业上依据社会要求和个人条件，借想象而确立的奋斗目标，即个人渴望达到的职业境界。它是人们实现个人生活理想、道德理想和社会理想的手段，并受社会理想的制约。

职业理想是人们对职业活动和职业成就的超前反映，与人的价值观、职业期待、职业目标密切相关，也与人的世界观、人生观密切相关。

职业是多样性的。一个人选择什么样的职业，与他的思想品德、知识结构、能力水平、兴趣爱好等有很大的关系。政治思想觉悟、道德修养水准以及人生观决定着一个人的职业理想方向。知识结构、能力水平决定着一个人的职业理想追求的层次。个人的兴趣爱好、气质性格等非智力因素以及性别特征、身体状况等生理特征也影响着一个人的职业选择。因此，职业理想具有一定的个体差异性。

一个人的职业理想的内容会因时因地因事而发生变化。随着年龄的增长、社会阅历的增强、知识水平的提高，职业理想会由朦胧变得清晰，由幻想变得理智，由波动变得稳定。因此，职业理想具有一定的发展性。孩提时代，想当一名警察，长大后却成了一名教师的事实就说明了这一点。

社会的分工、职业的变化，是影响一个人职业理想的决定因素。生产力发展的水平不同、社会实践的深度和广度的不同，人们的职业追求目标也会不同，因为职业理想是一定的生产方式及其所形成的职业地位、职业声望在一个人头脑中的反映。

（一）职业理想的作用

当今社会的整体发展日新月异，社会化分工也越来越细致，作为我们当代青年大学生的职业理想与职业选择也是朝越来越多元化的方向发展，因此职业理想的作用，也越来越需要被明确，职业理想的具体作用如下。

1. 导向作用

理想是前进的方向，是心中的目标。人生发展的目标是通过职业理想来确立，并最终通过职业理想来实现。托尔斯泰曾说过："理想是指路的明灯，没有理想就没有坚定的方向，就没有生活。"同学们在现阶段的学习生活中也已经深切地感受到，一旦学习目的不明确，学习的热情就会低落，学习的效果就不明显。因此，有了明确的、切合实际的职业理想，再经过努力奋斗，人生发展目标必然会实现。

2. 调节作用

职业理想在现实生活中具有参照系的作用，它指导并调整着我们的职业活动。当一个人在工作中偏离了理想目标时，职业理想就会发挥纠偏作用，尤其是在实践中遇到困难和阻力时，如果没有职业理想的支撑，人就会心灰意冷、丧失斗志。此外，如果一个人只把自己的追求定位在找到"好工作"上，即便是将来有实现的可能，也不能算是崇高的职业理想，因为，这样的理想一旦实现，他就会不思进取，甚至虚度年华。总之，一个人只有树立正确的职业理想，无论是在顺境还是在逆境，都会奋发进取，勇往直前。

3. 激励作用

职业理想源于现实又高于现实，它比现实更美好。为使美好的未来和宏伟的憧憬变成现实，人们会以坚忍不拔的毅力、顽强的拼搏精神和开拓创新的行动去为之努力奋斗。

（二）职业理想与职业道德

我们还需要强调，既然有职业，有职业的粗放型划分、细致型划分，劳动所得、劳动报酬等这些概念，那么就会产生行业的规范准则及职业岗位的规范和职业岗位的准则。我们把这些规范和准则称为职业道德，就是同人们的职业活动紧密联系的，体现职业特征的道德活动现象、道德意识现象和道德规范现象，是社会道德在职业生活中的具体体现，是在职业生活中处理和协调人与人、人与社会、人与自然的关系的道德准则。

职业道德规范是社会道德规范中的重要部分，它是从业人员职业道德行为和职业道德关系的普遍规律的反映，是一定社会或阶级以及一定职业对从业人员行为和关系的基本要求的概括，是从业人员在职业道德活动中应该普遍遵循的行为善恶准则或标准。

我们应该把职业理想建立在职业道德的基础上，去奋发图强、充满激情地规划设计自我的职业发展之路。

（三）树立正确的职业理想的方式

任何事物都具有两面性，在我们广大青年能拥有健康、蓬勃的职业理想的同时，就可能有一部分青年大学生由于各种因素导致缺乏正确的职业理想。大致可以通过以下几种方式来解决该问题。

1. 找出自身不足

（1）性格中的弱点。人无法避免与生俱来的弱点，必须正视，并尽量减少其对自己的影响。譬如，一个独立性强的人会很难与他人默契合作，而一个优柔寡断的人也难以担当社会平台管理者的重任。卡耐基曾说："人性的弱点并不可怕，关键要有正确的认识，认真对待，尽量寻找弥补、克服的方法，使自我趋于完善。"因此要安下心来，多跟别人沟通，尤其是与自己熟悉的人，如父母、同学、朋友等交谈。看看别人眼中的你是什么样子，与你的预想是否一致，找出其中的偏差，这将有助于自我提高。

（2）找出生活经历中所欠缺的方面。"金无足赤，人无完人"，由于自我经历的不同，环境的局限，每个人都无法避免一些经验上的欠缺，特别是面对招聘单位纷纷提出应聘者必须有数年工作经验这个条件的时候。有欠缺并不可怕，怕的是自己还没有认识到或意识到而一味地不懂装懂。正确的态度是认真对待，善于发现，并努力克服和提高。

2. 进行多方面分析

（1）社会环境分析。社会在高速发展，即将步入社会的大学生们更应善于把握社会发展脉搏。这就需要做社会生态环境的分析：当前社会、政治、经济科技、行业、消费等的发展趋势；社会热点职业门类分布及需求状况；所学专业在社会上的需求形势；自己所选择职业在目前与未来社会中的发展情况；社会发展对自身发展的影响等。对这些社会生态环境高速发展的分析认知，有助于我们每一个大学生正确地对待职业社会需求，使自己的职业选择紧跟时代脚步。

（2）平台概念的分析。这应是每个人着重分析的部分，平台是你实现个人抱负的舞台，什么样的平台，什么样的结果，你选择一个平台，就意味着选择了一种生活。特别是现代社会生态环境越来越强调平台这个概念，对员工的适应生存能力要求越来越高，因而应对你即将选择的平台的各个方面做详细了解，在知己知彼的基础上，只有两者之间拥有较多的共同点，才是个人融入平台的最佳选择。

（3）个人交际人脉关系分析。个人处于庞杂的社会环境中，不可避免地要与各种人打交道，因而分析人际关系状况显得尤为必要。人际关系分析应着眼于以下几个方面：个人职业发展过程中将与哪些人交往；哪些人将对自身发展起重要作用；工作中会遇到什么样的上下级、同事及竞争者，对自己会有什么影响；如何与之相处，如何对待等。

3. 明确选择方向

通过以上自我分析认识，我们要明确自己该选择什么职业方向，即解决“我选择做什么”的问题，这是个人职业生涯规划的核心。职业方向直接决定着一个人的职业发展。职业方向的选择应按照职业生涯规划的特性，结合自身实际来确定，选择自己所爱的行业、岗位，从内心自发地认识到要热爱和呵护自己选择的工作，只有关爱它，才可能全身心地投入，做出一番成就。

因此，通过职业生涯发展的设计可以明确发展的目标和方向，经过个人的努力使潜能得到发挥，可以实现人生的事业梦想。随着社会的快速发展和进步，社会为大学生们施展才华提供了更为广阔的舞台。而当代大学生们追求事业成功的愿望更为迫切，但是任何事物的形态都具有两面性，机遇和挑战是并存的。因此，大学生们只有在大学期间认真做好职业生涯发展规划，全面剖析自己，科学地确定自己职业发展的目标和方向，并不断开发自己的潜能，才能正确掌握自己人生的航向，驶向人生成功的彼岸。

第四节　职业认同与职业选择

一个人的职业生涯应是在一定社会平台环境中发展实现的。也就是说，个人的发展与社会平台的环境目标利益是一致的。由此可见，我们对职业的认同和职业的选择非常重要，目标一致，就会形成顺风顺水的工作环境和工作心态，反之，则会产生大量的负能量场，从而让工作和生活停滞甚至倒退。那么，何为职业认同以及职业选择呢？

一、职业认同

所谓职业认同其实就是指个人对所从事的职业主观建构的、与职业特征联系在一起的认知和感受，常常包括职业角色的意义感和价值感、职业是否有乐趣和吸引力等，通俗地理解就是我们大家要认可我们所从事的工作，认同我们所做的工作。尤其在目前职业调整相对比较频繁的背景下，如果对自己所从事的工作不认可，不仅工作不能取得成绩而且会产生消极怠工的心理，这样工作就做不好，身心状态也自然会处于不佳的状态。

职业认同分为过程性职业认同和状态性职业认同。其中过程性职业认同是指个体从自己经历中逐渐发展出的认同自己职业角色的过程；状态性职业认同是指个体当前对自己所从事职业的认同程度。

二、职业选择

所谓职业选择，是指人们从自己的职业期望、职业理想出发，依据自己的兴趣、能力、特点等自身素质，从社会现有的职业中选择一种适合自己的职业。

职业选择包括从业以前的选择和从业以后的选择，前者通过选择实现就业，后者通过选择实现职业变换。一个人职业选择是否恰当，不仅关系到个人意愿和兴趣的满足，也关系到自身才能的发挥和对社会贡献的大小。

对于大学生以及社会、行业而言，职业选择的作用和意义如下。

（1）职业选择有利于实现职业工作中劳动生产资料与职业工作者的较好结合。

（2）职业选择有利于社会、企业以及职业工作者获得较大的经济效益。

（3）职业选择有利于优化社会风气。

（4）职业选择有利于促进职业工作者的全面发展。

由此可见，我们在选择职业时，首先应认识自我。认识自我就是对自己的兴趣、气质、性格、能力、身心素质、知识结构、家庭文化背景等进行全面、客观地评价，从而确定自己所适合的职业范围。其次是了解职业。了解职业就是要分析职业内容、职业活动特点、职业环境、职业地位及经济收入等有关情况，从而找出欲从事的某种职业对从业者素质的具体要求。最后是人职匹配。根据对自身的评价和对职业的分析，确定自己适合从事的职业范围。这样选择职业可增加求职的针对性，减少盲目性。需要指出的是，决定人们选择何种职业的因素是极为复杂的，加上人又有较强的可塑性，所以选择职业还要考虑社会环境、社会心理、就业政策等因素。

从某种意义上讲，职业选择就是选择人生，就是选择自己的未来。一个人生活的好坏、社会地位的高低及其对社会贡献的大小，在很大程度上是由他所从事的职业及其在职业岗位上的贡献决定的。为什么有些人本该在事业上获得成功，却事与愿违，这并不完全是他们能力不够，主要是他们选择了不适合发挥自身特长的职业。而那些事业有成的人，也并不一定比别人聪明，关键在于他们找到了适合自己特点的职业。合适的职业使他们的个人才能得到充分发挥，为他们带来了无限的创造机会，也带来了事业的成功。职业活动中的创造，体现了一个人一生中最主要的创造，人们在职业生活中体验到的幸福，含义最深刻，生命力最持久。所以说，职业选择是决定一个人的社会地位、经济收入乃至生活方式的重要因素。

第五节　大学生活对职业生涯发展的影响

一、大学的学习生活是职业生涯的起步

当今社会是知识竞争时代，一切的竞争归根结底都有赖于知识的运用。所以，大学生一定要扎扎实实地学习，为未来的职业生涯做好充分的知识准备。这一阶段也可称为职业准备阶段。这是个人职业生涯的起步阶段，是决定能否赢在起点的重要阶段，是人生的第一个转折点。虽然一个人最初选择的专业并不代表他未来的职业，但在经过职业生涯规划基础上的有针对性的选择会为人一生的事业奠定基础，如果你未来的职业和所学专业一致的话，那么你的职业将更加稳定和有发展前途，其职业生涯将更精彩。职业准备阶段要掌握如下知识。

（1）专业知识。专业知识是创业者们在自己所熟悉的领域内开拓和发展事业的通行证。

（2）哲学、社会科学知识。必要的哲学、社会科学知识会使我们更加睿智和理性。

（3）外语、计算机与网络知识。它们是跨时空、跨学科文化交流的必备工具，掌握了优秀的外语、计算机与网络知识将会如虎添翼。

（4）政治法律知识。政治法律知识是规范人们行为、保护自身权益的一把利剑。

（5）社会交往知识。社会交往中良好的人际关系是成功的又一重要指标。

二、大学学习期间参加社会活动可以提高自己的职业素养能力

各种社会实践活动对于大学生的成长都是有益的。对于参加社会实践的大学生来说，无论是在能力积累、社会经验、与人交往还是在心理健康方面都是大有益处的。

（1）参加社会实践活动可以提高大学生社会适应能力。社会和学校是两个不同的天地，大学生在学校经常与社会接触，走向社会后才能尽可能地缩短自己的适应期。

（2）参加社会实践活动可以提高语言表达与书面表达能力。语言表达与书面表达能力

不仅在工作以后显示出其重要性，而且在大学毕业生求职择业过程中也发挥着不可低估的作用，如求职推荐信的撰写、个人资料的准备、接受用人单位的面试等。

（3）参加社会活动可以积累社会经验。常言道：镇定是力量的源泉，急躁是无能的表现。成功的第一步是临危不惧、遇难不退，用镇定法去承受困难与危机并赢得时间，用忍耐去迎接机会的来临。此外，参加社会活动有利于人际关系的沟通。

现今很多高校为提高大学生工作实践能力，对大学生参加社会实践都有明确的要求，并将参加社会实践作为大学生综合评定的内容之一。大学生就业艰难，虽然说不上是难于上青天，但现在有很多招聘单位都有“要求有工作经验”的附加条件，有了经验，就不会被拒之门外。

三、工作实践有利于职业生涯发展

在万众创新创业的大学生队伍中，有许多人就是冲着提升能力来备战的。各大高校已经有很多学子不满足于寒暑假期间的工作实践。究其原因工作实践可为择业、就业、创业夯实基础。课余工作实践不仅可以积累企业要求的工作经验，而且可以消除与企业之间的沟通障碍，走上岗位不会成为“职场小白”，这种实践经验对今后的工作履历最有帮助，甚至可以成就最终就业的愿望。

工作实践可以培养交际、处事等方面的能力。人是锻炼出来的，大学期间合理的兼职可以让人得到更早更多的锻炼。

工作实践能让人较早地接触社会，更清楚地认识社会，这样就可以更好地适应社会。通过工作实践可以让人认识到社会的复杂性，同时也可以体味生活的艰辛。

工作实践可以利用课余时间锻炼自己的能力，具有工作实践的人更成熟，更能适应社会。竞争是残酷的，只有不断地充实、锻炼自己，才能在竞争中立于不败之地。

当然，大学生如果抛开学业，一味搞工作实践，则会因精力不够而影响学业。大学生工作实践应注重自己的专业知识的提升，要在不影响自己学业的前提下进行工作实践，才能获得学业与社会实践能力的双丰收。

思考题

1. 什么是职业生涯，其中最关键的节点是什么？

2. 刚上大一的学生，虽然觉得职业生涯发展规划是很有价值的，但是毕竟离找工作还很远，一切都在变化，现在进行职业生涯规划是否为时过早？临近毕业的学生，正忙于找工作，目前只关心如何快速找到一份好工作，现在再来探索什么工作适合自己，是否为时已晚？职业生涯规划是要有计划地安排自己的发展，但是人生有可能照计划按部就班吗？

3. 给自己制定一份职业生涯发展计划书。

4. 简述职业理想对职业选择的作用。

5. 如何提升职业认同感？

6. 大学生的个人生活的能力应具备哪些，对个人职业生涯发展的帮助有哪些？

第二篇

职业生涯规划

第三章 认识自我

评价目标

知识目标：了解自己的职业兴趣，了解自己的职业性格。

能力目标：学会运用橱窗法和360度评估法进行测评，学会运用霍兰德职业兴趣测试工具自测，学会运用MBTI职业兴趣测试工具自测。

情感价值观目标：了解自己的职业能力和职业价值观，为职业生涯规划做好准备。

教学方法

通过理论的学习，按照自我测评的方法进行全方位的测评，为职业生涯规划做好准备工作。

万事开头难，大学生的职业生涯规划的第一步就是要做好自我认知，准确地了解自己喜欢做什么——职业兴趣，适合做什么——职业性格，想要做什么——职业价值观，只有弄清楚了以上几个问题，才能够做好自己的职业生涯规划。

第一节 自我认知概述

案例 3-1

学喜欢的专业、做喜欢的职业

九江职业大学学生李启聪，性格外向、活泼、善言谈、喜欢与人交流，高考填报志愿时听亲友介绍说学习数控技术专业毕业后好找工作，且工作收入高，所以就毫不犹豫地报考了这个专业。开学后经过一段时间的学习，他发现自己不喜欢这个专业，对专业课学习没有一点兴趣。在听了大学生职业生涯规划课之后，他找指导教师做了职业兴趣和性格测试，发现自己的职业兴趣和性格都与现学专业不符合，所以根据测试结果，果断申请转到与自己兴趣、性格更适合的旅游管理专业，从此大学的生活、学习开始变得轻松快乐起来。他毕业后在南昌市一家大型旅游公司工作，工作几年下来，个人发展情况很不错，年收入也已超过10万元，他对老师说："我最幸运的就是当年重新选择了自己喜欢学的专业，现在可以做自己喜欢做的事情。"

大学生的职业规划基本上都是从高考填报志愿时开始的，选择报考专业的过程就是思考自己将来大学里学习、毕业后就业所要从事的行业的过程。专业的学习是一个长时间积累的过程，在一个自己喜欢的领域学习知识，增长才干，发掘潜能，是一种幸运和快乐。选择一个自己不感兴趣的领域，学习过程中会缺乏动力，学习效果也难以尽如人意，可是很多考生根本不知道自己到底适合什么样的专业，在选择专业时往往盲目跟风，选择报考人数多的、地理位置好的高校，或者是追求高考成绩最大效益，从而忽略了自身的兴趣、性格和个人的职业发展。本章我们将介绍一些测评工具，通过这些测评工具来了解自己的兴趣、性格、能力、价值观等，为职业生涯规划做好准备。

一、自我认知的概念

自我认知也叫自我意识，是对自己的洞察和理解，包括自我观察和自我评价。自我观察是指对自己的感知、思维和意向等方面的觉察。自我评价是指对自己的想法、期望、行为及人格特征的判断与评估，这是自我调节的重要条件。

自我认知主要包括自我认识、自我体验和自我监控三种心理成分。

（一）自我认识

自我认识是主观自我对客观自我的认识与评价，是自己对自己身心特征的认识。自我评价是在这个基础上对自己做出的某种判断。正确的自我评价，对个人的心理及其行为表现有较大影响。如果个体对自身的估计与社会上其他人对自己客观评价距离过于悬殊，就会使个体与周围人们之间的关系失去平衡，产生矛盾，长此以往，将会形成稳定的心理特征——自满或自卑，将不利于个人心理上的健康成长。自我认识在自我意识系统中具有基础地位，属于自我意识中“知”的范畴，其内容广泛，涉及自身的方方面面。

对大学生进行自我认识训练，重点放在三个方面：第一，让大学生能认识到自己的身体特征和生理状况；第二，让大学生认识到自己在集体和社会中的地位及作用；第三，让大学生认识到内心的心理活动及其特征。自我评价是自我意识发展的主要成分和主要标志，是在认识自己的行为和活动的基础上产生的，是通过社会比较而实现的。由于大学生自我评价能力不足，往往不是过高就是过低，大多属于过高型。因此，大学生自身要提高自我评价能力，就应学会与同伴进行比较，通过比较做出评价，还应学会借助别人的评价来评价自己，学会用一分为二的观点评价自己。由于自我评价是自我认识中的核心成分，它直接制约着自我体验和自我监控，所以，对自己进行自我意识训练，核心应放在自我评价能力的提高上。

（二）自我体验

自我体验是主体对自身的认识而引发的内心情感体验，是主观的我对客观的我所持有的一种态度，如自信、自卑、自尊、自满、内疚、羞耻等都是自我体验。自我体验往往与自我认知、自我评价有关，也和自己对社会的规范、价值标准的认识有关，良好的自我体验有助于自我监控的发展。对大学生进行自我体验训练，就是让其有自尊感、自信感和自豪感，不自卑、不自傲、不自满。

（三）自我监控

自我监控是自己对自身行为、思想、言语的控制，具体表现为两个方面：一是发动作用；二是制止作用。也就是支配某一行为，抑制与该行为无关或有碍于该行为进行的行为。进行自我认知、自我体验的训练目的是进行自我监控，调节自己的行为，使行为符合群体规范，符合社会道德要求，从而通过自我监控调节自己的认识活动。提高大学生自我监控能力，重点应放在由外控制向内控制的转变上。

每一个人都是独特的个体，跟别人是不一样的，同一个班上的同学不仅在外表上，在能力和兴趣上也有许多差别，而且每个人的潜力是不一样的。我们常说：“天生我才必有用”，一个人总要在某处寻找到自己的用武之地，或者说只有在正确认识自我的条件下，认识到自己的职业兴趣、个人性格特质、职业技能，才能找到适合自己的工作岗位，才有可能干得好，并取得一定的成绩，为社会做出贡献。

二、自我认知的方法

德国哲学家尼采说："聪明的人只要能认识自己，便什么也不会失去。"如果换个角度来理解尼采的话，便是能认识自我的人，才是聪明人。可是认识自我，是有一定困难的，现代心理学在帮助我们认识自我方面提供了方法，下面介绍几种常用的认识自我的方法。

（一）橱窗分析法

橱窗分析法是借助直角坐标不同象限来表示人的不同部分的分析方法，如图 3.1 所示。

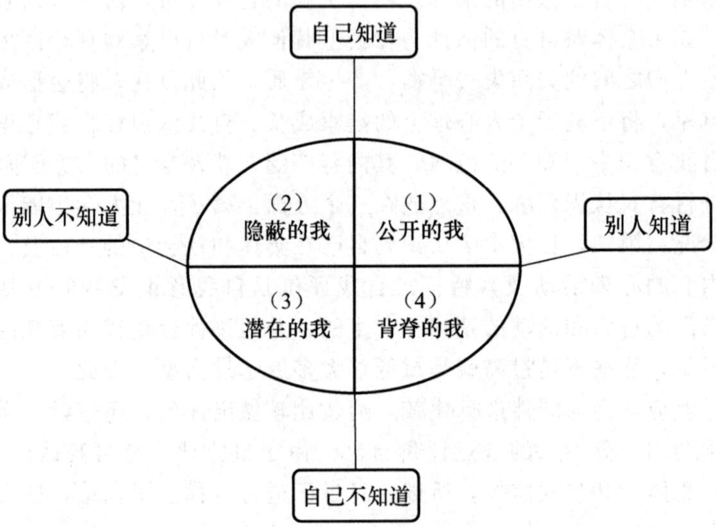

图 3.1 橱窗分析法

橱窗（1）：公开的我。自己知道，别人也知道的部分，其特点是展现在外，无所隐藏，比如身高、学历、年龄、婚姻状况等。

橱窗（2）：隐蔽的我。自己知道，别人不知道的部分，其特点是秘密不外显。比如自私、嫉妒等平常自己不愿袒露的缺点，以及心中的愿望、雄心等不敢告诉别人的部分。可以采取撰写自传或日记的方式来了解自我，可以了解自身成长的大致经历和自我计划情况等。

橱窗（3）：潜在的我。自己不知道，别人也不知道的部分，其特点是开发潜力巨大，但通常别人和自己都不容易发觉。可以通过人才测评来发现自己平时注意不到的潜力，也可以在学习和生活过程中，多做尝试来发现自己的潜力。

橱窗（4）：背脊的我。自己不知道，别人知道的部分，其特点是自己看不到，别人却看得清清楚楚。可以采取同自己的家人、朋友等交流的方式，可以借助录音、摄像等了解自己，要做到开诚布公，对别人提出的意见有则改之，无则加勉。

通过以上四个橱窗的透视，可以在一定程度上对自我的认识有一个很大的提高。

（二）360 度评估法

360 度评估法又称多渠道评估法，是指通过自我评估，父母、家人评估，同学、朋友评估，老师、领导评估以及其他社会关系评估等，收集与自己有密切关系的，来自不同层面人员的评估信息，全方位地评估自己的方法。

通过评估反馈，可以获得来自多层面人员对自己素质、能力等的评估意见，比较全面、客观地了解自己，为自己进行职业生涯规划及发展能力做参考。

360 度评估法与橱窗分析法有异曲同工之处，如图 3.2 所示。

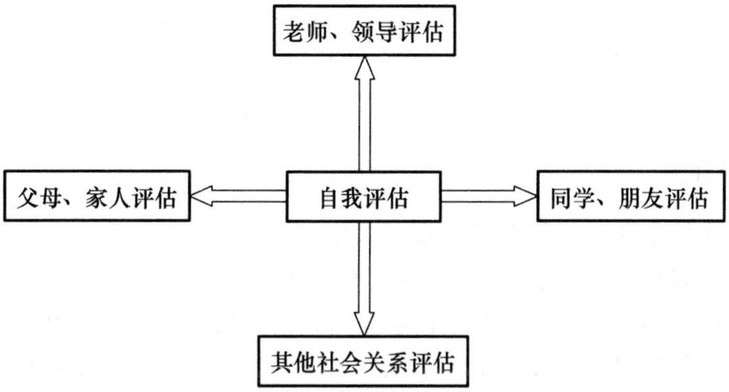

图 3.2　360 度评估法

三、利用人才测评工具认识自我

人才测评是运用现代心理学、测量学、管理学、社会学、统计学、行为科学及计算机技术于一体的综合技术。它通过人机测评、结构化面试、情景模拟、评价中心等，对人才的知识水平、能力及其倾向，工作技能、内在动机、个性特征和发展潜能进行测量，并根据工作岗位要求及组织特性进行评价，从而实现对人才全面、准确、深入的了解，将最合适的人才用到最合适的工作职位（人职匹配），以实现最佳工作绩效的一种测量与评估方法。

人才测评学是一门既古老又年轻的科学。说它古老，是因为人才测评的思想和实践自古就有，我国早在一千多年前就有了考试，这是统治者用以选拔官员的重要手段。说它年轻，是因为自 20 世纪初期，现代科学的人才测评理论和技术才开始形成和发展。

我国人才测评经历了复苏阶段（1980—1988）、初步应用阶段（1989—1992）、繁荣发展阶段（1993 年至今），在人才招聘、人才选拔、培训、考核、诊断等方面的应用日益加强。企业是人才测评技术应用最为活跃的领域，近年来，随着政治体制改革的推进，国有企业改革的深化，尤其是国家公务员考试录用制度的建立，现代人才测评技术如笔试测验、结构化面试、文件筐测验、无领导小组讨论、情景模拟等得到了越来越广泛的应用。

近几年来，随着测评工作更加专业化，我国把人才测评技术广泛应用于大学生职业生涯规划与就业指导中。

由于对人才需求是多方面的，所以人才测评有五种类型：选拔性测评、配置性测评、开发性测评、诊断性测评、考核性测评。其中配置性测评是以合理的人职匹配为目的，人尽其才。实践证明，当任职者的能力、兴趣和价值观刚好吻合职位要求时，可以达到最佳的人力资源使用效果。配置性测评最大的特点是必须结合职业的要求，不同职位的测评标准明显不同，并且不能由于人员的原因降低标准，强调宁缺毋滥。

人才测评可以为个人职业生涯设计提供科学的指导，也为用人单位识人、选人、用人、育人、留人等人力资源管理和开发工作提供极具价值的帮助。

第二节　兴趣的自我认知

兴趣是人认识某种事物或从事某种活动的心理倾向，它是以认识和探索外界事物的需要为基础的，是推动认识事物、探索真理的重要动机。兴趣有直接的，也有间接的。获得知识的兴趣是直接的，为了获得知识而学外语的兴趣则是间接的。兴趣有个体在生活中长期形成的，也有在一定的情景下由某一事物偶然激发出来的。

一、兴趣的种类

人的兴趣是多种多样的，但概括起来可以分为以下三大类。

（1）物质兴趣和精神兴趣。物质兴趣主要指人们对舒适的物质生活（例如衣、食、住、行等方面）的兴趣和追求。精神兴趣主要指人们对精神生活（例如学习、研究、文学艺术等方面）的兴趣和追求。就大学生来说，由于人生观和世界观初步形成，物质兴趣和精神兴趣都需要老师进行积极的引导，以防止在物质兴趣方面的畸形发展，在精神兴趣方面的消极发展和追求。

（2）直接兴趣和间接兴趣。直接兴趣是指对活动过程的兴趣。例如，有的学生想象力丰富，富于创造性，喜欢制作各种模型，在制作过程中，全神贯注，表现出浓厚的兴趣。间接兴趣是指对活动过程所产生结果的兴趣。例如，有的学生业余喜欢绘画，每当完成一幅画，他都会对自己取得的成果表现出极大兴趣。直接兴趣和间接兴趣是相互联系、相互促进的，如果没有直接兴趣，制作各种模型的过程就很乏味、枯燥；而没有间接兴趣的支持，也就没有目标，过程就很难持久下去。因此，只有把直接兴趣和间接兴趣有机地结合起来，才能充分发挥一个人的积极性和创造性，才能持之以恒，目标明确，取得成功。

（3）个人兴趣和社会兴趣。个人兴趣是个体以特定的事物、活动及人为对象所产生的积极的和带有倾向性、选择性的态度和情绪。社会兴趣是指社会成员对某一领域的普遍兴趣，或社会某一领域对社会成员的普遍需求。

二、兴趣的品质

兴趣包括以下四种品质。

（1）兴趣的倾向性，指兴趣所指向的内容，是指向物质的，还是指向精神的；是指向高尚的，还是指向卑劣的。

（2）兴趣的广度，指兴趣的范围大小。有人兴趣广泛，有人兴趣狭窄。一般说来，兴趣广泛的人能获得广博的知识。

（3）兴趣的稳定性，指兴趣长时间保持在某一或某些对象上。只有具备了稳定性，一个人才可能在兴趣广泛的背景上形成中心兴趣，使兴趣获得深度。

（4）兴趣的效能，指兴趣对活动产生作用的大小。凡是对实际活动产生的作用大的兴趣，其效能作用也大，反之，对实际活动产生的作用小的兴趣其效能作用也小。

三、兴趣的作用

兴趣对一个人的个性形成和发展、对一个人的生活和活动有巨大的作用，这种作用主要表现在以下几个方面。

（1）对未来活动的准备作用。例如，一名美术专业学生，对国画感兴趣，就可以激励他积累国画知识，研究各种作品的绘画技巧，为将来从事美术方面的工作打基础、做准备。

（2）对正在进行的活动起推动作用。兴趣是一种具有浓厚情感的志趣活动，它可以使人集中精力去获得知识，并创造性地完成当前的活动。著名华人学者丁肇中教授就曾经深有感触地说："任何科学研究，最重要的是要看对自己所从事的工作有没有兴趣，换句话说，也就是有没有事业心，这不能有任何强迫……比如搞物理实验，因为我有兴趣，我可以两天两夜，甚至三天三夜在实验室里，守在仪器旁，我急切地希望发现我所要探索的东西。"正是兴趣和事业心推动了丁教授所从事的科研工作，并使他获得了巨大的成功。

（3）对活动的创造性态度的促进作用。兴趣会促使人深入钻研、创造性地工作和学习。学生对一门课程有兴趣，会促使他刻苦钻研，并且进行创造性的思维，不仅会使他提高学习成绩，而且会帮助他改进学习方法，提高学习效率。

由此可知，人的兴趣不仅是在学习、活动中产生和发展起来的，而且是认识和从事活动的巨大动力。它可以使人智力得到开发，知识得以丰富，眼界得到开阔，并会使人善于适应环境，对生活充满热情。

四、兴趣的自我认知

霍兰德职业兴趣自测是由美国职业指导专家霍兰德（John Holland）根据他本人大量的职业咨询经验及其职业类型理论编制的测评工具。他认为，个人职业兴趣特性与职业之间应有一种内在的对应关系，根据兴趣的不同，人格可分为研究型（I）、艺术型（A）、社会型（S）、企业型（E）、常规型（C）、现实型（R）六个维度，每个人的性格都是这六个维度的不同程度组合。

（一）职业兴趣类型

人格的六个维度对应六种职业兴趣类型。具体的内容见第一章"表 1-2 霍兰德职业兴趣类型"。

（二）兴趣类型关系

霍兰德所划分的六大类型并非是并列的，而是有着明晰的边界的。然而，大多数人都并非只有一种性向，一个人的性向中很可能是同时包含着社会性向、实际性向和调研性向。霍兰德认为，这些性向越相似，相容性越强，则一个人在选择职业时所面临的内在冲突和犹豫就会越少。为了帮助描述这种情况，霍兰德建议将这六种性向分别放在一个正六三角形的每一角，以六边形标示出六大类型的关系。

1. 相邻关系

如 RI、IR、IA、AI、AS、SA、SE、ES、EC、CE、RC 及 CR，属于这种关系的两种类型的个体之间共同点较多。

2. 相隔关系

如 RA、RE、IC、IS、AR、AE、SI、SC、EA、ER、CI 及 CS，属于这种关系的两

种类型个体之间共同点较相邻关系少。

3. 相对关系

在六边形上处于对角位置的类型之间即为相对关系，如 RS、IE、AC、SR、EI 及 CA，相对关系的人格类型共同点少，因此，一个人同时对处于相对关系的两种职业环境兴趣都很浓的情况较为少见。

人们通常倾向选择与自我兴趣类型匹配的职业环境，如具有现实型兴趣的人希望在现实型的职业环境中工作，可以更好地发挥个人的潜能。但在职业选择中，个体并非一定要选择与自己兴趣完全对应的职业。一是因为个体本身常是多种兴趣类型的综合体，单一类型显著突出的情况不多，因此评价个体的兴趣类型时也通常以其在六大类型中得分居前三位的类型组合而成，组合时根据分数的高低依次排列字母，构成其兴趣组型，如 RCA、AIS 等。二是因为影响职业选择的因素是多方面的，不完全依据兴趣类型，还要参照社会的职业需求及获得职业的现实可能性。因此，个体职业选择时会不断妥协，寻求相邻职业环境，甚至相隔职业环境，在这种环境中，个体需要逐渐适应工作环境。但如果个体寻找的是相对的职业环境，意味着所进入的是与自我兴趣完全不同的职业环境，则我们工作起来可能难以适应，或者难以做到工作时觉得很快乐，甚至可能会每天工作得很痛苦。

职业兴趣是职业选择中最重要的因素，是一种强大的精神力量。职业兴趣也是职业成功的重要因素。

职业兴趣测验可以帮助个体明确自己的主观性向，从而能得到最适宜的活动情境并给予最大的能力投入。根据霍兰德的理论，个体的职业兴趣可以影响其对职业的满意程度。当个体所从事的职业和他的职业兴趣类型匹配时，个体的潜在能力可以得到最彻底的发挥，工作业绩也更加显著。在职业兴趣测试的帮助下，个体可以清晰地了解自己的职业兴趣类型和在职业选择中的主观倾向，从而在纷繁的职业机会中找寻到最适合自己的职业，避免职业选择中的盲目行为。尤其是对于大学生和缺乏职业经验的人，霍兰德的职业兴趣理论可以帮助他们做好职业选择和职业设计，成功地进行职业调整，从整体上认识和发展自己的职业能力。

第三节　性格的自我认知

性格是一个人对现实的稳定的态度，以及与这种态度相应的、习惯性的行为方式中表现出来的人格特征。态度是一个人对人、物或思想观念的一种反应倾向性，它是在后天生活中习得的，由认知、情感和行为倾向三个因素组成。一个人对现实的稳定的态度决定了他的行为方式，而习惯性的行为方式又体现了他对现实的态度。态度决定了行为方式，稳定的态度使与这种态度相适应的行为方式慢慢地成了习惯，自然而然地表现出来。一个人助人为乐，是他性格的特性，遇到别人有困难他会毫不犹豫地去帮助别人。别人看到他的助人行为也会觉得很自然，很符合他的性格特点。一个自私自利的人，如果别人看到他去帮助人了，反而觉得很奇怪。所以，一个人在长期的社会生活中养成的对现实的态度，和他的行为方式是密切联系，不可分割的。

性格是在社会生活实践中逐渐形成的，一经形成便比较稳定，它会在不同的时间和不同的地点表现出来。但是，性格具有稳定性并不是说它是一成不变的，而是可塑的。性格在一个人的生活中形成后，生活环境的重大变化一定会带来他性格特征的显著变化。

一、性格的特征

从组成性格的各个方面来分析，可以把性格分解为态度特征、意志特征、情绪特征和理智特征四个部分。

（一）态度特征

性格的态度特征是指一个人如何处理社会各方面的关系的性格特征，即他对社会、对集体、对工作、对劳动、对他人以及对待自己的态度的性格特征。

性格的态度特征，好的表现是忠于祖国、热爱集体、关心他人、乐于助人、大公无私、正直、诚恳、文明礼貌、勤劳节俭、认真负责、谦虚谨慎等；不好的表现是没有民族气节、对集体和他人漠不关心、自私自利、损人利己、奸诈狡猾、蛮横粗暴、懒惰挥霍、敷衍了事、不负责任、狂妄自大等。

（二）意志特征

性格的意志特征是指一个人对自己的行为自觉地进行调节的特征。按照意志的品质，良好的意志特征是有远大理想、行动有计划、独立自主、不受别人左右；果断、勇敢、坚忍不拔，有毅力、自制力强。不良的意志特征是鼠目寸光、盲目性强、易受暗示、优柔寡断、放任自流或固执己见、怯懦、任性等。

（三）情绪特征

性格的情绪特征是指一个人的情绪对他的活动的影响，以及他对自己情绪的控制能力。良好的情绪特征是善于控制自己的情绪，情绪稳定，常常处于积极乐观的心境状态；不良的情绪特征是事无大小，都容易引起情绪反应，而且情绪对身体、工作和生活的影响较大，意志对情绪的控制能力又比较薄弱，情绪波动，心境又容易消极悲观。

（四）理智特征

性格的理智特征是指一个人在认知活动中的性格特征。如认知活动中的独立性和依存性：独立性者能根据自己的任务和兴趣主动地进行观察，善于独立思考；依存性者则容易受到无关因素的干扰，愿意借用现成的答案。

上述性格静态特征的四个方面并不是相互分离的，而是彼此关联、相互制约，有机地组成一个整体的。一般来说，性格的态度特征是性格的核心，而且对社会、对集体的态度又是最为重要的态度，因为态度直接表现出了一个人对事物所特有的、比较恒常的倾向，同时它也决定了性格的其他特征。例如，一个对社会、对集体有高度责任感的人，他对工作、对学习也一定是认真负责、兢兢业业的，他对别人也会是诚恳、热情的，对自己也是能严格要求的。这一点告诉我们，在分析一个人的性格时，一定要抓住他的性格的主要特征，由此可预见到他的其他的性格特征。

另外，性格的各种特征并不是一成不变的机械组合，常常是在不同的场合下会显露出一个人性格的不同侧面。鲁迅先生既“横眉冷对千夫指”，又“俯首甘为孺子牛”，充分表现了他性格的完美，又说明了性格的丰富性和统一性。

二、性格的类型

心理学家们曾经以各自的标准和原则，对性格类型进行了分类，下面是几种有代表性的观点。

（1）从心理机能上划分，性格可分为理智型、情感型和意志型。

（2）从心理活动倾向性上划分，性格可分为内倾型和外倾型。

（3）从个体独立性上划分，性格分为独立型、顺从型、反抗型。

（4）斯普兰格根据人们不同的价值观，把人的性格分为理论型、经济型、权力型、社会型、审美型、宗教型。

（5）海伦·帕玛根据人们不同的核心价值观和注意力焦点及行为习惯的不同，把人的性格分为九种，称为九型性格。包括1号完美型、2号助人型、3号成就型、4号艺术型、5号理智型、6号疑惑型、7号活跃型、8号领袖型、9号和平型。

在心理学著作中，关于性格分析，目前专家们的思路已慢慢清晰，并趋同于把人的性格分为四种类型：第一种是力量型，这样的人坚强、不沉着、急躁，他们在生理上属于胆汁质；第二种是活泼型，这样的人坚强、沉着、好动，属于多血质；第三种是完美型，其性格比较坚强、沉着但有惰性，属黏液质；第四种是和平型，其中有好动的、也有懒惰的和不沉着的，属于抑郁质。当然，胆汁质、多血质、黏液质和抑郁质这四种是典型的气质类型，真正属于这四种气质类型的人并不太多，在不同条件和生活方式的影响下，还有各种各样的中间型、混合型和过渡型。

案例 3-2

《西游记》人物的性格分析

《西游记》中对人的四种性格刻画得出神入化。唐僧师徒四人正是代表了以下四种性格。

唐僧——完美型，细致，敏感，悲观。

悟空——力量型，坚定，果断，自负。

八戒——活泼型，活泼，热情，多变。

沙僧——和平型，稳重，随和，寡言。

举一个简单的例子：有栋住房起火了。

完美型的人会思考：是什么原因起火了，是电线短路还是厨房着火？

力量型的人会行动：关掉电闸，找到灭火器，马上去灭火！

活泼型的人会大叫：对楼上楼下大叫，不得了啦，起火了！

和平型的人会旁观：反正有人会报警，消防队马上会到，不用那么急吧。

但是为什么会有这四种性格？没有人给出答案，有的只是对这四种性格在遇事时状态的描述。

人的性格不同是因为人的思维方式不同。人的思维方式不同是因为人对因果关系的理解不同。

活泼型的人认为一因多果：做一件事，会有不同结果，有可能这样，也有可能那样；所以他们是经常变，变的是结果；明明答应你的事，过两天就忘了。

力量型的人认为一果多因：一个结果，可用多种方法，可以这样做，也可以那样做；所以他们也经常变，变的是方法；明明教你这样做，过两天要你那样做。

完美型的人认为一因一果：做一件事，只有这一个方法，而且必须按照这个方法去完成，喜欢做计划，做表格，制定规范，很难接受别人的意见。

和平型的人认为无因无果：任何事情，这样也好，那样也好，这样做也行，那样做也行；口头上应和，心里觉得不一定；如果大家都这样，我就这样，大家都那样，我就那样。所以唐僧师徒四人在去西天取经途中，给人的感觉各不相同：唐僧给人的感觉很固执；悟空给人的感觉方法多；八戒给人的感觉很好玩；沙僧给人的感觉不想事。同时这四个人在情绪反应方面各不相同：唐僧生气时一个人伤心；八戒生气时几天就好了；悟空生气时会毁灭一切；沙僧生气时你还不知道。但是这四个人却组成了一个西天取经的精英团队，最后取经成功，全部修得正果。唐僧让这个团队变得正规，悟空让这个团队变得灵活，八戒让这个团队变得快乐，沙僧让这个团队变得冷静。活泼型的人喜欢说；完美型的人喜欢想；力量型的人喜欢做；和平型的人喜欢看。完美型的人认为活泼型的人说话不算话，活泼型的人认为完美型的人过于较真，力量型的人认为和平型的人做事不着急，和平型的人认为力量型的人过于暴躁。活泼型的人欣赏和平型的人做人很厚道，和平型的人欣赏活泼型的人天生浪漫，力量型的人欣赏完美型的人做事很认真，完美型的人欣赏力量型的人敢作敢当。

力量型与完美型重在做事，力量型要做就做，完美型做就做好；活泼型与和平型重在做人，活泼型要做主角，和平型只做配角。

认识不同的性格，学会与不同性格的人相处，就是学会了如何做人。

资料来源：https：//jingyan. baidu. com/article/3a2f7c2e71aa4d26afd61102. html，2019－12－23.

三、性格的自我认知

MBTI 性格类型理论最早是由著名心理学家荣格提出的，后来美国心理学家布里格斯和迈尔斯母女在荣格的基础上进一步研究和发展，编制成了《迈尔斯－布里格斯类型指标》，从而把荣格的性格类型理论付诸实践，并有效地为每一种类型确定了其功能等级的次序，又提出了性格类型的终生发展理论，对性格类型理论做出了新的发展，MBTI 能够让人们更好地认识和了解自己，目前已成为世界上应用最广泛的识别人与人差异的测评工具之一。

MBTI 性格理论认为一个人的个性可以从四个维度分析，每个维度有两个方向，共计八个方面，基本特征分析如下。

（一）内倾（I）-外倾（E）维度

该维度用以表示个体心理能量的获得途径和与外界相互作用的程度，即个体的注意较多地指向于外部的客观环境还是内部的概念建构和思想观念。外倾型态度表现为主体的注意力和精力指向于客体，即在外部世界中获得支持并依赖于外在环境中发生的信息，这是一种从主体到客体的兴趣向外的转移。外倾型个体需要通过经历来了解世界，所以他们更喜欢大量的活动，并偏好于通过谈话的方式来思考，在语言的交流中对信息予以加工。而内倾型态度表现为主体的注意力和精力指向于内部的精神世界，其心理能量通过内部的思想、情绪等获得。内倾型个体在内部世界中获得支持并看重发生的事件的概念、意义等，因此他们的许多活动是精神性的，他们倾向于在头脑内安静地思考以加工信息。外倾型个体经常先行动后思考，而内倾型个体经常耽于思考而缺乏行动。内倾型和外倾型基本特征见表 3－1。

表 3－1　内倾型和外倾型基本特征

内　倾　型	外　倾　型
倾向于在内部世界里沉思	倾向于对外部世界的客体做出反应
偏好内省	积极活动
理解先于行动	经验先于理解
从精神世界获得心理能量	从外界获得心理能量
采用持久稳固的工作方式	采用尝试错误的工作方式
偏好静态的外部环境	偏好新异刺激

（二）感觉（S）-直觉（N）维度

该维度又称为非理性维度或知觉维度，表示个体在收集信息时注意的指向。即倾向于通过各种感官去注意现实的、直接的、实际的、可观察的事件，还是对事件将来的各种可能性和事件背后隐含的意义及符号和理论感兴趣。感觉型的个体倾向与接受能够衡量或有证据的任何事物，关注真实而有形的事件。他们相信感官能告诉他们关于外界的准确信息，也相信自己的经验。他们重视现在，关心某一刻发生的所有的事情。而直觉型的个体自然地去辨认和寻找一切事物的含义，他们重视想象力，更注重将来，从而努力改变事物而不是维持它们的现状。直觉型的个体看到一个环境就想知道它的含义和结果如何。感觉型的个体被视为较具有实际意识，而直觉型个体被视为较有改革意识。感觉-直觉维度在问题解决过程中有重要作用，感觉型和直觉型基本特征见表 3－2。

表 3－2　感觉型和直觉型基本特征

感　觉　型	直　觉　型
着眼于现实	着眼于未来
重视现实性和常情	重视想象力和独创力
关注具体性和特殊性，善于细节描述	关注普遍性和象征性，使用隐喻和类比
循序渐进的工作方式	跳跃性的工作方式
看重常规，相信确定有形的事物	不拘常规，相信灵感和推断
倾向于观察具体事件	倾向于把握事件的全局图面
偏好已知事物	偏好新的思想观念

（三）思维（T）-情感（F）维度

该维度又称为理性维度或判断维度。该维度用于表示个体在做决定时采用什么系统，即做决定和下结论的方法，是客观的逻辑推理还是主观的情感和价值。情感型的个体期望自己的情感与他人保持一致，行为期望他人认同，其理性判断的依据是个人的价值观。而思维型的个体通过对情境作的客观的、非个人的逻辑分析来做决定，他们注重因果关系并寻求事实的客观尺度，因此较少受个人感情的影响。思维型和情感型基本特征见表3-3。

表3-3 思维型和情感型基本特征

思维型	情感型
退后思考，对问题进行非个人因素的分析	超前思考，考虑行为对他人的影响
公正、坚定、怀疑	温和、同情、体贴
倾向于分析性和逻辑性的工作方式	倾向于和自己的情感一致的工作方式
行为简洁、经济、带有批判性	行为期望他人认同
奉行清晰一致的客观原则	奉行清晰一致的主观价值观

（四）知觉（P）-判断（J）维度

该维度用以描述个体的生活方式。即倾向于以一种较固定的方式生活（或做决定）还是以一种更自然的方式生活（或收集信息）。这一维度是一种态度维度。虽然个体能够使用知觉和判断，但是这两极不能够同时被运用。多数个体会自然地发现采用某种生活方式时总是比另一种更加轻松，因此总是在和外部世界打交道时采用这种生活态度。判断型个体倾向于以一种有序的、有计划的方式对其生活加以控制，他们期望看到问题被解决，习惯于并喜欢做决定。而知觉型个体偏好于知觉经验，他们不断地收集信息以使其生活保持弹性和自然。他们努力使事件保持开放性，让其自然地变化，以便出现更好的事件。知觉型和判断型基本特征见表3-4。

表3-4 知觉型和判断型基本特征

知觉型	判断型
行为保持开放性	行为有组织性和系统性
时间观念弱，经常变动最后期限	时间观念强，认真对待最后期限
看重工作过程	看重工作结果
倾向于使问题带有弹性	倾向于解决问题
在获取新信息的过程中不断改变目标	认真完成预设目标

心理类型理论认为，个体中存在两种根本的差异，即我们是如何收集信息的和我们是如何加工所收集到的信息并做出决定的，由此形成了第二、第三的认知功能维度，它们经常被视为最重要的维度。第一、第四维度是态度维度，它们描述了我们对心理能量的处理以及如何面对外部世界。要注意的是类型不存在好坏之分，并且个体在不同时间、场合能够使用所有的偏好。类型理论并不能解释一切也不用于测试能力，它只是说明了个体在态度和功能上的倾向，定性而不定量。

上述四维八极构成了16种不同的心理类型，见表3-5。

表 3-5 心理类型

(ISTJ) 内倾感觉思维判断	(ISFJ) 内倾感觉情感判断
(INFJ) 内倾直觉情感判断	(INTJ) 内倾直觉思维判断
(ISTP) 内倾感觉思维知觉	(ISFP) 内倾感觉情感知觉
(INFP) 内倾直觉情感知觉	(INTP) 内倾直觉思维知觉
(ESTP) 外倾感觉思维知觉	(ESFP) 外倾感觉情感知觉
(ENFP) 外倾直觉情感知觉	(ENTP) 外倾直觉思维知觉
(ESTJ) 外倾感觉思维判断	(ESFJ) 外倾感觉情感判断
(ENFJ) 外倾直觉情感判断	(ENTJ) 外倾直觉思维判断

注：I—内倾 E—外倾 S—感觉 N—直觉 T—思维 F—情感 J—判断 P—知觉

职业咨询专家说，大部分人在 20 岁以后会形成稳定的 MBTI 类型，此后基本固定。当然，MBTI 的类型会随着年龄的增大、经验的丰富而发展完善。根据 MBTI 理论，每种个性类型均有相应的优点和缺点、适合的工作环境、适合自己的岗位特点，使用 MBTI 进行职业生涯开发的关键在于如何将个人的人格特点与职业特点进行结合。

MBTI 还可以帮助 HR 部门对不同类型的员工进行更好的组合，主要用于了解受测者的处事风格、特点、职业适应性、潜质等，从而提供合理的工作及人际决策建议。在美国每年约有 300 万人以上参加 MBTI 的测评和培训，在世界 500 强企业，如百事可乐、西南航空公司等，约有 80%以上的高层管理者使用过这个工具。MBTI 是当今世界上应用最广泛的性格测试工具。

第四节 自我认知的特性

俗话说："龙生九子，各不相同。"每个人都是一个与他人不同的个体，都有自己独特的个性，除了前面所说的兴趣、性格外，影响我们对职业选择的还有气质、职业价值观等个性。

一、气质

气质是指人典型的、稳定的心理特点，包括心理活动的速度（如语言、感知及思维的速度等）、强度（如情绪体验的强弱、意志的强弱等）、稳定性（如注意力集中时间的长短等）和指向性（如内向性、外向性）。气质与性格的区别：气质没有好坏之分，是先天的，与生俱来的，不易改变的。性格是后天形成的，相对容易改变。具备某种气质的人更容易形成某种性格，性格可以在一定程度上掩饰、改变气质。气质的可塑性小，性格的可塑性大。

（一）气质的类型

近百年来，气质心理学得到了迅速地发展，成为个性心理学中的一个重要组成部分。心理学根据气质是人的高级神经活动类型的特点和其在行为方式上的表现，揭示出兴奋过程和抑制过程的三种特性：①兴奋过程和抑制过程的强度；②兴奋过程和抑制过程的均衡度；③兴奋过程和抑制过程的灵活性。这些特征把高级神经活动分为四种类型：①强而不均衡的；②强的、均衡的、灵活的；③强的、均衡的、惰性的；④弱型的。这些高级神经活动的类型，是人的气质形成的生理基础。

人的气质可分为四种类型：胆汁质（兴奋型）、多血质（活泼型）、黏液质（安静型）、抑郁质（抑制型）。古代所创立的气质学说用体液解释气质类型虽然缺乏科学根据，但人们在日常生活中确实能观察到这四种气质类型的典型代表，因此，这四种气质类型的名称曾被许多学者所采纳，并一直沿用到现在。

（二）气质特征与职业选择

气质本身并没有善恶、好坏之分，每种气质都有其积极的一面，也有消极的一面。气质并不能决定一个人活动的社会价值和成就高低。每一种职业领域都可以找出各种不同气质类型的代表，同一气质的人在不同的职业部门都能做出突出的贡献。但是，人们从事的不同职业，不同的岗位，却对从业人员的气质有不同的要求。某种气质特征，往往能为胜任某项工作提供有利条件，而对另一些工作又表现出明显的不适应。研究和实践都表明：气质特征是选择职业的重要依据之一。

1. 胆汁质

胆汁质的基本特征是直率，热情，精力旺盛，脾气急躁，情绪兴奋性高，易冲动，反应迅速，心境变化剧烈。择业时，主动性强，具有竞争意识，通常倾向选择竞争激烈、冒险性和风险性强的职业或社会服务型的职业，如运动员、创业者、探险者等，甚至到偏远及开放地区从业。

2. 多血质

多血质的主要特征是活泼、好动、敏感、反应快、善于交际、兴趣与情绪易转换。择业时，积极主动、热情大方、善于推销自己、适应性强，很受用人单位欢迎。通常适合于交际方面的职业，如记者、律师、销售人员、秘书、艺术工作者等。

3. 黏液质

黏液质的主要特征是安静、稳定、反应迟缓、沉默寡言、情绪不易外露、善于忍耐。择业时，沉着冷静，目标确定后，具有执着追求，坚持不懈的韧性，从而弥补了其他素质的不足。一般适合于医务、图书管理、情报翻译、教员、营业员等工作。

4. 抑郁质

抑郁质的典型特征是情绪体验深刻、孤僻、行动迟缓、感受性强、敏感、细致。择业时，思虑周密、有步骤、有计划，一般较适合从事理论研究工作等。

以上只是从气质典型的角度论及各种气质与职业选择的关联。每一个求职者应从自己的实际气质特征出发，认真考察职业气质要求与自身特征的对应关系，选择那些能使自己气质的积极方面得到发挥的职业与岗位，避开消极的一面。当然，绝不能孤立地考虑人们的气质特征，更重要的是培养积极的学习和劳动态度。只要具有正确的动机和积极的态度，各种气质类型的人就都可能在工作上取得优良成绩。

（三）气质的自我认知

艾森克人格理论（Eysenck's Personality Theory）是英国心理学家 H. J. 艾森克提出的以人格结构层级说和三维度人格类型说为主要内容的人格理论。他认为，人格是由行为和行为群有机组织而成的层级结构。最低层是无数个具体反应，是可直接观察的具体行为。较高层是习惯性反应，它是具体反应经重复被固定下来的行为倾向。再高一层是特质，是一组习惯性反应的有机组合，如焦虑、固执等。最高一层是类型，是由一组相关特质有机组合而成的，具有高度概括的特征，对人的行为具有广泛的影响。他通过对人格问卷资料的因素分析研究，确定了人格类型的三个基本维度。

艾森克人格测试（Eysenck Personality Questionnaire，EPQ）是英国伦敦大学心理系和精神病研究所艾森克教授编制的，他搜集了大量有关的非认知方面的特征，通过因素分析归纳出三个互相成正交的维度，从而提出决定人格的三个基本因素：内外向（E）、神经质（又称情绪性）（N）和精神质（又称倔强、讲求实际）（P）。人们在这三方面的不同倾向和不同表现程度，便构成了不同的人格特征。通用的 EPQ 是在 1975 年制定的，它是一种自陈量表，有成人和少年两种形式，各包括四个量表：E－内外向；N－神经质，又称情绪性；P－精神质，又称倔强、讲求实际；L－掩饰性。经艾森克等人的因素分析计算，前三个量表代表人格结构的三种维度，它们是彼此独立的，L 则是效度量表，代表假托的人格特质，也表现社会性朴实、幼稚的水平。

量表含义如下所述。

（1）内外向（Extraversion）。分数高表示人格外向，可能是好交际、渴望刺激和冒险，情感易于冲动。分数低表示人格内向，可能是好静，富于内省，除了亲密的朋友之外，对一般人缄默冷淡，不喜欢刺激，喜欢有秩序的生活方式，情绪比较稳定。

（2）神经质（Neuroticism）。反映的是正常行为，与病症无关。分数高可能是焦虑、担心、常常郁郁不乐、忧心忡忡，有强烈的情绪反应，以至于出现不够理智的行为。

（3）精神质（Psychoticism）。并非暗指精神病，它在所有人身上都存在，只是程度不同。但如果某人表现出明显程度，则容易发展成行为异常。分数高可能是孤独、不关心他人，难以适应外部环境，不近人情，感觉迟钝，与别人不友好，喜欢寻衅搅扰，喜欢干奇特的事情，并且不顾危险。

（4）掩饰性（Lie）。测定被试的掩饰、假托或自身隐蔽，或者测定其社会性朴实幼稚的水平。L 与其他量表的功能有联系，但它本身代表一种稳定的人格功能。

二、职业价值观

俗话说“人各有志”，这个“志”表现在职业选择上就是职业价值观。职业价值观指人生目标和人生态度在职业选择方面的具体表现，也就是一个人对职业的认识和态度以及他对职业目标的追求和向往，它是一种具有明确的目的性、自觉性和坚定性的职业选择的态度和行为，对一个人职业目标和择业动机起着决定性的作用。理想、信念、世界观对于职业的影响，集中体现在职业价值观上。

由于个人的身心条件、年龄阅历、教育状况、家庭影响、兴趣爱好等方面的不同，人们对各种职业有着不同的主观评价。从社会来讲，由于社会分工的发展和生产力水平的相对落后，各种职业在劳动性质的内容上，在劳动难度和强度上，在劳动条件和待遇上，在所有制形式和稳定性等诸多问题上，都存在差别。再加上传统的思想观念等的影响，各类职业在人们心目中的声望地位也有好坏高低之分，这些评价都形成了人的职业价值观，并影响着人们对就业方向和具体职业岗位的选择。

每种职业都有各自的特性，不同的人对职业意义的认识，对职业好坏有不同的评价和取向，这就是职业价值观。职业价值观决定了人们的职业期望，影响着人们对职业方向和职业目标的选择，决定着人们就业后的工作态度和劳动绩效水平，从而决定了人们的职业发展情况。哪个职业好？哪个岗位适合自己？从事某一项具体工作的目的是什么？这些问题都是职业价值观的具体表现。

（一）职业价值观的分类

根据不同的划分标准，人们对职业价值观的种类划分也不同。美国心理学家洛特克在其所著《人类价值观的本质》一书中提出十三种价值观：成就感、挑战、健康、收入与财富、独立性、爱、家庭与人际关系、道德感、欢乐、权利、安全感、自我成长和社会交往。职业专家通过大量的调查，从人们的理想、信念和世界观角度把职业分为九大类。

1. 自由型（非工资工作者型）

特点：不受别人指使，凭自己的能力拥有自己的小“城堡”，不愿受人干涉，想充分施展本领。

相应职业类型：室内装饰专家、图书管理专家、摄影师、音乐教师、作家、演员、记者、诗人、作曲家、编剧、雕刻家、漫画家等。

2. 经济型（经理型）

特点：他们断然认为世界上的各种关系都是建立在金钱的基础上，包括人与人之间的关系，甚至父母与子女之间的爱也带有金钱的烙印。这种类型的人确信金钱可以买到世界上的一切。

相应职业类型：各种职业中都有这种类型的人，尤其是商人。

3. 支配型（独断专行型）

特点：他们飞扬跋扈，无视他人的想法，为所欲为，且视此为无比快乐。

相应职业类型：进货员、商品批发员、宾馆经理、饭店经理、广告宣传员、调度员、律师、政治家、零售商等。

4. 小康型

特点：追求虚荣，优越感也很强。很渴望能有社会地位和名誉，希望受到众人尊敬。欲望得不到满足时，由于过于强烈的自我意识，有时反而很自卑。

相应职业类型：记账员、会计、银行出纳、法庭速记员、成本估算员、税务员、核算员、打字员、办公室职员、统计员、计算机操作员等。

5. 自我实现型

特点：不关心平常的幸福，一心一意想发挥个性，追求真理。不考虑收入、地位及他人对自己的看法，尽力挖掘自己的潜力，施展自己的本领，并视此为有意义的生活。

相应职业类型：气象学者、生物学者、天文学家、药剂师、动物学者、化学家、科学报刊编辑、地质学家、植物学者、物理学者、数学家、实验员等。

6. 志愿型

特点：富于同情心，把他人的痛苦视为自己的痛苦，不愿做表面上哗众取宠的事，把默默地帮助不幸的人视为无比快乐。

相应职业类型：社会学者、导游、福利机构工作者、咨询人员、社会工作者、社会科学教师、护士等。

7. 技术型

特点：性格沉稳，做事组织严密，井井有条，并且对未来抱有平常心态。

相应职业类型：木匠、农民、工程师、飞机机械师、野生动物专家、自动化技师、机械工、电工、火车司机、公共汽车司机、机械制图员等。

8. 合作型

特点：人际关系较好，认为朋友是最大的财富。

相应职业类型：公关人员、推销人员、秘书等。

9. 享受型

特点，喜欢安逸的生活，不愿从事任何挑战性的工作。

相应职业类型：无固定职业类型。

（二）职业价值观的分析

在为自己做职业生涯规划之前，一定要清楚和明确自己的价值观和职业价值观。价值观和职业价值观决定了哪些因素对你是重要的，哪些是不重要的；哪些是你优先考虑和选择的，哪些不是。对自己的价值观，特别是职业价值观进行分析时，可以参照学者们所提出的价值观类型，了解自己到底属于哪一种。其实，我们可以把不同职业价值观的内容加以归结，根据他们所体现的主要方面，来确定自己的职业价值观中主要的因素是什么，职业价值观的分析可以从以下三个方面展开。

第一，发展因素，包括符合兴趣爱好、机会均等、公平竞争、工作有挑战性、能发挥自身才能、工作自主性大、能提供培训机会、晋升机会多、专业对口、发展空间大、出国机会多等，这些职业要素都与个人发展有关，因此称之为发展因素。

第二，保健因素，包括工资高、福利好、保险全、职业稳定、工作环境舒适、交通便捷、生活方便等，这些职业要素与福利待遇和生活有关，因此称之为保健因素。

第三，声望因素，包括单位知名度高、单位规模和权力大、行政级别和社会地位高等，这些职业要素都与职业声望地位有关，因此称之为声望因素。

职业价值观是一个复杂的多维度的心理因素，对职业的选择和衡量有多种要素的参与，但各要素起的作用是不同的。从当前的实际来看，许多调查显示，大学生的职业价值观越来越重视发展因素，而对保健因素和声望因素的重视程度则因人而异，差别较大。

在职业价值分析和测定过程中，个人必须处理好职业价值观不同要素之间的关系，并根据不同时期、不同情况明确自己的职业核心需求，以便合理制定自己的职业生涯规划和相关策略。在本书第五章，进行职业定位时，必须考虑这个问题。

思考题

1. 运用橱窗分析法和360度评估法对自己进行自测。
2. 微信搜索小程序：霍兰德职业兴趣测试SDS，在线测试一下你的职业兴趣。
3. 微信搜索小程序：MBTI性格测试，在线测试一下你的性格。
4. 微信搜索小程序：气质类型测试，在线测试一下你的气质。

第四章 职业认知

评价目标

知识目标：理解职业的基本概念与内涵，明确职业的分类方法。

能力目标：掌握搜集和管理职业信息的方法，确定自身职业发展方向。

情感价值观目标：了解职业环境、就业形势，把握职业发展趋势，更好地实现人岗匹配。

教学方法

多媒体教学、讲练结合的体验式教学、小组讨论的协作式教学。

我们生活在一个充满机遇的社会里，但我们必须清楚和明确的是，在这个社会同样有着另外一个名词，那就是“挑战”。我们不得不面对和接受各种各样的挑战，从而让自己变得更加优秀。规划自己的职业生涯应该从现在开始，我们坚信只有在学习中明确了自己的目标，才能更加迅捷和有效地完成自己的人生理想和目标。在这一章，将介绍大学生职业生涯规划的第二步：职业认知。

第一节 认识职业世界

前面第三章我们谈到了自我认知，大学生在就业前如能先自我认知一番，对自我的兴趣、自我的能力、自我的价值观、自我的性格有较好地了解，会大大减少就业的盲目性。如大学生对职业能有一些认知，则能更好地实现人岗匹配。我们要想更好地就业、找到适合自己的工作，就必须要认识职业世界。认识职业世界首先要进行环境分析。分析时，应注意环境条件的特点、发展变化情况、自己与环境的关系、环境对自己有利与不利的因素，等等。因为每一个人都处在一定的社会环境之中，离开了这个环境，便无法生存与成长。只有对这些环境因素充分了解，才能做到在复杂的环境中趋利避害。只有根据社会条件，结合自身因素，实事求是地使二者实现最大程度的契合，才能使职业规划具有实际意义。

一、社会环境分析

所谓认识社会环境可分为认识经济水平、政治氛围、文化环境、价值观念、他人情况、组织情况等。

（一）经济水平

一般来说，社会经济发展状况较好，人才需求就相对大一些，人才市场也就会比较活跃，职业选择的机会也就会增多一些。反之，职业选择的机会就相对少一些。

要了解经济增长率、经济景气度、发展速度、就业率等，对其进行分析，以制定科学合理的职业生涯目标。

（二）政治氛围

政治和经济是相互影响的，政治不仅影响到经济体制，而且影响着企业的组织体制，从而直接影响到个人的职业发展。政治制度和氛围还会潜移默化地影响个人的追求，从而对个人的职业生涯产生影响。

认真分析国家政策、法规及政治导向，借助政策合理制订出符合社会潮流及发展趋势的职业生涯目标。

（三）文化环境

文化环境是影响人们行为、欲望的重要因素。它主要包括教育水平、教育条件和社会文化设施等。一般说来，在良好的社会文化环境中，个人就会受到比较好的教育和熏陶，从而知识和能力水平就会得到更大的提高，这就有利于为今后的职业发展打下良好的基础。

（四）价值观念

一个人生活在社会环境中必然会受到各种社会价值观念的影响。价值取向既反映出社会对人才的价值评价和素质要求，同时，也体现一个人的思想发展、成熟的过程。对于所有的大学生来说，要坚持正确的价值观念，就要在大学的学习和训练中进一步认可、接受社会积极进步的主体价值观（如社会主义核心价值观：富强、民主、文明、和谐、自由、平等、公正、法治、爱国、敬业、诚信、友善）。在我们的学习和生活中，社会价值观念正是通过影响我们个人的价值观，从而影响我们个人职业选择的。总之，树立正确的价值观是树立正确职业观的基础。

（五）他人情况

学习、工作、创业是一个群体性的组织活动，各种部门都是由不同数量、年龄、专业、性格、兴趣的人组成。全面了解他人将会促进自己的发展。

（六）组织情况

对组织的构成、性质、特点、动态、人事（人力资源状况）、财务、营销、管理情况、发展目标及发展形态（处于创始、发展、稳定、衰退期中的哪个阶段）进行综合分析，以确定符合组织要求的职业生涯目标。

二、人才的需求分析

人才的需求分析是指社会各行业对当前人才需求的状况。例如，随着信息技术的发展和普及应用，对计算机、网络等方面的应用人才的需求不断增加；此外，对各种管理人才的需求也越来越多。对这方面信息的分析可以使个体认识到自己目前所具备的知识和技能是否为社会所需要。明确社会人才需求程度后，就可以在相关方面主动学习和提高，以便更好地适应社会的需要。

人才竞争状况是指社会各行业人才的竞争状况。在现实中，往往是很多人竞争同样的单位或是同一个岗位。通过了解和分析人才竞争状况，可以使个体认识到与自己竞争相似职业的其他人的状况，同时，能更好地注意到自己与他人相比较的优势在哪里，不足在哪里。知己知彼，才能在竞争中获得优势。

三、对高职高专人才的需求分析

现阶段，我国社会经济高速发展、政治稳定、文化繁荣，人们的价值取向多元化。良好的社会发展环境，推动了对各类人才广泛和大量的需求之势。其中，应用型高级技术人才很有竞争力，市场对这样的人才“求贤若渴”。这是由市场经济对人才的要求决定的。高职高专的毕业生可以找到施展才能的机会。

曾有一个形象的说法，市场经济对人才的要求呈一个金字塔状：1个科学家，9个工程师，100个高级技工。在这样的人才要求下，高等职业教育成为高等教育体系中一个特殊层次的教育，是整个国民教育中一个重要的不可或缺的组成部分。高等职业教育所培养的人才，不仅是社会所需要的，而且是其他层次的人才无法取代的。

在这样的社会环境下，高职高专大学生所从事的职业必然得到社会的认同。另外，国家也积极制定并推出了有利于高职高专大学生就业的若干政策，许多用人单位也开始走出盲目追求高学历的误区，转向更加务实的用人理念。许多人力资源经理认为，“你是谁”变得不再重要，重要的是“你能干什么”。这样的社会环境就为我们高职高专大学生提供了展示自己能力的更加广阔的舞台。

了解和认识社会环境与职业的关系，有利于我们在设计职业生涯时做出与社会经济、政治、文化和价值观相一致的职业选择，在人才需求、人才竞争和相关政策的条件下，找到适合我们的职业发展定位。从而，使我们的生涯规划有一个务实和坚实的社会基础，使个人在变化的社会环境中不断取得职业生涯的更好发展。

四、行业状况分析

（一）行业发展现状分析

首先，应了解这是什么行业，这个行业的发展趋势如何：是一个逐渐萎缩的行业，比如资源消耗大、造成环境污染的小型采矿业或小型造纸厂；还是一个朝阳行业，比如旅游业、保险业、管理咨询等行业。

其次，重大事件对行业的影响。行业的发展往往容易受到国内国际重大事件的影响，进而影响到该行业能否提供较多的就业机会。

（二）行业优势及问题分析

社会的发展变化总是影响着各个行业的变化。所以，行业的优势和劣势都是相对的。我们要特别关注的是行业目前存在的问题，是可以改进或避免的，还是无法消除的？行业是否具有优势和竞争力？这种优势会持续多久？

（三）行业发展前景预测

发展前景预测可以从两方面进行分析：一方面是行业自身的生命力，是否有技术、资金支持等；另一方面也要考虑和研究国家对相关行业的政策。政府会根据经济与社会发展状况对一些行业发布法规、政策，如对一些行业实施鼓励、扶持，对另一些行业则限制发展，缩小规模。

总之，通过分析和了解影响职业生涯的行业因素，有利于个人选择有发展前途的职业和行业，有助于个人职业目标的更好实现。

案例 4-1

综合环境分析案例

1. 家庭环境分析

家庭情况：父母在农村务农，身体健康，我是家中老大，下面还有一个妹妹上中学。

家人期望：由于是家中老大，且是儿子，故父母期望很大。

家庭影响：父母都是纯朴忠厚的农民，传统的教育给我印象深刻，因此在我身上养成了不怕吃苦、踏实、勤奋的品格，在待人接物方面热情、守信。

2. 学校环境分析

学校办学理念：诚信、勤奋，为社会培养实用型技能型人才。

专业特色：我所学专业是国际贸易，学校在实训、实习、实战方面有丰富的教学经验。

就业情况：我们这个专业的毕业生在广东、上海、江苏、浙江等经济发达省市就业率几乎百分之百，主要是因为毕业生熟练掌握了有用的技能。

3. 社会环境分析

社会发展：我国每年的进口额不断增长，外贸领域需要大量有实践技能的人才。

就业形势：国际贸易专业是个普通的专业，没有什么新奇之处。但是随着“一带一路”倡议的提出及推进，国际贸易既是中国扩大和深化对外开放的需要，也是加强世界各国互利合作的需要，由此需要大量从事国际贸易的人员，所以这几年国际贸易专业的就业状况一直不错。

4. 目标地域环境分析

我期望就业的目标城市是浙江省宁波市，这三十年来浙江的经济发展很快，特别是民营经济迅速发展，出口形势很好，最具代表性的宁波港被国际港航界评为“世界五佳港口”。

5. 目标行业环境发展分析

国际贸易的发展，反映出中国经济和世界经济高度关联，从而实现沿线各国多元自主、平衡可持续的发展。随着中国经济持续不断增长，要构建全方位开放新格局，深度融入世界经济体系，国际贸易行业还有很大增长空间。

6. 目标企业环境分析

我的目标企业是宁波某国际贸易有限公司，该公司成立于 1985 年，现主要从事纺织品、五金、箱包等的出口业务。出口的产品主要来源于宁波地区、温州地区、台州地区的企业。我曾在该公司实习三个月，与企业经理和业务员有良好的关系，他们也欢迎我大学毕业后加入他们的团队。公司对新员工的待遇是每月 3500 元，包吃包住，其他收入来自业务提成，年终视业绩表现发放年终奖励。

启示：通过前面的分析，我希望加入宁波某国际贸易有限公司工作，进一步提升自己的业务水平，为今后的发展奠定良好的实践基础。

资料来源：https：//wenku. baidu. com/view/5babdcd780eb6294dd886cb8. html，2019 - 12 - 21.

第二节 当代职业发展趋势

当代中国，各种新职业大量涌现，既是社会发展变迁的生动写照，也是人自由发展的时代趋势。新职业的不断增多，必然打破既有的职业形态，一方面会丰富已有的职业体系，对一些传统职业进行嫁接和延伸；另一方面会诞生全新的职业岗位。一些过去闻所未闻的新职业出现在社会现实生活中，比如造价工程师、婚礼策划师、营养搭配师、陪护师等。更为重要的是，以互联网为代表的新技术快速发展，大大冲击着传统职业形态，直接催生了各种新职业，比如游戏开发师、网络工程师、数字视频合成师等。这些新职业领域积聚了大量的人才，喷涌出强大的创造力，深刻改变着职业体系，同时也撞击着社会神经。各种新职业的出现，必定让自主择业、自由发展的职业星空更加灿烂。

对于社会中的每一个人，新职业带来了更多的机会、更大的空间和前所未有的自由发展的条件和环境。我们可以更自由地追逐自己的梦想，实现自己的人生价值。从这个意义上讲，新职业的不断涌现把我们带入了一个全新的时代。

在社会发展的进程中，社会的发展直接推动职业的发展和人们对新职业的认知。从职业发展的新趋势和职业对人的需求来看，职业对人的素质和职业精神提出了更高的要求。大学毕业生必须了解职业的变化和发展趋势，更好地适应职业发展要求。

一、职业定位的分类

根据个人的性格、兴趣、能力、价值观以及对职业的了解，职业定位可分为技术型、管理型、创造型、自由独立型和全面型五种类型。

1. 技术型

技术型职业定位的人往往是对某一专业比较喜欢，在某领域或某一方面具有特长，一般喜欢从事科研类工作。技术型职业定位的人往往不太喜欢从事管理型工作，如企业的中层管理人员、部门经理等，他们在这些岗位上反而不能发挥他们的特长。这种职业定位类型的人员，一般喜欢从事与专业相匹配的工作，喜欢在企业的一线从事研究工作，如工程师就属于技术型职业定位。

2. 管理型

管理型职业定位的人更有意愿做企业的管理人员，获得企业高层领导岗位是他们工作的目标。因此，他们将职业目标定位为有相当大职责的管理岗位，如部门经理、经理等。成为高层管理人员需要有一定的工作能力，主要包括三方面：①分析能力，在获得信息不充分或情况不确定时，去判断、分析、决策某一结果的能力；②人际协调能力，在人际关系中，影响、监督、应对与控制各级人员的能力；③情绪控制能力，在应对突发事件中，不沮丧、不发火，并且有能力承担重大的责任，而不被其击垮。

3. 创造型

创造型职业定位的人一般从事的是创造、创新工作，如创业者。他们在工作中的最终目标是建立完全属于自己的东西，如以自己名字命名的产品或工艺，或是自己的公司，或是能反映个人价值的一些私人财产。他们认为只有这样才能体现自己的才干。

4. 自由独立型

自由独立型职业定位的人，喜欢独来独往地从事某一种工作，而不愿意做那些像在大公司里彼此都有牵连和依赖的工作。很多有这种职业定位的人同时也具有相当高的技术。但是他们不同于那些简单的技术型人才，不愿意在组织中发展，而宁愿做一名咨询人员，或是独立从业者，或是与他人合伙创业，如自由撰稿人、心理咨询师等。

5. 全面型

全面型职业定位的人兴趣广泛，他们所能从事的工种较多，在社会中可以从事多种行业的工作，但这些工作对专业技术的要求不高。具有全面型职业定位的人在工作中最关心的是职业的长期稳定性。他们为了安定的工作、稳定的收入、优越的福利与养老等付出努力。目前我国绝大多数的年轻人都属于这种类型的职业定位。

二、当代职业未来发展趋势

从人类社会职业发展趋势来看，职业的发展变化主要体现以下四个方面：①第一产业和第二产业的职业不断分化，第三产业的职业迅速发展；②职业分工更精细，专业化增强；③职业内涵和功能不断更新；④职业的更替更快更多，变化更大。

从职业的时间来看，职业可分为三种类型，分别是长期性职业、短期性职业和新兴职业。

长期性职业以教师、会计、医生、警察为例，不论是在古代中国，还是从世界的角度来看，几乎每个朝代、每个社会都存在这些职业，并一直发展着。随着时代的发展，这些长期性职业也具有了时代的内涵与特色，职业的要求也在不断提高。比如中国古代的医生，由于生产力局限的原因，在看病时一般通过望、闻、问、切来查明疾病的原因。在当今社会作为一名医生，其医术不仅仅是局限于望、闻、问、切这些基本技能，同时还要学会利用现代先进的医疗器械来对病人进行诊治。此外，由于现代环境污染严重，生活节奏加快，疾病的种类也日益增多，病情也日趋复杂，这就需要医生不断提高自身的知识水平和业务素质，随时应对各种问题发生。

短期性职业以模特、空姐等为例，这些职业注重工作人员的年龄，职场周期较短，人员更替较频繁，竞争也较激烈。

近几年新兴职业也在不断地兴起与发展。随着社会经济、政治和文化的发展，也会促进不同行业的发展与调整。比如电子信息技术行业的发展促进了网络的发展，网络的发展促进了网络工程师、软件开发师等新兴职业的兴起与发展，因此新兴职业的崛起与行业的发展密不可分。新兴职业还包括导购师、网络营销策划师、环境保护工程师等。

职业发展从整体来看具有动态发展的趋势，大学生在求职过程中应结合职业发展规律及特点来把握当今行业行情，做好职业规划，从而为自己准确定位。

三、企业针对职业发展的改变

1. 公司将更加专注于改善面试候选人体验和员工工作体验

以公司市场营销部门为例，它多年来的主要工作是提高与改善客户体验，从而提高客户满意度。但从近年看，人力资源部门也要提升员工和潜在员工的体验。例如招聘，候选人一旦接到面试通知，他做的第一件事情往往是上网搜索评价。要是看到百度或专业网站对公司有差评，估计候选人就会犹豫要不要来参加面试了。所以，候选人对公司的体验从递交简历的那一刻就开始了。与候选人友好互动以及为候选人创造良好的面试体验，也是弘扬企业文化的一个方面。

一旦员工进入公司报到上班，人力资源管理者就该思考如何改造陈旧的奖励计划，投入更多的培训，更好地了解员工需求，进一步改善工作空间，让员工快乐地工作，提升员工体验感和敬业度。如 IBM 就利用新的数据分析策略，预测关键岗位人员的流失风险并及时通知经理，从而降低离职率。

2. 传统年度业绩考核演变成持续的回顾与辅导

在绩效管理流程上，越来越多的企业在淡化一年一次的考核打分与强制分布，而更加重视对员工日常的反馈、沟通与辅导，因为这种方式可能更适合现在的年轻人。持续沟通与反馈将成为管理的常态。很多公司顺应移动互联网时代的变革趋势，进行了绩效管理体系的革新，有的还给这些及时反馈取了很好听的名字。比如有一家大型企业的检查机制、工作目标是每年设置，但工作进展回顾会定期反馈，这使得员工主动离职率减少 2%。这种做法侧重在绩效的持续反馈与沟通方面。

3. 组织重组从而更加关注团队绩效，而非个人绩效

不管经济形势如何，就业形势如何，更多的企业开始强调团队绩效和团队合作。虽然员工有个人职业生涯规划，但公司还是在不断重组团队，因为高绩效团队将会助力公司争夺未来业务的成功。如微软在进行绩效管理变革之后，考核员工的是其影响力，侧重考核员工对组织的贡献和团队的贡献以及对他人的帮助。

4. 增强现实和虚拟现实将更多引入招聘与培训

增强现实和虚拟现实可以帮助提高求职者的体验，也可以让员工培训更具吸引力，成本更低。

5. 人才争夺战持续升温，靠文化与价值观招人留人

在美国，员工的平均工作年限为 4～6 年，而很多年轻人工作两年就会离开公司。根据统计，美国 76%的全职工作人员要么积极寻找工作，要么寻找新的机会，而有 48%的雇主因为技能差距和高流失率无法填补他们的职位空缺。在所有这些人才的流动中，优秀人才的抢夺非常激烈。一个更强调员工体验的公司，更多关注企业文化和价值观的公司，更能吸引人才和留住员工。

6. 企业将更多采用多种用工方式以降低用工成本

随着全球经济增速放缓，更多企业开始探索各种节约用工方法。除了全职员工以外，更多的项目制用工、临时性用工、劳务派遣用工、实习生、自由职业者纷纷参与到企业用工潮中，在企业内部组成更加灵活的团队。这个趋势也将在中国的企业中更多地出现。随着越来越多的公司雇用员工是按需、按项目，同时又要降低社会保险成本及其他员工福利，未来会有更多的自由职业者和全职员工一起工作。许多自由职业者在远程工作，未来一个经理不仅要能管理现场的人员，还需要管理散布在全国甚至全球的自由职业者团队。

随着国内共享经济不断蔓延，滴滴打车、人人物流等新兴互联网产品出现，越来越多的人加入多元化选择工作、随意支配碎片时间的队伍中。特别是生活在北京、上海、广州、深圳等一线城市的群体，不分灰领、蓝领、白领、金领，他们都有机会参与灵活的“零工经济”，因而有“打零工”这样的 App 上线，因为它符合新时代多样化用工潮流。

7. 职场健康和员工福利成为吸引顶尖人才的关键

很多公司制定健康计划来降低缺勤率和吸引人才，并节省医疗保险费用，而员工在过去的几年中也变得更加有健康意识。因为公司意识到工作压力使员工面临很大的健康问题，所以他们投资为员工创造一个更宽松、更健康的环境。例如，谷歌的目标是令建筑与自然完美融合，从而让员工体验全新的工作环境，激励员工开心工作。

第三节　职业认知的方法

一、个人职业探索的方法

个人进行职业探索通常采取查阅、参观、实习、讨论、访谈等方法。

（一）查阅

将个人希望了解的职业方向（或职业群），通过网络、书籍、期刊及有关声像资料，进行初步查阅；选定各种典型职业，进一步对其入门所需的基本条件（如学历、资格证书、身体条件等）进行查阅。通过查阅使自己对做好职业工作所需要的知识、技能、生理条件及个性特征有一个初步的认识，对该职业的生存环境及发展前途等形成初步印象。

通过媒体认识职业环境，应该是最省事的办法。电视、广播、报纸、杂志、书籍、网络等各种媒介，是大学生间接了解职业环境的主要渠道。尤其是当今大学生计算机普及率及接触网络的频率总体较高，通过网络搜索职业信息、分析职业环境已经成为当代大学生的首选。当前社会通信事业发达，手机上网也逐渐成为年轻人喜爱的搜集信息方式。通过媒体搜索，可以节省了解职业环境的成本，获取最新的职业信息，具有成本低、信息量大、方便快捷的特点，但同时亦有难以甄别信息的真实性、夸大其词、以偏概全的缺陷，需要加以认真分析，才能真正了解欲从事的职业的环境。

（二）参观

到相关职业现场短时间参观实地考察，可以了解职业相应工作的性质、内容，职业环境及氛围，获得实实在在的职业感受。

（三）实习

实习是一种比较全面地了解职业的方法。实习可以更深入、更真实地了解工作任务、工作要求、工作环境，以对个人的适应情况进行判断；还可以了解工作的程序、报酬、奖罚、管理及升迁发展等各种信息，通过与工作人员的实际接触，感受职业对人的影响及人职和谐情况。

实习与见习环节是每个大学生都必经的阶段。尽管期限可能不长（一周或几周），但却是一个难得的对职业环境进行深度体验的机会。某师范大学与某重点中学曾经签订了师范生教育实习与就业见习基地共建协议，通过教育实习被直接留用的毕业生达60%以上。不少被录用的毕业生谈及选择这个学校的原因时，除了“实习表现出色”外，更重要的是通过一个半月的实习发现“该校在该市的市属重点中学中发展潜力最大，校园环境好，学校管理规范，而且对年轻教师的培养力度很大，短时间内成长为骨干的可能性比其他学校大”。由此可见，要真正了解职业环境，光“看”是不够的，还要深度体验才行。

（四）讨论

个人的探索总有局限性，与别人一起讨论感兴趣的职业问题，共享职业探索成果，会互相打消一些不现实的想法或淘汰掉前景暗淡的职业，从而共同发现一些更好的目标，更多的方向。

（五）访谈

通过和相关的从业人员进行交流，了解相关职业的知识、技能需求、待遇和发展前景。

二、岗位说明书

职业探索还可以通过学习了解和制作岗位说明书的方法来进行。

岗位说明书，是表明企业期望员工做些什么、规定员工应该做些什么、应该怎么做和在什么样的情况下履行职责的总汇。岗位工作说明书一般是根据公司的具体情况进行制定，可以用表格显示，也可用文字叙述，内容具体而又浅显易懂，且随着公司岗位的发展变化而动态调整。岗位说明书一般由人力资源部门统一归档。

岗位说明书应该包括以下主要内容。

(1) 岗位基本资料：包括岗位名称、岗位工作编号、汇报关系、直属主管、所属部门、工资等级、工资标准、所辖人数、工作性质、工作地点、岗位分析日期、岗位分析人等。

(2) 岗位工作概述：简要说明岗位工作的内容，并逐项说明岗位工作活动的内容，以及各活动内容所占时间百分比，活动内容的权限，执行的依据等。

(3) 岗位工作责任：包括直接责任与领导责任，要逐项列出任职者工作职责。

(4) 岗位工作资格：即从事该项岗位工作所必须具备的基本资格条件，主要有学历、个性特点、体力要求及其他方面的要求。岗位工作资格包括必备资格和理想资格，其中必备资格是完成某职位工作要求的最低资格，理想资格是在具备必备资格的基础上，若具备某些条件更为理想的资格。

(5) 岗位发展方向：在部分企业的岗位说明书中还会加上岗位发展方向的内容，希望通过岗位发展方向不仅明确企业内部不同岗位间的相互关系，而且还有利于员工明确发展目标，将自己的职业生涯规划与企业发展结合在一起。

第四节　分析职业世界信息

一、了解职业信息的意义

对职业世界的认识，是进行正确而合理的职业选择的基础。

(1) 从心理认知层面上，职业信息的获得与应用可以引发毕业生探寻职业生涯的动机。

(2) 在对职业信息进行分析、判断时可增进毕业生对自我及职业世界的了解，甚至形成认知或态度上的改变。

(3) 形成自己预期的职业库。理想中的职业、性格探索适合的职业、兴趣探索适合的职业、价值观探索适合的职业、能力探索适合的职业等，都可以加入毕业生自己预期的职业库。

二、研究职业的十二要素

(1) 简介：对职业做一个简要的描述。

（2）路径：描述这个职业的某人从新手到最高职位的典型生涯路径。

（3）趋势：描述技术、组织、培训、管理或经济趋势对此职业的影响。

（4）薪水：指出新员工和有经验员工薪水的差别，薪水的地域差异。

（5）技能：描述这个职业的人所使用的典型技能和需要的能力。

（6）机构：说明哪些类型公司、行业聘用，包括这个职业是否有创业的。

（7）聘用：描述在这个职业中人们如何找到工作，需多长时间。

（8）条件：描述环境、管理类型、工作压力、时间、出差等。

（9）培训：描述与这个职业有关的学习专业或领域。

（10）资格：明确这个职业所需要的任何证书或资格证。

（11）前景：描述这个领域目前或未来的机会、地域性影响及行业变化等。

（12）影响：这个职业会如何影响生活方式、家庭、婚姻、休闲及假期。

三、职业对人才的要求

职业对人才的要求，站在不同的角度有不同的提法，但基本的要求是一样的。即人才是指具有超常的知识、技能或意志，是一种稀缺资源，在一定条件下是不可替代的，能做出较大贡献的人（相对于不同的参照物）。人才既包括学问超常的知识分子，又包括技能超群的能工巧匠、艺人或“领袖”，还包括意志非凡的“英雄”。还可以说，人才就是社会需要的高素质的人。而素质是指一个人具有的各种生理、心理、外部形态方面比较稳定的特点，即指知识、才能、品格、精神、观点、气质、体质等诸因素的总和。

四、职业世界认知的常见心理障碍与调试

人要参与社会生活，就必须受到一定的社会规范的制约和限制，这就要求个体要根据社会信息及时调整自己，有效化解心理矛盾，尽可能减少心理问题的发生率，使之适应于社会的要求。

人们从接收一定的外界信息到做出相应反应期间，大脑根据以往的认知，对信息进行加工并产生相应的心理体验，这个过程也是个体心理发展变化的过程。完成这个过程有三个要素：①外部信息的刺激；②已有的心理认知的参与；③个体心理的自我整合作用。

合理变通的主要方式可以概括为以下几种。

（一）回避

转移注意力，尽可能躲开导致心理困境的外部刺激。在心理困境中，人的大脑里往往形成一个较强的兴奋灶。回避了相关的外部刺激，可以使这个兴奋灶让位给其他刺激引起的新的兴奋灶。兴奋中心转移了，也就摆脱了心理困境。

（二）变通

心理学上又叫合理化。就是通过找一些理由为自己开脱，以减轻痛苦，缓解紧张，使内心获得平衡的办法。精神分析学家弗洛伊德指出，常见的合理化有两种：一是希望达到的目的没有达到，心理便否定该目的的价值或意义，俗称酸葡萄效应；二是未达到预定的期望或目标，便提高目前现状的价值或意义，俗称甜柠檬效应。如狐狸吃不到葡萄，就说葡萄是酸的，只能得到柠檬，就说柠檬是甜的，于是便不感到苦恼。心理调适可借用某种

“合理化”的理由来解释事实，变恶性刺激为良性刺激。

（三）转视

换个角度看问题，横看成岭侧成峰。因为并不是任何来自客观现实的外部刺激都可以回避或淡化。但是，任何事物都有积极和消极的方面。同一客观现实或情境，如果从一个角度来看，可能引起消极的情绪体验，使人陷入心理困境；但从另一个角度来看，就可以发现它的积极意义，从而使消极情绪体验转化为积极情绪体验，走出心理困境。

（四）换脑

换一种认知解释事物，更新观念，重新解释外部环境信息，也就是相当于换一个脑袋思考、解释问题。在个体出现心理矛盾和冲突的时候，可以通过换脑法，减少或消除心理认知与心理体验的矛盾。

（五）升华

让积极的心理认知固着，把挫折变成财富。人的心理问题长期不能解决，往往与他们的消极心理固着有关。如何克服心理固着，有效的方法是进行心理位移，即选择一种新的、高层次的、积极的、利于他人和社会的心理认知固着代替旧有的心理认知固着，从而改变消极的心理状态，这就是心理升华法。

“失败乃成功之母”“化悲痛为力量”就是告诉我们在失败的消极因素中蕴含着的积极因素，使之成为个体奋起图强、取得成功的动力和契机。

（六）补偿

人们难免会由于一些内在的缺陷或外在的障碍以及其他种种因素的影响，导致最佳目标动机受挫。这时，往往会采取种种方法来进行弥补，以减轻、消除心理上的困扰。这在心理学上称为补偿作用。补偿，就是在目标实现受挫时，通过更替原来的行动目标，求得长远价值目标实现的一种心理调适方式。

（七）求实

切合实际调整目标。当实现目标过程中受挫时，就会产生心理紧张或痛苦，避免或缓解这种状况的一个有效措施，就是及时切合实际调整自我，并变换实现目标的途径和方法。

人生路上，如果所面对的外界事物和环境无法改变，那就先改变自己。只有这样，才能最终改变属于自己的世界。

生涯感悟

职业是参与社会分工，利用专门的知识和技能，创造物质和精神价值，获得合理报酬，满足物质生活、精神生活的一种社会交换方式。

职业会随着时代的发展而变化，我们要紧跟时代的步伐，利用自己的优势，通过职业满足他人需求来达到一定的自我实现。

第五节 岗位分析

岗位分析是通过系统全面的情报收集手段，提供相关工作岗位的全面信息，以便组织提高管理效率。岗位分析是人力资源管理工作的基础，其分析质量对其他人力资源管理模块具有举足轻重的影响。

一、岗位分析的含义

岗位分析是对企业各类岗位的性质、任务、职责、劳动条件和环境，以及员工承担本岗位任务应具备的资格条件所进行的系统分析与研究，并由此制定岗位规范、工作说明书等人力资源管理文件的过程。其中，岗位规范、岗位说明书都是企业进行规范化管理的基础性文件。在企业中，每一个劳动岗位都有它的名称、工作地点、劳动对象和劳动资料。

二、岗位分析的作用

(一) 制定企业人力资源规划

人力资源规划也可称为人力资源计划，是指根据企业的发展规划及内外环境的变化，预测企业未来的人力资源的需要和供给状况，并通过相应的计划制定和实施使供求关系协调平衡的过程。岗位分析的结果，可以为有效的人事预测和计划提供可靠的依据。

(二) 招聘、甄选和配置合格的人员

岗位分析的结果是工作所需的经历、能力、技能、学历等条件被一一确定，这就为人员的选择提供了依据，从而避免了选人、用人的盲目性。只有招聘到所需的人员，拥有合理的员工队伍，才能保证企业的稳定和长期的发展。

(三) 制定绩效考核标准

绩效考核是人力资源管理中非常重要的一环，绩效考核能否达到预期的目标，很关键的一点在于考核的指标和标准是否具有客观性和公正性，而要做到这一点，岗位分析是关键。只有明确了岗位的信息，才能设计出科学的绩效考核标准。

(四) 进行岗位评价，设计合理的薪酬制度

岗位评价就是用定量与定性相结合的科学方法来确定岗位能级层次的过程，也就是在岗位分析的基础上，依据岗位分析所收集的资料信息，对岗位的相对价值进行分等排序的过程。通过岗位分析和岗位评价，为实现公平报酬打下了基础，也使薪酬管理工作能做到客观、公正。

(五) 明确工作职责，提高工作绩效

通过岗位分析，能够明确工作职责和工作任务，建立规范化、合理化的工作程序和结构。同时，由于工作的关键技术和关键要领都明确了，员工能更合理地运用技能和经验，合理地安排工作、完成任务，少走弯路，提高工作绩效。

(六) 为员工培训和发展提供依据

完成各项工作需要具备一定的知识、技能和其他条件，通过岗位分析，这些任职资格

清晰后，企业可以据此来制定培训和开发工作，使新员工能很快适应新的工作岗位，使老员工通过培训更加胜任工作。通过岗位分析，员工的培训和发展能够有理有据，企业的效率也能提高。

（七）为员工提供职业生涯设计

企业根据自身状况，有整体性、系统性的岗位配置、岗位类别及岗位等级。通过岗位分析，员工的任务一目了然，系统的性质和位置也确定了。根据这些结构，企业可以为员工准确定位，对他们的职业生涯进行规划，从而帮助他们确立发展方向。

（八）实现优化的岗位配置

通过岗位分析，企业能够获得岗位工作的全面信息，发现岗位配置的不当之处，找出工作中各种不合理的因素。例如，工作条件不利于员工的身心健康，无法调动工作的积极性。建立在岗位分析基础上的岗位配置能使企业流程更合理，人力资源得到最优化的配置。

三、岗位分析的方法

岗位分析的方法有很多种，此处重点介绍几种常用的岗位分析方法。

（一）问卷调查法

问卷调查法就是根据岗位分析的目的、内容等，事先设计一套岗位调查问卷，由被调查者填写，再将问卷加以汇总，从中找出有代表性的回答，形成对岗位分析的描述信息。问卷调查的关键是问卷设计。问卷有开放型和封闭型两种形式。开放型：由被调查人根据问题自由回答。封闭型：调查人事先设计好答案选项，由被调查人选择确认。

问卷调查法的具体实施步骤如下。

（1）问卷设计。设计问卷时要做到以下几点。

① 提问要准确。

② 问卷表格要精练。

③ 语言通俗易懂，问题不可晦涩难懂。

④ 问卷表前面要有指导语。

⑤ 激发被调查人兴趣的问题放在前面，问题排列要有逻辑。

（2）问卷发放。进行岗位分析问卷发放时，应该先集合各部门主管进行说明。说明内容有岗位分析目的、岗位分析问卷填答方法，并清楚告知此次活动的进行不会影响到员工权益。确定各主管皆明白如何进行后，由主管辅导下属进行填答。

（3）填答说明与解释。虽然在岗位分析问卷填答前有过详细的说明，也进行了问题解答，但是还可能有许多问题产生，因此，在此期间必须注意各部门的填写状况，并予以协助。

（4）问卷回收及整理。对于回收的问卷，首先必须检查是否填写完整，并仔细查看是否有不清楚、重叠或冲突之处，若有，便由岗位分析员与人力资源主管进行讨论，以确认资料收集的正确性。如果事先已请填写者将内容转换成计算机档案，则岗位分析员只需以原档案进行修改即可，不需再花费许多时间将问卷内容转换成计算机文书文件，且只要资料确认无误，即可完成职务说明书的撰写。

（二）访谈法

访谈法是访谈人员就某一岗位与访谈对象按事先拟订好的访谈提纲进行交流和讨论。

访谈对象包括：该职位的任职者；对工作较为熟悉的直接主管人员；与该职位工作联系比较密切的工作人员；任职者的下属。为了保证访谈效果，一般要事先设计访谈提纲，事先交给访谈者准备。访谈法分为个体访谈和群体访谈。

进行访谈时应注意以下原则。

（1）明确访谈的意义。

（2）建立融洽的气氛。

（3）准备完整的问题表格。

（4）要求按工作重要性程度排列。

（5）访谈结果让任职者及其上司审阅修订。

（三）观察法

观察法就是岗位分析员在不影响被观察人员正常工作的条件下，通过观察将有关工作的内容、方法、程序、设备、工作环境等信息记录下来，最后将取得的信息归纳整理为适合使用的结果的过程。利用观察法进行岗位分析时，应根据岗位分析的目的，利用现有的条件，确定观察的内容、观察的时间、观察的位置、观察所需的记录单等，做到省时高效。

（1）观察法又分为以下三种。

① 直接观察法。岗位分析员直接对员工工作的全过程进行观察。直接观察适用于工作周期很短的职位。如保洁员，他的工作基本上是以一天为一个周期，岗位分析员可以一整天跟随着保洁员进行直接工作观察。

② 阶段观察法。有些工作具有较长的周期性，为了能完整地观察到员工的所有工作，必须分阶段进行观察。比如行政文员，他需要在每年年终时筹备企业总结表彰大会，岗位分析员就必须在年终时再对该职位筹备企业总结表彰大会的工作过程进行观察。

③ 工作表演法。对于工作周期很长和突发性事件较多的工作比较适合。如保安工作，除了有正常的工作程序以外，还有很多突发事件需要处理，如盘问可疑人员等。岗位分析员可以让保安人员表演盘问的过程，来进行该项工作的观察。

（2）应用观察法有如下要求。

① 注意所观察的工作应具有代表性。

② 观察人员在观察时尽量不要引起被观察者的注意。在适当的时候，岗位分析员应该以适当的方式将自己介绍给员工。

③ 观察前应确定观察计划，计划工作中应含有观察提纲、观察内容、观察时刻、观察位置等。

④ 观察时思考的问题应结构简单，并反映工作内容，避免机械记录。

采用观察法进行岗位分析的结果比较客观、准确，但需要岗位分析员具备较高的素质。它适用于外部特征较明显的岗位工作，如生产线上工人的工作、会计人员的工作等。它不适合长时间的心理素质的分析，不适合工作循环周期很长的工作和脑力劳动的工作，偶然、突发性工作也不易观察，且不能获得有关任职者要求的信息。

（四）关键事件法

关键事件法要求岗位分析员或其他有关人员描述能反映其绩效好坏的“关键事件”，

即对岗位工作任务造成显著影响的事件，将其归纳分类，对岗位工作有一个全面的了解。关键事件的描述包括：导致该事件发生的背景、原因；员工有效或多余的行为；关键行为的后果；员工控制上述后果的能力。采用关键事件法进行岗位分析时，应注意三个问题：①调查期限不宜过短；②关键事件的数量应足够说明问题，事件数目不能太少；③正反两方面的事件要兼顾，不得偏颇。关键事件法的主要优点是研究的焦点集中在职务行为上，因为行为是可观察的、可测量的。同时，通过这种职务分析可以确定行为的任何可能的利益和作用。关键事件法的主要缺点：①费时，需要花大量的时间去搜集那些关键事件，并加以概括和分类；②利用关键事件法，对中等绩效的员工就难以涉及，因而全面的职务分析工作就难以完成。该方法适用于同一职位员工较多，或者职位工作内容过于繁杂的工作。

（五）参与法

参与法是指岗位分析员直接参与某一岗位的工作，从而细致、全面地体验、了解和分析岗位特征及岗位要求的方法。与其他方法相比，参与法的优势是可获得岗位要求的第一手真实、可靠的数据资料，获得的信息更加准确。当然参与法也有缺点，由于分析人员本身的知识与技术的局限性，其运用范围有限，只适用于较为简单的工作岗位分析。

（六）工作日志法

工作日志法是让员工以工作日记或工作笔记的形式记录日常工作活动而获得有关岗位工作信息资料的方法。

其优点是：如果记录很详细，那么经常会提示一些其他方法无法获得或者观察不到的细节。该方法适用于高水平、复杂工作的分析。

（七）交叉反馈法

交叉反馈法，即由工作分析专家与从事被分析岗位的骨干人员或其主管人员交谈、沟通，按企业经营需要确定工作岗位；然后由这些主管人员或骨干人员根据设立的岗位按预先设计的格式，草拟工作规范初稿；再由工作分析专家与草拟者和其他有关人员一起讨论，并在此基础上起草出二稿；最后由分管领导审阅定稿。访谈对象最好是从事该项工作的关键人员，这样反映问题比较全面、客观。该方法的优点是：工作规范描述准确，可执行性强；工作关系图、工作流程的描述相对清晰；能够较好地与实际工作相吻合。不足之处是：所花费时间较多，反馈周期较长，工作任务量大。这种方法适合于发展变化较快或职位职责还未定型的企业。

四、岗位分析过程

岗位分析过程包括筹划准备阶段、信息搜集阶段、资料分析阶段和结果完成阶段。筹划准备阶段包括：确定分析目的；制订分析计划；组建分析小组；选择分析对象。信息搜集阶段包括：收集背景资料（组织结构、职业分类标准等）；确定信息类型；选择搜集方法；沟通搜集对象。资料分析阶段包括：审查工作信息；分析工作信息。结果完成阶段需要制定岗位说明书。

思考题

1. 小芳将于7月份从某大学会计系硕士毕业，从4月份开始求职以来陆续接到不少单位的接收函。小芳最终在两个单位之间犹豫不决，一份是某知名大学的财务处，另一份是全球五百强企业的财务部门。你觉得小芳应该如何选择？

2. 如何规划未来五年的职业生涯？

请同学们结合自己的专业，课后通过任何搜索引擎输入一个自己感兴趣的职业，完成表4-1的职业信息搜集卡。如果本卡位置不足，请补充纸张，并重点关注以下几个问题。

（1）这份职业的名称是什么？

（2）这份职业的主要工作内容有哪些？

（3）这份职业对于专业和能力的关键要求是什么？

（4）如果要进入这个职业，当前阶段需要做哪些知识和能力积累？

表4-1　职业信息搜集卡

感兴趣的职业名称		
信息来源		
职业信息的内容	主要工作内容	
	专业和能力要求	
	工作报酬	
	工作创造的价值	
五年的职业规划		

第五章　职 业 定 位

评价目标

知识目标：了解职业定位的基本概念、原则、作用与方法。

能力目标：掌握职业定位的基本理论，为自己的职业进行合理定位。

情感价值观目标：充分认识到职业定位在职业生涯规划中的重要性，自觉运用职业定位理论科学地规划自己未来的职业。

教学方法

讲授法、讨论法、任务驱动法、案例教学法。

职业定位是明确一个人在职业上的发展方向，是确立个体职业生涯的根本依据。本章围绕职业定位的相关内容从职业定位概念、职业定位内容、职业定位原则、职业定位作用与方法，以及影响职业定位的因素等方面进行了阐述。

第一节　职业定位的基本要素

案例 5-1

职业定位成功案例

互联网科技的迅猛发展，给人们的生活带来了质的变化。在这里不得不提到两个人，马化腾和马云，可以说二人改变了我们的生活模式。

马化腾，男，汉族，1971 年 10 月 29 日生于广东省汕头市。现任腾讯科技（深圳）有限公司董事会主席、首席执行官。

马化腾曾在深圳大学主修计算机专业，于 1993 年取得深圳大学理科学士学位。在创办腾讯之前，他曾在中国电信服务和产品供应商深圳润迅通讯发展有限公司主管互联网传呼系统的研究开发工作，在电信及互联网行业拥有 10 多年工作经验。

马云，男，汉族，1964 年 9 月 10 日生于浙江省杭州市，阿里巴巴集团主要创始人，现担任日本软银董事、TNC（大自然保护协会）中国理事会主席兼全球董事会成员、华谊兄弟董事、生命科学突破奖基金会董事。

其实马云早年毕业于杭州师范学院，学的是英语专业，毕业后从事的是一名英语教师工作，后下海经商创业，最终创立了阿里巴巴集团。

以上两位名人的成功其实都离不开他们的职业定位，在职业定位中择己所长、择己所爱，根据自己的专业特长、兴趣、爱好，确定自己的职业定位。

资料来源：http：//www. gerenjianli. com/Mingren/02/49g4ce74i4mb64b. html，
https：//baike. so. com/doc/1107452—1171802. html，2019 - 12 - 22.

一、职业定位的概念

职业定位，就是清晰地明确一个人在职业上的发展方向，它是个体在整个职业生涯发展历程中的战略性问题，也是根本性问题。从长远上看，是找准一个人的职业类别；就阶段性而言，是明确所处阶段对应的行业和职能，即在职场中自己应该处于什么样的位置。

职业定位是职业规划及职业发展的第一步，也是最基础的工作、最重要的一步。定位错误或是偏差较大，意味着接下来职业生涯发展的挫折和失败。

案例 5-2

招聘员工不简单

赵明从公司辞职后在市中心开了一家火锅店，现要招聘五名员工，这五名员工的工种分别是：大堂经理、大厨、采购部主任及两名服务员，在招聘时他们分别要符合什么条件，这可难倒了赵明。根据职业定位的分类，大堂经理、采购部主任应该属于管理型人才，大厨应该属于技术型人才，两名服务员则属于全面型人才，而赵明自己应该属于创造型人才。

二、职业定位的内容

案例 5-3

毕业后我将做什么

被誉为全球孔明灯大王的刘鹏飞，1983 年出生于江西省宁都县一个小山村。2003 年，他以优异的成绩考入九江学院，就读的是九江学院商学院金融学专业。在校期间，刘鹏飞秉承了农村娃那坚毅的性格，读书非常用功，各门专业功课取得了优异的成绩。由于家在农村，生活条件艰苦，为了减轻家里负担，刘鹏飞利用业余时间在校做些小本生意，赚得的钱用于支付大学学费和生活费。一晃四年过去了，刘鹏飞开始面临就业问题。这是所有大学生都需面对的问题，对于即将毕业的大学生，毕业前应做好个人的职业生涯规划，根据自己所学的专业和兴趣、能力、爱好及价值观等，找准个体的职业定位，在毕业时有了目标方向，则在未来工作中少走弯路。刘鹏飞毕业后并没有依据自己的专业进行就业，而是根据自己的兴趣、能力、爱好，选择了创业之路，最终成为飞天麦光光集团的创始人及董事长。

资料来源：https：//baike. so. com/doc/5338008－5573447. html，2019 - 12 - 18.

（一）职业定位的三要素

职业定位是职业生涯规划的核心内容。一般我们在确定职业目标的过程中，首先要对个体的能力进行自我分析，然后找准自己的职业方向，还要对该职业在社会中所处的环境进行分析。职业定位一般具有以下三个方面的要素。

1. 自我定位

自我定位即对自我进行认知，在认知过程中我们可以利用一些方法，如橱窗分析法、360 度评估法、SWOT 分析法等，认清自己的优势和不足，从自身的角度去寻找适合自己的职业目标定位。假如不能准确地为自己定位，不清楚自己的强项和弱项，只是盲目跟风或跟着感觉走是不行的。在职业定位之前，要找出自己的优势在哪里？这些优势是否足以帮助我在新的行业站稳脚跟？自己的弱点在哪里？用什么方法可以尽快提升？

从自身的角度讲，需要了解和分析的主要因素应该包括：我喜欢做什么，主要是察觉出个体的职业兴趣、爱好和职业价值观等方面；我适合做什么，主要探讨的是个体职业性格、气质、智商、情商等方面；我擅长做什么，主要了解的是个体职业能力倾向等方面的问题，如个体的语言表达能力，逻辑推理能力以及数学运算能力等；我能够做什么，主要考察的是个体所具有的专业知识、技能等方面的问题。

2. 方向定位

方向定位主要是找准自己的职业发展方向。在自我定位的基础上挖掘出个体的职业气质、职业兴趣、职业能力等方面的特点，找到自己的职业潜能所适合的职业领域。只有找准方向才能最大限度地开发和发掘出自己的潜能。

一般我们可以通过分析自己的喜好、擅长、价值观等因素来确定自己的职业方向。职业方向定位一般具有以下四个原则。①喜好原则。只有做自己喜欢的事情，才有可能在未来碰到强大的对手时仍然坚持自己的职业以及职业方向，在遇到极其困难情况时仍不放弃，并在巨大诱惑面前也不会动摇。如一些科研人员所从事的科研工作，可能既待遇不高又枯燥，但是他们喜欢做这样的事情，最终在自己的行业上有所成就。②擅长原则。符合职业选择中扬长避短原则，只有做自己擅长的事，才有能力做好，才能解决一些具体的问题，日后在竞争中才能脱颖而出。③价值原则。我们做事情一般都会体现一定的个体或社会价值，在选择职业方向的过程中，有价值的事情就值得我们去做，就有可能做成功。④发展原则。要用发展的眼光看待职业方向定位，某些职业目前可能不是紧俏的，但从长远发展上看是值得拥有的，如朝阳产业的相关职业。

3. 行业定位

行业定位主要是看清目标行业的发展趋势。主动、全方位地了解目标行业的现状和发展前景，可优先选择朝阳行业，这些行业比较容易给刚毕业走向社会的大学生带来更多的机会。俗话说隔行如隔山，每个行业都有自己的特色，如果你漫无目的地游走在各行业之间，可能是没有结果的，很难取得职业上的成功。

总之要选择具有长远竞争力的行业，这些行业有较大的发展性，在这些行业中选择职业更容易成功。

(二) 职业定位的注意事项

1. 与职业取向匹配

职业取向是人们选择职业前对所青睐的职业的种类、方向进行的挑选和确定，是人们进入社会生活领域前必须进行的一种重要行为，是构成职业选择的基本因素之一。通过职业取向，有利于人们正确地选择自己能够适应的劳动岗位；有利于社会化的顺利进行和实现；有利于取得较大的经济利益，也可达到多方面的社会效益，促进人的全面发展。职业定位要与自己的性格类型、兴趣爱好、职业价值观、自身需求及梦想等相匹配。

2. 与商业价值关联

商业价值指事物在生产、消费、交易中所产生的经济价值，通常以货币为单位来表示和测量。职业定位与商业价值关联即使自己的职业创造出更多的利益的过程，包括社会利益和个人利益。要充分结合自己的学历、工作经历，以及自己的能力水平和可利用的资源状况等进行职业的选择。

3. 与职业环境协调

所谓职业环境，就是某职业在社会大环境中的发展状况、技术含量、社会地位、未来发展趋势等。进行职业环境分析的要求是，通过职业环境分析弄清职业环境对职业发展的要求、影响及作用，对各种影响因素加以衡量、评估并做出反应。关注当前热点职业有哪些，发展前景怎样，社会发展趋势对所选职业有什么影响，要求如何。总的来说，职业环境包括两大方面的内容：社会环境和组织（企业）环境。个体在选择职业中要与这两大环境相协调。

4. 与制约因素妥协

在职业定位的过程中，总有许多不利的因素，如自身的能力、个体的潜能、行业的法律法规等，在进行职业定位时，应与这些因素相妥协，折中寻求相对满意的结果。

第二节　职业定位的原则

案例 5-4

一个证券分析师的诞生

阿春是个非常要强的女孩，她出生在农村，几代人都是农民，可父亲深知知识的重要性。父亲从小告诉她只有读书，才可能有出息。阿春渴望外面的世界，她向往着自己能跟城里人一样生活。凭着不断地刻苦和毅力，她终于考上了大学。

在大学学习期间，阿春身负全家人的希望，一直都很努力，成为金融专业的高才生，拿到 A 级奖学金。

四年很快过去了，阿春毕业后也加入了庞大的求职队伍。但是在求职过程中，却屡屡碰壁，大学生太多了，每一个职位都有几十个甚至上百个的人竞争。大学生在自己家乡可算是凤毛麟角，可是在大城市的职场中却多如牛毛。巨大的心理落差使阿春失去了往日的自信，变得自卑起来。

后来，阿春应聘到一家民营企业做文秘行政工作，她的踏实的工作态度很快赢得了同事和上级的信任。三年过去了，阿春已经适应了都市的生活节奏。再之后的三年多时间，她连续换过几个工作，都不是很满意。她知道自己骨子里有种东西倔强地涌动着，她的梦还没有实现，她不能满足于现状，她渴求成功，但是却不知何去何从。

阿春把她的迷茫向一职业顾问咨询，通过职业顾问一系列的测试和沟通之后，发现她有分析判断的天赋。阿春接受了职业顾问的建议，应聘到某证券机构，从事证券研究工作，并撰写一些分析评论的文章，同时攻读经济学研究生，理论实践双管齐下。

阿春终于找到了阶段性的职业定位。虽然以后的路还很长，但只要努力地做好各阶段的职业定位，就能使自己的职业生涯更有目标，更易成功。

资料来源：https：//www.doc88.com/p—8032841868157.html，2019-12-18.

一、职业定位的最高原则

职业定位的最高原则就是做本色的自我。职业定位是自我定位和社会定位两者的统一。

自我定位就是确定我是谁，我是什么性格类型的人，我擅长什么，不擅长什么。社会定位就是我在社会的角色定位。我在社会大分工中应该处于什么位置，扮演什么角色，我应该从事什么职业。

个体只有在充分了解自己和了解职业的基础上才能够做出准确的定位。对于个体和职业之间需作以下三个方面的了解。

（一）要了解自己

主要是了解个体所具有的核心价值观念、个性特点、天赋能力、缺点等。所用的方法可以是自我分析法，也可以请他人对自我做出评价，还可以借助心理测验等形式充分地了解自己。

（二）要了解职业

所需了解的范围包括职业的工作内容、知识要求、技能要求、经验要求、性格要求、工作环境、工作角色等。所用的方法请参考本书第四章第三节的职业认知方法。

（三）要了解自己与职业目标的差距

一个人可能会有多种职业目标，但是每个职业目标带给个体的利弊是不同的，这就需要个体根据自己的特点仔细地权衡不同职业目标的得失，还要根据自己的现实条件确定达到职业目标的方案，以缩小自己与职业目标间的差距。

二、职业定位的一般原则

职业定位的目的是明确一个人在职业上的发展方向，在职业定位中一般具有以下四个方面的原则。

（一）择己所爱

在职业定位中，个体首先想到的是自己喜欢哪种职业，或者对哪种职业比较感兴趣。研究表明，一个对所从事职业感兴趣的人，在工作中能够更好地发挥才能，且能保持长时间高效率；而对所从事职业不感兴趣的人，工作很难出色，且在工作中容易精疲力竭。一般来说，从事自己喜爱的、感兴趣的工作更能给你一种满足感，职业生涯也将变得妙趣横生。因此择己所爱是大学生做好未来职业定位的首要原则。

（二）择己所长

个体就业的竞争是人才的竞争，个体在这场竞争中要充分了解自身的优势和劣势，然后在此基础上按照“择己所长、避己之短”的原则进行具体的职业定位。为了真正能择己所长，很多个体在选择过程中会学以致用，发挥自己的专业特长，把未来的职业定位在与自己所学专业有密切联系的行业领域。当然，自己的优势也可能在所学专业之外，但也是需要有一个较长时期的积累和验证。

（三）择己所利

职业对每一个人而言，最基本的是一种谋生手段，在谋取个人福利的同时，也创造了社会财富，为社会做出了贡献。一般而言，个体谋求职业的第一动机很简单，即考虑个人生活幸福指数，而利益倾向往往支配人的职业选择。也就是说，我们在选择职业时，首先可能会考虑自己的预期收益，这种预期收益要能实现自己幸福的最大化，也就是利益最大化。不过在收入、社会地位、职业生涯的稳定性与挑战性等方面追求不同的人，有不同的侧重。为此，我们常常看到：有些毕业生在择业时先考虑薪酬待遇；有些则考虑职业生涯稳定，千方百计准备考公务员；有些却觉得工作环境舒适最重要，薪酬次之；等等。不管怎样，每个人都会尽可能满足自己的需求，这是一个不得不承认的事实。

（四）择市所需

职业的兴起、发展、衰落及消亡是由社会需要的变化引起的。因此，大学生在进行职业定位时，不仅要了解当前的社会职业需求状况，还要善于预测职业随社会需要而变化的未来走向，以便能使自己的职业定位富有一定的远见。否则，只看好眼前热门的职业，可能导致长远的选择失误。

三、大学生职业定位的策略选择

在充分兼顾自己所学专业和充分了解社会需求的前提下，大学生的职业定位有以下四种可供选择的策略。

（一）单一定位策略

即只考虑一种职业，而不考虑其他职业。如学工商管理的只把自己未来的工作定位于职业经理人；学市场营销的只定位于销售人员；学会计的只打算今后从事会计工作；学法律的只想今后做一名律师；学计算机的只选择计算机研究与开发工作等。

（二）双重定位策略

即同时考虑两种不同的职业。如动物药学专业的学生把自己未来的职业优先定位于动物药品的技术研究与开发，但同时也考虑从事动物药品的营销工作；工商管理专业的学生既考虑企业管理工作，也考虑做销售工作；环境工程专业的学生除了打算今后从事环保技术研究与开发外，还考虑从事环保产品的销售等。

（三）多重定位策略

即同时考虑三种以上的职业去向。如社会工作专业的学生把自己的未来职业定位于政府机关工作、高等学校教师、专门从事市场调研或有关统计工作、秘书工作等。

（四）改变定位策略

即根据特定的市场机会或客观情势变化改变自己已有的职业定位。如动物营养学专业的学生，开始把自己的职业定位于饲料企业的技术研究与开发，后则改变为饲料销售，再后来因全省招考公务员的机会，转而选择监狱管理人员的职业。职业定位并非是一成不变的，特别是在大学生刚步入职场后的职业生涯中，多数人会有一次或数次改变自己职业定位的可能，以便适应社会需求的新变化或获得更好的生存和发展空间。

第三节　职业定位的作用与方法

案例 5-5

适合的才是最好的

刘莉，女，32岁，名牌大学广告策划专业出身，广告公司职员，在同事们的眼中，学历、资历、能力样样出众。不仅策划方案做得好，又精通财务知识，平时一些重要的公关活动，领导也常找她去助阵。本以为空下已久的策划部经理职位非她莫属，结果领导却派来了空降兵。在领导看来，她虽然既可做策划，也可当财务，还能做大项目的公关，但她并不是策划部经理一职的最佳人选。此结果很难让人理解，刘莉在工作中八面玲珑、样样精通，而在领导眼中竟是一个缺乏核心竞争力的人。领导判断的依据又是什么？

其实，一个人的职业发展就像一棵大树，过多的旁枝很可能阻碍大树主干的生长，从而使大树失去足够的向上生长的能量。职业生涯也是如此，如果各种各样的兴趣、知识、证书过多，反而削弱了本来的核心竞争力，容易导致个人职业目标的模糊。使得在别人眼中，容易产生“啥都想干，但没有特点，或没有一样能做到最好”的感觉。

究其原因，刘莉最大的失误可能在于缺乏一个明确的职业目标定位，她认为的能者多劳，在领导眼中却成了没有定位，缺乏核心竞争力。在工作中刘莉进一步发现了自己擅长与人沟通的巨大潜力，职业规划专家也在面谈中发现，刘莉的沟通和表达能力相当强，亲和力好，思维反应敏捷，她自己也表示非常喜欢做与人交流和沟通的工作。虽然刘莉是广告策划专业科班出身，但她始终对其不太喜欢，因而才又学了财务和营销。根据其内心的职业向往，她最终选择了大客户营销方向。

半年时间过去了，确立了方向的刘莉从策划部调到了营销部，专门维护公司的大客户渠道，目前她已提升为营销经理，她的下一个目标是营销总监。

资料来源：http：//www.jiangshi.org/520412/blog_982681.html，2019-12-18.

一、职业定位的作用

一般来说，一个人的职业生涯出现问题，主要是由职业定位不清所引起的。职业定位的好坏直接关系到个体未来职业的发展，职业定位主要有以下四个方面的作用。

（一）职业定位的准确是个体持续发展的依据

一些人在事业上发展不顺利往往不是因为他们的能力不够，而可能是选择了并不适合自己的工作。很多人并没有认真地思考一下“我是谁”“我适合做什么”，也因为不清楚自己要什么，而无法体会如愿以偿的感觉。很多人把时间用于追逐不是自己真正适合的工作上，随着竞争的加剧会感觉后劲不足。准确的职业定位可以让个体获得更加长远的发展。

（二）职业定位的准确是个体自我完善的依据

职业定位准确，个体就会善用自己的资源，集中精力在某个方面发展自己的职业，而不是盲目“多元化”，这是职业发展的一个规律。有些人多年来涉足很多领域，学习很多知识，但每一项都没有很强的竞争力。人们常说，“学 MBA 吧，大家都在学”“出国吧，再不出国就来不及了”“读硕士和博士吧，年龄大了就读不动了”等。但是，学 MBA、出国、读硕士和博士不代表个体的持续发展，投资很多，过于分散精力反而可能让自己失去原有的优势。根据职业定位，个体在自己的职业方向上不断地完善，是符合职业生涯发展规律的。

（三）职业定位的准确是个体择业的依据

职业定位准确，在择业中个体就会抵抗外界的干扰，就不会因外在因素而轻易地放弃自己的职业方向。过去有的人选择工作，常用现实的报酬作为准则，哪里钱多去哪里，什么热门做什么，结果发现头几年可能在报酬上会有一些差距，但是后来报酬的差距并不大。随着社会发展的需要，今天所谓的热门职业过几年可能就成了夕阳职业，以前收入较高的职业几年后收入降了。有些人凭借机遇获得了一个好职位，但是轻易地放弃，反而选择了短期内看似很好但却不适合长远发展的职位。给自己未来的职业进行准确的定位，有了目标就会理性地面对外界的诱惑，选择最适合自己的职业，并在未来的工作中加以发展。

（四）职业定位的准确是个体职业成长的依据

有了准确的职业定位，个体择业时就可以选择合适的用人单位，进入对口的单位就容易得到上司的正确培养，也会得到周围同事、朋友的帮助，个体的职业将在外界因素的推动下不断完善和发展，从而少走弯路。很多人在写简历和面试的时候，不能准确地介绍自己，使得面试官不能迅速了解你。有的人在职业定位上摇摆不定，使单位不敢委以重任。还有的人经常换工作，使朋友们不敢积极相助。定位不准，就好像目标游移，让人看不清真实的面目。有了准确的职业定位，依据定位进入合适的单位，并在单位中进一步深造，充分发挥个体的潜能，这也是我们制定职业生涯规划的目的所在。

二、职业定位的方法

个体之间的差异使得职业定位的方法也不一样，根据个体的特质，职业定位的方法有如下三种。

（一）依据兴趣倾向进行职业定位

人的兴趣可从不同的视角进行多种分类，而不同类别的兴趣关联着不同的适应性职业。下面按常用的10种分类对职业定位的选择进行列表说明（表5-1）。

表5-1 职业定位的选择

兴趣倾向	适应性职业
1. 喜欢与人打交道	记者、推销员、服务员、教师、行政管理人员等
2. 喜欢与具体事物打交道	制图、勘测、工程技术、建筑、机械制造、出纳、会计等
3. 喜欢干有规律的工作	办公室、统计等
4. 喜欢掌管权力	行政管理人员、企业管理人员、学校管理者、班主任、辅导员等
5. 喜欢从事社会福利和助人工作	律师、咨询员、科技推广员、医生、护士等
6. 喜欢研究人的行为	心理学、政治学、人类学、教育学、行政管理等研究工作
7. 喜欢从事科技事业	生物、化学、天文学、宇宙学、物理学、工程学、地质学等研究工作
8. 喜欢抽象的创造性工作	社会调查、经济分析、分类科学研究、新产品开发等
9. 喜欢操作机械	驾驶员、机器制造、建筑、石油、煤炭开采等
10. 喜欢从具体产品的完成中得到满足	室内装饰、园林、美容、手工制造、机械维修等

（二）依据能力倾向进行职业定位

使用能力倾向来分析自己的职业定位时，不仅要考虑到自己从事各类工作所需的一般能力，包括注意力、观察力、记忆力、想象力、逻辑思维能力等，还要考虑到自己胜任某一职业而必备的专门能力。例如从事工程技术工作，就需要有坚实的专业基础和较强的动手能力；从事技术管理工作，就需要较强的技术和经济观念，对新技术产品的敏感性和鉴别能力及周密的思维能力。个体应对自己感兴趣的职业从能力倾向的角度进行特定的适应性分析，有时就会发现自己所感兴趣的某一职业，是自己的能力所不能担当的，因此这种职业也不宜作为自己未来的职业选择。

（三）依据气质倾向进行职业定位

气质特征与职业选择有关，气质特征是选择职业的重要依据之一。一般来讲，准确的职业定位还要考虑所选择的职业是否与自己的气质倾向相符合，否则会导致职业与气质的冲突。基于古希腊医生希波克拉特的四种气质类型假说，我们可以对气质类型与职业之间的关系做如下简要描述，见表 5－2。

表 5－2　气质类型与职业的关系

气质类型	主要心理特征	职业适应性
胆汁质	精力充沛，情绪发生快，动作急速而难以自制，内心外露，率直，热情，易怒，急躁，果敢	较适应某些企业型职业，如公司经理、厂长、销售员、个体工商业者，也适应国家机关工作人员，但不适应公关人员、企业管理咨询人员、导游等
多血质	活泼好动，富于朝气，情绪发生快而多变，表情丰富，动作敏捷，乐观亲切，浮躁，轻率	适应比较广泛的职业，如汽车维修工、野生动物专家、测量工程师、长途汽车司机、教师、心理咨询员、街道干部、工会或妇联干部、地质学家、企业管理者、推销员等
黏液质	沉着冷静，情绪发生慢而弱，动作迟缓，内心少外露，坚毅，执拗，淡漠	较适应调研型职业，如气象学或天文学者、医学实验室的技术人员、人类学者、动物学者、化学学者、物理学者等；也适于常规型职业，如会计师、银行出纳员、税收管理员、法庭书记员等
抑郁质	柔弱易倦，情绪发生慢而强，易伤感而富于自我体验，动作细小无力，胆小，忸怩，孤僻	较适应艺术型职业，如作家、摄影家、作曲家、电影电视演员、画家、书法家等，但不适于企业管理、行政管理及公关人员等

应当指出的是，个体除了胆汁质、多血质、黏液质和抑郁质这四种类型外，还有一些属于复合气质型，如多血－胆汁质型，抑郁－黏液质型等。而且调查结果表明，我国大学生属于复合气质型的人多于单一气质型的人。大学生可以根据气质类型测量表来测定自己的气质，然后根据气质与职业的适应关系，扬长避短，做出正确的职业定位抉择。

第四节　确立自己的职业定位

案例 5－6

慎重对待自己的职业选择

当前大学生的就业困难有目共睹，然而除了社会大环境的影响因素之外，大学生也应该对自己在职业初期的发展有一个明确可行的职业定位，这样才能在职业发展中把握先机，立于不败之地。

张毅，男，大专学历，英语专业，毕业后4年在4个不同的城市换了5份工作，从事过医药销售、保险、教师等职业。目前对于自己的职业发展处于迷茫状态。

这是一个大学生在职业初期缺乏职业规划导致职业发展混乱的典型案例。对于像张毅这样刚毕业的大学生来说，最重要的不是去片面追求高薪、好职位、好环境等，而是要在做好职业定位和规划的前提下去可持续地积累自己的经验、能力等职业生涯要素。

其实，张毅从事过的教师这个职业，从职业性格类型分析上看是比较符合要求的，但他希望自己能拥有很多的财富从而让社会认可自己的价值，而从职业兴趣测试的结果上看教师这个职业可能无法长久地引发张毅内心的激情和驱动力。

另外，从个人优、劣势分析和职业竞争力上来讲，张毅目前比较明显的优势是他所学的英语专业和一口流利的口语；但是在当今竞争激烈的学历社会中，他仅有的大专学历又成了劣势。另外，过往频繁跳槽的经历也会成为他在面试时不得不面对的一个硬伤，所有的跳槽从经济学上讲都是有机会成本的，跳槽后损失的不但是经验的积累，还有企业已有的信任度和职业发展的可持续性问题。

在综合分析了自身情况、行业职业信息，以及各地区职场的相关就业信息之后，张毅自己得出了结论：到江浙沿海外贸活动频繁的二三线城市从事外贸工作。这些地方对外贸人才的需求较大，以他的英语专业和口语优势比较容易切入社会。具体的发展策略是先进入外贸单位工作，在工作5～8年后就积累了一定的外贸客户、人脉、经验基础等，自身条件比较成熟的时候可以考虑自我创业。但是在这之前，一旦选定了行业和企业就不要随意变动，要沉下心来排除干扰，一心一意地在外贸领域积累自己的职业生涯。

职业生涯发展是大学生求职过程中的一个重要环节，职业定位是职业生涯的核心内容，个体合理的职业定位，是其顺利融入社会获得职业发展的前提。

资料来源：https：//www.taodocs.com/p—57723450.html，2019-12-25.

大多数成年人都有自己的职业，职业是个体谋生的手段。如何选择自己的最佳职业，在入职之前做出适合自己的完整的职业生涯规划是很有必要的。在职业生涯规划中要对未来的职业作准确的定位，考虑影响个体职业定位的因素。

为了更好地明确自己的职业定位，可以尝试以下方法。

首先拿出一张纸，仔细思考以下问题，并将要点记录在纸上。

（1）你在大学时投入最多精力的分别是哪些方面？

（2）你毕业后第一个工作是什么，你希望从中获取什么？

（3）你开始工作时的长期目标是什么，有无改变，为什么？

（4）你后来换工作没有，为什么？

（5）工作中哪些情况你最喜欢，哪些最不喜欢？

（6）你是否回绝过调动或提升，为什么？

然后依据职业定位的个人需求、职业价值观、职业期望、受教育状况、家庭环境、社会环境等影响因素，确定你的主导职业定位。主导职业定位能帮助大家更好地认识自己，并据此重新考虑自己的职业生涯，设定切实可行的目标。

一、不同阶段个体的职业定位

职业定位，并非是一个静态结果，而是一个动态过程，往往需要结合个体职业生涯的每个阶段对自己的职业定位不断做出修正调整。

（一）职业定位应从大学开始

职业定位应尽早开始，应该从大学甚至中学就开始，这个阶段的职业定位主要是结合初步的职业规划寻找自己感兴趣的职业方向。在职业定位的初步阶段，主要是根据SWOT分析，了解个体的优势与不足，选择自己感兴趣的专业，并积极参加社会实践活动，锻炼和培养个体职业能力，健全个体的人格，这些都是至关重要的。有些高校从大学一年级开始就设置了职业辅导课，并请著名企业的管理者或专家到学校进行职业辅导与咨询，这样可以更好地帮助个体顺利实现从学生到社会人的过渡。

（二）职业发展初期应勇于实践

职业发展初期，是职业定位的初步阶段，在这阶段很多个体容易陷入迷失状态，患得患失，无法对自己进行合理的职业定位。这个阶段的职业定位关键在于个体要勇于实践、脚踏实地，认真地去磨炼自己，在实践中一点一滴地积累经验，从而对自己的职业定位有一个初步概念。在这期间，培养个体主动学习和奉献意识是非常重要的。努力与不同的人积极合作，互相帮助，每天把自己的心得以小贴士的形式记录下来，作为经验的积累和自我激励的手段。

（三）职业发展中期应稳定发展

职业发展中期，我们应当对自己的职业定位有了比较深入的认知。这个阶段的职业定位不要轻易再有频繁的变动，最好在稳定发展的基础上，好好学习充实自己，给自己“镀金”。市场的开放可能会在各方面影响人的思维，在职场上的资深人士普遍认为，了解一份工作通常需要1～2年的时间，达到熟练运作的程度需要3～5年的时间。一般来讲，企业更看重相对稳定发展的职业人士。

（四）职业发展后期应不断完善

职业发展的中后期，属于职业准确定位的阶段。处于这个阶段的职场人士当中，不乏精力旺盛、积极进取、保持职业风范、具备人格魅力的高层管理者，但也有些人较为困惑和尴尬。这个阶段的职业定位建议是：要有危机意识，主动地寻找自己与时代的差距，及时充电跟进，还要广开视听，多为年轻人铺路，同时，客观平和地面对现实，了解和正视自己的局限，准确地定位自己的下一步人生。

二、完成职业定位的方法

打造自己理想的职业生涯，规划自己理想的职业前景，有人定位准确，好运连连；有人却身陷误区，雾里看花。要想找到属于自己的理想职业方向，必须同时具备以下要素，从而了解自己有怎样的素质，自身潜力在哪里等。

（一）心理因素，理想职业之基础

有些人性格内向，整天郁郁寡欢，人际关系淡化，缺乏必要的适时沟通，使人不愿接近，无形之中与人产生距离，久而久之脱离了群体。在今天这个强调团队精神的职场里，他们很容易“掉队”。人要学会合作，要学会融入群体，因为只有这样，才能集思广益取得胜利。否则，孤芳自赏可能只会孤掌难鸣，到头来所获无几，很难适应时代的变化和职场的需求。

（二）信息因素，理想职业之过程

信息时代已经到来，我们每个人都生活在一个信息社会里，感受信息带给我们的便捷，信息无时无刻不在影响着我们每个人的生活。从这一点上讲，信息因素对选择理想职业至关重要。有针对性地广泛收集不同渠道的职业信息，通过理性分析及时做出科学决策，从而取得理想职业，打造属于自己的一片理想天空。有人把握契机先行一步，胜人一筹；而有人与机遇擦肩而过，留下遗憾。

（三）判断因素，理想职业之关键

有针对性地收集特定的职场信息，经过理性、科学地分析后，因地制宜、把握时机，占据主动性及时出击，适时做出抉择。判断来自对各种信息要素所做的适时分析，将有利于自己对一些信息要素的提炼，得出结论，直至取得一个令人满意的结果。

（四）潜力因素，理想职业之延续

选择理想职业，需具备潜力因素。因为人是最大的资源，有效地利用和开发人的潜力，最大限度地发挥人的效应，使人在一定意义上保持长久的职业竞争力，走在职场的前列。充分挖掘自身的潜力，就更能取得职业上的成功。

（五）学习因素，理想职业之法宝

一个人的学习历程在很大程度上决定着个人的未来发展方向，也决定着能否适应本职工作，能否在本职岗位上做出一些成绩，取得一些成就，开创自己的美好前程。学习是一个终身的话题，面对日益加剧的职场竞争趋势，只有不断学习，有针对性地充电，不断补充新的“血液”，才能满足不断变化的职场需求，避免被淘汰，驰骋于风云变幻的职场。

三、职业定位的误区

误区一：定位使自己变得僵化。其实定位不是静态的，而是动态的，当自我发生重大变化，或当外部环境发生重大变化的时候，都需要重新定位。

误区二：定位于固定的位置。定位并不是确定一个固定的位置，而是确定和目标的距离。你可以确定多种目标，但应当知道自己距离各种目标的远近程度，明确达到目标需要的努力程度。

误区三：盲目定位。这个误区尤其较多体现在毕业生身上，如有些学生经常到处投简历，甚至发给谁了都不知道；有些学生会取得很多证书，认为这样得到的机会更多。其实，这样漫天撒网的方式更可能耗费过多时间和精力，从而无法获得实质性的机会。

误区四：让旁观者给自己定位。其实，真正知道自己想要什么、喜欢什么、习惯做什么的只有自己，领导、同事、朋友、家人都只能提供参考意见，并不能真实地了解你的“心”，所以在定位这个问题上，首先要自己了解自己，别人的帮助属于辅助。

大学生就业问题是社会问题，如何做好大学生的就业工作，使每位毕业生学以致用，充分发挥各自的优势，需要大学生在就业前做好自己的职业定位。科学的职业定位是人才发现和利用的前提。

案例 5-7

生命不息　奋斗不止

韦慧晓，23 岁就职于华为，28 岁远赴西藏支教，35 岁获得博士学位，40 岁成为中国第一位女实习舰长。她不走众人心中默认的女性的道路，不给自己设限、想做的事情就去做，永远不觉得晚，也就活成了人们心中的榜样，人生之路精彩无比。

20 世纪 90 年代末，韦慧晓考入南京大学，就读大气科学系。2000 年毕业后，韦慧晓就进入华为公司从事行政工作，从基础员工到行政助理，再到副总裁秘书。在华为的四年，韦慧晓从一名涉世未深的小姑娘成长为优秀白领，带领的团队荣获金牌团队，自己夺得“金牌个人”奖。不过，对个人内在的提升才是她的终极目标。2004 年，她以第一名的成绩考入中山大学攻读硕士研究生。

再次回归校园，韦慧晓脚步依然一刻没有停下。2005 年，韦慧晓跟随中国青年志愿者扶贫接力计划研究生支教团远赴西藏支教。支教期间，她担任初三年级化学老师，又任初二两个班的英语老师。因出色的工作表现，韦慧晓获得林芝市团委“优秀志愿者”称号和巴宜区中学“突出贡献奖”。

2008 年奥运会首次在我国举办，韦慧晓以志愿者的身份积极参与，在服务奥运会期间获得“北京奥运会、残奥会优秀志愿者”称号。

参军是韦慧晓的另一人生梦想。这一梦想是在韦慧晓中山大学完成硕士研究生学业后，继续攻读博士期间萌生的。所以在 2012 年，韦慧晓从中山大学科学系博士毕业后，就成为我国第一艘航母辽宁舰的一员。

此时的韦慧晓一切要从零开始，适应部队训练节奏、掌握航海知识、参加各种培训等。脑力和体力同时面对高强度工作，年轻小伙也会累得够呛，更何况韦慧晓已经是 35 岁的年纪，这在新兵中，算高龄人士了。但韦慧晓下足了功夫，比别人努力百倍，一路从副航海长、副舰长，到如今的实习舰长，不过 5 年时间。

资料来源：https：//www.360kuai.com/pc/9554f696ba78a7002？cota=3&kuai_so=1&sign=360_57c3bbd1&refer_scene=so_1，2019-12-25.

思考题

1. 影响职业定位的因素有哪些？
2. 一个高职高专的毕业生如何确立自己的职业定位？
3. 在职业定位过程中需要注意的问题有哪些？
4. 王凯是从农村来的一名专科大学生，平时在校期间，寡言少语、生活节俭、乐于助人、学习认真，专业知识扎实。一晃三年快要过去了，王凯即将面临择业问题，请根据以上叙述结合本章内容为王凯拟定一份职业定位方案。

第六章　职业生涯发展规划的实施

评价目标

知识目标：掌握职业生涯发展规划书的写作方法和技巧；分析职业生涯发展规划中的常见问题及对策。

能力目标：学会撰写个人职业生涯发展规划书；学会对职业生涯发展规划进行评估和修正。

情感价值观目标：正确认识和把握规划执行力、主观意愿、社会环境和行业环境等因素对职业生涯发展规划实施的影响，趋利避害，提升规划实施效果。

教学方法

讲授法、案例分析法、小组讨论法。

一份科学严谨的个人职业生涯发展规划书，将会成为一段时间内职业生涯发展的指路明灯。当然在具体实施过程中或多或少会遇到一些问题，此时需要做的就是对职业生涯发展规划做出科学评估，并依据评估结果及时调整修正，以延续职业生涯发展规划的有效性。

第一节　职业生涯发展规划书的撰写

一、制定职业生涯发展规划书的原则

（一）匹配性原则

职业生涯发展规划设计应建立在“人职匹配”的基本原则之上。所谓“人职匹配”，是指个人的职业定位和职业生涯目标的确定，需要将个人特质（性格、兴趣、能力、价值观、理想、气质等）与职业生涯发展规划目标职业的实际需要相匹配，找到最佳的“匹配交集”。

（二）现实性原则

在设定职业生涯目标时，不能只看自己适合什么、自己看重什么、自己胜任什么和自己喜欢什么，还要从目标职业的现实需要进行分析与评价。如果所设定的职业生涯目标所在行业已经进入衰退期，或者所选择的目标职业属于“夕阳职业”，或者目标职业的门槛过高，或者从事该职业的群体过小，都要考虑这些职业的客观现实是否真正能够支撑、实现自己的职业发展目标。大学生在做职业生涯发展规划设计时，要充分做好所选择行业、职业的发展现状和前景的调查分析，以使自己的职业生涯发展规划符合现实需要。在制定职业生涯发展规划方案时，要充分考虑社会与组织的需要。须知有需求，才有位置。

（三）辅助性原则

职业生涯发展规划设计是一种自我管理的理念，是一套辅助自我职业发展管理的方法。要使职业生涯发展规划设计活动富有成效，就必须发挥个人的主体作用，按照职业生涯发展规划设计的步骤与方法去行动、去实践。职业生涯发展规划设计不仅是一种外因，也是一种辅助性的方法，大学生只有努力学习与实践，才能把职业生涯意识和就业意识、职业发展规划管理与就业观念及职业素质转化为个人的内在品质。大学生职业生涯发展规划设计实际上是在职业生涯发展规划方法与理念的引导帮助下，促进自我认识、自我教育、自我提高的过程。

（四）发展性原则

发展性原则是指在设计职业生涯发展规划时，不仅仅局限于个体当前的发展，而且要考虑到个体未来的职业发展空间，职业生涯设计要有超前性和预测性。大学生在职业生涯发展规划设计时要将现实的自我与发展的自我（或称“未来的自我”）相结合，将今天的发展与明天的发展相结合，为个人的可持续发展奠定坚实的基础。在规划中，仅仅只从自身实际出发，完成大学阶段基本的学习任务或发展任务是不够的，还必须拓宽视野，放眼未来，着力于社会对高素质、高层次人才的需要和适应多种岗位群体工作需要的多种能力、多种素质的发展，以时代和社会的基本要求为前提，既要立足校园，又要超越校园，实现大学生规划与未来职业生涯发展规划相衔接。

（五）实践性原则

职业生涯发展规划不能仅仅是规划，停留在口头上或书面上，而是要用于指导实践，成为实践行动的蓝本。大学生职业生涯发展规划实际上就是大学生职业生涯中的行动纲领，如果不付诸实际的行动将毫无意义。因此，大学生不仅要很好地规划职业生涯，还要努力实践自己的规划，做到规划与行动相一致。

二、职业生涯发展规划书的基本内容

职业生涯发展规划书是职业生涯发展规划的书面展示，其基本内容体现职业生涯发展规划的一般过程，如图 6.1 所示。

一份完整的职业生涯发展规划书应该包括以下八项内容。

1. 标题

标题内容包括：姓名、规划年限、年龄跨度、起止时间。其中，规划年限可长可短，可以是半年、三年、五年，甚至是二十年，视个人的具体情况而定。大学生规划年限一般为三到五年。

2. 目标确定

目标确定主要包括职业方向、阶段目标和总体目标。职业方向即从业方向，是对职业的选择；阶段目标是职业规划中每个时间段的目标；总体目标即当前可预见到的最长远目标，也是在特定规划中的终极目标。在确定总体目标时，应与个人条件相匹配，为最大限度地激发规划者的潜能，建议适当定得高一些。

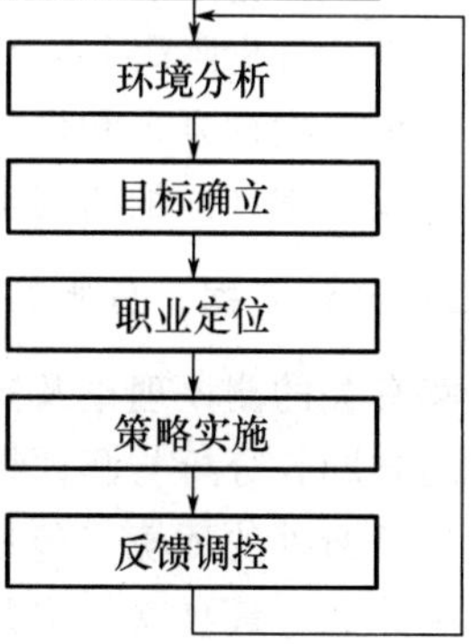

图 6.1　职业生涯发展规划的一般过程

3. 自我评估

自我评估主要包括对自己当前的状况分析和对自己将来的基本展望，同时也包括对自己职业生涯有一定影响的角色的建议。

4. 环境分析

环境分析主要包括对政治、经济、文化、法律和职业环境等外部环境的分析。

5. 组织（企业）分析

组织（企业）分析主要包括对职业、行业与用人单位的分析，以及对用人单位制度、背景、文化、产品或服务、发展领域等方面的分析。

6. 目标分解与目标组合

分析制定、实现目标的主要影响因素，通过目标分解和目标组合的方法做出果断明确的目标选择。

7. 实施方案

找出自身观念、知识、能力、心理素质等方面与实现目标要求之间的差距，然后制定具体方案逐步缩小差距，以实现各阶段目标。

8. 评估标准

设定衡量规划是否成功的标准，如果在实施过程中无法达到制定目标的要求，应当如何调整修正。

需要注意的是，文案内容的顺序与规划的步骤不是完全一致的。职业生涯发展规划首先就是要进行自我评估，其次是进行外部环境分析，最后才是职业目标的确立。文案内容的顺序是先写出职业方向和总体目标，然后再写出自我分析和外部环境分析的结果。其实，这并不矛盾，因为文案的形成是建立在按正常步骤进行规划的基础之上的，将职业方向与目标提前，是为了阅读上的方便，突出核心主题——规划的目标，并有利于对实施方案进行对照、检查和修正。

三、职业生涯发展规划书的写作方法和技巧

（一）资料翔实，步骤完整

收集资料有多种途径。可以通过访谈、从报刊图书中摘抄、上网搜索下载等方式获取资料，引用资料要尽可能地注明资料的出处，并多运用图表数据来说明问题，以提高资料来源的可信度和说服力。步骤主要分为四步。

第一步：分析需求、分析条件及目标设定。

第二步：分析阻碍和可行性。

第三步：设计方案和提升（修正）计划。

第四步：制订详细的实施计划和措施。

（二）论证有据，分析到位

了解有关的测评理论及知识，认真审视、思考自己的测评报告，并对照自我认识与测评结果的异同，分析与测评结果形成差距的原因，从而确定自我评估结果，达到“知己”。要理清自己所处的环境（包括居住的地方、喜欢的地方、亲友的意见等），明确自己最大的兴趣是什么、最喜欢与之共事的人的类型是什么、最重视的价值与目标是什么、最喜欢的工作条件是什么。再通过目前环境评估和当前社会环境分析来确定自己的职业方向，做

到有理有据，层层深入。

（三）结构紧凑，逻辑缜密，言简意赅，突出重点

语言朴实简洁，用词精练准确，行文流畅，条理清楚，这是写作最基本的要求。撰写规划书时还应密切注意整篇文章的结构和重心所在。分析阐述时，必须紧紧围绕职业目标这条主线来展开，从而体现论述的逻辑性和连贯性。要将重点放在自我评估、环境评估和目标实施上。职业生涯发展规划是对自己将来的规划，只有建立在对自我和职业的充分认识基础之上才能体现出它的科学性和可行性。

（四）目标明确，适当合理

撰写职业生涯发展规划书应围绕论述的中心展开，职业生涯发展目标不能过于理想化，应"择己所爱""择己所长""择世所需""择己所利"。职业生涯发展规划书撰写是否成功，在很大程度上取决于有无正确适当、切实可行的目标。

（五）分解合理，科学组合，措施具体

目标分解、实现路径选择要有理论依据，备用路径之间要有内在联系性。目标组合要注意时间上的并进、连续和功能上的因果、互补作用。全方位的组合要涵盖职业生涯、家庭生活、个人事务等方面。

案例 6－1

优秀大学生职业生涯规划书参考范例框架

时间是纵轴，理想是横轴，人生的目标就在这个坐标上移动。因此，要使自己的人生精彩，首先应该给自己一个明确的理想，要有足够的难度，又有足够的吸引力。身为大学生的我们，正处于人生中最美好的时期。面对现在过于激烈的社会竞争压力，我们应该要为将来毕业后实现自己美好的梦想做充分的准备。人生短暂，在这有限的生命中我们必须规划好目标，及时实施，使我们走上正确的道路而不虚度光阴。

为了高效地利用时间，实现自己的人生价值，特作以下个人职业生涯规划。

（1）自我评估。

① 职业兴趣：在霍兰德职业兴趣测评中测出。

② 360 度评估。

③ 职业价值观。

④ 个性特征。

（2）目标职业。

① 职业目标一：银行专员。

② 职业目标二：会计。

③ 职业目标三：自己创业。

（3）决策与应对。

① 首选职业目标：银行专员。a. SWOT 分析；b. 决策分析。

② 备选职业目标一：会计。a. SWOT 分析；b. 决策分析。

③ 备选职业目标二：自己创业。a. SWOT 分析；b. 决策分析。

（4）行动计划。

① 大学期间的行动计划。

② 职场适应计划。

③ 长期发展计划。

(5) 实施期间的评估及管理。

① 评估的时间。

② 评估的内容：职业路径评估；职业目标评估。

古人说："知人者智，自知者明；胜人者有力，自胜者强。"职业生涯规划是人生进程的一部分。在这份职业生涯规划之前，对自己将来到底有什么打算只有一个模糊的框架，通过规划，理清了思路，看清了前方的道路，知道了自己该往哪些方面努力。将以此为新的起点，不断充实自己，做好迎接挑战的准备。梦想，将从这里开始。始终坚信：有志者，事竟成！

资料来源：https：//wk. baidu. com/view/89ca30805901020207409cae? pcf=2&from=search，2019-11-29.

第二节　职业生涯发展规划中常见问题及对策

我国知名职业生涯规划专家罗双平曾用一个公式总结职业生涯发展规划的三大要素，即职业生涯发展规划=知己+知彼+抉择。知己知彼，百战不殆，我们对职业生涯发展规划在思想上的正确认识是职业生涯发展规划的前提和基础。在具体实践中，要想选择正确、合适的目标，顺利地实施各项计划，并实现最终的职业目标，还需全面充分地考虑到这三大要素。

职业生涯发展规划中所谓的"知己"其实就是通过科学有效的自我评估达到自我认识与自我了解的目的。"知彼"则是熟悉掌握并评估周围的环境，特别是与职业生涯发展有关的工作环境，从而实现趋利避害的目的。"知己"与"知彼"既相互联系又相互影响。职业生涯目标的确定应符合现实情况，具有可行性。我们倡导从事自己感兴趣的职业，倡导从事能发挥个人专长的职业，倡导从事自己能够适应工作环境的职业。如此，才能保证个人职业生涯发展规划既做到了"知己""知彼"，又实现了与自身相匹配的"抉择"。然而，在职业生涯发展规划的实践操作中，以上三个方面因素很难面面俱到，进而导致诸多问题的出现。

一、职业生涯发展规划中常见的问题

(一) 自我评估方面的问题

作为职业生涯发展规划的第一大要素——"知己"，自我评估是制定个人职业生涯发展规划的基础，也是能够形成可行的规划方案的前提。科学有效的个人职业生涯发展规划要求规划者应首先做好全面的自我分析，通过深入分析，正确深刻地了解和认识自己，进而对自己未来的职业生涯做出科学判断和最佳抉择。

具体实践中，很多人往往无法全面分析自己，过于"谦虚"，习惯性低估自己，妄自菲薄。他们总觉得自己没有足够的能力去从事一份更好的工作，个人自信心不足。而另一些人则恰恰相反，自视甚高，频繁换岗，总是期望"一步到位"，结果导致对任何岗位的工作都一知半解、浅尝辄止。

(二) 环境因素分析方面的问题

今天最热门的技术，明天可能就无人理睬；去年时髦的职业，今年可能就被打入"冷宫"。因而个人要想谋求职业生涯发展的成功，就必须考虑到外部环境的变化趋势，即做到"知彼"，力求适应环境变化，审时度势。

职业生涯发展中的求职过程也符合经济学原理，从宏观上说，整个市场的供需平衡确定了你的“行”情和“薪”情，从微观上说，又完全可能出现这样或那样的波动。所以，当你拿着一份满意的薪水时，千万别得意，因为从长远来看，你的公司的命运是和行业环境共沉浮的；当你对你的岗位特别不满意，冒出跳槽的想法时，也不应轻率决策，而是应该三思而后行，要知道你所处这个行业很可能正处于复苏前的低谷。

（三）规划设计方面的问题

（1）职业目标不明确。打个比方，一个人现在住的是平房，他根据自己的实际状况打算在自家院子里盖间小厨房。当他确定了盖厨房这个目标后，他就会注意收集砖块、瓦片等材料，只要走在街上，他就会留意哪里有砖块、哪里有瓦片，碰见砖头捡砖头，碰见瓦片捡瓦片，经过一段时间，他就能把原料备全，最终能把小厨房盖起来。可如果连盖厨房的想法都没有，那么他走在街上根本就不会注意是否有砖块，也不会留意是否有瓦片，即使这些材料都摆在他的面前，他也会认为是没有用的东西。所以，应该有明确的职业目标。

（2）行动计划不完善。譬如在海上航行，在确定了目标之后，你就要制定一个行动计划方案，如配备哪些相应的物资，预计到达目的地所需时间多长，控制好前进的速度和方向，做好可能遇到的紧急状况的应急措施等。如果没有这个具体的、可行的行动计划方案，目标只能是遥遥无期。

（3）规划延展性不足。人生仿佛在一片陌生的海域航行，我们谁也无法预测下一分钟将会发生什么情况，现实社会中不确定因素无处不在，如原来制定的职业生涯目标发生偏差，就应该及时针对规划目标和行动方案做出调整修正，从而保证我们的职业生涯顺利持续下去，最终实现自己的职业理想。

二、针对常见问题的相应对策

（一）系统科学的自我评估

自我评估是针对自己做出的全面分析，包括个性、兴趣、能力、价值观、需求等。科学的自我评估能帮助确定自己需要具备哪些职业能力，什么样的职业方向适合自己。

首先，分析兴趣与职业的关系。俗话说：“萝卜白菜，各有所爱。”每个人的喜好不同，对职业自然会有不同的选择。在影响个人职业生涯的诸多因素中，兴趣就像一双无形的手，所起的作用很大。兴趣主要用于预测你的工作满足感和工作稳定性。正如人们在日常生活中喜欢参与自己感兴趣的活动一样，我们也总是倾向于寻找与自己的兴趣倾向相适应的职业类型。诺贝尔物理学奖获得者丁肇中曾说：“兴趣比天才重要。”兴趣可为职业生涯选择提供有效的信息，引导你找到自己最适合的职业生涯之路。打个比方：喜欢与事物打交道，不喜欢与人打交道的人比较适合于从事制图、勘测、工程技术、建筑、机器制造等职业；而喜欢与人交往，对销售、采访、传递信息一类的活动感兴趣的人则更适合于从事记者、推销员、服务员、教师、行政管理、外交联络等职业。

其次，分析个性与职业的关系。现代社会是一个彰显个性的时代，我们每个人都有自己独特的个性。金无足赤，人无完人，一个人在某方面有所不足，其他方面则可能有过人之处。个性无所谓好坏，关键是看是否放对了地方，在职业选择中，我们应该尽可能地充分考虑自己的个性特征与职业要求是否相适应，这样将来从事工作时才可能会有更好的职业体验。

最后，分析能力与职业的关系。改革开放大环境下的市场经济时代赋予了我们更多的职业选择自主权，大多数人都能从个人兴趣出发自主选择职业。但问题是，有许多人在进入职场后会感到力不从心，无论怎么努力也达不到预期目标，甚至直接被淘汰出局，原因很可能是知道自己想干什么，却从没有考虑过自己能够干好什么，缺少对自身能力的科学评估。

能力是多元的，一个人不可能掌握所有的能力，我们夸奖某个人“有才能”，其实只是说他（她）在某些方面有过人之处。职业人不宜自视过高，也不必妄自菲薄，要准确看待自己的能力，知己所长，选择自己能够胜任的职业。当然，能力也是可以锻炼和培养的，根据现实需要，在职业生涯发展规划中加入专项能力培养计划，让自身能力素质提升，有助于实现更高层次的职业梦想。

总之，自我评估就是要弄清楚以下这些根本性的问题：我是谁？我在哪里？我想干什么？我能干什么？

（二）深入细致的环境分析

一份合格的职业生涯发展规划要求我们在全面了解认识自我的同时，也要清楚地把握外部环境特征，以此来把握潜在的职业机会。简单地说，就是观察周边环境内有没有可以让自己施展拳脚的机会以及哪里有机会、有怎样的机会。

1. 社会环境分析

社会环境分析既包括社会政治环境、经济环境等宏观环境的分析，又包括对职业环境等微观环境的分析。社会环境分析对我们的职业生涯发展规划乃至人生规划都有重大影响作用。在制定职业生涯发展规划时，需要特别加以重视，务必要深入分析把握目标职业在社会大环境中的发展状况、技术含量、社会地位、未来趋势等信息。

2. 组织（企业）环境分析

进行全面的组织环境分析是实现“知彼”目标的核心，其实际意义在于，你要选择的这个企业将与你的职业生涯发展息息相关，它将成为你一段时间中的个人发展平台，因此有必要更加深入地了解。招聘场上的企业必定更加欣赏那些了解本行业、了解即将入职的企业的有心人。

（1）行业环境分析。行业环境分析包括对目前所从事行业和将来想从事的目标行业的环境分析。分析内容包括行业的发展状况、国内国际重大事件对该行业的影响、目前行业优势与问题所在、行业发展趋势如何等。

（2）企业环境分析。企业环境分析包括企业在本行业中的地位、现状和发展前景，所面对的市场状况，产品在市场上的发展前景，能够提供的岗位等，具体包括企业实力分析、企业领导人分析、企业文化和企业制度分析。

总之，通过以上分析，我们可以梳理出一条清晰的脉络，以确定自己在企业中是否有足够的职业发展空间，判断自己的职业目标能够在该企业环境中得以实现的可能性。

（三）及时有效的实施与反馈

完成了自我评估——“知己”与外部环境分析——“知彼”，接下来便是解决如何“抉择”的问题，即解决如何确立目标，采取什么行动措施实现目标，以及当环境变化时，怎样修正目标。

1. 确立目标

没有目标的人生如同航行在茫茫大海中的孤舟，没有方向，不知所终。明确而合理的目标，是我们整个职业生涯中的灯塔，指引我们走向成功。因此，职业目标必须是经过自己认真选择的，其发展的所有可能性都应通过评估，确保其符合自己的人生节奏和价值观；同时，自己要对所选择的目标充满信心，愿付诸行动来完成这个目标。

（1）目标要合理。有些人自视甚高，别人定一个目标，他定多个目标，自以为能够兼顾，结果一个目标也没有达到。且不说他是否弄懂了真正目标的含义，单从生物的本能来说，谁又能在同一时间里一心二用呢？目标不宜太多太杂，否则难免会顾此失彼，到头来一无所获。集中一个目标，并不意味着不能设立多个目标，可在一个时期内定一个短期目标，一步一步分开部署，逐步推进，在实现一个目标后，再去实现下一个目标。

（2）目标要明确。假如你给自己定的目标是要成为咨询师，这个目标就太宽泛了。因为咨询师有很多种，如心理咨询师、职业咨询师、创业咨询师、健康咨询师等，你要做的是哪一种呢？又是哪一个层次呢？目标空泛，日后行动就容易陷入盲目，不能有意识地收集相关领域的知识信息，无法有效地进行自我提升。目标明确不仅指业务发展目标，而且与之相应的其他目标也要明确具体，最好还要详细列出实现目标的具体时间，达到什么程度。比如，某位应届毕业生的学习进修目标：2019—2021 年读完 MBA 主干课程；经济收益目标：2019—2021 年实现年薪 6 万元到 10 万元等。这些目标要有明确的要求，同时要做到相互配合、共同作用，激励个人实现理想、生活和职业生涯的全面发展。

（3）目标要适度。一些人喜欢给自己制定过高的目标，怎么努力也实现不了，结果一事无成，自信心还大受打击。而另一些人制定的目标太低，不费吹灰之力就达成了，没有成就感，对自己起不到任何激励作用，感觉一直在原地踏步。所以目标的高低应恰到好处。什么是恰到好处呢？答案是稍稍高于自己能力水准，做到“立足当下，志存高远”。

总之，有效的职业生涯发展规划需要切实可行的目标，以便排除不必要的干扰，全心致力于目标的实现。

2. 实施策略

落实目标的具体措施，包括工作、训练、自我学习等方面。例如，为达到目标，在工作方面，你计划采取什么措施以提高工作效率；在业务素质方面，你计划学习哪些知识，掌握哪些技能，通过什么途径来提高自己的业务能力；在潜能开发方面，你采取什么措施开发自己的职业潜能等。具体的计划和措施都要明确，并且要足够具体以便于定时评估。

3. 反馈评估

计划赶不上变化，职业生涯进程中会经常发生这样或那样的变化，其中很多变化是我们事先难以预测的。这些不确定因素的存在可能会使实际结果偏离原来规划的目标，这就要求我们时刻注意内外环境的变化，不断审视自我，不断调整自我，从而进一步修正目标和策略，这个过程就是反馈评估。反馈评估过程确保了个人职业生涯发展规划的持续有效性。

（1）评估。进行职业生涯评估的根本目的就是让自己时刻保持最佳状态，在通向最终目标的过程中跨越障碍，达成目标，实现可持续发展。评估可以参照各类短期、长期、专项的预定目标和实际结果的对比。任何形式的评估都可以归结为个体对现实环境的适应性判断。

（2）修正。根据评估的结果进行目标和策略方案的修订。修订的内容包括职业的重新选择、职业生涯路线的选择、阶段目标的修正、实施措施与行动计划的变更等。

职业生涯发展是一个持续动态的过程，有效的职业生涯发展规划需要不断地反思和修正职业生涯目标，使其能适应环境的改变，实现职业生涯发展规划的持续有效。

案例 6-2

规划的错误打开方式

不知道你有没有和晨晨类似的经历？

为了成为更好的自己，新年伊始，晨晨信心满满地在小本子上列出了一串新年计划：掌握5 000个单词，阅读30本书，参加一次“半马”，学会手机摄影等。列了许多内容后，管理学专业毕业的晨晨为了计划能够成功落地，还运用了目标管理中的“SMART”原则来修正自己的目标。

S（Specific），指目标要具体，不能笼统。“培养一技之长”这就是笼统，因此她要求自己培养的是手机摄影的技能。M（Measurable），指目标可量化，她的计划中也确实出现了很多数词。A（Attainable）、R（Relevant），这两个词的意思分别是可达到和紧密相关。晨晨是一名事业单位的行政人员，工作不是很忙，有双休，下班也很准时，她是提前了解自己有哪些可利用的空闲时间后才列出具体目标的，而且事先还考虑过自己的能力水平，才最终定下这样的目标。T（Time-bound），指截止期限，一年为期。

此外，她每天（周）都会制定较为详细的计划，好让自己知道，这一天（周），要读哪本书，学习哪些单词，跑多少公里，拍摄什么物品等。因为她明白，把大目标分割成一个个小目标，更有利于执行。

这样一份新年计划，对于并不懒散的晨晨而言，理论上是可以实现的。

在接下来的一段时间，她仿佛变成了充满电的电池一样，活力四射。

可是，三个月还没过完，她就感到难以坚持了。但制定的目标终究是要完成的，为此，她每天都会去微信公众号里看一些“鸡汤”励志文，比如别人看到凌晨的夜景时是怎样的心情，某某名人在出名前都经历过什么，一个普通青年如何逆袭成为大咖等。经过一番自我激励，她又坚持了一个月。但这一回，她实在是太累了，决定还是放弃吧。

年末，看着泡汤了的年度规划，晨晨感到很失落。但更让她难过的是，她反复查看了计划上的内容以及执行的方法，也没找出有什么问题。

直到有一次和朋友聊天时谈到规划，晨晨才明白这是怎么一回事儿——她的规划确实做得很好，执行得也不错，但她的主要问题出现在了心理层面：当一个人真正想改变时，才会做出“改变”的行为。

也许你会问，她做年度规划，不就是为了让自己变得更好吗？

事实上，成为更好的自己也应该带着目的：为什么要成为更好的自己？因为想留在这家公司，因为想升职，因为变得优秀才能跳槽等。这些具体的目的，才真正催人奋进。

启示：因为心存职业梦想才会制定职业生涯规划，职业生涯规划并不仅仅是制定一份完美的职业生涯规划书，更应该是端正规划意识，以积极的思维方式认真思考规划背后的真正意义。在此基础上，以实际的行动，促进职业梦想的早日实现。

第三节　影响职业生涯发展规划实施的因素

案例 6-3

从机修工到旅游公司经理

学机电专业的李明在大学二年级的时候，就在就业指导老师的指导下完成了自己的职业生涯发展规划，毕业后，经学校就业部门推荐到一家服装企业当了一名机修工人。后来，该企业出于发展的需要，新购买了 30 多台缝纫机，成立了服装加工厂。由于聪明好学，长期苦练基本功，李明在全厂技术比赛中一举夺魁，被提拔为车间主任。为了提高业务素质和管理能力，他利用业余时间参加培训，学习了服装剪裁与制作，获得了服装设计定制工初级证书。他在实践中勤学苦练，设计和裁剪的服装样式新、款式好，制作质量高，渐渐在市场小有名气。后来，他又参加了经济管理专业的在职教育，获得了更高的学历。

随着竞争日趋激烈，服装市场虽越来越繁荣，但李明所在的服装厂因经营规模小，人员素质差，技术设备落后而停产。面对职业生涯突变和生活的困境，李明又学习了汽车驾驶，考获了汽车驾驶证，并向亲朋好友借钱买了汽车，成为一名出租车司机。由于他有机电专业的基础，稍经培训就拿到了汽车维修工的证书。他不但能把自己的汽车保养得十分出色，有效地降低了运营成本，还时常能帮到同行们的忙。就这样，他又在平凡的岗位上干得有声有色。两年后，李明不仅还清了所有借款，还有了不少节余。

经过多年职场历练的他看出出租车行业竞争日益激烈，而旅游业则渐渐成为朝阳产业。于是，他将出租车转租给别人，又投资购买了一辆中巴搞旅游。经过奋斗，他又先后购进两辆大客车，成立了自己的旅游公司，亲自担任公司经理。由于他的服务态度好，服务质量高，赢得了不少回头客，公司经营得风生水起。而今，李明又在思考下一步的职业发展计划了。他的想法是与宾馆、饭店、商场等搞好联营，积极引进现代管理手段，努力提高员工素质，同时利用业余时间学习旅游方面的知识，提高自己的业务能力，搞好公司经营管理。他在职业生涯发展规划中写上了新的 5 年目标：将公司发展成集旅游、休闲、娱乐等多种服务为一体的综合性服务公司。

启示：职业生涯发展规划书是“死的”，但执行人是“活的”，在具体的实施中，职业生涯发展规划会受到各方面因素的影响，为保证其顺利有效的实施，执行者应以审时度势的态度，及时开展评估和调整，以求趋利避害，校准努力方向。

资料来源：余晓玲，等．职业生涯规划与就业指导 [M]．北京：新华出版社，2017

只有思考，理想不会变成现实；只有期待，梦想永难成真。再完美的职业生涯发展规划，没有科学、有效的实施，也就无任何意义了。正如歌德的那句名言：“光有知识是不够的，还应当运用；光有愿望是不够的，还应当行动。”因此，职业生涯发展规划成功与否更大程度上取决于它是否被有效实施并最终实现职业目标。

影响职业生涯发展规划实施的因素很多，主要包含四个方面，分别是规划执行力、主观意愿、社会环境和行业环境。

一、规划执行力

规划执行力是一种把规划中的计划方案变成行动，把行动变成结果，从而按照规划标准达到预期目标的能力。良好的职业生涯发展规划执行能够把职业生涯发展规划行动方案转变成个人的实践行动，从而在行动中塑造正确的自我认知、职业认知和社会认知，最终实现职业目标。

相关调研显示，很多人在规划执行过程中缺乏连续性，在学习、生活、工作实践中，没能够严格依据预设的行动方向执行；有些人没有对自身特质和外部环境进行及时跟踪，死板地套用规划，把规划变成了自我束缚，执行中遇到情况变化或困难问题时缺乏创新性，不能审时度势地调整自身心态和执行方案。规划执行力不足导致的结果往往是效果不显著，具体表现为规划执行出现中断，没能达到规划预设的学业和职业目标。总体上看，造成职业生涯发展规划执行不力的原因主要有以下四个方面。

（一）认识不到位

一些人缺乏对职业生涯发展规划重要性的认识，没有深入理解职业生涯发展规划对个人职业生涯的积极促进作用。职业生涯发展规划不仅是为了找到更好、更合适的工作，更重要的是通过规划，帮助我们管理好自己，促进整个职业生涯的长远发展。如果只是把职业生涯发展规划当作一项作业任务来完成，势必造成执行上的动力不足。

（二）操作性不强

职业生涯发展规划的良好操作性主要来源于明确的职业目标和清晰的发展路线。明确的目标是良好的执行的基础保障，如果职业生涯发展规划目标模糊，导向性不足，则行动指向就不明确，执行起来会很困难。发展路线不清晰会造成行动细节上不够清楚，不利于职业生涯发展规划的执行。

（三）自控能力不足

自控能力包括自信力、意志力、耐力、良好的习惯等，良好的执行过程离不开足够强的自控能力。很多人缺乏吃苦耐劳的精神，意志力不强，自控能力缺乏，这将直接影响到执行力。另外，时间把控能力的不足也会导致执行效果不佳。

（四）支持力度不够

职业生涯发展规划的良好执行力离不开外部的支持，这些支持来自学校、家庭、社会等多方面。比如：大学期间的就业创业教育；进入企业后的岗前培训、心理辅导；亲属对职业生涯发展规划执行的督促；国家、各级地方政府颁布的就业、创业帮扶政策；各种技能培训项目等。外部支持力度的不足也会导致职业生涯发展规划执行不畅。

二、主观意愿

个人主观意愿的偏移将直接影响到职业生涯发展规划的实施。一般而言，个人主观意愿受职业性格、职业兴趣、职业价值观、职业能力等因素的影响。其中，职业性格一般不会轻易改变，但其他因素都有可能在职业生涯发展规划的实施过程中发生偏移，从而影响到规划的实施。

（一）职业兴趣的偏移

职业兴趣是职业目标选择的重要依据，它可以提升职业效率，保证职业稳定性，增强职业适应性。职业兴趣一旦发生偏移，意味着原职业目标定位将失准，职业兴趣对原职业目标的作用将会失效。

（二）职业价值观的改变

职业价值观是人们用来区分职业好坏、指导职业行为的思维取向。通俗地讲，职业价值观决定着一个人想从事什么工作，想通过工作获得什么。职业价值观对个人职业生涯发展有极其重要的作用，它决定着职业目标的方向。职业价值观受个人需求、社会环境等因素的影响，可能会发生改变，从而影响到职业生涯发展规划的实施。

（三）职业能力匹配度

具有与职业相匹配的能力是进入职业领域的前提条件，职业能力不足会导致无法胜任工作岗位；职业能力提升到更高层次标准，则会催生出更高的职业目标。可见，无论是职业能力的不足，还是职业能力的提升都有可能影响到职业生涯发展规划的实施。

三、社会环境

社会环境的发展变化对职业生涯发展规划的实施的影响是显而易见的，充分了解和把握社会环境因素，有助于在复杂的社会环境中把握有利条件，规避不利影响。

（一）政治环境

政治体制、经济管理体制、人才管理政策、利益分配方式、教育制度等政治环境因素会直接影响到职业生涯发展规划的实施，比如：最低工作标准、户籍政策、住房保障、人事制度、免费技能培养项目、社会保障体系等。

（二）经济环境

经济环境的好坏会影响企业效益、岗位需求、薪资水平。好的经济环境下，人力资源需求旺盛，职业选择和职业发展的机会更多，职业生涯发展规划的实施效果更好。经济发展水平落后，职业生涯发展规划的实施往往会受到多方面的限制。

四、行业环境

影响职业生涯发展规划实施的行业环境因素主要包括以下几个方面。

（一）行业现状和发展趋势

任何行业都会有从起步、发展、成熟再到衰退的发展周期，在行业发展的任何时期都可能有一些负面因素对个人职业生涯发展的实施造成冲击，比如：新兴行业市场的迟钝；成熟行业的激烈竞争；衰退行业的前景堪忧。

（二）行业人才需求状况

行业人才需求状况决定行业内人才的竞争压力，过大的竞争压力会提升行业准入标准和人才晋升难度；竞争压力的缺失对个人职业生涯发展又起不到激励作用。

（三）行业规范

强制性的行业规范有可能成为行业的发展机遇，也可能成为行业的准入门槛。内部行业规范则大多是从业人员的基本守则，用于约束本行业的从业行为。

（四）岗位环境

岗位是实施职业生涯发展规划的微观位置，职业目标和职业梦想将在岗位上得以实现。岗位环境体现出的影响规划实施的因素包括：工作内容、岗位职责、工作环境、操作规范、上岗资格和团队关系等。

职业生涯发展规划的制定完成只是个人职业生涯发展的开端。在职业生涯发展规划实施过程中应时刻关注各方面因素变化，把握有利因素，规避不利因素。必要时，应及时调整职业生涯发展规划，使其与现实情况相适应，保证规划的实施效果。

第四节 职业生涯发展规划的实施与调控

案例 6-4

职业生涯规划的反馈与修正

小王个性外向、活泼，自控能力强，管理学专业毕业后两年，换过三个工作。现为销售员的他一直在寻求更好的发展。对于职业，他既希望工作稳定，又希望工作有挑战性，有光明的前途。他的职业目标是成为一名国际大公司的销售总监。为了实现这一目标，他选择逐步锤炼自己以铺平职业发展之路。现在他考虑的三大转换方向是：继续就业、MBA 深造及出国。在对自己的职业生涯规划做出评估后，几经权衡，他最终选择了最适合自己的 MBA 深造。

启示：职业生涯的发展不可能是一帆风顺的，规划也不可能是万能的。在实践过程中，必然存在各种的问题或不适应，这就需要我们定期反思和总结。在实现职业生涯目标的过程中，应根据实际情况及时总结经验和教训，修正对自我的认知和对最终职业目标的界定。只有在工作实践中，人才能更清楚、更透彻地进行自我认知和定位，才能弄清自己热爱并适合于从事什么职业。通过评估反馈与修正，我们可以修正对自我的认知，纠正最终职业目标与阶段职业目标的偏差，保证职业生涯规划的有效性。

资料来源：http：//www.jiangshi99.com/article/content/47552.html，2019-12-22.

职业生涯发展规划时间跨度长，影响因素多，实施期间的变化难以预测。要保证职业生涯发展规划的有效性，就需要定期对职业生涯发展规划进行管理、评估乃至修正。

一、职业生涯发展规划的实施

（一）职业生涯发展规划管理

（1）实行目标管理。目标管理是企业常用的绩效考核方法，职业生涯发展管理可借鉴使用。目标管理包括目标体系制定、目标的执行与追踪、目标完成结果评价与反馈三个阶段。我们可以针对职业生涯发展规划在每一个不同时期所设立的目标进行管理，定期检查执行情况，评价及反馈执行结果。

（2）设计目标管理表。每个大学生都可根据自己的职业生涯发展规划中的目标，设计适合自己执行、管理的表格。下面以广东省第一届大学生职业生涯大赛总冠军丁海波设计的目标管理-自我激励工作表（表 6-1）为模板供同学们借鉴学习。

表 6-1　目标管理-自我激励工作表

阶段计划名称			目标名称
行动计划			
步骤			
	记载进步状况（完成率）	完成度对项目的影响	
	开始 □月□日 10%～20%		
	中程目标 □月□日 30%～40%		
	（修正目标）□月□日 50%～60%		
	（延长）□月□日 70%～80%		
	完成 □月□日 90%～100%		
预期成果			

（3）把职业生涯发展阶段目标和任务写入表中。

（4）每天把目标施行情况写入日记并进行目标跟踪。

（5）定期围绕目标进行自我反思和总结。

（6）自我激励，让自己一直保持高昂的学习、工作热情。

（二）职业生涯发展规划评估

计划往往赶不上变化，因此，需定期开展对职业生涯发展规划实施情况的评估，及时了解情况的变化，通过对实际情况和目标的实现程度分析，做好考核，为必要的修正和调整打好基础，确保职业生涯发展规划的可行性和有效性。

1. 职业生涯发展规划评估的主要内容

（1）目标评估（判断是否需要修正职业目标）。假如一直无法找到所希望的学习和工作机会，那么我们可以根据现实情况重新选择目标职业；如果一直无法适应或胜任我们设计的职业生涯目标，在工作学习中实现不了预期的发展，导致我们长期压抑、不愉快，或从事的职业给家庭造成困扰，或家人极力反对所从事的职业，则可以考虑修正和调整职业生涯发展规划。

（2）路径评估（判断是否需要调整发展方向）。当出现更适合自身发展或职业生涯发展的机会，而原定发展方向又不尽如人意的时候，可以尝试调整发展方向。

（3）策略评估（判断是否需要改变行动策略）。如果在向目标努力的过程中，原定策略效果不佳，或掌握了较原定策略更有利于实现职业目标的策略时，可考虑改变行动策略。

（4）其他因素评估（判断是否需要修改、调整的其他事项）。身体、家庭、经济状况、机遇、意外等情况发生时也应及时评估，并依据反馈评估决定是否有必要做调整。比如：家庭需要更多的照顾，可将更多的精力放在家庭，甚至暂时放下工作；或自身条件不允许，可放低对自己的职业要求或对生涯做出调整。

2. 职业生涯发展规划评估的常用方法

（1）反思法。回顾职业生涯发展规划实践过程，思考规划的学习计划是否达到，学习有什么收获，还存在哪些问题，使用的方法是否有效，还有没有改进的空间。

（2）调查法。实现职业生涯发展规划近期目标后，可对下一步的职业环境开展调查和分析，评估条件变化趋势，有哪些有利变化，有哪些不利变化，总体环境现状如何。根据具体变化情况，拟定下一步目标计划的调整方案。

（3）对比法。在进行职业生涯发展规划时应多对比、多学习、多借鉴，吸取别人好的经验和方法。他山之石可以攻玉，参考借鉴他人的职业生涯发展规划，有助于对自身职业生涯发展规划做深入思考。

（4）交流法。把自己的职业生涯发展规划与知己好友进行相互交流，独自思考容易一叶障目，效果有限，从别人的视角审视却往往正中要点。正视自己的弱点，虚心、主动征求他人对自己职业生涯发展规划的意见和建议，必将受益匪浅。

（5）360 度评估法。360 度评估法又称多渠道评估法，是指通过收集与自己有密切关系的、来自不同层面人员的评估信息，以全方位地评估自我的一种方法。

人总有自己认识不到的盲区，而自己没有认识到的问题，有时别人反倒能看得清楚，正所谓“不识庐山真面目，只缘身在此山中”。为了避免自我觉察的片面性，建议大学生可采用 360 度评估法来进行自我认知，获得来自多层面的人员对自己素质、能力等的评估意见，从而较全面、客观地了解有关自己的个人特质、优缺点等信息，为自己的职业生涯发展规划提供参考。在此，提供一张适用于大学生的基于 360 度评估法的评估表供大家参考使用（表 6 - 2）。

表 6 - 2　360 度评估表

方　式	评价内容	评价标准
自我评估	1. 才能是否充分施展？ 2. 职业状态是否令自己满意？ 3. 学习、生活状态是否令自己满意？ 4. 职业生涯发展与其他人生活动是否有冲突？	依据价值观、个性、兴趣、能力等
家庭评估	1. 是否得到理解和肯定？ 2. 是否能够得到支持和帮助？	依据家人的意见
老师评估	1. 是否得到老师的认可？ 2. 有无明显的缺点？ 3. 是否取得预期的进步？ 4. 是否取得预期的能力提升？	依据自身行为表现及教师评价
同学评估	1. 是否得到同学们的认可？ 2. 是否有某些方面值得同学们借鉴？ 3. 是否存在明显的缺点？	依据自身行为表现及同学感受反馈

3. 职业生涯发展规划评估应注意的事项

评估可以参照各类短期、长期、专项的预定目标和实际成果的对比。任何形式的评估都可以归结为自身因素和实践行为对当前所处环境的适应性判断。在评估的实际操作中，应注意以下几点。

（1）紧抓重点。职业生涯发展的各个阶段都会有一个最重要的目标，其他目标往往都是围绕这个重要目标开展的，评估工作应优先排序，重点评估那些针对重要目标的主要策略的执行情况和效果。

（2）找准新需求。针对个人条件及内外部环境的变化，把握最新的趋势及其影响，找准新的需求变化，如此，才能制定出更科学、有效的应对策略。

（3）寻求突破口。很多时候，某一点上取得的突破将对整个局面发展起到巨大推动作用，这个点被称为突破口。反思职业生涯发展规划中的策略方案实施过程，是否能找出对目标达成起关键性影响的突破口？以此为例，再仔细寻求新的突破口，进而推动各项既定目标的实现。

（4）补齐短板。一只沿口不齐的木桶，其容量的大小，并不取决于最长的那块木板，而是取决于最短的那块木板，这就是管理学中著名的木桶理论。在评估过程中，要肯定自己取得的成绩，但更重要的是结合变化的环境，发现自身素质与既定策略的“短板”，然后采取必要措施进行调整、修正，最终补齐短板，让职业生涯发展这只桶拥有更大的容量。在实际案例中，常见的职业生涯发展规划短板包括价值观、意识观念、知识技能、能力水平、心理素质、环境适应能力等。

二、职业生涯发展规划的调控

调控是对职业生涯发展规划实施过程中变化的积极反应，是实事求是态度的行为表现。调控过程包含反馈评估和修正两个步骤。

（一）职业生涯发展规划的反馈评估

所谓反馈就是沟通双方期望得到信息的回流。由于现实社会中诸多不确定因素的存在，会使职业现状与原定职业生涯目标有所偏差，这就要求我们不断地反省，并对规划目标和行动方案做出调整，从而保证职业生涯发展方向的准确。反馈评估是一个再认识、再发现的过程，要求我们时时注意内外环境的变化，不断地审视自我，调整自我，修正自我。

（二）职业生涯发展规划的修正

职业生涯发展规划的修正包括：职业目标的重新选择；职业发展路线的重新选择；阶段目标的修正；短期、专项目标的补充；策略与计划的变更等。整个修正过程要做到谨慎判断，果断行动。谨慎判断就是无论变化多大，都要在理清来龙去脉后再做判断；果断行动就是要在判断后立即采取行动。

思考题

1. 如何撰写出一份合格的职业生涯发展规划书？

2. 运用之前学习到的知识，结合个人实际，撰写出自己的简版“职业生涯发展规划书”。参考格式如下。

(1) 标题。

姓名______年限______职业生涯发展规划书（______年至______年）

(2) 自我评估。

性格特点及评估依据

______

职业兴趣及评估依据

______

职业价值观及评估依据

______

具备能力及掌握技能情况

______

优劣势分析

______

自我评估小结

______

______

(3) 职业及环境评估。

目标职业情况（职位名称、薪资情况、工作环境、培训情况、发展前景等）

______

______

目标职业所处行业、组织机构的情况（行业现状及前景、组织机构实力及经营战略、组织结构、团队分析、企业文化等）

______

______

政治、经济、社会等因素对职业目标的影响分析

______

______

职业及环境评估小结

______

______

(4) 目标确定。

目标职业实践探索过程及分析

______

______

目标确定及其依据和方法（短期目标、长期目标、专项目标）

______

______

(5) 规划实施计划及措施。

短期计划、长期计划、专项计划

______

______

实施计划采取的具体措施（专业技能学习、能力提升、兴趣培养、人脉建设等）

____

____

（6）实施过程管理及调整。

实施过程中内、外部环境变化情况

____

____

反馈评估（评估方法及结果）

____

____

规划实施中的修正情况

____

____

第三篇

就业指导

第七章　职业素质与培养

评价目标

知识目标： 学习素质模型冰山理论，了解一个人成就的大小，什么是最关键的因素；重点掌握大学生职业素质的内容和实质。

能力目标： 通过学习，知道如何提升自己的职业素质，并从中找到通向职场成功的“金钥匙”；会合理地设置个人的职业发展上升通道。

情感价值观目标： 通过对职业素质与培养的学习，树立正确的职业道德与职业意识；理解并正确对待个人的职业兴趣，能够在职场上充分发挥职业兴趣的作用；掌握并养成良好的职业行为习惯。

教学方法

故事讲授法、游戏测试法、案例教学法。

职业素质是一个人职业生涯成败的关键因素。如果把一个人的职业素质比作一棵树的根系，那么树的枝、干、叶、形就是其显现出来的职业素质的表象，要想枝繁叶茂，必须根系发达。

第一节　职业素质与冰山理论

案例 7－1

两个大学生买土豆的故事

小李和小王大学毕业后进入同一家公司上班。两个人都是从基层干起，工作努力，吃苦耐劳，任劳任怨。两年后，小李得到了提拔，被任命为部门经理，而小王却没有得到重用。小王很郁闷，觉得领导的决定有失公平。有一天，他忍不住来到经理办公室问经理：“经理，我上班有没有经常迟到早退？”经理说“没有”。“您交给我的任务是不是我没有按时完成？”小王疑惑地问，经理说“也没有”。“那就奇怪了，我和小李同时来的公司，为什么他能得到提拔而我却不能？我想听听您的解释。”经理听完后，倒了一杯茶给小王，说：“小王，你别急，我今天一定会给你一个满意的答复。”经理看了看手表，想了想说：“小王，现在是下午 3 点半，你帮我办件事吧，麻烦你到附近的农贸市场，看看现在有什么卖的没有？”小王接到经理指令，一口气跑到了农贸市场，然后转身就回来报告说：“经理，市场上只有一个农民，推着一车土豆在卖。”经理问：“一车土豆有多少斤？”，“这个您没有交代，我就没有问，我马上就去问。”过了一会儿，小王跑回来说“经理，一车土豆有 300 斤。”“每斤多少钱呢？”经理问，“这个您刚才没有交代，我就没问，没事的，我再跑去问一下。”小王说完转身就下楼去了。过了一会儿，他气喘吁吁地跑回来说：“经理，一车土豆300斤，每斤8毛钱。”经理又问：“如果我们全部要买下来，价格可不可以低点?”“这个……我再去问问。”过了一会儿，小王满头大汗地跑回来说“经理，一车土豆300斤，每斤8毛钱，如果我们要全部买下来，价格可以低点，每斤6毛钱。”经理看着小王来来回回地跑了四趟，衣服都已经湿透了，着实很辛苦，就说：“小王，你先歇会，喝口茶，等我把小李叫来。”

小李被经理叫到办公室，经理同样对他说：“小李，麻烦你现在到附近的农贸市场，看看市场上有什么卖的没有?”过了一会儿，小李回来对经理说：“经理，市场上只有一个农民，推着一车土豆在卖。”经理问：“一车土豆有多少斤?”小李说：“这个您虽然没交代，但我顺便问了一下，一车土豆有300斤。”“每斤多少钱?”经理问，“这个我也顺便问了一下，每斤8毛钱。”经理说：“如果我们全部把它买下来，价格可不可以低点?”“这个我也问了，价格可以低点，每斤6毛钱。”经理说：“那你赶紧把那车土豆买来，送到厨房去，让食堂的师傅明天做菜给大家吃。”小李说：“经理，那个农民已经在楼下了，就等您一声吩咐了!”

小王看到此情此景，立即站起来说：“经理，您什么都不用说了，我知道今后该怎么做了!”

案例启示：职业素养是一个人职业生涯成败的关键因素。为什么小李得到了提拔而小王却得不到重用? 他们的知识技能水平相差无几，不同的就是个人的职业素养。小王做事情一味地听从领导吩咐，埋头苦干却不加思考，缺乏对工作的观察、学习、思考和总结，结果原地踏步，没有显著的进步。而小李不仅执行力强，而且积极思考，善于总结，职业素养提升得很快，自然得到领导的青睐。

从上述案例可以看出，在职场上，提升自己的职业素质，就是提升自己在职场晋升的砝码。职业素质量化而成“职商”（Career Quotient，CQ)，全称职业智商，职商是一种包含了判断能力、精神气质、积极态度的综合智慧，它关乎自我与工作、现状与发展的契合度，是工作时智商与情商的综合体现。

一、职业素质概念

所谓职业素质，就是职业内在的规范和要求，是指在职业过程中表现出来的综合品质，包括职业道德、职业意识、职业习惯、职业技能等，体现在职场上就是职业素质，体现在生活中就是个人素质或者道德修养。职业素质是人类在社会活动中需要遵守的行为规范，一般来说，劳动者的就业能力在很大程度上取决于职业素质，职业素质越高，获得成功的几率就越大。影响和制约职业素质的因素有很多，包括受教育程度、实践经验、社会环境、工作经历等。

二、职业素质的特点

职业素质的特点有职业性、稳定性、内在性、整体性、发展性。

（一）职业性

对不同职业的职业素质要求是不同的。对建筑工人的素质要求，不同于对护士职业的素质要求；对商业服务人员的素质要求，不同于对教师职业的素质要求。“最美奋斗者”李素丽的职业素质始终是和她作为一名优秀的售票员联系在一起的，正如她自己所说：如果我能把十米车厢、三尺票台当成为人民服务的岗位，实实在在地去为社会做贡献，就能在服务中融入真情，为社会增添一份美好。即便有时自己有点烦心事，只要一上车，一见到乘客，就不烦了。

（二）稳定性

一个人的职业素质是在长期工作中日积月累形成的。职业素质一旦形成，便具有了相对的稳定性。比如：一位教师，经过几年的教学生涯，就逐渐形成了怎么备课、怎样讲课、怎样热爱自己的学生、怎样为人师表等一系列教师职业素质并能够保持相对的稳定性。当然，随着他继续学习、工作和受环境的影响，这种素质还可以继续提高。

（三）内在性

在长期的职业活动中，从业人员经过自己学习、认识和亲身体验，分辨出怎样做是对的，怎样做是不对的，并将其有意识地内化、积淀和升华，这就是职业素质的内在性。我们常说，“把这件事交给××去做，放心。”人们之所以放心××，就是因为××的内在素质好。

（四）整体性

一个从业人员的职业素质和他整个素质密不可分。我们说××同志职业素质好，不仅指他的思想政治素质、职业道德素质好，也是说他的科学文化素质、专业技能素质好，甚至还包括身体心理素质好。一个从业人员，虽然思想道德素质好，但科学文化素质、专业技能素质差，就不能说这个人整体素质好。相反，一个从业人员科学文化素质、专业技能素质都不错，但思想道德素质比较差，我们也不能说这个人整体素质好。所以，职业素质一个很重要的特点就是整体性。

（五）发展性

一个人的职业素质是通过教育、自身社会实践和社会影响逐步形成的，它具有相对性和稳定性。但是，随着社会发展对人们不断提出的要求，人们为了更好地适应、满足、促进社会发展的需要，总是不断地提高自己的职业素质，所以，职业素质具有发展性。

三、职业素质模型冰山理论

说起职业素质，在理论界有一个非常著名的理论，叫“素质模型冰山”理论，它是美国著名心理学家麦克利兰于 1973 年提出的。“素质模型冰山”理论（如图 7.1 所示），对素质的概念做了非常形象的解释。它将人员个体素质比作一座冰山，呈现在人们视野的部分往往只是很小的一部分，也就是浮出水面的冰山一角，而在水面以下的绝大部分是看不

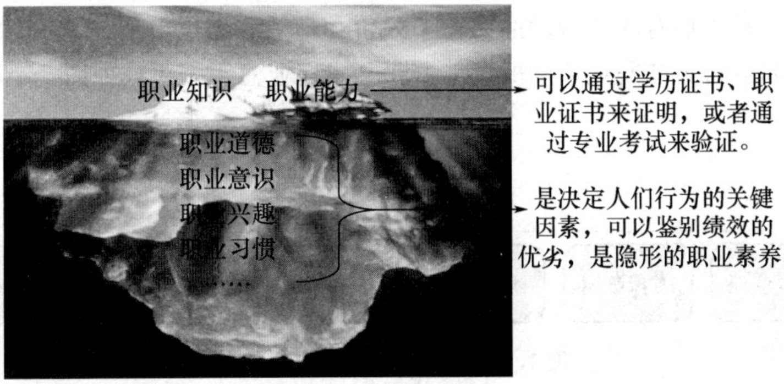

图 7.1　素质模型冰山

到的。其中，看得见的“冰山”以上的部分包括职业知识、职业能力，是外在表现，是容易了解与测量的部分，称为显性素质，相对而言也比较容易通过培训来改变和发展的。而看不见的“冰山”以下的部分包括职业道德、职业意识、职业兴趣、职业习惯、职业态度、职业作风等，是难以测量的部分，称为隐形素质，它们不容易通过外界的影响而得到改变，但却对人员的行为与表现起着关键性的作用。

案例 7－2

一杯茶就能看清楚水底下的冰山

第一种人：有人给他倒茶，他一动不动，心安理得。

第二种人：接过茶杯，连声道谢。

第三种人：立即起身，抢过茶壶说“我来，我来”。

这三种人水底下的冰山一目了然。

第一种人：连最起码的礼貌都不懂。

第二种人：有礼却不够主动。

第三种人：有礼且主动积极。

案例启示：通过一杯茶就能看清楚水底下的冰山，也就是说一杯茶就能看清楚一个人的职业素养如何。企业需要哪种人？如果这是一次“隐形”面试，你能通过吗？

资料来源：http：//www.doc88.com/p—6354173819354.html，2019－12－25.

就业竞争的实质是职业素质与能力的竞争，用人单位最看重的也是同学们的职业素质与能力，其中职业道德要求我们忠于职守，乐于奉献；实事求是，不弄虚作假；依法行事，严守秘密；公正透明，服务社会。每个从业人员，不论是从事哪种职业，在职业活动中都要遵守道德。我们将在第十四章详细介绍职业道德的特征、意义和道德实践。

下面我们就根据“素质模型冰山”理论，分别对职业意识、职业兴趣、职业能力和职业习惯、职业发展通道的内容和实质展开论述。

第二节　职 业 意 识

职业意识是职业素养的核心。职业意识既影响个人的就业和择业方向，又影响社会的就业状况。职业意识是人们对职业劳动的认识、评价、情感和态度等心理成分的综合反映，是支配和调控全部职业行为和职业活动的调节器。基本职业意识的组成如图 7.2 所示。

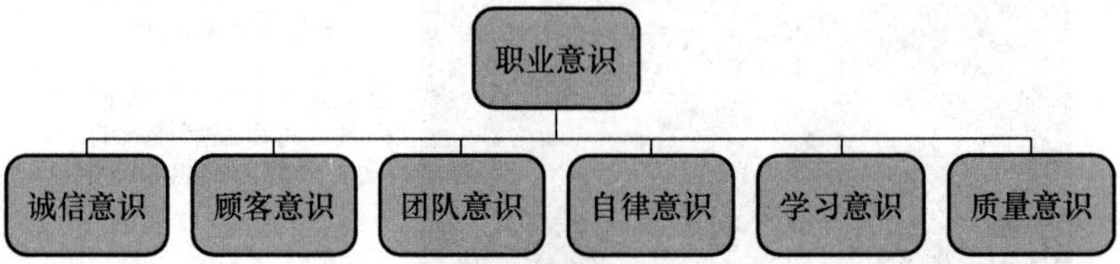

图 7.2　基本职业意识的组成

一、诚信意识

孔子曰："人而无信，不知其可也。"市场经济是信用经济，一个企业、一个职业人士，其市场信誉是可以用价值来度量的，所谓名牌、品牌可以作为无形资产就是这个道理。

案例 7-3

一张床垫的故事

一位美国人搬家时，到一家名叫"蓝森林"的家具店订购了一张床垫。不料，回家的路上，突然想起写错了地址，他想，等回到家后再打电话告诉家具店正确地址。可是，这位美国人在回家的途中竟遭遇车祸并成了一个植物人。因为没有正确的地址，"蓝森林"家具店的送货人送家具时一次又一次地吃了闭门羹。但是，"蓝森林"家具店是一家严守合同的老店，他们不但没有因为这张床垫无人领取而放弃，反而四处张贴广告，并在当地媒体上发布信息寻求"购买床垫人"。更令人感动的是，期间家具店两次老板更迭，交接时，前任都要给接任者说明这张床垫的事情，接任者也像他们的前任一样，信守诺言。七年后，奇迹发生了，"植物人"竟神奇地苏醒了，他能够记起的一件事就是七年前，他是在订购床垫回来的路上出事的。结局是尽善尽美的，七年之后，店家特意将这张床垫作为订购者康复回家后的礼物送到了客户的家里。

这件事在全美国引起了强烈的震动，就连当时的美国总统里根看了报道，也激动地对此事大加赞扬："真诚，一定能感动上帝！"

案例启示："蓝森林"家具店为了一张床垫，竟默默地坚守了七年，整个过程看似很平凡，但这种一诺千金的社会精神注定会在人们心灵深处引爆一次"核裂变"式的冲击。世上真正无价的，唯有诚信。一个人破产了，只要有诚信在，还有翻身的资本，如果连诚信都没有了，那他就彻底地破产了。诚实可信是做人的根本，"一次不忠，百次不用""人欺我一次，则人可耻，人欺我两次，则我可耻"。小时候听到的"狼来了"的故事，就是人生诚信教育的第一课。

二、顾客意识

大家都明白一句话，顾客就是上帝，没有顾客就没有营业额，没有营业额就没有利润。顾客是商品的接受者、选择者、购买的决定者，顾客是商家的衣食父母，对待顾客的态度，实质上就是对待自己"饭碗"的态度。

案例 7-4

你希望等来第几种司机

下雨天，众多乘客在雨中等公交车，公交站前有一摊积水。可能有以下几种司机：第一种，司机把车停在离站台较远的地方，乘客只能涉水而过；第二种，司机快速驾车驶进车站，溅起一片泥水，乘客怕弄脏打湿，纷纷避让，站台大乱；第三种，司机小心翼翼地停在乘客抬脚即可上车的地方，方便乘客上车。如果你是雨中的乘客，你希望等来的是第几种司机？

案例启示： 当我们是顾客时，我们都希望得到最好的服务。而我们在服务顾客时，有没有像案例中的第三种司机一样，设身处地地为我们的顾客考虑呢？学会换位思考，是提升职业意识的重要因素。

三、团队意识

一个企业就是一个独立的社会经营团队，是由所有员工组成的一个利益共同体，它既由所有成员来维护、创造，又给每人带来了生活的经济利益与精神生活。因此，我们需要在工作中积极主动地做好自己的工作，及时提出有利于企业发展的合理化建议。尊重和服从领导、关心与爱护同事。建立团队内部的协作，开展部门、同事之间的有效健康的合作竞争，互为平台、互通商机、共同进步。

案例 7-5

风雨同伞才能赢

一家外企招聘员工时正逢下雨，外企就给应聘者出了这样的面试题：要求应聘者到附近指定地点然后返回，但只给一半的应聘者发了伞。外企面试官观察着这些应聘者的反应，发现：有些发到伞的应聘者主动与无伞的应聘者搭档，风雨同伞；有些无伞的应聘者主动与有伞的应聘者协商合用；也有些有伞的应聘者却只顾自己不顾别人，独自撑一把伞。虽然这些独自撑一把伞的应聘者是第一批从指定地点返回的，但他们仍然被淘汰了，而风雨同伞者被录用了，因为公司不欢迎只顾自己不顾别人的人。

案例启示： 从这个故事里我们可以看到，第一种人，也就是“有伞族”主动与“无伞族”搭档的，非常具有团队精神，乐于助人，愿意和别人同甘共苦；第二种人，也就是“无伞族”主动与“有伞族”搭档的，非常机智灵活，在自己困难时懂得寻求帮助，而且具备良好的沟通能力；第三种人，也就是“独伞族”，关键时刻，只顾自己不顾他人，不但自私，或许还很孤僻，不符合企业要求，也不能适应社会需要。

团队精神是人的社会属性，这种精神在当今的企业和其他社会团体内显得尤为重要。团队精神事实上反映的就是一个人与他人合作的精神和能力。

四、自律意识

“律”即是规范，保证没有行为会越出这个规范。

自律有两方面：一是去做应该做而不愿或不想做的事情；二是不做不应该做而自己想做的事情。比如：你每天早晨坚持户外锻炼，某一天天气特别寒冷，你不想冒寒冷继续坚持，但是你最终走出家门，继续锻炼，这就属于前者。后者的表现也较多，你喜欢抽烟，但到了无烟室，你必须忍住内心的欲望不抽烟。

案例 7-6

杨震拒金的故事

杨震，东汉人也，公正廉洁，不谋私利。他任荆州刺史时发现王密才华出众，便向朝廷举荐王密为昌邑县令。后来杨震调任东莱太守，途经王密任县令的昌邑（今山东金乡县境）时，王密亲赴郊外迎接杨震。晚上，王密前去拜会杨震，俩人聊得非常高兴，不知不觉已是深夜。王密准备起身告辞，突然他从怀中捧出黄金，放在桌上，说道："恩师难得光临，我准备了一点小礼，以报栽培之恩。"杨震说："以前正因为我了解你的真才实学，所以才举你为孝廉，希望你做一个廉洁奉公的好官。可你这样做，岂不是违背我的初衷和对你的厚望吗？你对我最好的回报是为国效力，而不是送给我个人什么东西。"可是王密依然坚持说："三更半夜，不会有人知道的，请收下吧！"杨震立刻变得非常严肃，声色俱厉地说："你这是什么话，天知，地知，我知，你知！你怎么可以说，没有人知道呢？没有别人在，难道你我的良心就不在了吗？"王密顿时羞得满脸通红，赶紧像贼一样溜走了，消失在沉沉的夜幕中。

案例启示：杨震在没有外人在场的情况下，面对唾手可得的金钱的诱惑，完全不为所动。这是他有着非常坚固的道德律令，使得自己在人前人后都能保持廉洁奉公的态度。在公众面前维持一个良好的形象并不难，难就难在独处的时候也不放纵自己。这就是中国历史上有名的"杨震拒金"的故事。它告诉我们，独处的时候更要自律。慎独，就是在别人不能看见的时候，能谨慎行事；在别人不能听到的时候，能保持清醒。慎独，就是自律的最高境界。

一般情况下，自律和意志是紧密相连的，意志薄弱者，自律能力较差；意志顽强者，自律能力较强。加强自律也是磨炼意志的过程。

五、学习意识

时代进步，社会发展突飞猛进，新的知识不断出现。每个人要想使自己有所成就，只有具备良好的学习心态、意识，与时俱进才能保持自己跟上时代步伐，才有可能实现人生价值，获得职业生涯的成功。此外还要善于学习，提高学习的兴趣、学习技能、学习效率，培养优秀的学习敏感性和直觉意识。当今社会，准确、及时、快速地吸收职业发展所需的知识，是每一位追求成功者的基本功。

案例 7－7

难忘的毕业考试

故事发生在一所大学里，那是终考的最后一天。一幢教学楼的台阶上围着一群大四的工科生，都在谈论即将开始的考试，他们脸上充满自信。这是毕业前的最后一场考试了，考完后即是毕业典礼，之后他们将各奔前程。话题转到了工作上，有的谈起了找好的工作，有的则谈论着要找的工作。四年的大学学习给了他们自信，使他们觉得自己足以征服世界。眼前这场考试，不过是小菜一碟罢了。老师已经说过可以携带所需的任何书本或笔记，只要不在考试时交头接耳就行了。学生们兴高采烈地步入教室，试卷发下来了。看到只有五道论述题，他们一个个脸上笑开了花。三个小时后，老师开始收卷。学生们先前的那份自信再也看不到了，而是满脸惊慌。老师握着试卷，面对全班，大家都沉默不语。她扫了一眼眼前这一张张不安的脸，问道："五道题全答完的有多少？"没人举手。"做完四道的有多少？"还是没人举手。"三道呢？两道呢？"学生们再也坐不住了。"那么一道呢？总有做完一道的吧。"教室里依然鸦雀无声。老师搁下试卷，说道："这我早料到了。"这位老师继续说："我只是想让你们始终记得，虽然你们认真学习了四年，但是关于这个专业、这个领域，你们还有很多东西要学。其实，你们答不出的这些问题在日常生活中却很常见。这门课你们都能通过，但我希望你们每个人都能因为这次特殊的考试牢牢记住一件事——即使已经是这所百年名校的优秀毕业生，你们的学习依然只是刚刚开始。”

案例启示：社会是不断发展进步的，如果认为目前已经掌握了最全面、最专业的知识，可以一劳永逸，不需要再学习了，这种想法只会成为一个人成长道路上的巨大障碍。如果不想被社会淘汰，就要不断地学习，不断地给自己充电，不断地实现自我，这样才能有效地提升自己的价值，让自己有能力承担更多的责任，实现自我价值。

六、质量意识

质量意识是一个企业从领导决策层到每一个员工对质量和质量工作的认识与理解的程度，对质量行为起着极其重要的影响和制约作用。在这里“质量”有两种含义：一是产品的质量，即产品合格与否；二是生产产品过程的质量，即生产过程是不是规范，是不是与企业设定的管理基准一致。换句话说，所谓质量意识就是保证产品合格，符合产品的规格要求，并且整个生产流程严格遵照企业生产流程的管理规定。

案例 7-8

100%制造水准的降落伞

这是一个发生在第二次世界大战中期美国空军和降落伞制造商之间的真实故事。在当时，降落伞的安全度不够完美，即使经过厂商努力的改善，降落伞制造商生产的降落伞的良品率已经达到了99.9%，应该说这个良品率即使现在许多企业也很难达到，但是美国空军依然要求所交付降落伞的良品率必须达到100%。于是降落伞制造商的总经理便专程去飞行大队商讨是否能够降低这个标准。因为厂商认为，能够达到99.9%的良品率已接近完美了。但这却遭到美国空军的一口回绝，因为美国空军认为品质不能有折扣。后来，军方要求改变检查降落伞品质的方法，从厂商前一周交货的降落伞中随机挑出一个，让厂商负责人穿上装备后，亲自从飞行的飞机上跳下。这个方法实施后，降落伞的不良率立刻变成零。

案例启示：质量意识是企业生存和发展的思想基础。有质量意识的员工和领导层，不仅限于被动地接受产品质量的要求，而是不断地关注产品质量，且提出改善意见，促进产品质量的提高。质量意识应该体现在每一位员工的岗位工作中，也应该体现在企业最高决策层的岗位工作中。

青岛海尔集团的成长，就是从时任海尔冰箱总厂厂长的张瑞敏砸掉全部76台不合格冰箱开始的。他亲手砸的第一锤“砸”醒了“海尔人”的质量意识。“质量是企业的生命”“质量在我手中，客户在我心中”“今天的质量是明天的市场，客户的钞票是企业的选票，用户的口碑是公司的金杯。”张瑞敏说过：“什么是不简单？就是把每件简单的小事做好就是不简单。”如何把每件小事都做好，那就要有认真的工作态度，只要我们的责任心更多一点，问题就会更少一点，质量就会更高一点。质量高于一切。

第三节　职 业 兴 趣

职业兴趣是兴趣在职业方面的表现，是人们对某种职业活动具有的比较稳定而持久的心理倾向。它是一个人探究某种职业或从事某种职业活动所表现出来的特殊个性倾向，它使个人对某种职业给予优先的注意，并具有向往的情感。由于兴趣爱好不同，人的职业兴趣也有很大的差异。有人喜欢具体工作，例如，室内装饰、机械维修等；有人喜欢抽象的工作，例如，经济分析、社会调查和科学研究等。

兴趣的发展一般会经历有趣、乐趣、志趣三个阶段。对于职业活动，往往从感到有趣开始，逐渐产生工作乐趣，进而与奋斗目标和工作志向相结合，发展成为志趣。

职业兴趣对职业选择和职业发展都有一定的影响。理想的职业选择是使人格类型与职业兴趣类型相互协调和匹配。学习职业兴趣分类，对今后个人选择职业，具有关键性作用。为了使大学毕业生更好地把握职业兴趣与职业选择的关系，可以进入下面游戏和分析案例环节。

案例 7－9

你会选择哪个岛屿？

假如全班同学都坐在同一架次的飞机上，飞机遇上了强大的气流，需要紧急迫降，下面有六个不同的岛屿（如图 7.3 所示），你会选择哪个岛屿迫降？要求是你必须在这个岛上和岛上的居民一起生活至少半年。请不要考虑其他因素，仅凭自己的兴趣挑出你最想迫降的岛屿。

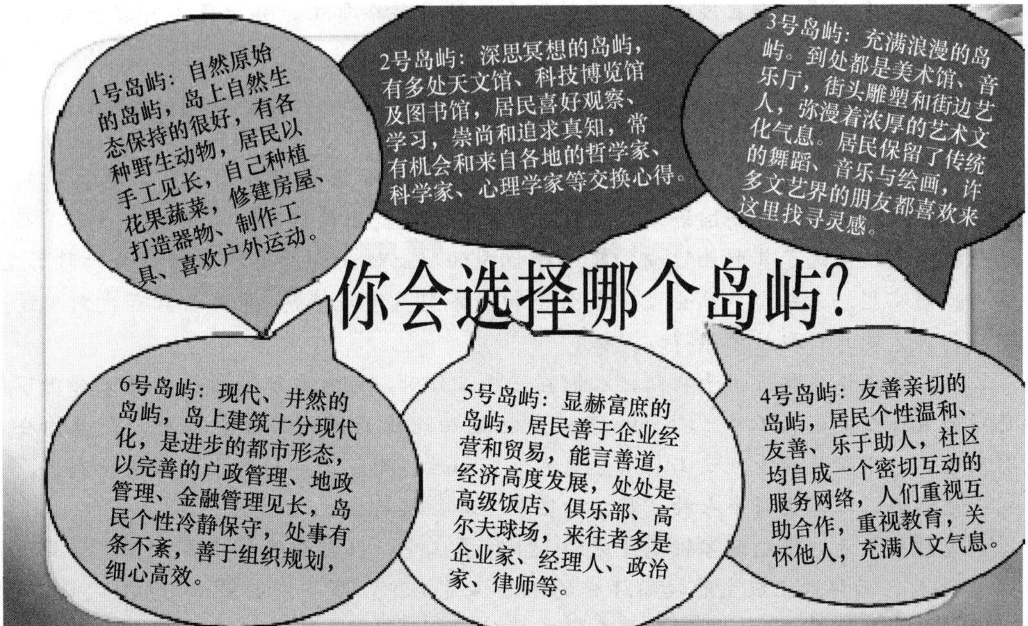

图 7.3　六个不同的岛屿

(1) 图 7.3 中哪个岛屿是你最想去的?

(2) 在剩下的五个岛屿中你最想去的是哪个?

(3) 在剩下的四个岛屿中你最想去的是哪个?

提示：这六个岛屿分别代表着六种典型的职业生涯兴趣类型。其中，你选择的第一个岛屿是你的主要兴趣，第二、第三个岛屿是你的辅助兴趣。

在前面认识自我的章节中提到了霍兰德职业兴趣理论，霍兰德认为人的人格类型、兴趣与职业密切相关，兴趣是人们活动的巨大动力，凡是具有职业兴趣的职业，都可以提高人们的积极性，促使人们积极地、愉快地从事该职业，且职业兴趣与人格之间存在很大的相关性。这个理论可以帮助我们去进行职业选择。

案例 7-10

霍兰德密码

2002 年 3 月，Charlie 所在的公司召开部门经理会议，再次讨论困扰公司已久的顾客对一线员工的投诉问题。总经理要求人力资源部门也介入调查，并在一个月内找出答案——是员工的素质问题？还是领导方法问题？或者是管理制度的问题？

这个让部门经理们束手无策的问题，对刚上任不到 3 个月的 Charlie 确实是一个不小的挑战。Charlie 经过初步调查，发现一个奇怪的现像：公司销售部、售后服务部、咨询部共 300 多名一线员工中，得到上级主管好评的，大部分的顾客评分都较低；相反，顾客评分较高的一线员工，大部分的上级主管评分都较低。为什么上级主管喜爱的员工却受到客户的抱怨呢？

Charlie 的公司原来实行的是主管考评的绩效管理制度。对直接服务顾客的一线员工，公司同时也一直在进行顾客满意度的跟踪调查：针对每个员工，公司每个月联系 25 位顾客，请他们就所接受服务的质量打分，调查持续了 12 个月，每个员工得到了 300 位顾客的评分。

通过认真分析这些数据，人力资源部门发现，上级主管考评与顾客评分之间实际上并无明显联系。正当 Charlie 感到茫然无措时，通过人力资源管理咨询公司，他接触到了“职业性向理论”。这个由美国著名职业指导专家霍兰德提出的理论，其主要观点是：每个人的性格和天赋决定了其职业性向。霍兰德把人的职业性向和所有职业都归为六种类型：现实型、研究型、艺术型、社会型、企业型和事务型（常规型）。劳动者只有找到了适宜的职业，其才能与积极性才能得以发挥。

以往，该理论主要应用于招聘，人们在选择工作时，经常做职业性向测试来帮助了解自己适合做什么类型的工作。Charlie 尝试着把这种理论应用到绩效管理中。在咨询公司的帮助下，采用职业性向测试工具（直觉测试）和性格测试工具对每个员工进行测试，再一对一地面谈，以掌握每个人的“霍兰德密码”和性格特点。

调查结果显示，得到顾客较高评分的 121 位员工中，社会型的员工占 96%，企业型的员工占 89%；而得到上级主管较高评分的 130 位员工中，事务型的员工占 98%。这个结果说明：社会型的员工和企业型的员工容易受到顾客的好评，而事务型的员工则容易受到上级主管的好评。根据霍兰德的职业性向理论不难理解：社会型的人有自己的主见和特长，喜欢从事为他人服务的工作。企业型的人善交际、口才好，能影响他人。而事务型的人尊重权威、习惯接受他人指挥和领导、工作踏实、忠诚可靠，上级主管当然喜欢。

同时，Charlie 还发现另一个有趣的现象：这 300 多名员工分别是由两个经理招聘录用的：李经理挑选的员工中，研究型占 99%，事务型占 82%、社会型占 56%；张经理挑选的员工中，社会型占 93%，事务型占 68%，研究型占 16%。而李经理本人是研究型的，张经理本人是社会型的。很明显，负责招聘的主管人员倾向于聘用与自己同类型的人。

Charlie 这回胸有成竹了。他提出了建议调整招聘制度和绩效管理制度的报告。

（1）决定摈弃主管考评制度，代之以比较客观的业绩评估——顾客满意度评分的绩效管理制度。

（2）把职业性向为社会型或企业型作为招聘服务顾客的一线员工的标准。

（3）同时，将招聘程序改为：首先通过人力资源部门测试，挑选出社会型或创业型的候选人。人力资源部门将这些候选人推荐给部门经理，再由部门经理确定最后的人选。

进行了以上改革后，2002 年下半年，该公司社会型和企业型的一线员工的比例增加了 26%，平均顾客评分大大提高。

案例启示：兴趣测验有许多用途，最典型的就是用于员工的职业生涯规划，因为一个人总是把自己感兴趣的事情做得很好。另外还可以用它作为选择的工具，如果你能选择那些与现职成功的雇员的兴趣相似的候选人，那么这些候选人很可能在新的岗位上也能取得成功。

资料来源：https：//wenku. baidu. com/view/d979b21514791711cc79176b. html，2019 - 12 - 23.

第四节　职业能力和职业习惯

一、职业能力

职业能力是人们从事其职业的多种能力的综合。职业能力可以定义为个体将所学的知识、技能和态度在特定的职业活动或情境中进行类化迁移与整合所形成的能完成一定职业任务的能力。

（一）职业能力的分类

由于职业能力是多种能力的综合，因此，我们可以把职业能力分为一般职业能力、专业职业能力和综合职业能力。

1. 一般职业能力

一般职业能力主要是指一般的学习能力、文字和语言运用能力、数学运用能力、空间判断能力、形体知觉能力、颜色分辨能力、手的灵巧度、手眼协调能力等。

2. 专业职业能力

专业职业能力主要是指从事某一职业的专门的能力。在求职过程中，招聘方最关注的就是求职者是否具备胜任岗位工作的专业职业能力。例如，你去应聘教学工作岗位，对方最看重你是否具备最相应的教学能力。

3. 综合职业能力

综合职业能力有很多，这里主要介绍国际上普遍注重培养的“关键能力”，主要包括以下 3 个方面。

（1）跨职业的专业能力。一个人跨职业的专业能力主要有运用数学和测量方法的能力、计算机应用能力、运用外语解决技术问题的能力和进行交流的能力。

（2）方法能力。一个人方法能力主要有信息收集和筛选能力，制订工作计划、独立决策和实施的能力，准确的自我评价能力和接受他人评价的承受力，并能够从成败经历中有效地吸取经验教训的能力。

（3）社会能力。社会能力主要是指一个人的团队协作、人际交往和沟通的能力。在工作中能够协同他人共同完成工作，对他人公正宽容，具有准确裁定事物的判断力和自律能力等，这是岗位胜任和在工作中开拓进取的重要条件。

（二）职业能力的作用和影响

1. 一定的职业能力是胜任某种职业岗位的必要条件

任何一个职业岗位都有相应的岗位职责要求，一定的职业能力则是胜任某种职业岗位的必要条件。职业能力是人的发展和创造的基础。没有能力或能力低下，就难以达到工作岗位的要求。个人的职业能力越强，各种能力越是综合发展，就越能促进个人在职业活动中的创造和发展，从而取得较好的工作业绩，给个人带来职业成就感。

因此，求职者在进行择业时，首先要明确自己的能力优势及胜任某种工作的可能性。在条件允许的情况下，可以由专业职业指导人员帮助分析，根据求职者的学历状况、职业资格、职业实践等来确定求职者的职业能力，必要时可以将心理测试结果作为参考，在基本确定求职者的职业能力和发展的可能性的基础上帮助求职者进行职业选择。

2. 职业实践和教育培训是职业能力发展的前提

（1）职业实践促进职业能力的发展。职业能力是在实践的基础上得到发展和提高的，一个人长期从事某一专业劳动，能促使人的能力向高度专业化发展。个体的职业能力只有在实际工作中才能不断得到发展、提高和强化。

（2）教育培训促进教育能力的提高。个体的职业能力除了在实践中磨炼和提高之外，另一个有效的途径就是接受教育和培训，例如，我们所熟悉的职业培训、本科教育、研究生教育等。掌握有关知识和技能，对以后的工作会有极大的帮助。

（三）职业能力倾向测试

职业能力倾向测试是一种心理测试。通过测试可以发现一个人的潜在才能，预测个体在将来的学习和工作中可能达到的成功程度，帮助学生选择适合自己的职业。当代社会的激烈竞争和种种挑战，实质是知识和智力的竞争，也就是人才的竞争。准确可靠地发现和使用人才，已成为企业生存和发展的关键因素。

职业能力倾向测试是选贤任能的一种科学方法和手段，它综合了心理学、行为学、管理学、测量学、计算机技术等多种学科和技术，通过严密的测评过程和客观的评分标准，对人的知识水平、能力结构、个性特点、职业倾向、发展潜能等素质进行综合测评，为企事业单位招聘、选拔、培养各类人才提供参考依据，同时也为个人的发展提供咨询。

以下是职业能力倾向测试的具体操作。

操作：请你先完成下面的这个心理小测验。以下有60道题目。如果你认为自己是属于这一类人，便在序号上画个圈，反之，便不必做记号。答题时不需要反复思考。

01. 我喜欢自己动手干一些具体的能直接看到效果的活。

02. 我喜欢弄清楚有关做一件事情的具体要求，以明确如何去做。

03. 我认为追求的目标应该尽量高些，这样才可能在实践中多获成功。

04. 我很看重人与人之间的友情。
05. 我常常想寻找独特的方式来表现自己的创造力。
06. 我喜欢阅读比较理性的书籍。
07. 我喜欢生活与工作场所布置得朴实些、实用些。
08. 在开始做一件事情之前，我喜欢有条不紊地做好所有准备工作。
09. 我善于带动他人、影响他人。
10. 为了帮助他人，我愿意做些自我牺牲。
11. 当我进入创造性工作时，我会忘却一切。
12. 在我找到解决困难的办法之前，通常我不会罢手。
13. 我喜欢直截了当，不喜欢说话婉转。
14. 我比较善于注意和检查细节。
15. 我乐于在所从事的工作中承当主要责任人。
16. 在解决我个人问题时，我喜欢找他人商量。
17. 我的情绪容易激动。
18. 一接触到有关新发明、新发现的信息，我就会感到兴奋。
19. 我喜欢在户外工作与活动。
20. 我喜欢有规律、干净整洁。
21. 每当我要做重大的决定之前，总觉得异常兴奋。
22. 当别人叙述个人烦恼时，我能做一个很好的倾听者。
23. 我喜欢观赏艺术展和好的戏剧与电影。
24. 我喜欢先研究所有的细节，然后再做出合乎逻辑的决定。
25. 我认为手工操作和体力劳动永远不会过时。
26. 我不喜欢由我一个人负责来做重大决定。
27. 我善于和能为我提供好处的人交往。
28. 我善于调节他人相互之间的矛盾。
29. 我喜欢比较别致的着装，喜欢新颖的色彩与风格。
30. 我对各种大自然的奥秘充满好奇。
31. 我不怕干体力活，通常还知道如何巧干体力活。
32. 在做决定时，我喜欢保险系数比较高的方案，不喜欢冒险。
33. 我喜欢竞争与挑战。
34. 我喜欢与人交往，以丰富自己的阅历。
35. 我善于用自己的工作来体现自己的情感。
36. 在动手做一件事情之前，我喜欢先在脑中仔细思索几遍。
37. 我不喜欢购买现存的物品，希望能购买到材料自做。
38. 只要我按照规则做了，心里就会踏实。
39. 只要成果大，我愿意冒险。
40. 我通常能比较敏感地觉察到他人的需求。
41. 音乐、绘画、文字，任何优美的东西都特别容易给我带来好心情。
42. 我把受教育看成是不断提高自我的一辈子的过程。
43. 我喜欢把东西拆开，然后再使之复原。
44. 我喜欢每一分钟都花得要有名堂。

45. 我喜欢启动一项工作，具体的细节让其他人去负责。
46. 我喜欢帮助他人，提高他人的学习能力。
47. 我很善于想象。
48. 有时候我能独坐很长时间来阅读、思考或做一件难对付的事情。
49. 我不怎么在乎干活时弄脏自己。
50. 只要能仔细地完整地做完一件事情，我就感到十分满足。
51. 我喜欢在团体中担当主角。
52. 如果我与他人有了矛盾，我喜欢采取平和的方式加以解决。
53. 我对环境布置比较讲究，哪怕是一般的色彩、图案都希望能赏心悦目。
54. 哪怕我明知结果会与我的期盼相悖，我也要探究到底。
55. 我很看重身体的健壮与灵活。
56. 如果我说了我来做，我就会把这件事情彻底做好。
57. 我喜欢谈判，喜欢讨价还价。
58. 人们喜欢向我倾诉他们的烦恼。
59. 我喜欢尝试有创意的新主意。
60. 凡事我都喜欢问一个“为什么”。

然后，请根据你在上面自测过程中画圈的序号，在下表中相同的数字上同样画圈。

R	C	E	S	A	I
01	02	03	04	05	06
07	08	09	10	11	12
13	14	15	16	17	18
19	20	21	22	23	24
25	26	27	28	29	30
31	32	33	34	35	36
37	38	39	40	41	42
43	44	45	46	47	48
49	50	51	52	53	54
55	56	57	58	59	60

接着，根据每一栏所画圈的多少将排在前三位的栏目顶上的字母填在下面。

第一：

第二：

第三：

R：霍兰德职业能力倾向测试代表职业实际型

C：霍兰德职业能力倾向测试代表职业常规型

E：霍兰德职业能力倾向测试代表职业企业型

S：霍兰德职业能力倾向测试代表职业社会型

A：霍兰德职业能力倾向测试代表职业艺术型

I：霍兰德职业能力倾向测试代表职业研究型

根据霍兰德职业倾向测试，就能测出自己属于什么职业倾向了。

二、职业习惯

（一）职业习惯的含义

职业习惯是一个职场人士根据工作需要，为了很好地完成工作任务主动或被动地在工作过程中养成的工作习惯，也是保证工作任务和工作质量必须具备的品质。良好的职业习惯，是出色地完成工作任务的必要前提，如果不具备良好的职业习惯就不能按照要求完成工作。所以每一个人都需要一个良好的职业习惯。

（二）符合要求的职业习惯

（1）早到公司。每天提前一刻钟到公司，可以在上班之前准备好完成工作必需的工作条件，调整好需要的工作状态，以最佳的精神面貌准时开始一天的工作。

（2）做好清洁卫生。保证整洁有序的工作环境，有利于保持良好的工作心情。

（3）工作计划。提前做好工作计划有利于有条不紊地开展每天、每周的工作，自然也有利于保证工作的质和量。

（4）开会记录。及时记录必要的工作信息，有助于准确地记载各种有用的信息，帮助日常工作顺利开展。

（5）遵守工作纪律。工作纪律是为了保证正常工作秩序、维持必须工作环境而制定的，不仅有利于工作效率的提升，也有利于工作能力的提高。

（6）工作总结。及时总结每天、每周等阶段性工作中的得与失，可以及时调整自己的工作习惯，不断完善工作技能。

（7）向上级汇报工作。及时地向上级汇报工作，不仅有利于工作任务的完成，也可以在上级的指示中学习到更多工作经验和技能，让自己得到提升。

（三）改掉不良职场习惯

1. 办事拖拉——总完不成任务

拖拉在职场上是一种很不好的习惯，如经常把今天该完成的事情拖延到明天，遇到事情不会马上动手，而是喜欢为自己找借口，拖到下次再做。拖拉的习惯既影响工作效率，又会造成个人精神上的重大负担。如何避免拖拉有以下几种方法。

（1）做短期计划。办事拖拉的人可以把未来要完成的工作分成几个阶段，然后分摊到每天。一上班就把当天要做的工作全都列出来，这样既能让自己心中有数，又能强迫着自己在分神时回归工作。

（2）加强时间管理的学习。一般来说心理比较成熟的人会把事情分为3种情况：很紧急，很重要；很紧急，不重要；不紧急，很重要。根据事件的紧急程度和重要程度来安排自己的工作和生活，这样就会改变做事拖拉的现象。

（3）把握最佳时间。对于克服分神能力不强的人，可以将最难做的工作放到每天注意力最集中的时间完成。

2. 投机取巧——总想找捷径

投机取巧能让人们获得一时的便利，因此，在工作和生活中，很多人都养成了投机取巧的坏习惯。投机取巧只能暂时解决眼前问题，从长远来看，是有百害而无一利的。投机取巧不仅是工作态度问题，还是个人品质上的缺失。要想成为一名有气节操守的员工，得到上司的认可，就必须避免投机取巧的不良心态。要避免投机取巧的心态，不妨在工作中问自己几个问题：我是否正走在一条正确的道路上？我是否仔细地研究过自己工作的每个细节？为了扩大自己的知识面，为公司创造更多的价值，我认真阅读过有关的专业书籍吗？我所做的每一件事都尽心尽力了吗？

3. 浅尝辄止——以最低标准要求自己

在现代竞争激烈的社会，没有核心竞争产品的公司很容易倒闭，同样，没有能力的员工也很容易被淘汰。要适应这种社会，就要有自己的专长，要有自己精通的一面。你的工资和你的能力永远是成正比的，如果你对待工作浅尝辄止，以最低的标准来要求自己，那么你的工资也会降低到最低。作为职场人士，无论从事何种职业，都应该做到精通、熟练，这也是成功的秘密武器。那么如何改掉浅尝辄止的坏习惯呢？可以尝试以下方法。

(1) 反问法：自己的优势在哪？自己的工作方向在哪？自己的目标是什么？

(2) 自我激励：贵在坚持，永不言弃。

(3) 始终保持对工作的热情，心中怀有信念。

4. 工作马虎——不能精益求精

很多员工对待工作不精益求精，只求差不多。他们认为有些事情微不足道，所以采取了轻率、马虎的态度，但是积少成多、积小成大，久而久之，一些不值一提的小事就会影响他们在别人心目中的形象。如果你的工作成果总是与目标有一点点差距，而这个差距只要你再付出一点点精力和努力就能达到，而你却没有做到。长此以往，你的领导就会对你失望，对你不信任，甚至怀有戒备之心。在工作中如何避免马虎轻率呢？可以从以下方面做起。

(1) 摆正心态，为自己而工作。

(2) 工作过程中，时刻提醒自己要细心。

(3) 完成工作后立即检查。

5. 虎头蛇尾——不能坚持到底

虎头蛇尾的人，做起事来只有一个很好的开始，却没有一个令人满意的结尾，给人留下一种有始无终的印象。在工作中经常会出现这种现象，比如：许多单位年初列出一系列工作计划，并且将之细分到每一个部门甚至每个人，所做的事情都很明确，但是到了年底，这些工作计划没有下文了。工作虎头蛇尾，造成的不仅仅是工作没有完成的结果，更重要的是它有可能给你带来心理上的挫折感。开始做一份工作，需要的是决心与热情；而完成一份工作，需要的则是恒心与毅力。许多人之所以无法取得成功，不是因为他们能力不够、热情不足，而是缺乏一种坚持不懈的精神。

在工作中，每个人只有坚持把事情做到位、做完整，才能得到领导的赏识，才能在激烈的竞争中立于不败之地。如果我们总是一味地抱着"下一份工作会更好"的想法，工作起来虎头蛇尾，那么就会永远处于寻找"下一份工作"的过程中，而无法体验成功的喜悦。工作中如何避免虎头蛇尾呢？要做到以下几点。

(1) 自我分析：找出自己的优势，恢复自信。

(2) 自我激励：这是决定我人生的重大任务。

(3) 自我暗示：时刻告诫自己绝不虎头蛇尾。

(4) 自我竞赛：相信"今天总比昨天好"。

6. 眼高手低——看起来容易做起来难

不切实际、眼高手低是职场大忌。很多人，特别是职场新人，他们刚入职，就非常“眼高”，急于表现自己的才能，会提出一些激情冲天、不切实际的计划。结果证明这些计划往往难以实现，以失败告终。年轻人应该拥有远大的理想，但是在工作中要脚踏实地，不断提高自己的实力，不断调整自己的方向，一步步地达到自己的目标。职场员工应该从最简单的事情做起，多看、多问、多想、多做，把一部分热情变成持久的耐心，把“眼高手低”改造成“眼高手高”。为了避免在工作中眼高手低，可以从以下方面做起。

（1）培养把小事做精致的心态。

（2）进行小事的实操。世界上再难的事情，再宏大的工程，都可以分解成细小的具体的事情，要想做成大事情，就必须把分解后的每一件小事情做好，急于求成永远不会成功。

（3）在完成小事的过程中，不断修正和重新界定原先的判断标准，总结经验教训，提高自身能力，为做大事做好铺垫。一个人养成了把小事做好的习惯，并对它及时地进行总结，那么他便有了做成大事的基本要素，一旦时机成熟，便可成就大事。

7. 应付了事——差不多就行

每个企业都可能存在这样的员工：他们每天按时打卡，准时出现在办公室，却没有及时完成工作；每天早出晚归、忙忙碌碌，却不愿尽职尽责。对他们来说，工作只是一种应付：上班要应付、加班要应付、上司分派的工作要应付，顺理成章地，工作检查更要应付。这是员工缺乏责任心的一种表现，它实际上是工作中的失职，不专心工作，对公司、对自己都是一种伤害。在工作中要避免应付了事的心态，需要注意以下几点。

（1）认清工作对自己的重要性。

（2）多和身边的优秀员工相比，找出差距。

（3）想想自己的人生价值是什么。

（四）良好职业行为规范的养成

有着良好习惯的人通常对细节十分注重，做任何事都会按照步骤井然有序地进行，也不会去找捷径来达到某个目的。一个拥有好的习惯的人会给人留下好的印象，对于人的工作和生活都有很大的帮助。

（1）做事要有准备。比如出差的前一天晚上把第二天要带的东西准备好，这样第二天就有更多的时间去吃早餐，提前准备可以让即将发生的事情有条不紊。

（2）搞清楚任务。如果想出色地完成工作任务，首先要清楚地知道领导交代的任务，有了清晰的目标才能制订相应的工作计划。在领导布置任务的时候，不要着急去完成，可以用自己的话将领导交代的任务重复一次，得到明确确认，再动手去做。

（3）及时汇报。及时地汇报有助于领导了解事情的进展，存在偏差及时调整，既让领导觉得你做事情靠谱，又不会走弯路，这是提高工作效率的好方法。

（4）总结反馈。职场上的工作总是一件接着一件，或者几件工作同时进行的。虽然工作看起来很繁杂，也可能差异性比较大，但是在某一个领域的工作总是有类似性的。通过总结反馈能够积累经验，为以后的工作打下良好的基础，久而久之工作就会变得很顺畅，得心应手。

（5）轻重缓急。同时有几件事情需要处理，在职场中是不可避免的情况。学会辨别轻重缓急非常必要，而且能够体现你出色的职业素养。

（6）团队合作。良好的团队合作精神在职场中显得尤为重要，无论自己能力大小，都要学会与同事一起合作，并且要懂得尊重他人及他人的劳动成果。

（7）任务分解。将困难的任务分解成若干个小的可完成的任务，会在心理上增加你的信心，在行动上将任务逐渐推进。

（8）不断学习。在工作中肯定会遇到很多不懂的问题，这就需要我们去学习新的知识。遇到困难不要逃避，而是要想办法去解决。

（9）杜绝拖延症。现在的很多年轻人都喜欢讲“时间还早”，于是就忙着去刷各种社交媒体了，在任务拖到不能再拖的时候，才硬着头皮去做。试想，在仓促的情况下完成的任务，很难有很高的质量。做事情的时候应该尽量往前赶，做好了之后再去检查和反思，这样即保证做事情的质量和效率，又有利于积累经验。

第五节　职业发展通道

职业发展通道是指一个员工的职业发展计划。对企业来说，可以让企业更加了解员工的潜能；对员工来说，可以让员工更加专注于自身未来的发展方向并为之努力。这一职业发展通道要求员工、主管和人力资源部门共同参与制定。员工提出自身的兴趣与倾向，主管对员工的工作表现进行评估，人力资源部门则负责评估其未来的发展可能。

一、职业发展通道设计的方式

（一）横向职业发展通道

这种模式采取工作轮换的方式，通过横向调动来使工作具有多样性，使员工焕发新的活力、迎接新的挑战。当组织内没有足够多的高层职位为员工提供升迁机会，且长期从事同一项工作使员工倍感枯燥无味，影响员工工作效率时，可采用此种模式。

案例 7-11

个人职业发展通道设计

李莎是一名20多岁的有志青年，她设定了下面的职业发展通道来获得一个商务管理的合伙人位置。李莎的职业目标制定得很高，但是，她设定了权变计划。下面就是李莎的工作计划、生活计划和权变计划。

工作计划：两年采购实习生；三年采购代理助理；五年采购代理（加入采购管理者联合会，并获得企业软件资质）；五年采购主管；六年采购经理；五年材料管理经理；副总裁、到退休。

生活计划：工作一年后，租住自己的公寓；参加夜校，直至获得工商管理的本科学位；27岁结婚；30岁生小孩；33岁购买住房；为唐氏综合征儿童做志愿工作；在50岁之前去印度旅游。

权变计划：如果在第三阶段没有晋升到采购代理，我会去找新的工作；如果在第七阶段没有晋升到副总裁，我会考虑开家小小的零售商店；如果我没有获得本科学位，我会发展没有外部认证的能力；如果在任何阶段遭遇性别歧视，我就会在拥有大的政府合同的企业寻找新的工作（这里歧视发生的可能性较低）；如果在任何阶段出现压力失调，我就会在采购领域寻找无监督的岗位。

案例启示： 大部分人的目标设定都包含了时间成分，这对于职业生涯管理是至关重要的。这里传统的职业发展通道展示了一个缓慢的晋升过程，即在每个职位上有合理数目的年份。因为晋升通常要花一些时间来达到，所以，这样的设计是合情合理的。你的长期目标必须是在你的脑海中清晰地建立起来的（如成为一家企业的所有者和经营者）。同时，你也必须建立短期的目标（在该企业找到一份工作）和中期的目标（在 30 岁时成为该企业的管理者）。目标设定得过于遥远，就得不到短期目标的支持，也就失去了实现目标的动机。

（二）双重职业发展通道

这种模式在为普通员工进行正常的职业发展通道设计时，为专业技术人员另外设计一条职业发展通道，从而在满足大部分员工的职业发展需要的同时，满足专业技术人员的职业发展需要。其模式是：管理生涯通道——沿着这条道路可以通达高级管理职位；专业生涯通道——沿着这条道路可以通达高级技术职位。在这种模式中，员工可以自由选择在管理通道上或是在专业技术通道上得到发展，两个通道同一等级的管理人员和技术人员在地位上是平等的。因此能够保证组织既可聘请到具有高级技能的管理者，又可雇用到具有高级技能的专业技术人员。它适合在拥有较多的管理人才和专业技术人才的企业中采用。

案例 7-12

华为员工职业发展通道的设置

华为在很早以前就设置了两条平行的职业发展通道。

管理类——行政干部，其发展路径为：基层业务人员→骨干→基层管理者→中层管理者→高层管理者。

技术类——技术专家，其发展路径为：基层业务人员→骨干→核心骨干→专家→资深专家。

两类职位的级别基本对应，对应的级别可以享受相同的待遇。这样，华为员工就有了更明确的工作目标——选择适合自己或愿意去走的职业发展上升道路。管理型人才可以走管理专家的发展上升道路，技术型人才可以走技术专家的发展上升道路。两条职业发展上升通道的设置，有效地避免了大家都走管理专家的上升发展道路的情况。

“华为员工的流动性并不小，但很少是被挖走的，大多数是主动出去创业的。”华为集团人力资源部的一位经理李元（化名）把这种现象归功于华为对员工的任职资格管理。

案例启示： 搭建企业员工职业发展“双通道”是一种追求精益求精的系统工程，建立以科学发展观为指导，以企业目标为导向、工作流程规范、管理过程顺畅、评价体系科学、考核指标清晰、操作简便的企业员工职业生涯管理体系，需健全人才评价及应用制度，完善培训、考核、使用、待遇、发展一体化的激励约束机制，建立员工成长多元化平台，促进员工立足岗位成才，实现人力资本保值增值与企业共同发展。华为就是通过设置两条平行的职业通道，让管理岗和技术岗的员工都有适合自己发展的职业发展上升通道，实现每个人的自我价值。

资料来源：https：//baike.so.com/doc/9584958—9930198.html，2019-12-22.

（三）多重职业发展通道

这种模式就是将双重职业发展通道中对专业技术人员的通道设计分成多个技术通道，为专业技术人员的职业发展提供了更大的空间。例如，某技术公司为员工设计的职业发展通道是：技术人员通道—技术带头人通道—技术管理人员通道。这种模式为员工提供了更多的职业发展机会，也便于员工找到与自己兴趣相符、真正适合自己的工作，既实现了自己的职业目标，又增加了组织效益。

二、确定职业发展通道目标

在确立职业发展通道目标以前，分析你的价值观是有帮助的。下面这些问题是促使你思考把某个职业作为首选的一系列价值观。你需要思考的问题有：你能说出对你的工作满意度最为重要的三件事情吗？你在工作中真正追寻的是什么？你想成为团队一员吗？你具有创造性的思考吗？你对帮助其他人和改变世界有热情吗？你是想严格地遵守指导，还是愿意自己决定重要的任务？

当搭建职业发展通道时，你需要首先列举出你的个人目标，这些目标需要与你的工作计划相吻合，以避免带来可能的冲突。例如，某些生活方式是和某些职业通道相冲突的。如果你立志于在国际市场上获得一席之地，你也许会发现建立一种稳定的家庭生活（配偶、孩子、朋友、社区活动、园艺）是困难的。

思考题

1. 一个人要取得成就，最关键的因素是什么？

2. 核心竞争力决定成败，如何打造你的核心竞争力？

3. 你认为兴趣与职业的关系是什么？你未来将会从事感兴趣的职业还是报酬多而不考虑兴趣的职业？这个选择对你的职业发展有多大影响？

4. 请设置自己的个人职业发展通道。

第八章　就业形势与就业政策

评价目标

知识目标：了解当前的就业形势及就业制度，熟悉毕业生就业的相关政策。

能力目标：能够对大学生就业外部环境进行分析，并客观分析自身的职业能力。

情感价值观目标：引导大学生增强求职择业过程中的环境和政策了解意识。

教学方法

多媒体教学、案例启发式教学、体验式教学、小组讨论的协作式教学。

第一节　大学生就业环境分析

案例 8-1

困惑与思考

周鹏飞到学校就业指导中心寻求帮助，他是法律系毕业年级的学生，比较喜欢自己的专业，但是不知道毕业之后除了做律师、公检法公务员或者法律咨询顾问，还有什么工作可选择。这些相关职业的具体情况如何，需要哪些技能他也不是很清楚，希望老师能告诉他。

王冬是一名外语系的学生。想到大学毕业后的前途，她觉得很迷茫。一方面她觉得做一名翻译也许很适合自己，另一方面，她又不满足于只给别人打工，希望能打造一片属于自己的天地。究竟自己将来能做什么，能做到什么程度？能实现自己的人生目标和理想吗？她很迷惑。

吴雯到某电子商务公司面试后被告知录用并通知近日去体检，谁知公司指定的医院体检居然要收费 3 880 元，这对于求职期并不宽裕的她来说顿时感到捉襟见肘。

胡涛近日在一家培训机构求职过程中登记了手机号码后，每天都有很多打进来的不明电话，给他的生活带来了很大的困扰，但是他不知道怎么办。

你是否对上述几位同学的经历感到非常熟悉？临近毕业的这段时间，大学生面临着来自各方面的巨大压力。但是有的同学并不理解自己将来的就业环境，也不知道自己能否很好地胜任这一份工作，都不知道应该忙什么。还有一些同学在找工作过程受到各种不平等遭遇却不知道如何保护自己的合法权益。通过本章内容的学习，可以帮助大家了解当下的就业环境，大学生的就业政策，以及遭遇不公时如何获得权益保护。

每个人都处在一定的社会环境之中，离开了外界环境，便无法生存与成长。只有对这些环境因素充分了解，才能做到在复杂的环境中趋利避害，使职业生涯规划具有实际的意义。

除了要正确客观地认识自我，还必须更多地了解各种职业机会，尤其是一些新兴行业、热门职业对人才素质与能力的要求。只有深入了解这些行业与职位的需求，善于结合自身特点评估外部就业机会，才可能找到能够终生从事的理想职业。做好就业环境分析，真正做到知己知彼，使自身素质与选择的职业岗位相匹配。本章学习中先从外部环境分析入手，逐渐展示对目标职业的整体分析。

一、外部环境分析

在第四章，环境认知理论从家庭环境、学校环境、社会环境、目标地域环境、目标行业环境和目标企业环境等几个方面详细进行了外部环境的分析。外部环境分析能帮助大学生初步确定职业，但在选定一个职业、一个岗位时，应该从多个角度进一步的分析，以便帮助自己更好地选定一个职位。

在新一年校园招聘中，在大多数“95后”毕业生的眼里，薪水、稳定性早已经不是最主要的考量点，“有趣”成为他们选择职业时的重要指标。互联网时代的就业思维早已转变。调查显示，“95后”最向往的职业排名是：网红、配音员、化妆师、游戏测评师和Cosplayer（角色扮演玩家）。“95后”选择创业的人群中，46%的人会选择海淘、自媒体等新兴互联网创业项目，尤以北京、深圳、广州三地的毕业生为最。

就业形势在变，就业环境也在变。所以，在职业选择、职业定位时应对就业环境进行详细的自我分析，以便确定适合自己的职业。再次选择职业时，也可以进行就业环境分析（表8-1）。

表8-1　就业环境分析

<table>
<tr><th colspan="2">项　目</th><th>具体情况</th></tr>
<tr><td rowspan="3">家庭环境分析</td><td>家庭情况</td><td></td></tr>
<tr><td>家人期望</td><td></td></tr>
<tr><td>家庭影响</td><td></td></tr>
<tr><td rowspan="3">学校环境分析</td><td>学校办学理念</td><td></td></tr>
<tr><td>专业特色</td><td></td></tr>
<tr><td>就业情况</td><td></td></tr>
<tr><td rowspan="2">社会环境分析</td><td>社会发展</td><td></td></tr>
<tr><td>就业形势</td><td></td></tr>
<tr><td colspan="2">目标地域环境分析</td><td></td></tr>
<tr><td colspan="2">目标行业环境分析</td><td></td></tr>
<tr><td colspan="2">目标企业环境分析</td><td></td></tr>
<tr><td colspan="2">就业职业结论</td><td></td></tr>
</table>

二、大学生就业环境分析的内容

（一）职业描述

职业描述是对职业最精炼的概括和总结，是透彻理解职业和调研的基础。人力资源和社会保障部组织编写的《中华人民共和国职业分类大典》对职业进行了详细介绍。

（二）职业的核心工作内容

每个职业都有其核心的工作内容，了解职业的核心工作内容，有利于了解胜任工作内容所需要的工作能力，从而有目的地提升相关职业能力。成熟的职业都有经由权威人事部门总结确定的核心工作内容，可以参考企业招聘广告中对工作内容的描述，也可以通过请教从事这个职业的资深人士、人事部门或直接部门经理，获得对这个职业的核心工作内容。

（三）职业的发展前景及其对社会和生活的影响

职业的发展前景，是社会上对这个职业的需求程度，具体包括：该职业在当前社会发展中的作用，该职业对社会大众及生活领域的影响，该职业受国家政策的导向的影响。思考探索日后所从事职业的发展前景，就能更好地判断自己是否进入这个职业。

（四）待遇及潜在收入空间

职业是社会分工的产物，职业根据参与社会分工的量来确定相应的报酬，在不同的行业、企业、岗位上还有一些潜在的收入空间。一个职业收入多少是大家都关心的话题，很多人会把赚钱多少作为择业的关键因素，所以在考量职业时要重点了解职业的潜在薪资状况。

（五）岗位设置及不同行业、企业间的差别

岗位设置，表现为一个职业往往有一系列岗位的划分，如人事工作的岗位就分招聘、考核等很多具体岗位，而不同行业、不同性质、不同规模的企业对岗位的划分和理解也大不相同，很可能是同样称呼的岗位，工作内容却完全不一样。了解职业的岗位设置，能加深对职业外延的理解，理解职业的具体岗位后，才能针对性地与自己比较，从而在择业过程中选择更适合自己的职业。

（六）入门岗位及其职业发展通路

入门岗位是指针对应届毕业生的工作岗位，当前社会中某些职业的中低端岗位是面向大学生开放的，但是大学生还应该了解一个岗位对应的日后职业发展通路是什么，这个岗位有哪些发展途径，最高端岗位是什么。对于大学生而言，入门岗位就是敲门砖，毕业生要知道能通过哪些入门岗位进入自己理想的职业。通过校园招聘网站可以找到这些信息。

（七）职业标杆人物

职业标杆人物，即在这个领域做得最好的人物。每个职业都有标杆人物，无论是国内还是国外，当你在网上查阅信息了解这个职业时，通过研究职业标杆人物，他是怎么做到的，他都取得了哪些成就，具备哪些素质等，可以发现他的奋斗轨迹，进而加深对职业的了解，也会让你看到这个职业领域的发展方向。

（八）职业的典型一天

职业的典型一天，是要了解这个工作的一天都是如何度过的，工作任务都是如何安排的。

了解职业的典型一天是判断自己是否适合这个职业的重要指标，如果你难以接受这个职业的一天工作生活，就可以判断出自己不适合这个职业了。

（九）职业通用素质要求及入门常用能力

职业通用素质要求是指从事这个职业基本的要求，主要是个人通用素质能力。通过对职业外在素质要求的了解，对比自己是否能够胜任，从而把需要加强和补充的能力规划到大学学习的相应阶段中。每个岗位的岗位描述中都有对任职资格介绍，将其进行整理，加上职业访谈中的内容，列出十项该职业最常用的能力，然后与自己当下一一对照，可以促进自我发现和自我探索。

（十）工作与思维方式及对个人的内在素质要求

当职业的方方面面都经过斟酌考量之后，最后一关就是对职业的要求进行内在盘点，工作方式和思维方式是你胜任工作的保证。岗位描述中的任职资格是对求职者内在素质的要求，此外还要考虑不同行业、不同类型企业的差异。

三、就业选择的分析方法

职业环境分析中，SWOT 分析法是就业选择过程中的一项比较实用的分析技术，是实现就业选择最优化的重要参考。下面介绍一个实例。

王丽华是某师范院校语文教育专业应届毕业生，在校期间成绩优秀，多次在小学参与教学实习与实训，且一直担任学生干部，得到了老师和同学们的一致认可。但是王丽华的性格有些急躁，遇到事情容易冲动，有时候很难踏踏实实完成工作。当下面临毕业，王丽华想找一份与专业相关的工作，表 8－2 是她对自己综合能力进行的 SWOT 分析。

表 8－2 SWOT 分析

机会/挑战 优势/劣势	机会 （1）师范专业人才需求旺盛 （2）教师行业发展前景很好 （3）师范类专业人才受重视	挑战 （1）就业竞争激烈 （2）社会需求影响学校招聘 （3）招聘学校重视实际教学经验
优势 （1）专业成绩优秀 （2）学生干部经历 （3）实习经历 （4）人际关系和谐	“优势—机会”策略 （1）发挥专业优势，融入新学校 （2）发挥担任学生干部的优势 （3）加强人际沟通，打动招聘主考官	“优势—挑战”策略 （1）准确定位竞争优势 （2）强调自身学习适应能力 （3）合理明确就业定位
劣势 （1）工作阅历不足 （2）性格急躁，易冲动	“劣势—机会”策略 （1）增加实际教学经验 （2）学习相关教学技能 （3）完善自身性格	“劣势—挑战”策略 （1）克制冲动的个性 （2）加强学习差异化竞争 （3）积极寻找能够发挥自身优势的其他职业

通过 SWOT 分析得出结论：当下中小学教师的需求量不断提高，王丽华根据所学语文教育的专业特点，决定选择本县城中心小学教师的职业，从事小学语文的教育教学工作，在教学中进一步提升自己。

第二节　大学生就业制度

大学生就业是整个社会人力资源配置的重要组成部分。计划经济体制时期，国家建设对大学生的需求旺盛，大学毕业生供不应求；市场经济条件下，大学生被推向市场，自主择业。随着大学生数量的逐年增加，毕业生的就业压力越来越大。由于毕业生就业关系到社会的稳定和高等教育的健康发展，20 世纪 90 年代开始，大学生就业制度及职业价值观表现出与时代一致的特点。

新中国成立以来，我国大学生就业制度经历了“统包统配”，一定范围内的“双向选择”，“双向选择、自主择业”3 个发展阶段。在计划经济体制下，政府对大学生“统包统配”，从大学生的招生到培养都严格按照计划进行，毕业后的工作去向也严格服从国家的分配计划，几乎没有任何选择的余地。随着改革开放的推进，为了适应市场经济向前发展的要求，自 20 世纪 80 年代中期起，政府开始下放高校一定的自主分配的权力，实现大学生与用人单位在一定范围内的“双向选择”。到 20 世纪末，市场经济加速发展，改革开放的步伐进一步加快，国家开始把大学生就业完全推向市场，实行用人单位与大学生“双向选择”，大学生完全实现“自主择业”。

（一）指导性计划分配向双向选择过渡阶段（1977—1988），突出“统包统分”的就业制度改革

1977 年恢复全国统一招生考试制度，高等学校得到逐步恢复和发展，学校的隶属关系有了较大调整，确定了国家、部门、地方三级办学的体制。

1985 年 5 月 27 日，《中共中央关于教育体制改革的决定》明确提出了“要改革大学招生的计划制度和毕业生分配制度。改变高等学校全部按国家计划统一招生、毕业生全部由国家包下来分配的方法。”“毕业分配办法，实行在国家计划指导下，由本人选报志愿，学校推荐，用人单位‘择优录用’的制度。”这为我国高校毕业生就业制度的改革拉开了序幕。在毕业生就业计划的编制方式上，改变了从上而下的计划编制方式，扩大了学校的自主权，毕业生和用人单位均有了较大的选择自由，为以后进一步深化改革并逐步过渡到“自主择业”的毕业生就业制度奠定了基础。

（二）一定范围内的“双向选择”落实阶段（1989—2000），突出“自主择业”的就业制度改革

1989 年国务院颁布了《国家教委关于改革高等学校毕业生分配制度的报告》，明确指出改革的目标是在国家就业方针、政策指导下，逐步实行毕业生自主选择、用人单位择优录用的“双向选择”就业制度。

1995 年国家教委在《关于 1995 年进行普通高等学校招生和毕业生就业制度改革的意见》中，要求各普通高校对“并轨”后所招学生，毕业时原则上在本系统、本行业范围内自主择业，在条件成熟后逐步过渡到大多数毕业生自主择业，并在 2000 年基本完成高校毕业生就业制度改革。

（三）全面落实“双向选择，自主择业”阶段（2001 年至今），突出“面向基层”的就业制度改革

2002 年 3 月，国务院转发教育部、公安部、人事部、劳动和社会保障部四部委《关于

进一步深化普通高等学校毕业生就业制度改革有关问题的意见》，明确提出建立“市场导向、政府调控、学校推荐、学生与用人单位双向选择”的就业机制，努力实现高校毕业生充分就业，进一步深化就业制度的改革。

2005 年 6 月，按照中央的要求，组织部、教育部等有关部门组成了联合调研组，在深入调研的基础上，提出了引导和鼓励高校毕业生面向基层就业的政策建议。许多地区也相应出台了引导大学生当“村官”和到社区工作的具体措施，有效地解决了近几年我国大学生就业流向不平衡和就业难问题。

各个历史时期的大学生就业制度与大学生职业观念都与当时具体的社会环境紧密相关，无论是大学生的就业制度还是大学生的职业价值观，反映的都是不同时代的发展要求，并随着时代的变迁而变迁。

案例 8-2

网上求职防骗攻略

防骗攻略一：选择正规的招聘网站

求职者一定要登录正规招聘网站，这样才能从根源上防止网络诈骗。正规的招聘网站都会仔细审核招聘单位的真实性，要求招聘方提供单位营业执照、办理职员的身份证件及加盖公章的单位证明等，以防止虚假信息的发布。

求职者在登记电子简历时，虽然要保证资料的真实性，但要注意对某些资料的保密，家庭电话与手机不能同时添加至简历中。不要随意将自己的生活照、艺术照发到网上，上传简历的照片最好选用标准证件照。

防骗攻略二：核实招聘公司信息

当收到企业的面试通知时，第一步要查询企业的真实性，问清公司的名称、网站、地址、电话等信息，查证单位是否拥有合法有效的营业执照和经营许可证，并确认这些信息是否属实。

骗子公司多用商贸公司、贸易公司、化妆品公司、房地产经纪公司等名义进行虚假招聘，一般没有独立的网站。求职者可拨打 114 查询电话查询该公司是否有电信注册，还可以登录当地的工商局网站查询企业的注册情况。

防骗攻略三：简历填写注意信息保护

首先，进行网上求职的个人，应当按照网站所提供的简历模板将个人详细情况填写在相应的位置，不要将重要的个人信息留在不该填写的位置。其次，在填写个人简历时，不要忽略个人简历的公开度，尽量不要使自己的简历处于无条件的公开状态，这样将给不法分子提供可乘之机。最后，在任何情况下，都不要向任何公司透露自己的信用卡号及银行账号。如果对方向你索要这些信息，你应该高度警觉，以免上当。

防骗攻略四：识别网络骗子公司

1. 面试地点有问题。骗子公司的面试地点一般选在酒店、居民楼或一些偏僻的地方。

2. 没有固定的电话，没有网站。就算是有网站和固定电话，也要尽量核实这些信息是不是骗子“借用”其他公司的信息。

3. 待遇好，要求低。对求职者没有任何学历、能力方面的要求，但是宣称的工资通常都不低，而且还是“急聘”。

4. 骗子公司在面试时，会让求职者交纳所谓的面试费、档案管理费、服装费等。按照国家相关规定，求职者面试时，企业（除合法中介外）不得以任何名义收取任何费用，当求职遇到这种情况时要警惕。

第三节　大学生就业政策

2014 年 6 月 11 日，教育部颁布《2014 年国家鼓励高校毕业生就业创业新政策》，旨在促进大学生就业与创业工作，消化中国巨大人力资源，为中国进一步发展及转型提供推动力。其内容包括农村基层就业、小微企业就业、激励高校毕业生自主创业、信息网络与金融服务、环境建设等方面。其中，农村基层就业、促进离校未就业高校毕业生就业、创造公平就业环境，是应届毕业生在就业期间应该重点关注的就业政策。

一、鼓励高校毕业生到城乡基层就业的政策

（1）各地区要结合城镇化进程和公共服务均等化要求，充分挖掘教育、劳动就业、社会保障、医疗卫生、住房保障、社会工作、文化体育及残疾人服务、农技推广等基层公共管理和服务领域的就业潜力，吸纳高校毕业生就业。

（2）各地区要结合推进农业科技创新、健全农业社会化服务体系等，引导更多高校毕业生投身现代农业。

（3）继续统筹实施好大学生村官、“三支一扶”等各类基层服务项目，健全鼓励高校毕业生到基层工作的服务保障机制。高校毕业生到中西部地区和艰苦边远地区县以下基层单位就业的，实行学费补偿和助学贷款代偿政策。

（4）高校毕业生在中西部地区和艰苦边远地区县以下基层单位从事专业技术工作，申报相应职称时，可不参加职称外语考试或放宽外语成绩要求。

（5）充分挖掘社会组织吸纳高校毕业生就业潜力，对到省会及省会以下城市的社会团体、基金会、民办非企业单位就业的高校毕业生，所在地的公共就业人才服务机构要协助办理落户手续，在专业技术职称评定方面享受与国有企事业单位同类人员同等待遇。

二、促进离校未就业高校毕业生就业的政策

（1）各地区要将离校未就业高校毕业生全部纳入公共就业人才服务范围，采取有效措施，力争使每一名有就业意愿的未就业高校毕业生在毕业半年内都能实现就业或参加到就业准备活动中。

（2）有关部门、各高校要密切协作，做好未就业高校毕业生离校前后信息衔接和服务接续，切实保证服务不断线。教育部门要将有就业意愿的离校未就业高校毕业生的实名信息及时提供给人力资源社会保障部门。人力资源社会保障部门要建立离校未就业高校毕业生实名信息数据库，全面实行实名制就业服务。

（3）各级公共就业人才服务机构和基层就业服务平台要及时主动与实名登记的未就业高校毕业生联系，摸清就业需求，提供有针对性的就业服务。教育部门和高校要加强对离校未就业高校毕业生的跟踪服务，为有就业意愿的高校毕业生持续提供岗位信息和求职指导。

（4）各地区要结合本地产业发展需要和高校毕业生就业见习意愿及需求，扩大就业见习规模，提升就业见习质量，确保凡有见习需求的高校毕业生都能得到见习机会。要根据当地物价水平，适当提高见习人员见习期间基本生活补助标准。高校毕业生见习期间参加职业培训的，按现行政策享受职业培训补贴。

（5）各地区要继续推动离校未就业高校毕业生技能就业专项行动，结合当地产业发展和高校毕业生需求，创新职业培训课程，提高职业培训的针对性和实效性。在高校毕业生集中的城市，要提升改造一批适应高校毕业生特点的职业技能公共实训基地。国家级重点技工院校和培训实力雄厚的职业培训机构，要选择一批适合高校毕业生的培训项目，及时向社会公布。

三、创造公平就业环境的政策

（1）各地区、各有关部门要积极采取措施，促进就业公平。用人单位招聘不得设置民族、种族、性别、宗教信仰等歧视性条件，不得将院校作为限制性条件。省会及以下城市用人单位招聘应届毕业生不得将户籍作为限制性条件。

（2）国有企业招聘应届高校毕业生，除涉密等特殊岗位外，要实行公开招聘，招聘应届高校毕业生信息要在政府网站公开发布，报名时间不少于 7 天；对拟聘人员应进行公示，明确监督渠道，公示期不少于 7 天。

（3）各地区、各有关部门要严厉打击非法中介和虚假招聘，依法纠正性别、民族等就业歧视现象。加大对企业用工行为的监督检查力度，对企业招用高校毕业生不签订劳动合同、不按时足额缴纳社会保险费、不按时支付工资等违法行为，及时予以查处，切实维护高校毕业生的合法权益。

（4）各地区、各有关部门要消除高校毕业生在不同地区、不同类型单位之间流动就业的制度性障碍。省会及以下城市要放开对吸收高校毕业生落户的限制，简化有关手续，应届毕业生凭《普通高等学校毕业证书》《全国普通高等学校毕业生就业报到证》、与用人单位签订的《就业协议书》或劳动（聘用）合同办理落户手续；非应届毕业生凭与用人单位签订的劳动（聘用）合同和《普通高等学校毕业证书》办理落户手续。

（5）高校毕业生到小型微型企业就业、自主创业的，其档案可由当地市、县一级的公共就业人才服务机构免费保管。办理高校毕业生档案转递手续，转正定级表、调整改派手续不再作为接收审核档案的必备材料。

四、参加计划的志愿者享有的优惠政策

（1）志愿者服务期间，中央财政给予必要的生活补贴。以参加西部计划为例：其中生活补助每人每月不低于 1 000 元，交通补贴根据家庭所在地和服务地之间的实际里程发放。

（2）服务期间计算工龄，党团关系转至服务单位。本人要求户口和档案保留在学校的，按规定保留 2 年，在此期间，档案管理机构对保管其档案免收服务费用；本人要求将户口转回入学前户籍所在地的，公安机关按照规定办理落户手续，人事、教育部门所属人才交流机构负责办理相关手续，人事部门所属人才交流服务机构免费提供人事代理服务。服务期满落实工作单位后，公安机关按规定办理户口迁移手续。

（3）服务期满考核合格后报考党政机关公务员的，可适当加分，同等条件下，应优先录用，具体规定由省级公务员考试主管机关在当年招考中予以明确。

五、应届毕业生到部队就业的优惠政策

（1）在首次评授军衔、评任专业技术职务、确定专业技术等级以及住房分配等方面，与同期入军校学习的毕业学员享有同等待遇。

（2）到国家划定的边远艰苦地区部门任职的毕业生，不实行见习期，自报到之日起即确定职务级别，授予军衔。工作满一定年限后，可根据需要优先调整到内地或驻地条件较好的部队工作。

（3）普通高等学校应届毕业生入伍，专科以上毕业生入伍优先征集且由政府补偿学费或代偿国家助学贷款；义务兵阶段，优先安排到技术岗位，优先作为骨干培养；退役后三年内参加硕士研究生考试初试总分加 10 分；立二等功及以上的免试推荐就读硕士研究生；高职（高专）毕业生，免试入读成人本科或经过一定考核（计划单列、专升本考试、单独录取），30%的比例入读普通本科；退役一年内可视同高校应届毕业生办理就业报到手续，户档随迁；参加户籍所在地省级毕业生就业指导机构、原毕业高校就业招聘会，享受重点推荐、就业指导等就业服务；由原征集地政府按照城镇青年退役士兵安置办法对待。

六、对就业困难的大学生的救助政策

高校毕业生就业且生活困难者，可由该生源所在地民政部门参照当地低保标准给予临时救助，救助期不超过一年，一年后家庭生活仍有困难，按有关规定申请最低生活保障或其他社会救济。

高校生活困难毕业生申请临时救助，按最低生活保障的申请审批程序办理，就业或家庭经济条件好转后，应及时取消对其的临时救助。

2017 年 2 月，人社部下发通知，提出要综合运用税收优惠、创业担保贷款、就业创业服务补贴、经营场所租金补贴等创业扶持政策和鼓励企业招用高校毕业生的就业扶持政策，重点支持高校毕业生创业企业吸纳应届毕业生，发挥创业带动就业作用。

案例 8-3

高校毕业生就业政策的相关问题集锦

1. 高校毕业生获取就业信息的主要渠道有哪些？
2. 在校期间高校毕业生可以通过哪些途径提升就业能力？
3. 高校毕业生如何与用人单位订立劳动合同？
4. 中央有关部门实施了哪些基层就业项目？
5. 参加社会保险的个人享有哪些权利？
6. 高校毕业生如何处理劳动人事纠纷？
7. 什么是农村义务教育阶段学校教师特设岗位计划？
8. 农村教师特岗计划招聘对象和条件是什么？
9. 农村教师特岗计划的招聘程序有哪些？
10. 什么是选聘高校毕业生到村任职？
11. 选聘到村任职的对象是什么？要满足哪些条件？

12. 选聘到村任职的程序是什么？

13. 国家鼓励大学生应征入伍服义务兵役，这里的“大学生”如何界定？

14. 公民应征入伍需要满足哪些政治条件和身体条件？

15. 高校毕业生应征入伍服义务兵役要经过哪些程序？

16. 什么是士官？与义务兵有什么区别？

资料来源：高校毕业生就业创业政策百问（2018年版）

http：//www.moe.gov.cn/jyb_xwfb/xw_zt/moe_357/jyzt_2018n/2018_zt24/

查询答案，请扫右边二维码进入

并点击相应问题

思考题

1.《孙子兵法》中有言曰：“知己知彼，百战不殆。”请你从这个角度谈谈对职业生涯规划外部环境的认知和理解。

2. 如果你未来的职业选择与家庭意见发生了冲突，你将如何解决这个冲突？

3. 关注江西省高等院校毕业生就业工作办公室官网，了解江西省对促进大学生就业的相关政策。

第九章　就 业 准 备

评价目标

知识目标：了解求职时的心理表现，懂得何为正确的求职心理。
能力目标：学会做好就业的思想准备、能力准备、材料准备。
情感价值观目标：培养积极、健康的求职心理，成为一个对社会有益的人。

教学方法

案例教学法；合作探究法。

就业准备是学生从“学校人”到“职业人”角色转换的准备。学生能否做好就业准备，决定着学生能否承受求职择业带来的压力和挫折，甚至是能否成功就业。因此，就业准备对于即将就业的大学生来说意义重大。

第一节　求职心理准备

绝大多数大学生毕业前未经受过挫折，即使碰到什么困难，也能得到家长、教师的帮助，而踏入纷繁复杂的社会，情况则完全不同了。所以大学生对自己的估计往往不准确，心理承受能力较弱，再加上这一时期是人生情绪的波动期，容易引起情绪的波动。因此，大学生必须正确地认识社会、正确地评估自己，在求职过程中做好充分的心理准备，以最佳的心理状态去参加择业、就业竞争。

一、正确认识社会

当今时代的特征是机遇与挑战并存，处于择业阶段的大学生，将面临更加激烈的就业竞争，同时也将面临比以前更多的机会。认识到这一点，才能使毕业生在公平的竞争环境中接受选择，展现才华。但要正确地认识社会并非易事。这主要是由两方面原因造成的：一方面社会是复杂的，要想正确的认识社会有一定的难度；另一方面学生阅历浅，社会心理不够成熟，往往只会用比较简单的思维方式去看待十分复杂的社会问题。大学生认识社会应注意以下几点。

（一）正确地看待社会就业问题

大学生涉世不深，思想单纯，特别是就业遇到困难时，往往不从主、客观两方面辩证地分析原因，而是怨天尤人，感叹生不逢时。在市场经济条件下，企业要生存、发展，关键靠的是有真才实学的人才。就业、创业的成功者中，绝大多数主要是靠自身的努力；而就业、创业失败的根本是因自身的素质不足。

（二）避免情绪化

情绪对认识有积极作用，也有消极作用。如果认识完全被情绪支配，就有可能削弱理智判断力，看不清、看不透社会的本质。其具体表现为：如果遇到事遂人愿，则异常兴奋，眼前一片光明；一旦遇到麻烦，就满腹牢骚，顿觉前程渺茫。应客观、理智地对待社会现象，对待择业、就业的成功与失败，不要被个人情绪所左右。要做到这一点，主要的方法是提高自己的心理素质。

（三）避免消极的人生态度

因为社会纷繁复杂，有的大学毕业生就认为一切深不可测，进而就不去认识社会、关心社会，把自己和社会截然分开，用局外人的眼光去看待社会。这样消极的人生态度是不可取的。应当看到，个人与社会是密不可分的：社会发展了，个人的境遇也会好起来；社会状况不佳，个人的发展将受到制约。当今社会是催人奋进的社会，我们应关心时事，关心社会的发展，确立正确的人生观和价值观。大学生在就业前应对社会需要什么样的人、不需要什么样的人有所了解，以便用社会需求的标准来严格要求自己，使自己在激烈的人才竞争中站稳脚跟。

二、正确认识自己

正确认识自己是择业中的关键一环。在求职过程中，如果对自己的主观评价与社会对自己的客观评价趋于一致，就容易成功；如果主观评价偏高于社会客观评价，则往往会导致碰壁、失败；如果主观评价偏低于社会客观评价，则信心不足，犹豫不决，很可能会坐失良机。因此，正确认识自我是成功地走向社会的必要条件。求职者应了解自己的气质、性格、能力等，以便确定切合实际的求职目标。想要正确认识自己可以从以下方面入手。

（一）自我剖析

要经常对自己的心理、行为进行剖析，使自我评价逐渐接近客观实际。自负者要经常作自我批评，通过不懈努力，弥补自身不足；自卑者要看到自己的长处，增强自信心。

（二）通过比较来认识自己

有比较才有鉴别。事实上，人们往往是通过与别人的比较来认识自己的。一是与同学比较来认识自己，不仅比较考试分数，更应比较实际操作能力。通过比较，可以认识自己的优点和不足，认清自己在相比较的人群中所处的优势，以便扬长避短。二是通过别人的态度来认识自己，当然，别人的态度不一定能全面评价一个人，但大多数人的态度总是能说明某些问题的。一个求职者如果不注意与竞争者相比较，就很难判断出自己的成功概率。

（三）通过咨询来了解自己

认识自己很重要，了解自己才知道自己的分量。学生可向就业指导教师和班主任咨询，也可征求同学、家长和熟悉自己的人的意见。长期学习、工作、生活在一起的人对自己的言行看在眼里，对自己的评价会更公正、更客观。

三、做好心理准备

（一）永远充满自信

自信是一个人必须具备的心理素质，它是前进的动力，成功的保障。古今中外，凡是有所成就的人，尽管各自的出身、经历、思想、性格、兴趣、处境等不同，但他们对自己的能力、事业和追求都充满必胜的信心。自信的人能积极适应环境，通过奋斗改变自己的命运，实现自己的人生价值。可以说，自信是成功者共同的秘诀。那么，怎么才能使自己在择业过程中保持自信呢？

1. 要相信自己的能力

每个人都有相当大的潜在能力。当一个人面临择业，担心失败的时候，多半不是真的不行。自己条件可能并不过硬，但别人也不见得比你强。每个人都有自己的优势，都有可能在择业竞争中占据主动地位。要相信自己的能力，相信自己能行。

2. 要积蓄自信的资本

自信要有扎实的基础、良好的素质做资本，以雄厚的实力做后盾。如果具备了真才实学，就自然会对自己的选择充满信心。

（二）提高受挫承受能力

1. 视挫折为鞭策

古今中外仁人志士，大多是从坎坷与挫折中走过来的！一时受挫并不说明永远失败。挫折是一种鞭策，它并不是淘汰失败者，相反能促使失败者振作起来。面对挫折，正确的态度应该是：勇对挫折，冷对挫折，智对挫折，成为战胜挫折的强者。大学生应把挫折看作是锻炼意志、提高能力的机会。

2. 设定择业的期望值

设定择业期望值，通常可采用以下 2 种方法。

（1）分阶段设标法。就是确定一个总的奋斗目标，再将总的期望值分解成几个阶段性的目标，并逐步付诸实施。在实践过程中，如果发现自己所选阶段期望过高，就把它移到下一阶段，作为下一阶段的目标。

（2）自我调整法。就是把自己工作岗位的期望按主次分成不同层次，首先满足主要的需求，然后根据实际情况进行必要的调整，直到个人的意愿与社会的需要相互吻合为止。从主观、客观两方面仔细寻找失败的原因，实事求是地剖析自己的长处和不足，通过别的途径来达到目标，或者降低就业起点，只要持之以恒，一定会实现自己的理想。

3. 适当进行心理调节

就业遇到挫折后要运用控制、激励自己的方法和技巧，进行心理调节与控制，尽快摆脱不良情绪，重新树立起信心。不妨参加一些有意义的娱乐活动，换换环境，放松一下自己，向亲人和朋友倾诉苦衷，合理宣泄，听取他们的意见，这样可以得到较快的恢复。或进行积极的心理调节，如使用心理暗示的方法进行自我激励。

此外，还应克服以下几方面的错误心理。

（1）盲目从众。在现实生活中许多毕业生盲目从众。例如，愿意到城市、事业单位去工作，不太愿意到农村、基层去工作。其实，到城市、事业单位工作并不一定是每个毕业生最佳的选择。毕业生应该努力克服从众心理的影响，从社会需要、自身条件及以后发展等方面考虑自己的职业，果断地选择自己的择业道路。

（2）相互攀比。在择业过程中，这山望着那山高，见异思迁，把注意力过多集中在他人的就业取向上。

（3）自甘落后。有的同学总觉得择业人群中强手如林，条件比自己优越的比比皆是，于是自甘落后，听天由命。摆脱这种心态要从这 3 方面做起。①要善于发掘自己的长处。要相信别人能做的事，自己经过努力也能做到。②要大胆地表现自己。多做一些力所能及、把握较大的事，任何成功都会增强自信心。③要不断完善自己。勤能补拙，知道自己某方面不足，通过努力，提高这方面的能力。

（4）好高骛远。有的毕业生对自己估计过高，自以为高人一等，非常傲慢，这种心理不利于客观地分析自我和评价自我。这类同学应重新认识自己，降低择业的期望值。

（5）嫉妒别人。在择业过程中，如果发现平时与自己能力相等，甚至于不如自己的人择业更好时，应当采取积极的态度，变嫉妒为羡慕，奋起直追，通过不懈努力，缩小差距。

大学生择业要知己知彼。要了解择业的社会环境和工作单位，正确认识面临的就业形势，了解社会需要什么样的大学毕业生；要实事求是地评价自己，对自己有正确的认识；要客观、正确地认识自己德、智、体诸方面的情况，如自己的优点和长处、缺点和短处，自己的性格、兴趣、特长，这样才能在竞争中立于不败之地。

案例 9-1

以平常心态参与面试

小王性格十分内向，一到人多的场合就脸红。最初的时候，一听说要去面试了，小王心里就打鼓，底气不足，一与考官们谈话舌头就发僵，思维就停滞，平时的机敏慧黠全不见了。尽管每次小王都跟自己说，“要自信，要放松，我比他们都强”，但是一到关键时刻准没用。为此在最初的三个月里，小王没有找到一家合适的单位。

小王心灰意冷，不抱任何希望地去试最后一次。心想，就这样吧，面试完了就回老家。由于已经预料到这次也不会成功，小王反而非常放松，和人事经理聊得很投机，思路特别清晰，海阔天空地足足谈了三个小时，面试结束的时候，他感到前所未有的轻松。

这次面试十分成功，小王与那位人事经理成了同事。

资料来源：https：//wenku. baidu. com/view/813313170b4e767f5acfce7a. html，2019-12-25.

第二节　知识准备与能力的准备

一、知识准备

学生在校学习期间，要以增强自身能力为目标，要清醒地认识到“身无本领，毕业等于失业”“不看文凭看能力”，认识到只有练就了过硬的本领才能为自己找到理想的就业岗位，进而达到服务社会和实现自我价值的统一。增强本领必须要重视学习，要改变学习的态度，提高学习的主动性。长期以来的应试教育模式，使部分学生在学习的过程中形成了为考试而学习的态度，这种态度在进入高等院校后，由于缺乏考试的制约，失去了学习的动力。实际上，学习的目的是使自身获得提高，使自身掌握更多的知识和技能，充实自己，完善自己。除了要求重视专业知识的积累，还应该重视通用知识的积累。

二、能力准备

信息时代社会的快速发展对大学生的素质和能力提出了新的要求。求职竞争说到底是知识与能力的综合竞争。一般来说，不同的专业对毕业生有着不同的能力要求，但无论什么专业的毕业生要顺利就业，都必须具备一些共同的基本能力。因此，对大学毕业生而言，要想迈好走向社会的第一步，选择一份理想的职业，就必须未雨绸缪，不仅要在积累知识上做好充分的准备，而且更应该在提高能力上下功夫。

（一）表达能力

现在已经不再是“酒香不怕巷子深”的年代了。在当今这个信息时代，如果想让自己脱颖而出，让别人了解你、重视你，更好地发挥你自己的才能，前提是要表现自己的能力。要准确表现自己，就离不开出色的表达能力。所谓表达能力就是指运用语言或文字阐述自己的观点、意见或抒发思想的能力。它主要包括口头表达能力和文字表达能力。在求职择业的时候，会有较深切的感受。比如撰写求职信、自荐信、个人材料、回答招聘人员提问、接受用人单位的面试等，都需要较强的表达能力。

（二）动手能力

动手能力就是实际操作能力，是知识转化为物质力量的重要保证，是专业工作者必须具备的一种实践能力。对毕业生而言，无论是从事教学、科研、临床还是在生产第一线，动手能力的强弱将直接影响到理论知识的发挥。如作为一名施工技术人员，只懂得理论是不够的，若缺乏实际操作能力，就可能会影响施工水平和质量，甚至会造成工程事故。因此大学生要注意克服重理论轻实践的思想。为培养基础扎实、动手能力强的一代新人，高校在教学培养模式做了很多的调整，结合教学进程适时安排了见习和实习。大学生必须重视这些环节，要多参加学校活动，多参加社团活动，多参加社会实践，以提高实际动手能力。

（三）适应能力

适应能力是一个人综合素质的反映。适应能力较强的人能够很快适应新环境，即使是在比较大的困难下，也能变不利因素为有利因素，获得成功。适应社会和改造社会是对立统一的，无法想象一个不能接纳社会的人，能够改造社会。大学生在跨出校门之前大都有远大抱负，但当真正在生活的激流中奋勇前进时，往往会发现现实生活中常常会有不尽人意的地方，面对现实生活的消极现象，会产生不安、不满的情绪，而往往以改造社会为己任的大学生忽视了适应社会这个前提。大学生只有注重培养自己适应社会的能力，走向社会后才能缩短自己的适应期，才能充分发挥自己的聪明才智。

（四）合作能力

当今社会要求现代人具备面向世界，参与国际竞争与合作的素质和能力。这种环境下，拥有合作精神，具备合作能力，是大学生是不可缺少的。学校生活相对简单，单兵作战或许可以应付，但职场生活中的业务关系往往复杂得多，一个人的能力再强，也需要他人的配合和支持。认识自己，才敢于竞争；认识他人，才善于交往。认识他人必先认识自己，自尊自爱、自信自强是人们参与合作的前提。合作不排斥竞争，也不是无原则的迁就。在竞争激烈的社会中，大学生要学会确立和保持独立意识，在公平竞争、合理沟通中求得生存与发展。只有学会认识自己才会真正设身处地地去理解他人，增进人际交往的能力。必须放开眼界，了解世界，了解他人，尊重他人，在人际沟通与交往中，求同存异，合作互助，实现双赢。

（五）学习能力

当今世界，知识信息的更新和增长空前快速，终身学习的时代已经到来。学生阶段的学习，仅仅是为今后步入社会继续学习、终身学习奠定一定的基础。大学毕业生只是告别学校，并不是告别学习。不断学习新知识，获得新本领，是适应社会发展的要求，是现代人生存与发展的手段。大学生意识到知识的价值，将尊重知识作为知识经济时代价值观念的核心；学会如何独立地获取知识，善于组合、加工、消化已有知识，进而力求有所发现、有所创造，这是学会学习的方法和结果。未来的文盲不是不会阅读的人，而是没有学会怎样学习的人；学习应该是全面的，不仅要认真学好本专业的知识，而且要学好与专业有关的其他方面的知识，学好有利于提高自身综合素质的各方面的知识。

（六）承受挫折的能力

挫折是指人们在达到目标的过程中遇到障碍甚至失败时产生的紧张状态、情绪或行为反应。随着高等教育从“精英教育”向“大众化”教育过渡，高校毕业生就业发生了质的变化，就业形势变得越来越严峻，竞争越来越激烈。择业本身既是一次主、客观相碰撞的过程，又是在择业竞争中优胜劣汰的过程。因此对于大学生来说，择业中遇到挫折是很正常的事，应该做出理智的反应，成为战胜挫折的强者。

（七）竞争能力

竞争是顺利完成某种活动所必备的心理特质。对当代大学生而言，竞争能力的培养尤为重要。竞争是实力的展示，拥有知识，掌握技能，善于把握时机，敢于展示，才能表现为竞争能力。培养竞争能力的重要前提是提高自己的综合实力，而不仅仅是一种争强好胜的抽象意识。竞争是人格的考验，它使胜利者继续前进，使失败者奋起直追。在竞争中要保持健康的心态。成功有先后，胜利有迟早，只要目标合乎客观实际，加上自己不懈努力，就会离成功越来越近。

（八）决策能力

决策能力是在面临多项选择时能及时、果断地做出最佳选择的一种能力。好的决策能力可以使人少走弯路，少犯错误，以较少的付出获取较大的成功。人的一生会遇到许多重大的选择，优柔寡断和草率决断都会给人生带来消极的影响。因此大学生在校学习期间，应有意识地培养自己的决策能力。首先要克服从众心理，解放思想，冲破世俗，不拘常规，大胆探索；其次要增强自信心，相信自己的聪明才智；最后要明白决策并非一定要十全十美，但应该把握大局。

（九）开拓创新能力

开拓创新能力是一种综合能力，是各种智力因素和能力在新的层面上相互作用、有机结合所形成的一种合力。国外一些有名的大企业聘用员工时要求其在受聘的一年时间内必须犯一次“合理错误”，否则将被辞退。日本不少企业聘用员工时总要聘用部分与学历、在校成绩无关而具有鲜明的个性的学生。这些都是寻求具有开拓创新能力人才的一种尝试。著名物理学家、诺贝尔奖获得者温伯格说过：“不要安于书本上给你的答案，要去尝试发现与书本上不同的东西，这种素质可能比智力更重要，往往是最好的学生和次好的学生的分水岭。”作为大学生，要积累知识、增加才干，为培养创新能力奠定坚实的基础。要培养自己丰富的想象力和发散性思维能力。

（十）组织管理能力

虽然不是每个大学毕业生都会从事管理工作，但是在实际工作中每个从业者都需要具备不同程度的组织管理才能。现代社会职业表明，不仅领导干部、管理人员应当具备组织管理才能，其他专业人员也应当具备。随着时代的发展，纯“书生型”的人才已不能适应社会的需要。近年来，许多用人单位在挑选、录用大学毕业生时，在同等条件下，往往会优先考虑那些曾担任过学生干部，具有一定组织管理能力的毕业生，这正反映了时代的客观要求。

虽然求职路上布满荆棘，但是努力地付出就会赢来鲜花与坦途。我们相信，只要大学生有意识地为求职做好相应的能力准备，就能够增加顺利就业的筹码，进而选择理想的职业并获得美好的未来。

第三节　就业信息的搜集与整理

一、搜集就业信息的原则

（一）合法性原则

应仔细甄别招聘单位发布招聘信息的合法性和真实性。

（二）准确性原则

准确性是要求信息所反映的情况必须真实、可靠。就业信息是否准确，是大学毕业生做出决策的关键环节。信息不准，会给学生带来决策上的失误。

（三）时效性原则

时效性是信息本身的重要特性之一，信息只有在规定的时间内有效。就业信息的时效性较强，即在就业信息发布的有效期限内，若招聘单位完成了招聘计划，那么就业信息自然就失效了。

（四）系统性原则

就业信息的搜集要求具有系统性、连续性。因为许多就业信息是零碎的，这就要求大学生善于将各种相关的信息积累起来，然后经过加工、提炼，形成一些能客观、系统地反映当前就业市场、就业政策、就业动向的就业信息，从而为择业提供更可靠的依据。

（五）计划性原则

作为信息搜集者来说，首先要制订信息搜集计划，明确信息搜集的目的，只有明确了目的，就业信息搜集才有方向，才能发挥信息搜集的主动性。其次要分清所需就业信息的内容范畴，是有关就业政策的，就业动向的，还是有关用人单位需求信息的，要做到有的放矢。最后要选择正确的信息搜集的方法和渠道。

二、搜集就业信息的方法

（一）全方位搜集法

只要是与本人所学专业有关联的就业信息都搜集起来，再按一定的标准整理、筛选，以备使用。

（二）定方向搜集法

即按照职业方向和专业方向来搜集相关的信息。这种方法能满足学生“专业对口”的需求，但根据职业或者专业的冷热程度，搜集和选择的范围大小存在一定的限制。

（三）定区域搜集法

根据毕业生择业的地区倾向性，按照地区搜集信息，这种方式对职业方向和行业范围的关注较少，是一种重地区、轻专业方向的信息搜集法，按这种方法搜集信息和选择职业，也可能由于所面向地区的狭小和“地区过热”而造成择业困难。因此，应当根据实际情况将上述几种方法综合起来搜集信息。

三、搜集就业信息的途径

（一）政府、社会就业服务机构

教育部全国大学毕业生就业指导中心，各省区市的人事考试网、人才交流中心和人才交易市场，负责汇集国家政府机关、企事业单位的就业需求信息并集中向高校、社会公布。社会就业机构如职业中介提供的就业信息，需认真鉴别、谨慎使用。

（二）毕业生就业市场

每年各省市或各个高校都会组织用人单位召开各种类型的招聘会，可利用这种机会搜集用人单位联系方式，了解用人单位的相关信息，善于建立人力资源供求关系。

（三）互联网

网络以其简便、快捷显示出独有的优越性。教育部、各行业、各省市、各地区毕业生就业信息网已相继开通，许多优秀就业网站上的信息非常丰富，为毕业生搜集就业信息提供了极大的方便。

（四）新闻媒体

毕业生就业的市场化程度越来越高，很多用人单位利用微博、公众号等时效性较高的媒体发布就业信息。还有各种专业的招聘报刊，都提供了大量的招聘信息。

（五）校友信息反馈

校友是一个重要的就业信息源，毕业生应与已经毕业的校友建立联系并寻求就业方面的帮助，因为校友提供就业信息具有很强的针对性、实用性和可行性，有重要价值。

（六）大小型招聘会

毕业生可携带个人简历前往指定地点参加各种大小型招聘会，了解参加招聘会的用人单位相关情况，对自己中意并认为合适的单位深入了解。

（七）校园宣讲会

校园宣讲会是大型企业招聘应届大学毕业生的主要途径之一，也是比较符合大学生求职意愿的途径。校园宣讲会不仅仅是一次招聘会、一次职场知识的介绍会，也是用人单位对应聘人员的要求阐述会。

四、就业信息的整理

（一）按区域整理

按照对毕业生需求量较大的地域进行分类，着重了解该地区经济和社会发展状况，了解当地经济结构、人力资源结构，以及该行业的现状和发展趋势。有些毕业生在求职时不顾其他条件只关注就业地区，这样不利于其就业。因此，应掌握更多更充分的相关信息，明确自身的优、劣势，防止出现盲目就业情况，避免错过适合自己的就业机会。

（二）按专业整理

按专业整理就业信息，可以明确用人单位需要的专业、层次、录用意图、具体工作岗位等。此外，还可以根据用人单位性质等进行整理。

案例 9-2

突出重点，明确目标

阿阳非常苦恼地来到学校就业指导中心，向老师诉说自己找工作时是如何投入“巨资”的、如何满心期盼，而结果又是如何令人失望的。就业指导中心的老师耐心地为他指点迷津：“你的积极主动的精神值得肯定，但找工作一定要有明确的目标，千万不要盲目行事，要根据自己的实际情况和对方的需求情况有的放矢地投送材料，你现在要做的第一件事应该是积极地去搜集就业信息，然后才是联系单位、参加应聘等。”在老师的指点下，他很快改变了策略，重新制作了10份简历，在广泛收集就业信息的基础上，根据自己的实际情况和兴趣爱好，有选择、有重点地参加了几场招聘会，总共投出去9份简历，并收到了5个单位的面试通知，最后他参加了3个单位的面试，与其中1家单位正式签了约。

启示： 许多毕业生在求职初期总要走一些弯路，主要原因就在于开始时收集信息的目标不明确，收集信息的方法不对。本案例中阿阳的想法和做法在毕业生中是比较常见的。比如在各种招聘会上，总可以见到一些毕业生手捧一大摞个人简历，像散发传单似的见用人单位就塞。他们认为，只要把网撒出去，总能捕上几条“鱼”来，运气好的话说不定就能捕上一条“大鱼”。但结果却往往是“大鱼”没撞上，对“小鱼”又实在没兴趣，时间和精力也白费了，一切还得从头开始。所以毕业生应根据自己的求职目标，有针对性地对信息进行搜集和分类处理，重点突破，不能“守株待兔”，也不能“普遍撒网”。

资料来源：https：//wenku. baidu. com/view/7f3d521b3b3567ec102d8aba. html，2019-12-30.

第四节　自荐材料的准备

一、自荐材料的构成

1. 封面

封面的制作一般要有特色，这是个很难判定的标准。封面上要突出求职者的专业背景、学历层次、姓名、联系方式。另外，有一张排版巧妙的个人生活照会更好，以便用人单位在收到你的简历的同时，就对你有一个初步的印象。

2. 推荐表

学校统一发放的毕业生就业推荐表是必须附在你的求职材料中的（注：推荐表原件只提供给正式签约单位）。

3. 自荐信

自荐信是针对特定的用人单位写的。当毕业生获得就业信息时，通常是将自荐信（即求职信）和推荐表一并寄（送）到用人单位。用人单位根据毕业生的自荐信来判断毕业生是否满足用人单位的需求，从而决定是否给毕业生提供面试的机会。如何使自己的求职信在成百上千的求职信中脱颖而出，让用人单位给自己一个难得的面试机会，是求职取胜的关键。

二、自荐材料的制作

（一）自荐信的撰写

1. 自荐信的格式

自荐信是寄给应聘单位的，事关重大，因而它既和书信有相同之处，又有不同之处。一般来说，自荐信属于书信范畴，所以其基本格式应符合书信的一般要求，主要包括称呼、正文、结尾、署名、日期、附件等 6 个方面的内容。

2. 自荐信的内容

自荐信的内容主要包括以下 4 个方面。

（1）说明本人基本情况和求职信息的来源。

（2）说明应聘岗位和能胜任本岗位工作的各种能力。

（3）介绍自己的潜力。

（4）表示希望得到答复并获得面试的机会。

3. 自荐信的写作技巧

（1）态度真诚，摆正位置。

（2）整洁美观，言简意赅。

（3）富于个性，有的放矢。

（4）以情动人，以诚感人。

（二）个人简历的制作

1. 个人简历的形式

个人简历一般有 3 种形式：表格式、时间顺序式、学习工作经历式。

2. 编写个人简历的原则

个人简历真正的用处就是让用人单位充分了解自己，从而提供可能的就业机会。因此简历要写得简洁精炼，切忌拖泥带水。简历的格式要便于阅读，有吸引力，从而使用人单位对自己有良好的印象。

3. 编写个人简历应注意的问题

（1）简历与自荐信不同，简历是叙述求职者的客观情况，而自荐信则是主要反映求职者的主观情况和求职意向。从某种意义上说，自荐信是对个人简历的必要说明和补充。

（2）简历是一份材料，重在证明个人的身份详情、学习经历、生活经历、学习成绩及工作经验等，其作用是支持自荐信，让用人单位全面了解自己，用以证明自己有能力担当所求职位的工作。

（3）求职简历不同于工作简历。一般的工作简历只是个人的一份历史记录，仅仅反映自己曾经做过什么。而求职简历不仅要反映自己能做什么、做过什么，还要反映做得如何，具备了哪些素质和能力，从而给用人单位留下深刻的印象。

（4）过于烦琐、过于简单、缺乏创新等都是简历的禁忌。

三、自荐材料的总体设计

1. 整理自荐材料

为了集中反映求职者的求职愿望和各方面的素质，同时也为了更方便地让用人单位了解求职者，在编制求职材料时，应按一定的标准和规定进行集中整理。整理时，自荐信和简历可以手写也可以用电脑打印，倘若你的字迹很漂亮，不妨手写，恰好能够展示你的特长。附加材料最好用统一规格的纸张复印。然后按自荐信、简历、推荐表、附加材料的顺序装订好。另外，自荐材料中一定要附上求职者的联系地址和联系电话。

2. 自荐材料的投递

投递自荐材料时，最好选择新颖漂亮的信封样式，收信人的地址和名称要准确、清楚。案例 9－3 是一封自然亲切、特色鲜明的自荐信。

案例 9－3

自　荐　信

尊敬的领导：

您好！

感谢您在百忙之中抽出宝贵时间垂阅我的自荐信，为一位满腔热情的大学生开启一扇希望之门。借此择业之际，我怀着一颗赤诚的心和对事业的执着追求，真诚地推荐自己。

我是新疆农业大学科学技术学院人力资源管理专业的一名即将毕业的学生。在大学期间，我学习努力，成绩优秀，在校期间系统学习了专业理论与实践知识，积极参加社会实践工作，锻炼了自身的心理素质和人际交往能力。

大学期间的学习、生活培养了我的责任心和吃苦耐劳的精神，让我学到了很多知识，同时在团队合作方面有了很大的提高。我十分珍惜求学生涯的学习机会，四年里本着严谨的求学态度，认真学习了专业知识，掌握了专业技能，涉猎了丰富的相关课外知识。在校期间能积极参加各项活动，四年的大学生活中，严格要求自己，不断进取。生活方面热情待人，对于自己的过错勇于承担责任，受到老师、同学的好评。具有较强的责任心和吃苦耐劳、诚实、自信、敬业的精神，能够脚踏实地地努力办好每一件事。

诚然，缺乏经验是我的不足，但我拥有饱满的热情和“干一行爱一行”的敬业精神。在这个竞争日益激烈的时代，人才济济，我不一定是优秀的，但我仍然自信。“天行健，君子以自强不息”一直是我的人生格言！

过去并不代表未来，勤奋才能不断进取，我相信，我能够很快适应工作环境，并且在实际工作中不断学习，不断完善自己，做好本职工作。

随信附上个人简历，我真诚地希望能得到贵单位的青睐！

热切期待您的回音！

敬祝，贵单位事业蒸蒸日上！

求职人：×××

××××年××月××日

启示： 这封自荐信语言流畅，简洁精炼，富有文采，尤其是介绍自己的情况时力求客观真实，具有很强的可信度。同时，通篇语气亲切，态度谦逊，能够较好地体现求职者的人文素养和新时代大学生的精神风貌，给用人单位以好感。

资料来源：https：//wenku. baidu. com/view/9ba8b5253a3567ec102de2bd960590c69fc3d80a. html，2019－12－14.

第五节　求职计划

目前国内就业状况相当明了，用人单位的用人计划不管在数量上还是要求上都与毕业生现状存在着明显的差异。找到一份工作或者说找到一份满意的工作对于临近毕业的大学生来说是一种不小的挑战。俗话说，不打无准备之仗。那么，怎样才能做到不盲目、有准备？一份合乎实际又考虑周全的求职计划对于即将求职的大学生显得格外重要。

一、了解自我

知己知彼，方能百战不殆，而知己则更为重要。获得一份满意的工作不是获得薪水最高、福利最好、最轻松的工作，而是真正符合自我工作能力，能够胜任又有发展空间的工作。所以，求得一份满意的工作的关键是了解自我。了解自我可通过下列方式实现。

（1）职业性向测试。这是比较权威的心理测试，可以在网上找到相关量表开展自测，但在专业的测定机构进行测试结果更为可信。

（2）兼职、实习总结。大学期间做一些兼职、实习类工作，可以积累一定经验。同时，对于自我的认知也有了进一步的明确。求职前期对这些经历做一次全面的总结，能够更清楚地认识自我，评估自我。

（3）小组交流。同学之间可以建立求职小组，相互帮助。建立初期，组员间的沟通是必要的，这一阶段的相互认知实际上能够起到熟悉磨合作用，又能让大家进一步了解自我。

（4）其他。通过其他一切随机的机会尽可能地了解自我。

需要说明的是，了解自我是一个长期过程，并不局限于求职准备的初期。

二、确定求职目标

（1）通过与周围同学求职过程中的心得交流进行横向比较，通过往届学生的求职状况展开纵向比较，得出符合自我价值的求职意愿。

（2）结合自我职业性向选择适合自己的职业方向，结合自我能力确定职位水平档次。

（3）结合自身特点、家庭因素和发展前景选择工作地域。

（4）不断根据实际情况变动调整求职目标。

三、求职准备

（1）简历准备。结合自身特点，有针对性地制作大方得体、展示全面、重点突出的中英文个人简历，在小组中讨论修改，其中英文简历最好由有一定英语专业背景的同学予以修改，并请就业指导老师帮忙审阅。

（2）职业素养训练。包括礼仪、着装、认识三方面的职业素养训练，实质是个人角色的转换训练。认真接受相关培训，以小组为单位相互学习、相互扶助，争取在短期内实现形象气质的成功转型。此外在求职过程中必须注重自身职业素养，不断学习，不断纠正。

（3）信息搜集。通过多方渠道，包括电视、报纸、杂志、海报、网络和同学联络等一切可能的渠道搜集有关招聘信息，尽可能多地获取包括招聘、人力资源市场状况、用人单位要求等信息。同时，也要及时且尽可能深入地了解用人单位的相关信息，不至于在应聘时没有准备、过于慌乱。

（4）面试准备。在去面试之前，准备工作马虎不得。一是面试前的物资准备。在寄出求职信的同时，应该把用人单位的招聘信息记录下来，以便在收到面试通知时进行查阅，避免张冠李戴。面试前，应把自己准备参加面试的文件包整理一番，带上必备用品。求职记录本应随时带在身边，以便记录最新情况或供随时查询。二是面试前的提问准备。面试是用人单位了解和考验应聘者的最好办法，在用人单位的面试过程中，最大的困难就是如何回答面试人员的问题。通常情况下，用人单位会从专业能力和职业素质的角度来考察应聘者，如果面试前能够做好各方面准备，加上临场的镇定表现和充分发挥，针对不同类型的问题，能以不同的方式应答，就能增加求职成功的概率。

（5）其他准备。随身携带记事本，用于随时记录相关信息；手机持续开机；稳定且持续关注电子邮箱。

四、总结

（1）经验总结。多与同学交流相关经验，最好以小组为单位定期展开。

（2）心理调节。应聘时可能会遇到很多挫折，必须依靠个人的不断成熟来调整心态。多与同学、亲友、师长交流想法，多做自我总结，及时调整。个人当前所做的相关求职准备局限于现时的经验，随着个人的不断成熟，对待职场的观念不断发展，求职计划的调整也不可避免。

思考题

1. 大学生求职前应做好哪些心理准备？
2. 收集就业信息有哪些途径？
3. 如何准备自荐材料？

第十章　就业途径与求职技巧

评价目标

知识目标： 掌握一定的就业途径及求职方法、求职应聘和面试技巧的基本理论知识。

能力目标： 培养学生在求职过程中能灵活运用面试技巧的能力，达到求职成功的目的。

情感价值观目标： 培养学生树立正确的求职观念，增强求职过程中的风险防范与控制意识，培养学生诚实守信的品质。

教学方法

本章采用教学与训练相结合的方式，主要采取典型案例分析、情景模拟训练、小组讨论、师生互动、角色扮演、社会调查等方法。

第一节　大学生就业途径

一、高校毕业生就业市场和人才市场

从我国目前高校毕业生的就业工作来看，初步实现了“市场导向、政府调控、学校推荐、毕业生和用人单位双向选择”的就业模式，就业市场已成为高校毕业生找工作、用人单位选用人才的主要途径。

高校毕业生在运用就业市场时，应该注意以下几点。

(1) 了解市场用人“行情”，做到心中有数。

(2) 搞清自身优势和劣势，做到扬长避短。

(3) 明确择业时的权利和义务，做到及时而有效的维权。

(4) 遵守就业市场的运行规则和公共道德。

(5) 在求职竞争时，既要充分维护自己的竞争权利，又不能阻碍他人的选择机会，做到公平竞争。

(6) 从客观实际出发调整自己的主观意愿，做到期望值适度。

(7) 危机意识不可或缺。市场是无情的，竞争是激烈的，每个高校毕业生都要拥有打好就业攻坚战的心理准备。

随着招生规模的扩大，高校毕业生就业压力也越来越大。高校毕业生应充分认识到我国的高等教育正从精英教育转变为大众教育。因此，要更新自己的就业观念，不要一谈就业，就奔着机关、科研院所、国有企事业单位去，机关、科研院所需要人才，基层更需要人才。毕业生要树立基层意识、事业意识和奋斗意识。从长远而言，真正解决就业问题是面向基层，拓宽就业渠道。“先就业，后择业”的观念已被更多的人所接受。随着人才流动的加剧，人才很难“从一而终”，就业、择业可能成为伴随人们一生的事情，就业的

形式也将更加多样化，因此要通过在相关或相近专业的锻炼来培养自己多方面的才能和适应能力。

二、毕业生自主创业

党的十九大向全党全国人民提出了一项深化经济体制改革的重大战略：在积极促进公有制经济发展的同时，允许和鼓励个体、私营、外资等非公有制经济发展。在此背景下，我国的就业机制也在向纵深发展，就业的渠道更宽更广了。许多毕业生不再盯着机关、科研院所、国有企事业单位，而是把择业目标定得更切合实际。他们或应聘三资企业、乡镇企业，或加盟民营、私人企业，或到街道任职，或去乡村当“大学生村官”。在众多的就业之路中，一条惹人注目的就业之路正在迅速亮起，它就是“自主创业”之路。与一般意义上的就业相比，创业是有风险的但同时创业是主动的。在创业过程中，要充分估计到创业的困难，做好以下几方面的准备。

（1）在思想上要有不怕失败的准备。尽管许多地方政府对毕业生自主创业给予了热情鼓励和积极支持，为毕业生自主创业创造了更为有利的条件，但是创业是艰辛的，创业之路是曲折的，甚至会出现失败。因此，准备创业的高校毕业生要有充分的思想准备，主动地挑战风险，即便失败，也会收获宝贵的人生体验与磨砺。

（2）在业务上要有竞争取胜的手段。当今的社会是一个充满竞争的社会，现存的企业需要竞争，新创企业更要有过人之处，才能立足。首先是职业方向的选择，对所选的职业、企业的产品、主要客户、产品的市场占有率等都要有一定的把握，这对自身的定位大有好处；其次是创业规模的考虑，企业所在地、组成人选、企业规模、资金来源、保障体系等，这是竞争的基本条件；最后是科技含量方面的考虑，高校毕业生要根据自己的专业和学识，发挥自己的特长。总之，准备创业的高校毕业生要早做准备，在知识结构、业务能力、开拓创新方面增强自身的“资本”。

（3）在组织上要建立科学的管理机制。创业之初就要明确目标，争取在公司成员之间达成共识，在公司内部形成一个管理团队，制定并遵守既定的管理制度，强调管理行为，在经营和管理中，从上到下，一切按规章制度办事。

三、社会关系网

我们每个人都有很多关系网。我们认识的人不仅限于当地，可能在其他地区，甚至是其他国家都有认识的人。任何一个人都可能成为一条重要的线索，都有可能帮助你谋职择业成功。

下面是几个我们可选用的关系网。

（1）家庭和亲戚。

（2）朋友。包括邻居和打过交道的人。

（3）同事。包括过去和现在的专业同伴、上下级同事。国外有些用人单位在决定录用之前，要求候选人提交过去的同事或雇主的推荐信。

（4）社会关系。包括你认识的老师、律师、医生等。

（5）其他谋职者。

（6）专业领域的其他人。

四、报刊广告求职

报刊广告求职是借助于新闻传播媒介进行自我推荐的谋职形式，谋职者在主要报刊上登载求聘广告，表明自己的能力，希望感兴趣的雇主与之联系。这种方式覆盖面广，可以扩大自荐范围。

五、网上求职

网上求职是当代大学毕业生择业的重要渠道之一。对大学生来说，通过互联网求职是一种方便高效的方法。互联网汇集了众多单位的信息，除人才供求信息外，还提供政策法规、市场介绍、求职指导等有关信息。网上的求职信息不仅量大，而且时效性强。

六、公务员考试

为适应中央、国家机关补充人员、改善结构的需要，根据实施国家公务员制度和参照公务员制度管理的有关规定，每年都有一些国家机关通过考试及考核，录用一部分优秀应届毕业生。各级国家机关是许多高校毕业生向往的就业部门，但在报考公务员之前，应当对国家公务员制度有所了解，同时还应了解报考国家公务员的基本条件和程序。

七、自荐

自荐是一种不通过任何媒介的直接求职方法。如果漫无目的地随便把个人简历邮寄给雇主，成功率较低。但是，直接上门，叩响你感兴趣的雇主、工厂或办公室的门，询问他们是否有空缺职位，是否想要雇用一名像你这样的职员，这种方法的成功率将会提高。因此自荐不仅可以收集很多就业信息，而且也是一种有效的就业途径。

大学毕业生上门自荐，一种情况是对方单位没有明确的招聘意向，但是如果特别合适的人选也可以录用；而另一种情况是招聘单位有招聘意向，发布过招聘信息的。对于这两种情况，大学毕业生应该分清情况，区别对待。对于前面一种情况，大学毕业生上门自荐，要把握对方心理，随机应变。毕业生首先要主动介绍自己的来意和基本情况，并且表示愿意进入对方单位的迫切心情，表示自己对对方单位工作的兴趣和爱好。大学毕业生对于没有明确发布招聘信息的单位，主动上门自荐，看似录用可能性较小，实际上不然。正是由于没有发布明确招聘信息，上门应聘者较少，但人才总是需要的，不发招聘信息不等于不需要人才，因此，录用的可能性反而比较大。毕业生进入这些单位自荐，由于单位比较多，工作性质又不同，因此要区分不同情况，做出比较灵活的和充分的准备。而对于后一种情况，即发布过招聘信息的单位，由于上门自荐人员比较多，毕业生应聘竞争压力较大，上门自荐时，就必须在短时间内充分展现自己优秀的专业水平、实践能力和良好的个人素养，以引起用人单位兴趣从而获得进一步面试的机会。

信函自荐是自荐的另一种方式，是毕业生通过写求职信进行择业的方式。写求职信是大学毕业生谋职择业时常用的主要方法之一，用人单位要从众多求职者的书面材料（即求职信）中进行筛选，确定哪些人可以参加笔试、面试，哪些人被淘汰。因此，大学毕业生写好求职信，引起用人单位的兴趣和获得重视是十分重要的。

第二节　大学生求职方式及注意事项

一、电话求职及注意事项

当我们去异地求职时，大多要打电话求职。要怎样打求职电话呢？怎样给用人单位一个彬彬有礼、思维敏捷、吐字清楚、词达意准的好印象呢？

（一）通话前应做好准备

在通话前应该对对方可能问到的问题有所准备，如专业背景、以往的工作经验、未来的工作设想等一些问题。应该及早做好功课，以便能对答如流，预防措手不及，避免给人留下不好的印象。

（二）选择安静的通话场所

如果环境太吵则不能更好地听清对方的声音，会容易让人烦躁。应该远离吵闹的街道、超市等地方，找个安静的空间，以便更好地与对方讲话。

（三）通话时间的选择

应根据受话人的工作时间，选好打电话的时间。刚上班或是临下班都是业务繁忙的时候，建议不要在这个时间段打电话。午休时间也不宜打电话，影响别人休息是不礼貌的，而且效果也不好。通常上午可以选 10 点到 11 点半，下午 2 点到 4 点。另外，求职电话也不应打到招聘者的家里。

（四）打电话时语言连贯

打求职电话时，嘴巴要对着话筒，声音不能太大，也不能太小。咬字要清楚，语速略慢些，语气要自然。不用这个、那个之类的习惯用语，也要避免因精神紧张说话结结巴巴。因为，说话从容往往给人以稳重、可靠的印象。当对方不够热情时，打电话要注意语气和声调，以显示自己是有素养、懂礼貌的人。

（五）礼貌谈吐，适当幽默

打求职电话时要给对方留下真诚与礼貌的好印象，应该有礼貌地问清对方单位的名称，说出你要找的人的姓名。如果对方是受话人，应该先问候，然后再谈话。通话结束时，应该礼貌地说声再见。这是通话结束的信号，也是对对方表示尊重，听到对方把话筒放下，再把电话挂掉。在认真通话的基础上，可以适当幽默一点，给人留下开朗、活泼、朝气蓬勃的好印象，不过不能轻浮、油腔滑调，应把握好度。

（六）通话内容简明扼要

打求职电话时，通话要简明扼要，叙述条理分明。漫无边际的马拉松式的谈话会影响对方工作，并给人留下抓不住重点、拖泥带水的印象。首先应该询问对方是否招人，需要什么样的人才，然后作个简单的自我介绍，询问对方是否可以面谈。如果招聘单位有见面意愿，可约好见面时间、地点，最好拿笔做好与对方通话的记录，以方便以后面试联系。

（七）注意事项

打电话尽量讲普通话，使对方能听得清，记得准。谈话语速保持中速，不急不缓。做事应该注重细节，事半功倍。

二、网上求职及注意事项

网上求职与网下求职相比，主要涉及求职的前半部分，即求职者通过网上了解企业的职位信息与职位要求，并使企业了解个人的相关情况，从而获得面试的机会。进行网上求职，首先要明确目标，切忌盲目。网上求职不必是唯一的岗位目标，但一定要有一个方向。

（一）网上求职一般有两种形式

（1）主动发布求职信息。打开任意一个人才招聘网站，一般是先要注册登记，注明求职意向、要求及个人情况和通信方式（通信地址或 E-mail 地址），完成登记即可。

（2）被动寻找招聘信息。根据网上发布的招聘信息，发送求职意向，或直接登录招聘单位站点，主动发 E-mail 联系。如果用人单位对你的个人资料感兴趣，就会和你主动联系。

（二）网上求职的注意事项

（1）不要同时在一家公司应征数个职位。一般来说，在用人单位看来，你越是对某一职位志在必得，他们越会感觉你是认真的。相反，如果既应聘文秘，又应聘程序员，还要应聘推销员，他们会觉得你对三个方面都不是很擅长，这样的应聘其成功率自然也就低。

（2）要注意把简历转化为文本文件。

（3）注意不要把简历放在附件里。一是因为邮件太多，有时查看邮件的工作人员懒得打开附件；二是因为当前电子邮件的附件病毒流行，工作人员不轻易下载。

（4）不要出现字词及语法类错误。

（5）求职的电子邮件应尽量简明扼要，既要把自己在某一方面的特长讲清楚，又不要过于冗长。

（6）谨防网上骗子。网上求职和网下求职一样，都有上当受骗的可能。如对于未面试就让应聘者交纳报名费和培训费的招聘信息，要特别注意谨防受骗。

第三节　笔试类型与应对技巧

一、笔试的类型

笔试是一种常见的考核办法，是用人单位采用书面的形式对求职者的基本知识、专业知识、文化素养和心理健康等综合素质进行考核和评估的方法。它通常用于一些专业技术要求很强、对录用人员素质要求很高的单位，如一些涉外部门、技术要求很高的专业公司及国家机关等。目前常见的笔试有专业能力测试、智商测试、心理测试和综合能力测试。

（一）专业能力测试

这种测试主要是检验应聘者担任某一职务时，是否能达到所要求的专业知识水平和相关的实际能力。如近几年毕业生热衷报考的国家公务员，其笔试包括《行政职业能力测试》和《申论》；招聘行政助理、秘书方面工作的单位对应聘者文字能力的测试；部分单位对某种计算机语言有较高的要求时，测试应用特定语言编程的能力等。这种测试往往在特定设置的工作环境中进行。下面列举几个例子。

阅读一篇文章写读后感。

自编一份请求报告和会议通知。

听到 5 个人的发言，写一份评价报告。

某公司计划在五月份赴日本考察，写出需要做哪些准备工作。

给一个科研题目，写出科研论文的具体大纲。

从答卷中可以了解你的文字表达能力以及分析问题的逻辑思维能力等。

（二）智商测试

智商测试主要为一些知名跨国公司所采用，他们对毕业生所学专业一般没有特殊要求，但对毕业生的素质要求较高。

他们认为，专业能力可以通过公司的培训获得，因此专业背景并不是第一位的，但毕业生是否具有接收新知识的能力是至关重要的。

智商测试并不神秘。一类是图形识别，比如一组有四种图形，让应试者指出其相似点和不同点。这类题目在一些面向中小学生的智力游戏书中是很常见的，一些面向大众的杂志偶然也会刊登这类游戏题目。另一类是算术题，主要测试毕业生对数字的敏感度以及基本的计算能力。比如给定一组数据，让毕业生根据不同的要求求出平均值，其难度一般不超过对中学生的计算能力的要求水平。尽管如此，一些理工科的毕业生也有考不到 60 分的。这类测试是会计师、审计师等职业所要求的。

（三）心理测试

心理测试是用事先编制好的标准化量表或问卷要求被试者完成，根据完成的数量和质量来判定其心理水平或个性差异的方法。一些用人单位经常以此来测试求职者的态度、爱好、动机、个性等心理素质。

（四）综合能力测试

综合能力测试兼有智商测试的要求，但程度更高。比如，应试者要在规定的时间内对一组数据、一组资料进行分析，找出其合理的地方和存在的问题，并设计出解决问题的方案。这是对毕业生阅读理解能力、发现问题及分析和解决问题的能力、知识面等素质的全方位测试，甚至有时问答都是用英语进行的，相对来说难度更大一些。

二、笔试的应对技巧

（一）复习知识

对大学专业知识进行必要复习是笔试预备的重要方式。一般来说，笔试都有一个的范围，可围绕这个范围翻阅相关图书资料，复习巩固所学过的课程内容，温故知新，做到心中有数。

（二）增强信心

笔试怯场，大多是缺乏信心所致。要客观冷静地对自己进行正确评估，克服自卑心理，增强信心。临考前，要适当减轻思想负担，保证充足的睡眠，适当参加一些文体活动，从而使高度紧张的大脑得到放松休息，以充沛的精力去参加考试。

（三）临场预备

提前熟悉考场环境，有利于消除应适时的紧张心理。还应仔细了解考场注意事项，尽量按要求做好。除携带必备的证件外，考试必备的文具也要预备齐全。

（四）科学答卷

拿到试卷后，首先应通览一遍，了解题目的多少和难易程度，以便把握答题的速度，然后根据先易后难的原则排出答题的顺序，先做相对简单的题，后做难题。这样就不会因为做难题占用时间太多，而没有时间做会答的题。碰到较大的综合题或论述题，则应先列出提纲，再逐条论述。

答完试卷后，要进行一次全面复查，注重不要漏题、跑题。要纠正错别字、语法不通、词不达意等错误。值得注重的是卷面必须做到字迹端正、卷面整洁，因为招聘单位往往从卷面上联想应聘者的思想、品质、作风。字迹潦草、卷面不整的人，招聘单位先不看你答的内容，单从你的卷面就觉得你不可靠；而那些字迹端正，答题一丝不苟的人，招聘单位会认为你态度认真，作风细致，对你更加青睐。

第四节　面试类型与应对技巧

一、面试的类型

面试是评价应聘者素质特征的一种考试方式，它不同于笔试这种硬性的考核，主要考察应聘者随机应变的能力。面试的方式灵活多样，常采用不同的模式。

（一）按考察方式分

1. 言谈面试

通过主试者与被试者的口头交流沟通，由主试者提出问题，由被试者口头回答，考察应聘者知识层次、业务能力、头脑机敏性等的一种测试方法。

2. 模拟操作面试

让被试者模拟在实际工作岗位上工作，由主试者给予被试者特定的工作任务，考察被试者行为反应的一种方法。这种方法是一种简单的功能模拟测试法。例如企业在招聘技术工种时，可采用实地操作的测试方法，考察应试者技术的娴熟程度。又如速记、打字、绘图等人员招聘时均可采用实地考试的方式。另外，公关、销售等有关人员招聘时，也可结合模拟操作面试。

【例 1】主考官：（手拿一件产品）这是我公司的一件产品，现在你作为销售人员开始向我推销。

【例 2】主考官：假设你是我公司的公关，负责媒介工作。我公司有一重要广告要三天内见报，而某热门晚报的广告一个星期内均已排满，你将采取哪些行动？

（二）按其人员组成分

1. 个人面试

个人面试又可分为一对一的面试和主试团面试两种方式。

（1）一对一的面试又称单独面试，是最普遍最基本的一种面试方式。它的优点是能提供一个面对面的机会，让面试双方较深入地交流。一般情况下，一对一的面试多用于较小规模的组织或招聘较低职位员工时，有时也用于人员初选，另外当公司总经理对人员进行最后录用决策时也常采用这种方式。一对一面试的优点是能使应聘者的心态较为自然，话题往往能够深入，谈话过程容易控制，但其缺点是由于主试者知识面的限制，考察内容往往不够全面，而且易受主试者个人感情的影响。

（2）主试团面试是由 2～5 个主考人组成主试团，分别对每个应聘者进行面试。采取这种方式时，主试团成员需要进行角色分配，各自不同的角色相互配合。一般主试团由 3 人组成：一位是人事部门经理；一位是用人业务部门经理；一位是聘请咨询机构的人才招聘专家。三人的分工主要是评价维度的分配上，如公司人事部经理侧重于对应聘者求职的动机、工资要求、人际关系的考察上；人才招聘专家侧重于对其责任心、应变能力、领导才能等方面的考察。业务部门经理一般负责考察其相关专业知识和过去的工作成绩。主试团面试容易给应聘者构成一种心理压力。

2. 小组面试

小组面试是当一个职位的应聘人数较多时，为了节省时间，让多个应试者组成一组，由数个面试官轮流提问，着重考察应聘者个性和协调性的面试方式。这时招聘人员的人数是不确定的。小组面试的目的通常有 3 个：一是可以横向比较应聘者，统观全局，大致地了解每个人的特色；二是考察小组成员的团队合作精神；三是节省时间，因为招聘工作时间有限，常常来不及一个个面试。基于前两种原因这种面试会配有程序化的设计，往往会要求大家分析案例或者要求大家共同讨论一个问题。

例如，在小组面试中常在某位被试者回答问题后，主试者突然向其他被试者发问："对于××先生刚才的回答，其他人有什么看法？"这时要求被试者举手回答，此时，能反映一个人的机敏性和主动性。"我基本上赞同刚才那位先生的观点，但在其中一点上看法有些差异……"这种回答方式既有协调性又具有个性。应对这种面试需要注意的是如何在群体中表现得当，既要积极活跃，又不能抢尽风头，对别人构成压力或威胁。要摆正自己的位置，使人觉得你是集体中的一员，容易相处，并能为公司做出贡献。另外回答时间不宜过长，要简明扼要。

又如，将被试者分成数组，每组 5～8 人。主试者数人坐在一旁观察。主试者中确立一个提问者，提出一个能引起争论的问题，如"入世到底是否有益于中国经济的发展？""人才流动是否能促进生产的发展？"等，让被试者围绕着问题展开讨论。从而考察被试者的沟通能力、协调能力、语言表达能力、洞察与把握环境的能力及领导能力等。这种方法是现代评价中心技术中的无领导小组讨论在面试实践中的应用，与个人面试相比较，具有独特的优势。

（三）按其进程分

1. 一次性面试

所谓一次性面试，是指用人单位对应试者的面试集中于一次进行。在一次性面试中，面试考官的阵容一般都比较"强大"，通常由用人单位人事部门负责人、业务部门负责人及人事测评专家组成。在一次性面试情况下，应试者是否能面试过关，甚至是否被最终录用，就取决于这一次面试表现。面对这类面试，应试者必须集中所长，认真准备，全力以赴。

2. 分阶段面试

分阶段面试又可分为两种类型，一种叫“依序面试”，一种叫“逐步面试”。

（1）依序面试。

一般分为初试、复试与综合评定三步。

初试的目的在于从众多应试者中筛选出较好的人选。被面试者众多，每人分得的时间有限，一般是10～30分钟不等。这种面试作为多轮选拔的开始，一般由用人单位的人事部门主持，它主要考察应试者的仪表风度、工作态度、上进心等，将明显不合格者予以淘汰。

初试合格者则进入复试，复试的时间会更长，程序也更复杂，往往要经历两个以上考官的评估，只有少数的应试者会脱颖而出。复试一般由用人部门主管主持，以考察应试者的专业知识和业务技能为主，衡量应试者对拟任工作岗位是否合适。

复试结束后再由人事部门会同用人部门综合评定每位应试者的成绩，确定最终合格人选。

（2）逐步面试。

一般是由用人单位的主管领导、处（科）长以及一般工作人员组成面试小组，按照小组成员的层次，由低到高，依次对应试者进行面试。面试的内容依层次各有侧重：低层次一般以考察专业及业务知识为主，对应试者的基本条件进行核实，确认应试者的学历证明及其工作业绩；中层次是对应聘者个性特征、能力倾向、愿望动机、业务能力等方面的综合考察，并写成评语报公司人事总裁；高层次则实施全面考察与最终把关，考察应聘人的适用性和应变力。实行逐层淘汰筛选，越来越严。应试者要对各层次面试的要求做到心中有数，力争每个层次均留下好印象。在低层次面试时，不可轻视大意、骄傲马虎；在高层次面试时，也不必胆怯拘谨。

一般而言，录用人员的层次愈高，面试的次数也愈多。普通人员的录用常由人事部门和业务部门面试后直接决定，而公司中层以上管理人员的录用，则由企业人事总裁直接参与。

（四）按面试的内容与要求分

1. 问题式面试

由招聘者按照事先拟订的提纲对求职者提出一个问题或者一项计划，请予回答或解决。其目的在于观察求职者在特殊环境中的表现，考核其知识与业务，判断其解决问题的能力，从而获得有关求职者的第一手资料。

2. 压力式面试

由招聘者有意识地对求职者施加压力，就某一问题或某一事件做一连串的发问，不仅详细具体，而且追根问底，直至无法对答，甚至有意识刺激求职者。此方式主要观察求职者在突如其来的压力下能否做出恰当的反应、以了解求职者的思维敏捷程度及应变能力。

3. 随意（或自由）式面试

即招聘者与求职者海阔天空、漫无边际地进行交谈，气氛轻松活跃，无拘无束，让求职者自由发表言论。此方式的目的在于从闲聊中观察应试者的谈吐、举止、知识、能力、气质和风度等，对其做全方位的综合素质考察。

4. 情景（或虚拟）式面试

由招聘者事先设定一个情景，提出一个问题或一项计划，请求职者进入角色模拟完成。其目的在于考核其分析问题、解决问题的能力。情景式面试是面试形式发展的新趋势。它具有模拟性强的特点，求职者的才华能得到更充分、更全面的展现，招聘者对求职者的素质也能做出更全面、更深入、更准确的评价。

5. 综合（全方位）式面试

招聘者通过多种方式考察求职者的综合能力和素质，如用外语与其交谈以考察其外语水平，要求即时作文以考察其文字能力，或即席演讲以考察其演讲能力等。

上述面试方式各有特点，在实际面试过程中，主考官可能只采取一种面试方式，也可能同时采用几种面试方式。

二、面试应注意的问题

（一）搜集相关信息

在一次招聘会上，一家化妆品公司的招聘主管让应聘大学生说出几款该公司代理的品牌名字，没想到求职者一个都答不出来。招聘主管说："对我们公司这么陌生，在求职前不去了解我们公司，很难想象你对自己的职业生涯有所规划。这样不负责的人，我们肯定不会用。"

从以上案例中可以看出，面试前要尽可能了解用人单位的情况，对准备应聘的岗位也要做一些了解，这些工作非常重要，它能让你知己知彼、有的放矢。

目前，用人单位大致分为四类。

第一类是外企。其工作特点是优厚的薪资福利，完善的培训体系，全球化的工作环境，富于激励的企业文化氛围和晋升制度，严格的绩效考核体系，工作压力大，需要富有创新精神和团队精神的人才。

第二类是民营企业。其工作特点是机制灵活，机会多，成长快，收入较高，锻炼多方面能力，为自主创业打基础，工作压力大，小的民营企业失业风险大，需要有一定冒险精神和独立性较强的人才。

第三类是国有企业。一些国有企业将退出竞争性行业，而且国有企业之间的效益和收入差距较大。因国有企业大都是国民经济的支柱企业或骨干企业，需要有强烈责任感和使命感的人才。

第四类是国家机关。其工作特点是比在企业里要稳定，工作环境相对宽松，平均年龄偏高，晋升相对缓慢，薪资待遇相对较低，但福利较好。这类单位需要综合协调能力较强的人才，学生干部有相对竞争优势。

不管应聘哪一个单位，你都要清楚，将要去的单位是哪一种行业、生产何种产品？是独资企业还是合资企业？企业文化（包括口号和形象）是什么？同时还要尽可能了解清楚招聘单位的业务情况，比如过去的业绩好不好？业务往来的对象有哪些？现在该单位在做什么工作？如果是工厂，该厂产品的注册商标是什么？该单位的发展前景如何？另外，对招聘单位的内部组织、员工福利、一般起薪、工作地点等也应该尽可能了解清楚。

毕业生要提前熟悉和掌握准备应聘单位的相关资料，对将要从事的工作做一个基本的了解，甚至可以设想他们会问什么，然后对应作答，以往面试经验都可参考。因为不同的单位，工作特点不同，对大学生考核的侧重点也有差异。有侧重点地强调自己某方面的特长，这样面试成功的概率就大。

（二）做好充足准备

有些毕业生为了面试成功，通常都会阅读很多讲面试技巧的图书，按照所谓的流行标准在面试时把自己塑造一番。其实绝大部分问题没有标准答案，面试官所关注的并不是你的答案具体是什么，而是你的思路是否前后连贯一致、思维是否活跃、是否符合公司文化和职位的具体要求。如出一辙、模式化的答案不仅不能增加应聘的筹码，反而会掩盖自己的优势和特长，也给企业选拔优秀人才设置了无形的障碍。即便是通过了面试，企业人力资源部门往往会根据面试时所表现的性格、能力给求职者安排适合的职位，其实这对求职者的职业生涯并无益处。

职位招聘要求因单位性质的不同而不同，也会因为企业规模的不同而不同，还有企业所处的行业位置，未来的发展方向等，都会影响对应聘人员的素质要求，因此每个单位招聘职位对于人才的需求重点都是不一样的。在这家单位行之有效的技巧可能在那家单位就会碰壁。比如薪酬，有的单位忌讳求职者在应聘过程中提出，而有的单位则鼓励你衡量自身的劳动价值。

现在网络很发达，我们个人在通过网络寻求标准答案的同时，面试官也在看，他们看的目的是如何避免候选人用网络上通用的“标准答案”来回答他们的问题。在他们面前卖弄技巧，恐怕会被一眼识破，反而留下不好的印象，这就不如真诚自然一点。

没有标准答案并不代表面试前不需要做任何准备。只是准备的重点不应该放在对“标准答案”的背诵上，而应该放在如下方面：对目标企业、行业的了解；对自己以往工作经验的回顾、分析与总结；准备一下与目标职位相关的问题。最重要的还是要对自己有一个清晰的定位，对应聘公司和职位有清晰的了解，正所谓“知己知彼，百战不殆”。

大多数企业的招聘考试时间都很短，“考”的是大学生知识和经验的积累，毕业生应从平时学习着手，不要寄希望于临时抱佛脚。如果毕业生在求职时能针对问题提出自己独特的见解，充分展示自己的特长，这可能比“宝典”上千篇一律的回答更能引起用人单位的注意。

三、大学生面试失败的常见原因

每年到了毕业的时候，总有部分同学用几个月的时间才能最终落实接收单位。这里面的原因很多，除了前面提到的礼仪和面试技巧没掌握好，还有其他需要反省的问题。

（一）缺乏必要的积累

一些同学到了快毕业的时候才开始着急：我拿什么去找工作？其实这个时候才考虑这个问题为时已晚。要知道找工作不只是毕业前那个学期的事情，而是与自己整个大学生活的规划和前期的职业定位等密不可分的。从一进校开始就应该好好为自己积累“资本”，比如学习成绩，特长的培养，获得过哪些奖励，参加过哪些社团或社会实践活动等。每个同学都应该明白，找工作要尽早准备，应该有意识地去经营大学生活，切不可只满足于每天上课、考试及格的程式化生活，丧失感知和反省。求职，不应只是快毕业时才想的事。

（二）好高骛远

对一些应届毕业生而言，找不到工作并非是因为没有实力，而是由于对工作的期望值过高。特别是一些独立生活、工作能力差，不愿意锻炼，一心想找工资待遇高、活儿又不累工作的人。一般这种“半吊子”型的人，在就业压力日益增大的今天很难成功就业。还有的毕业生实力不怎么样，但是一开口就讨价还价，这通常会被认为是不成熟的表现。求职毕竟不是谈生意做买卖，“金钱第一”容易让人产生反感。

（三）过于紧张，自信心不足

自信是创造奇迹的灵丹妙药。可一些应届生在求职时，往往因为自己缺乏实际操作经验，自我评价过低，无法在所应聘的工作岗位前表现十足的信心，导致企业将其拒之门外。例如，小李在校期间学习成绩优异，曾几次获得奖学金。但是在面试时 3 分钟的自我介绍中，多次重复几句话，显得紧张和信心不足。在回答考官“特殊”的提问中，小李有些语无伦次，短短几分钟就败下阵来。其实，同学们需要了解的是企业一旦确定招聘没有社会经验的应届生，就已在其培训计划与资源配置方面做了相应的安排。

（四）不注意细节

随着社会的发展，很多招聘单位对人才的考察不仅停留在专业、技能、经验的要求上，同时更多地考虑人才的性格、团队意识、创新能力，注重细微功夫。可有些求职者不能真正领会“勿以恶小而为之，勿以善小而不为”的古训，导致求职失败。例如，某电子有限公司的王经理说：“员工接听电话时，如果讲话不小心，就有可能丢掉客户。”而类似的现象，在企业发展中屡见不鲜。为减少企业管理的失败成本，选择人才时注意细节考察，当然就顺理成章了。

1. 自我意识过强

如当遇到要求评价两种观点时，不少求职者仅仅以“我”的角度具体论述了其中一种，往往对另一观点只字不提；而被问到“作为负责人，怎样组织策划公司活动”时，很多求职者仍旧只回答“我如何做”，而没有充分利用身边的人、财、物等资源，也很少有人会想到要取得工会、共青团或者领导的帮助。

案例 10－1

小李被埋没的痛苦

小李觉得要脱颖而出必须表现得更积极。所以在回答问题的时候，他总是抢在别人前面，比别人多说两句。

小李记得很清楚，当时面试官问：如果你的同事中有那种不那么好沟通的人，你怎么办？别人还没有说话，他就抢着回答：“最重要的是工作，每个人都有自己的个性，不需要去勉强。”整个面试下来，有 2/3 的问题都是小李回答的，而且越说越顺，根本忘了要收敛，看得出来另外两个组员不太高兴，但是他想面试本来就是表现自己的机会，就没在意。

结果一个星期后小李收到通知，被客气地告知不需要参加复试了。因为公司觉得他不注重团队合作精神，太急于表现自己，不是他们需要的人才。

有一句话说：把自己当成珍珠，就时时有害怕被埋没的痛苦。当今社会分工越来越细，很多工种都是需要合作才能完成，自我意识太强的人很难与他人和谐相处，常可能被埋没。

资料来源：https：//blog. csdn. net/superlinux/article/details/402918，2019－12－22.

2. 独立性差

许多大学生在学习中只知死啃书本，没有足够的社会实践，每次应聘都要父母参与，自己则缺乏主见。还有的毕业生笔试、面试通过后，在与公司签约的时候，父母到场与用人单位谈条件。对于这种行为，多家公司的人事主管都表示反感。

案例 10-2

小张的回答

好不容易面试结束，考官们走出会议室讨论了一下，把小张叫了出去。

“根据你的性格特点，我们想把你安排在外事部门，不过户口方面可能还需要再争取。”

听到这句话，小张愣住了：“你们不是答应可以解决吗?”后半句被小张吞进了肚子，小张的感觉越来越不妙。“要是户口解决不了，我也许根本就不会来应聘……”小张左思右想，轻轻咬着下唇说：“要不，我跟爸爸妈妈商量一下。”

主考官也突然愣了一下，小张马上意识到，自己似乎说错了什么。

“好吧。”主考官微笑着说，“不过要记得，以后你参加面试的时候，不要说‘和爸爸妈妈商量’的话，因为这样会显得你没有主见，明白吗?”

小张抬头看了看主考官的眼睛，他眼里满是真诚。小张意识到，他错失这个机会了。

每位毕业生都要记住：找工作的前提是，你是一个独立的人，有自己的判断能力，能对自己负责。

资料来源：https：//blog. csdn. net/superlinux/article/details/402918，2019-12-22.

3. 不了解对方

有的人只了解单位的整体形象，却不了解应聘的岗位的具体工作性质，这样会让用人单位觉得你很盲目，不适合做这份工作。

案例 10-3

自负害了小王

小王是文科毕业生，读书时就曾任校刊的副主编，同时在不少杂志上写稿，应该说对采编业务非常熟悉。小王认为自己应聘一家内刊的编辑有十拿九稳的把握。没想到，不知天高地厚的自负害了她。

那个内刊隶属于一家国际知名的大公司。说实话，小王当时是看中了这家公司的知名度，并考虑到自己在其他方面的发展前景才去应聘的，从内心里对内刊编辑的位子多少有些不屑，认为自己当个不对外发行刊物的编辑绰绰有余。所以，也就没对面试进行过多准备。

面试开始还算顺利，接下来是回答提问环节。这时候，小王发现自己犯了一个错误，没有很认真地了解公司情况。她所知道的只是一般大众都知道的该公司的形象。对于公司的业务领域、特别是一些技术进步方面的问题，知之甚少，而这也绝不是一个文科生的特长。这时候，那些理科学生的优势凸现出来，他们表现活跃，而小王有点插不上嘴。好不容易等到考官问有关杂志编辑的专业知识，她一下子逮住了机会，滔滔不绝讲起来。小王看到考官很注意地在听，她想，自己应该能通过面试吧！

可惜，小王满怀希望等来的却是未被录取的消息，更让她受打击的是她得知公司录取了一个工科专业女生。后来她才知道，未被录取的理由不是业务素质、个人能力不行，而是她不合适他们招聘的职位。他们认为，以小王的个性和自我期望值，不会踏踏实实安心于本职工作，还认为小王与他人的合作精神似乎也欠佳。

资料来源：https：//wenku. baidu. com/view/68d3fd844531b90d6c85ec3a87c24028905f850e. html，2019-12-26.

四、面试结束后的注意事项

面试一结束，应该对自己在面试时遇到的难题进行回顾。重新考虑一下，如果他们再一次向你提问时，该如何更好地回答这些问题。

尽量把你参加面试的所有细节用一个小本子记下来。如一定要记下面试时与你交谈的人的名字和职位，以便日后感谢。又如把你面试过，甚至是投过简历的单位、部门记下来，这样如果以后通知你复试，你就不会想不起来是哪个单位了。

万一通知你落选了，你也应该虚心地向招聘者请教你有哪些欠缺，以便今后改进。这样，就可以知道自己到底为什么落选。一般来说，能得到这样的反馈不容易，你应该好好把握时机。

第五节 大学生求职礼仪

一、礼仪及其作用

什么是礼仪？它是在人际交往中，以一定的约定俗成的程序、方式来表示尊重对方的过程和手段。礼仪的目的是使人们能轻松愉快地交往；礼仪的基本原则是“为他人着想”“己欲立而立人，己欲达而达人”“己所不欲，勿施于人”。

求职礼仪则是求职者在与招聘单位接触时应具备的礼貌行为和仪表形态规范。一般即将毕业的大学生习惯把精力都放在准备简历和面试问题上，而忽视了求职过程中的各项礼仪。一个人的学历、资质、经历等“硬件”确实非常重要，但是这些绝非求职面试成功的保证。而个人外表、谈吐、气质等这些“软件”对招聘者的心理也有巨大的影响。如果你是一个谦恭有礼，非常注意礼仪准则的人，就会给人留下积极而美好的印象，哪怕在硬件方面你可能稍微欠缺，招聘者也会愿意给你机会；但是如果你的某个细节动作让招聘者产生反感，你落选的可能性会更大，在今天竞争激励的求职市场中，招聘者尽可以去选择自己喜欢的人。怎样在求职时充分展示自己，赢得用人单位的录用，已成为大学毕业生的焦点话题。

心理学家奥里·欧文说：“大多数单位录用的是有礼节的人，而不是最能干的人。”企业也永远不需要最“优秀”的人，而是需要最合适的人。求职者在面试中表现出的礼仪水平，不仅反映出求职者的人品和修养，而且直接影响面试官的最终决定。因此，越来越多的求职者开始重视求职礼仪。

二、求职礼仪的内容

求职者能否实现求职目标，关键的一步是与用人单位见面，与人事主管进行信息交流，以便使人事主管确信求职者就是用人单位所需要的人才。古人云“见微知著”，礼仪能规范行为举止，防止因小节而误事。因此，在求职前大学生应在求职中恰到好处地表现自己的智慧和修养，在求职后有始有终地保持自己的风度。

（一）面试前的准备

求职面试，首先要设计好自己的形象。求职者形象给面试官的印象好坏常常关系到求职的成败。第一次见面，面试官往往以自己的经验和阅历，凭着求职者的外在形象来判断求职者的身份、地位、学识、个性等，并形成“第一印象”。它往往比一个人的简历、介绍信、证明、文凭等的作用更直接，更能产生直观的效果。据哈佛大学有关专家研究表明，与陌生人交往一般在7～30秒就会将外表不合格的人淘汰掉。因此，恰当的自我形象设计能够弥补自身条件的某些不足，树立起自己的独特气质，最终使自己脱颖而出。

良好的形象设计，既要符合个人气质特点，又要符合招聘单位的特点。着装最好与用人单位保持一致或相似，以给对方一种亲切感，让面试官觉得你是他们的一分子，你想成为他们的一分子。对于在校学生来说，应聘一般的职位不一定要穿什么时装、名牌，只要大方、得体就好。

1. 男士面试着装建议

男士注意脸部的清洁，胡子一定要刮干净，头发梳理整齐，最好是前不过眉，后不及领，两侧不遮耳朵，忌长发、卷发、光头、中分。查看领口、袖口是否有脱线和污浊的痕迹。

春、秋、冬季，男士面试最好穿正式的西装。夏季要穿长袖衬衫，系领带，不要穿短袖衬衫或休闲衬衫。

西装要平整、清洁、有裤线；西装口袋不放任何东西；必须拆除西装商标。西装的色调要选择给人稳重感觉的深素色，如藏青色、蓝色、黑色、深灰色等。配套的衬衫最容易的搭配是白色。领带应选用丝质的，领带上的图案可以根据自己的爱好选择，最好是单色的，它能够与各种西装和衬衫相配。单色为底，印有规则重复出现的小图案或条纹的领带，格调雅致，也可以用。领带在胸前的长度以达到皮带扣为好。如果一定要用领带夹，应夹在衬衫第三和第四个扣子中间的位置。

深色的袜子、黑色的皮鞋。皮带要和西装相配，一般选用黑色。男士着装遵循三一致原则：皮鞋、皮带、皮包颜色一致，一般为黑色。

眼镜要和自己的脸型相配，镜片擦拭干净。

2. 女士面试着装建议

职业套装是最简单，也是最合适的选择。女士裙子不宜太长，这样显得不利落，但是也不宜穿得太短，最好不要高过膝盖三厘米。低胸、紧身的服装，过分时髦和暴露的服装都不适合面试时穿。春秋的套装可用花呢等较厚实的面料，夏季用真丝等轻薄的面料。衣服的质地不要太薄、太透，薄和透有不踏实、不庄重的感觉。色彩要表现出青春、典雅的格调。用颜色表现你的品位和气质。不宜穿抢眼的颜色。

丝袜被称为女性的第二层皮肤，一定要穿，以透明近似肤色的颜色最好。要随时检查是否有脱线和破损的情况。最好带一双备用的丝袜。

穿式样简单、没有过多装饰的皮鞋，后跟不宜太高，颜色和套装的颜色一致，如果你不知道如何配色，最简单的办法就是穿黑色的皮鞋。夏日最好不要穿露出脚趾的凉鞋，更不宜将脚指甲涂抹成红色或其他颜色。

如果习惯随身携带包，那么包不要太大，款式可以多样，颜色要和服装的颜色相搭配。

化淡妆，如果喷香水，应该用清新、淡雅的香型；不留长指甲，可涂自然色的指甲油。

发型文雅、庄重、梳理整齐，尽量不要烫发、染发。长发最好用发夹夹好，不能染鲜艳的颜色。前额刘海不要超过眉毛。

佩戴饰物应注意和服装整体的搭配，最好以简单朴素为主，不宜过多。

出发前，最好从头到脚再检查一遍，看看扣子、拉链是否扣好、拉好，领子袖口是否有破损，衣服是否有褶皱，鞋子是否干净光亮。

以上只是着装的一般原则。由于不同性质的机构对应聘人员的角色期待是不同的，相应的，着装也应该相时而动。应聘银行、国企、外企等的职位，穿着应偏向传统正规、稳重端庄，这样可以给对方可信赖的感觉；应聘公关、时尚杂志等的职位，则可以适当地在服装上加些流行元素，显示出自己对时尚信息的捕捉能力；应聘传媒、艺术、广告等创造性要求高的职位，着装应该在避免随意的同时适当体现个性，精致而有特色的饰物可以起到画龙点睛的作用。对于应届毕业生来说，也可以穿休闲类套装。它相对于正规套装，面料、鞋子、色彩的搭配自由度更高。总之，合乎自身形象的着装会给人以干净利落、有专业精神的印象，男生应显得干练大方，女生应显得庄重高雅。

（二）面试时的礼仪

据研究，在人与人的信息交流形式中，面试官对求职者的了解，语言交流占了30%，眼神交流和面试者的气质、形象、身体语言占了绝大部分，所以求职者在面试时不仅要注意自己的外表及谈吐，而且要注意避免谈话时做出很多下意识的小动作和姿态。

1. 行为方面

提前10分钟到。最好提早出门，比原定时间早5～10分钟到达面谈地点。早到可先熟悉这家公司附近环境并整理仪容。如果有长距离的交通，宁可早到30分钟，甚至1个小时。但早到后不宜提早进入办公室，最好不要提前10分钟以上出现在面谈地点，否则招聘者很可能因为手头的事情没处理完而觉得很不方便。对面试地点比较远、地理位置也比较复杂的，不妨先跑一趟，熟悉交通线路、地形，甚至事先搞清洗手间的位置，这样就能知道面试的具体地点，同时也能了解路上所需的时间。

面试时重要的是自信。这种自信可以通过步态表现出来。自信的步态应该是身体重心稍微前倾，挺胸收腹，上身保持正直，双手自然前后摆动，脚步要轻而稳，两眼平视前方。步伐要稳健，步履自然，有节奏感。需要注意的是如果同行的有公司的职员或接待小姐，则不要走在他们前面，应该走在他们的斜后方，距离一米左右。

不论门是开着、关着、半开着，都应该敲门。敲门时以指节轻扣三声，力度以面试人员能听到为宜。等到面试人员回复后再开门进去，开门一定要轻。进去后向对方行点头礼，再关上门。走到椅子旁边时，应恭敬地自我介绍：“我是××。”当对方请你坐下时，说声“谢谢”再坐下。若对方未请你坐下，应礼貌地询问：“我可以坐下吗?”然后待主考官示意坐下方可就座。在没有听到“请坐”之前，绝对不可以坐下，面试官还没有开口，就顺势把自己挂在椅子上的人，已经扣掉一半分数了。

不要贸然与对方握手，除非他先伸出手来。握手时一定要使手臂呈 L 形，手心向上，从下到上迎向对方，握手时以适宜的力度，上下垂直握手两到三下为好。一定要显示出自己的热情、自信。

坐姿要端正，两手自然轻放在膝上，不宜两手下垂或抱在胸前，或背后交叉。脚或者腿不宜颤动或晃动。坐在椅子上要避免耷拉着肩膀，含胸驼背，半躺半坐，跷二郎腿或双膝分开甚至叉开腿等。

面试完后，起立，并向对方表示感谢，把刚才坐的椅子扶正放到刚进门时的位置，面向对方缓步退出面试室，不可走得太快，以免对方误以为你紧张、怯场。最后出门时一定要对面试人员再次行点头礼，并轻轻将门带上。经过前台时，要主动与前台工作人员点头致意或说“谢谢你，再见”之类的话。

2. 表情方面

(1) 注视对方。说话时不要低头，要看着对方的眼睛或眉间，不要回避视线，以表示对招聘者的尊重。如果不敢正视对方，会被人认为你害羞、害怕，甚至觉得你“有隐情”。一味直勾勾地盯着对方的眼睛也会觉得突兀。目光接触的技巧是盯住主考官的鼻梁处，每次 15 秒左右，然后自然地转向主考官的手、办公桌等其他地方，隔 30 秒左右，又再望向主考官的鼻梁处。开口回答问题时应该把视线收回来。切忌目光犹疑，躲避闪烁，这是缺乏自信的表现。若面试人员不止一个人，回答问题时一定要以目光扫视其他人，而将焦点集中在主考官身上。

(2) 学会倾听。好的交谈是建立在“倾听”基础上的。不会听，也就无法回答好主考官的问题。在面试过程中，主考官的每一句话都可以说是非常重要的。你要集中精力，认真地去听，记住说话人讲话的内容重点。倾听对方谈话时，要自然流露出敬意，这才是一个有教养、懂礼仪的人的表现。要做到如下几点。

① 记住说话者的名字。

② 身体微微倾向说话者，表示对说话者的重视。

③ 用目光注视说话者，保持微笑。

④ 适当地做出一些反应，如点头、会意地微笑、提出相关的问题。

⑤ 仔细聆听问题，从容回答，不可打断对方讲话或反问。

3. 交谈技巧

应试者被问的第一个问题往往是“谈谈你自己吧”，此时是推销自己的好时机，如果回答得好，可能在接下来的面试中会非常顺利。招聘者主要关心的是：你是谁，什么学历，干过什么，有什么背景，是否适合应聘的岗位等。因此自我介绍一般不要超过 5 分钟，应简要地介绍自己的姓名、年龄、毕业学校，重点介绍自己的能力，并且用具体的事例来说明你的能力和取得的成绩。

要简明扼要地回答问题，表述要简洁、清晰、自信、幽默，提到公司要称“贵公司”。同时注意观察主考官的表情变化，也就是做到察言观色，尽快掌握主考官对哪些方面感兴趣，再根据事先的准备做着重表达。

言谈必须有礼貌，更多使用“您好”“请多关照”“谢谢”“再见”等礼貌用词。曾经有这样一个典型事例。某公司到学校选拔学生，学生依次面试。当主考官按姓名叫到一个学生不在时，立即有一位同学去找，去找的这位同学回来后说，“对不起，没找到”。负责选拔的总经理当场说，“就凭你这句‘对不起’，你这样的学生我们要了”。

在与主考官的意见不一致时，不要据理力争。即使你不同意他的看法，也不能直接给予反驳，可以用诸如“是的，您说的也有道理，在这一点上您是经验丰富的，不过我也遇到过一件事……”这样的开头方式进行交流。在下结论时也不要主动说与主考官完全相反的观点，要引导主考官自己做结论，这样就避免了与主考官直接发生观点冲突，又巧妙地表明了自己的观点。特别是在回答情景面试问题时，稍不注意，就容易处理失当，过度自信而忽略了场面控制。

若对方显得饶有兴趣（身体前倾），说明你表现出色，可以继续下去。若对方表现出明显的不耐烦（打哈欠或目光无神），这时你可以停下来问他：“您是希望我再讲讲……（刚刚说过的东西），还是想听听我在××方面的技能?”若对方希望尽快结束面试（收拾文件或站起来），你应该明白，此时结束面试是明智之举，应主动提出，并提问面试后他们的下一个环节是什么。

在面试场上，常会遇到一些不熟悉、曾经熟悉现在忘记或根本不懂的问题。面对这种情况，不应默不作声、回避问题，也不应牵强附会、“强不知为知之”，而应坦率承认。

4. 其他注意事项

应聘前不要喝酒、不要吃葱蒜等有刺激性气味的食物，也不要抽烟、嚼口香糖，以免给人不稳重、不尊重对方的感觉。

有的应聘者面试时，习惯带上同学或亲戚前往，以消除紧张或给自己当“参谋”。其实，这种做法对求职者是不利的。他人在场不仅会使面谈尴尬，还会给考官留下你缺乏自信心、独立性不强的印象。这样容易遭到淘汰。

随身除带公文包或手提包外，不要带其他物品。应聘时可将公文包放置于座位下右脚的旁边，小型皮包则放置在椅侧或背后，不可放置于考官办公桌上。

不要与主考官争辩，即使考官所提问题非常不礼貌，身为求职者，也不能表现出不礼貌的言辞。你可以拒绝，但口气及态度一定要温和、婉转。

递物应大方得体，双手呈递。如果同一份材料递交多人，应注意递交次序，可以按对方职务高低顺序递交。若不清楚对方职务高低，也可以由近及远依次递交，动作要大方、得体，不拖泥带水。

（三）面试后的礼仪

1. 面试结束并不意味着求职过程已经结束

要知道面试结束并不意味着求职过程就结束了，也不意味着求职者就可以静待聘用通知的到来，有些事你可以继续做。

面试后两天内，你最好给招聘人员打个电话或写封信表示谢意。这可以帮助招聘者在决定录用何人时想到你，从而增加求职成功的可能性。感谢电话要简短，最好不要超过 5 分钟。感谢信要简洁，最好不超过 1 页。感谢信的开头应提及你的姓名及简单情况，然后提及面试时间，并对招聘人员表示感谢。感谢信的中间部分要重申你对该公司、该职位的兴趣，增加些对求职成功有用的事实内容，尽量修正你可能留给招聘人员的不良印象。感谢信的结尾可以表示你对自己的素质能符合公司要求的信心，主动提供更多的材料，或表示期待能有机会为公司的发展壮大做出贡献。不要在感谢信中提及能否被录用的问题，因为感谢信用意是感谢主考官在你的面试上花费了时间，而非增加对方的困扰。哪怕他们已经暗示你可能落选了，也可以寄一封短信说明你即使没有成功但也很高兴有面试机会。这样做不仅仅是出于礼貌，而且还能使招聘者在其公司出现另一个职位空缺时心里想着你，创造出一个潜在的求职机会。

案例 10-4

面试后的感谢信

尊敬的××先生：

感谢您昨天为我的面试花费的时间和精力。我和您谈话觉得很愉快，并且了解到许多关于贵公司的情况，包括公司的历史、管理形式以及公司宗旨。

正像我已经谈到过的，我的专业知识、经验和成绩对公司是很有用的，尤其是我的刻苦钻研精神。我还在公司、您本人和我三者之间发现了思想方法和管理方法上的许多共同点。我对贵公司的前途十分有信心，希望有机会和你们一起，为公司的发展共同努力。

再一次感谢您，并希望有机会与您再谈。

应聘者：×××

2020年×月×日

资料来源：https：//wenku. baidu. com/view/7f112dd8bfd5b9f3f90f76c66137ee06eff94eb2. html，2019-11-30.

2. 不要过早打听面试结果

在一般情况下，考官组每天面试结束后，都要进行讨论和投票，然后送人事部门汇总，最后确定录用人选，可能要等3～5天。求职者在这段时间内一定要耐心等候消息，不要过早打听面试结果。一般来说，你如果在面试两周后或在主考官许诺的通知时间到了还没有收到对方的答复时，就应该写信或打电话给招聘单位或主考官，询问是否已做出了决定。

面试回来后应尽快调整心情，你已经完成一次面试，但这可能只是完成了一个阶段。如果你向几家公司求职，则必须收拾心情全身心投入准备第二家的面试。因为，没有收到聘任通知之前，仍未算成功，你不应放弃其他机会。

案例 10-5

面试礼仪模拟剧场

公司名称：××生物科技企业集团　　考评面试官：人力资源总监邓小姐

应聘部门：企划部

性别：男　　婚姻：未婚

专业：××大学市场营销专业

小提示：第一印象——决定性关键因素。
注意眼神接触，保持微笑。
注意礼貌。

问：从你的简历和求职信来看，你各方面的条件都不错，能不能谈一下你在大学期间有没有什么相关的社会活动经验？

答：我学的是××大学市场营销专业，与社会接触比较多，平时也比较喜欢参加学校团体活动和社会实践活动，在二年级的时候就是班级的××干部，连续两个暑假参加了加拿大安美森公司主持的国际商务论坛，在该公司做过兼职的市场助理，主要负责一些相关的联络工作。

> 小提示：回答问题要诚实中肯，切忌撒谎和浮夸。
> 力争引起对方的共鸣。
> 越来越多的公司用英语进行面试，流利的英语口语可以为自己面试加分，给用人单位留下深刻印象。
> 在英语的口语交谈中，不必太拘泥于语法，大胆表达清楚自己的意思即可。

问：为什么想到我们公司工作呢？

答：我在××地方看到贵公司的招聘广告，对贵公司刊登的职位信息做了一些研究，觉得我所学的专业与贵公司的职位要求相符，我还在贵公司的网站上看到贵公司将在3年内大幅度扩大营销队伍的新闻……

> 小提示：搜集公司情报，了解职务内容。
> 把握充分展示自己的机会。

问：如果你获得这个工作机会的话，你可不可以想象5年后的自己？你有没有考虑过自己的职业生涯规划？

答：虽然这个社会有很多不可预测的事情，但我还是认为自己在这5年里会随着公司一起成长，我在生物技术领域的知识一定会紧紧跟随公司的最新进展，而我在营销策划上一定已经取得了较大的进步。

> 小提示：充分表达出自己对工作的热忱和对未来的信心。这是任何人力资源经理都喜欢的。

问：你觉得你有足够的能力来完成这份工作吗？

答：有。虽然有某些经验不完善的地方，但我相信当我逐渐熟悉公司的运作计划和操作环节后，我一定能……

> 小提示：回答应表现出强大的自信心及魄力。

问：你所期望的待遇可能超过了我们公司的预期，我们无法满足你的要求，你能接受吗？

答：我所提出的期望待遇与国内这个行业的职位薪酬标准相比是属于中等偏上的，当然具体的待遇标准还要由贵公司评估我的表现及资历来最后确定。我愿意在双方达成共识的基础上，在一定时期内按贵公司新进入公司的员工待遇标准工作。

> 小提示：回答这类问题的方法有很多种，要根据当时面谈的气氛和具体的情境来灵活回答，但基本原则：勇于为自己争取公正的待遇，诚实而不欺瞒；以双赢的心态去协商；保持弹性，让一切充满可能性。

问：你有没有什么要问的？

答：有。请允许我询问关于……方面公司的策略是什么？

> 小提示：切忌回答“没有问题”。
> 传达出争取工作的决心。
> 搞清楚有待了解的部分。

问：×先生，由于时间的关系，我们今天的面试就到此为止了。因为还有一部分候选人要进行这一轮面试，所以我们要在对所有参加面试的候选人进行全面比较衡量后，才决定合适的人选。有进一步的消息，我们会及时通知你的。谢谢你。

答：十分感谢您抽出宝贵的时间和我面谈，我从中受益匪浅。希望下次有机会再当面请教。再见。（与邓小姐握手道别，并将椅子放回原处后离开。经过前台时，和引导他进入人事部的钱小姐说：“谢谢你，再见。”）

小提示：注意，直到离开公司所有人的视野后，你的面试才结束。
传达完美的人际关系能力。
如果公司门口有张纸片或小块杂物等，不要视而不见地走过，而要将它捡起来扔到垃圾桶。因为这很可能是公司故意设计的面试细节，看看候选人是不是具有过人的观察力和从我做起的精神。

第二天下午，该面试者按照××生物科技企业集团的地址给人力资源总监邓小姐发了一封感谢信，表示通过面试更进一步了解了××生物科技企业集团的企业文化和高效率，表达了自己仍然很想为该公司服务的愿望，也有信心做好营销企划的工作，希望有机会向邓总监多多学习。

资料来源：https：//wenku. baidu. com/view/ab19e1a6df80d4d8d15abe23482fb4daa58d1dbc. html，2019 - 12 - 27.

案例 10 - 6

求职择业关系大，提前谋划是真谛

小李是一名学习成绩十分优秀的大学生，而且一直负责校学生会工作，有较强的组织协调能力。为了磨炼自己、积累经验，小李从大三下半学期开始就着手就业的准备工作。求职前，他先客观地审视自己：有什么特长？同别人相比，自己有什么优势？最喜欢干什么？什么样的工作最适合自己的发展，最能发挥个人才能和体现自己的价值？通过对自己的客观认识，小李收集了相关企业的资料，并尝试性地参加了几家外企的面试。虽然前面几次面试都失败了，但小李却从中学会了很多应聘技巧。

大四临近毕业时，小李得知他向往的深圳某美资企业正在招聘，便满怀信心地带着精心准备的自荐材料前去应聘。公司人事部在 300 多份求职材料中初选了 100 人进行笔试，结果留下 22 人进行面试，小李也在其列。用人单位问应聘者希望每月薪金是多少时，有人问答“2 000 元”，也有人回答“1 000 元，如果 1 000 元您还不同意的话，800 元也可以”。只有小李不卑不亢地说：“我薪金的起点是 3 000 元。”经理问：“为什么？”小李说：“据我了解，在深圳的外资企业，刚刚大学毕业工作的，薪金也基本在 3 000 至 4 000 元之间，我认为我期望的薪金应该能够体现我的实际能力。”最后，小李如愿得到了这份工作。

思考题：小李成功的原因是什么？

小李成功的原因，首先，他的就业目标定位非常明确，并且为之积极进行积累和准备，朝这个方面重点突破。其次，外资企业往往会出各种应变能力的试题进行面试，而小李有意识地参加过几次外企的招聘，对这类试题有过接触，事后他注意加强这方面的训练并总结出经验：碰到过分简单、过分容易的提问时，要避免就事论事地简单作答，而应当仔细想想——提问者是否另有所指，是否在考察你的智商、情商或导商之类，如果是，那就得跳出常规思维的束缚，采用非常规思维或发散式思维的方式去考虑问题，便会获得理想的效果。最后，刚刚走出大学校门的年轻人，对人才行情一知半解，盲目地应聘和标出自己的工作薪价，要么落聘，要么就是做了一份高技能的工作却拿了一份低技能的薪金。而小李懂得自己的价值，他在积极地收集各种信息资料的同时，尽可能地寻找与自己学历相同、行业相同或类似的职员做自己的价值参照。有了准确的数据，就能知己知彼，合理地把握自己的价值，恰如其分地提出自己的薪金要求，而不会给人以漫天要价或盲目应聘的印象，对方也可以愉快地接受。

资料来源：http：//jyc. cqrk. edu. cn/index. php/item—view—id—12138. html，2019 - 11 - 25.

思考题

1. 就（案例 10 - 6）以小李的名义写一封网上求职信函。
2. 就（案例 10 - 6）给这家深圳某美资企业的面试做一个面试方案。

第十一章　就业心理调适

评价目标

知识目标： 通过本章的学习，了解求职过程中常见心理问题的表现和大学生求职应具备的心理素质，掌握相应心理调适的方法和培养职场情商的途径，可以理性面对就业。

能力目标： 善于分析并正确认知自我和客观环境，利用相关知识和技能解决求职中遇到的心理问题，从而实现顺利就业。

情感价值观目标： 能够保持阳光心态，相信并悦纳自己，理性面对就业竞争压力和困难处境，在择业中做出正确的选择。

教学方法

讲授法、练习法、讨论法。结合学生已有经验，通过简明生动的语言向学生讲授。

大学毕业生面对就业市场中激烈的竞争，需要正视就业过程中常见的心理问题，保持积极健康的心态，客观地认识自我和就业过程中的困难，养成良好心理素质，适时调整心态，培养职场情商，从而促进顺利就业。

第一节　求职过程中常见的心理问题

大学毕业生虽然掌握了一定的专业基础知识，具备了一定的动手能力，在求职前也做了相关材料的精心准备，掌握了一定的求职技巧，但是在竞争激烈情况下，大学毕业生在就业时难免会遇到各种各样的困难、挫折和冲突，从而引发一系列心理问题。比如有的毕业生认为自己是人才，没有被某家单位录取，是单位不具慧眼；有的毕业生认为自己学校和专业都不好，身边也没有可以借助的资源，认为找工作非常难；有的毕业生一门心思瞄准大城市、高工资、高福利的单位，错失了最好的就业时机；有的毕业生看到别人找到心仪的工作，就说“风凉话”、抱怨社会不公；有的毕业生听别人说教师假期多、福利好，就一心只想获得教师编制；有的毕业生投了几份简历都没有被招聘单位录取，就出现失眠、心慌、自暴自弃的现象等。

一、常见心理问题

当前大学生常见的心理问题有因认知偏差导致的功利、攀比、自卑、自负、依赖、从众等，也有因情绪调适不当而产生的嫉妒、焦虑等。

（一）功利心理

功利心理是指大学毕业生在择业时过分看重地位和待遇，甚至为了眼前利益宁可放弃长远职业规划的一种心理表现。据调查结果显示，很多大学毕业生择业时优先考虑待遇因素，其次才是个人价值实现、地理因素及未来发展机会等，这显示出大学毕业生择业的功利性，更具体表现为对工作岗位过于挑剔，要求太理想化，既要求单位经济效益高、工资福利好，又要求单位提供优雅的工作环境和广阔的发展空间。例如，在教师招聘的过程中，某些城市内环境条件优越的岗位，总是出现上百人竞争一个岗位的情况，而周边县城农村地区的岗位则几乎无人问津。虽然这种功利思想在现实中有其客观的一面，但这种择业方式忽略了职业兴趣、能力和发展前景，不论对社会发展还是个人发展都极为不利。

（二）攀比心理

攀比心理是指不顾自身具体情况，盲目与高标准比较的心理表现。很多大学毕业生在选择单位时，不考虑自己的主客观条件，不深入了解单位的发展情况，而是盲目与身边同学攀比，表现为攀比工作地点，攀比收入和待遇，攀比工作单位和行业，攀比工作和生活环境等。由于此心理的作用，那些大学毕业生要么暂不就业，等待好单位来临，要么频频更换工作岗位，导致违约现象增加，大大影响了用人单位正常工作的开展。还有很多大学毕业生想闯荡商海，拥有更多的财富，但他们的知识、能力、性格等是否适合从商，他们却很少考虑。正由于这些原因，很多大学毕业生在求职过程中往往感受到理想自我和现实自我之间的矛盾。盲目攀比，眼高手低，对个人的成长是非常不利的。

（三）自卑心理

自卑心理是一种缺乏自信的心理状态。它往往产生于暂时性挫折，其主要原因是自我认知不足。自卑的人总是用自己的劣势对比别人的优势，从而造成自信心受挫。大学毕业生初次就业时，由于就业面窄且缺乏必要的心理准备，加之承受能力也较差，一旦遇到挫折和困难，极易产生自卑心理。自卑心理的主要表现是对自我评价过低，在就业过程中缺乏展现自我、推销自我的信心，无法认清自己的优势，逃避就业中的竞争。部分大学毕业生还会因为自己学历没有别人高，所学专业不热门或者学习成绩不如别人而丧失勇气和信心，特别是遇到挫折时，对比成功应聘的大学生，更容易加重自卑心理，从而影响就业。

（四）自负心理

自负心理与自卑心理相反，是由于自我评价过高而产生的一种心理状态。这种心理容易在名校、专业紧俏或综合实力较强的大学毕业生中出现。在自负心理的驱使下，部分大学毕业生就业时好高骛远，盲目地表现出优越感，容易给招聘单位留下“眼高手低”的印象。在就业过程中对招聘单位过分挑剔，给招聘单位留下狂妄、缺乏自知之明、难以合作的印象，最后导致高不成低不就，甚至容易因为达不到心理预期而悲观失望。

（五）依赖心理

依赖心理是指外来物质进入人体引起的一种心理上的依赖性。依赖性的产生往往和家庭环境、家庭教育有密切的关系。部分大学生从小养尊处优，缺乏独立的能力，始终在父母和老师的指导下学习、生活，很少自己独立做决断，造成缺乏社会经验、社会竞争意识不强、主动推销自己的信心不足，面对初次就业，会感到无所适从。他们没有为就业做充分准备的认识，却将希望完全寄托于学校、老师及亲人身上。从个人长远发展来看，这种对外部条件过于依赖的心理会令人丧失主观竞争和发展的能力，长此以往，会被社会淘汰。

（六）从众心理

从众心理与依赖心理类似，但也有不同，更多表现为个体受群体影响而出现的思想与行为的趋同。具有从众心理的大学生在求职过程中，易受外部干扰，从而不能客观冷静地分析自己的职业规划，习惯用大众的价值观来衡量自身，认为“大多数人选择的一定是好的”，不能冷静理智地对待现实。例如，在招聘会上，看到某单位应聘的人多，就跟着去应聘；在做求职准备时，看到很多人在准备某类资格考试也跟着报名，自己非常盲目。在此心理影响下，一些高职高专毕业生求职时没有很好地对自己的兴趣、爱好、特长进行分析，不管自己是否适合这样的工作岗位，不管所谋职位是否有利于自己的发展，随大流准备职业资格考试，参加招聘考试。等到了单位，发现并不是自己期待的那样，要么毁约，要么患得患失。这样既浪费了时间，又失去了更适合自己的机会。

（七）嫉妒心理

嫉妒心理是由于自己某些方面被人超越而产生的一种负面心理，这也是就业过程中常见的心理。产生这种心理的原因在于将别人的进步视为对自己的打击和威胁。例如，见到其他同学（特别是在校期间不如自己优秀的同学）找的工作比自己好，心理即产生不平衡，怨天尤人，抱怨自己没有资源、没有背景、自己所学专业不好等。当看到同班同学或老乡找到比较理想的工作时，慢慢由最初的羡慕转变为不平衡和不甘心。个别毕业生甚至为了不让同学超过自己，而采用不道德手段拆台打击，或对别人进行诋毁、中伤，以发泄心中情绪。求职嫉妒心理会使人把朋友当对头，导致朋友关系恶化；还会使班级人心涣散，人际关系紧张，失去取长补短的机会；甚至会对自身造成困扰，影响自我综合素质的提升和求职的顺利进行。

（八）焦虑心理

焦虑心理是一种内心不安或无根据的恐惧，是人们遇到挑战、困难时出现的一种情绪反应。焦虑心理对于面临就业的大学毕业生来讲非常普遍，主要包括因等待时机引发的焦虑、与招聘单位双向选择引发的焦虑、实习与就业之间冲突引发的焦虑及社会适应能力较差引发的焦虑等。在专业冷门、性格内向、能力不高的大学毕业生中，焦虑心理表现得尤为突出，贫困生和某些特定专业的女生也是焦虑心理的高发人群。通常，焦虑心理对就业后的发展影响不大，甚至适度的焦虑可以成为一种激发自身潜力、完善自我认知的良性刺激。但是，一旦焦虑较重而不能及时缓解，就有可能发展成为更加严重的病态心理，导致生理上出现一系列负面症状，如头晕、易怒、失眠、注意力不集中等，严重的会影响择业就业。

案例 11-1

小洪的就业心理状态

我叫小洪，现在快毕业了，父母都是个体商人，我很享受在学校读书的时光，所以我不太想毕业。因为自身性格比较内向，我不善与人沟通交流，所以不愿意主动去接触外人，容易把自己孤立起来。家里也没有催问我找工作的事，如果我开口，他们应该会帮我联系介绍。我知道自己的客观条件不如别人，未来我会努力提升自己的专业技能，避免眼高手低，希望克服自己的不足，勇敢面对社会、职场的竞争。

启示：从上述案例中可以看出，小洪对就业没有很大的压力，但是存在消极、依赖、不自信的心理。这使他在职场的竞争中很容易受挫。即使走上工作岗位，也容易出现不适应的情况。希望他能积极主动一些，克服心理障碍，适应毕业形势。

二、心理问题产生的原因

（一）社会原因

1. 供需不平衡

从1999年高校扩招开始，大学毕业生人数每年都在飙升，2001年全国高校应届毕业生人数仅110余万人，2018年突破800万人，人数增加了6倍多。同时，经济体制改革促使各行各业的发展打破原有状态，产业技术更新换代加速，导致就业竞争在高校人才培养方面展开，如名校之间、重点院校与地方院校之间、学历层次之间。在这种严峻的就业形势下，部分大学毕业生产生了功利、焦虑、自卑等不良的心性。

2. 人才高消费

所谓“人才高消费”是指人才挤占效应。出现这种现象的根本原因是劳动力市场供给大于需求，是“市场选择和工作竞争的必然结果”。当前用人单位正在不断地提高就业门槛，比如之前要求普通本科学历的岗位，现在会要求研究生学历；之前只需要大专学历的岗位，现在要求本科学历等。很多学生好不容易通过努力提高了自身的学历，结果又一次因为不是重点高校或第一学历不高而被用人单位拒之门外，就业过程中的“四处碰壁”导致部分毕业生出现心理失衡。

3. 发展不平衡

伴随改革开放的不断深化，我国东部和西部地区的经济发展产生了明显的差距。虽然中部崛起和西部大开发战略的实施让中西部地区的经济面貌发生了翻天覆地的变化，但是东部沿海地区因为具备良好的就业和生活环境，以及充足的社会资源和日后长期发展的广阔空间，每年吸引着大量的大学毕业生前往。据学校课题组调查，超过60%的学生毕业去了东部沿海地区发展，而大二学生中80%准备去沿海大城市发展。但是由于东部沿海地区相当一部分职业出现人才饱和的现象，使得前往该地区的毕业生面临严峻的就业形势，就业心理问题也就极易产生了。

4. 不良风气影响

大学毕业生就业就是步入社会的开始，社会中一些不良的风气也就随即蔓延到大学生就业中。首先，最严重、反映最多的是就业歧视，就业歧视的存在导致许多大学生失去了在就业过程中公平竞争的机会，比如很多用人单位在招聘条件中直接注明只招男生，还有招聘明确要求本地户口。其次，就是当今社会中功利主义、拜金主义、享乐主义的不良思潮影响着大学生们的价值观，如在某次课题调查中，超过60%的毕业生很在意就业单位的档次和薪酬水平高低，只有8%的大学生愿意去西部偏远地区就业。还有比较现实的情况是，虽然大家都很讨厌就业过程中出现不公平的现象，但是仍有很多人为了解决就业问题，“靠关系，走后门”，解决了自身就业问题，却助长了不正之风。社会不良风气的存在造成就业价值观的扭曲，严重影响就业的公平性。大学生的就业积极性不断受到打击，会产生攀比、功利、自卑、焦虑等心理，严重影响其就业心态。

（二）个人原因

1. 自我认知不清

大学期间，学生心理还处于成长阶段，尚不稳定，易出现情绪波动；而且很多学生缺乏客观分析和自我认知的能力，考虑问题具有很大的主观性和片面性，缺乏理论联系实际的能力。因此，在就业时容易带有盲目性。如不清楚自己的就业目标，不明确自己的优势特长，对自己的理想、兴趣、性格、价值观等方面缺乏全方位认知，不能对所学的知识和能力进行系统评估。同时，也不能客观地评价外部环境以对自己做出准确的定位，导致不能成功就业。

2. 抗挫能力弱

大学生在校学习期间没有经历过太多挫折和磨难，心理尚不够成熟，对未来认识不足。面对如此激烈的就业竞争，容易产生较大的情绪波动，而且没有有效手段来排解。另外，传统家庭对子女的溺爱也会导致部分大学毕业生缺乏独立性，人际交往能力不足而影响其抵抗挫折的能力。就业过程中一旦受挫，易导致自卑、消极等心理出现。

3. 能力储备不足

面对激烈的就业竞争，招聘单位对大学毕业生的综合素质提出了越来越高的要求。但是部分大学毕业生在能力储备方面仍存在缺陷，如，有的学生只注重知识的学习而忽略了自身能力的提高和就业技能的培养；有的学生基础知识不扎实，综合能力有缺陷；有的学生依赖性强，缺少独立解决问题、解决困难的能力；有的学生过分强调自我价值的实现，忽略了道德观念的培养、完善人格的养成；有的学生没有职业规划，存在择业的盲目性等。这些因素都会造成大学毕业生就业时的心理失衡，从而影响就业。

除了个人主观因素之外，还有学校专业课程设置、就业心理指导、家庭等客观因素，但是任何问题的产生都离不开主观意识，所以大学生产生就业心理问题时，首先需要反思个人，结合自己的实际情况设定就业目标、调整就业期望。

第二节　就业与心理素质

良好的心理素质是保证大学生顺利就业的必要条件。面临竞争激烈的就业环境，大学毕业生不仅要做好知识与能力的储备，还应该具备良好的心理素质。积极面对，可以使大学毕业生在面对困难与挫折时，沉着应对、勇敢前行；客观认知自我和环境，有利于找到适合自己的岗位；具备完善的人格，可以帮助大学生最终顺利就业；拥有合理的职业价值观，可以实现自己的理想和价值，使未来的职业道路绚丽多彩。

一、积极面对，客观认知自我和环境

（一）能够积极面对就业

在就业过程中，积极、客观地面对就业是非常关键的。大学毕业生要学会做到既直面现实，又适应现实，以积极的心态面对就业竞争。要提前做好各项就业准备，如学习未来职场中需要掌握的基本技能、全面提高自己的综合素质、培养有效沟通的能力和执行力、正确认识自我及就业形势等。同时，又要深入挖掘各种资源，广泛收集需求信息，寻找合适的职业目标，及时主动推销自己，大胆应聘，抓住机遇尽早签约。在面对困难与挫折时，能保持积极的心态并采取积极行动，不断克服不利条件，创造有利条件，最终取得成功。

（二）能够客观地认知自我

客观地认知自我是择业中的关键环节。老子说："知人者智，自知者明"。每个人的兴趣爱好、能力水平、性格特质都不同，适合的岗位也不尽相同。因此，大学生在求职时，正确、客观地认知自我，努力使自我评价与自己的真实情况保持一致，从而达到人职匹配，有助于顺利就业。为了提高求职效率，大学生可以利用霍兰德职业兴趣量表、气质类型量表、人格量表等各种量表进行人职匹配测试，做到知己所长、知己所短，知己所能、知己所不能。同时，根据自己的客观情况，及时调整择业目标。

（三）能够客观地认知环境

1. 客观认知社会环境

对社会环境的正确认知，有助于主动把握社会的职业需求，并针对就业单位的不同要求，积极调整自己的知识结构，满足招聘单位的需求。大学生可以结合当前政治、经济、文化等方面的发展现状，分析自己即将进入的行业或者领域的发展趋势。如《中共中央国务院关于学前教育深化改革规范发展的若干意见》的颁布，以及推进义务教育均衡发展及加强美育、体育的要求，使得很多城市甚至农村地区的学前、美术、音乐、体育教师需求量持续增加，少儿艺术教育、体育训练等行业的专业人才需求进一步加大，对师范类学生的就业是非常利好的消息。

2. 客观认知学校环境

大学教育是按照专业门类来培养学生适应职业需要的基本素质和能力的过程。大学生不仅要学好专业知识，具有较高的专业能力，还要充分利用学校的大学生就业指导平台获取必备的就业知识、技能和信息，利用大学生心理咨询平台学习情绪管理的方法和技巧，利用校友平台获取就业信息和就业帮助。此外，大学生在校期间还要积极拓宽自己的知识面，如利用学校的选修、双学位、证书考试等，拓宽自己的就业途径和范围。如师范类专业的学生在专业学习的同时，还可以辅修器乐、舞蹈等；理工类专业的学生还可以参加会计从业、教师、人力资源管理等方面的资格考试。

3. 客观认知家庭环境

家庭环境也是影响择业的重要因素。在就业过程中，大学生要综合考虑家庭成员的意见、经济收入、社会资源等情况，权衡利弊。如家庭经济困难的学生，要考虑在就业过程中来自家庭经济方面的限制，如果家庭成员确实不能为自己提升学历层次提供经济保障，可考虑先就业，待时机成熟，再选择继续深造学业或另选其他理想岗位。

二、具备完善的人格

完善的人格是大学生心理健康的重要标志，人格健康决定着个体的顺利成长和成才。随着社会竞争压力的加剧和大学生自主择业模式的日益完善，大学生只有根据职业要求不断完善自己的职业特质，才能够使自己在激烈的竞争中脱颖而出。一般来说，人格健康表现为能够稳定地调控情绪、具有良好的人际沟通能力、能够积极地面对挫折等几个方面。

（一）能够稳定地调控情绪

情绪是对一系列主观认知经验的统称。情绪具有组织、适应、动机、信号等功能，是影响人们生活、学习、人际交往的重要因素。情绪常和心情、性格、脾气等因素互相作用。积极的情绪可以促进认知的发展，消极的情绪则相反。情绪调节是个体管理和改变自己或他人情绪的过程。成功的情绪调节可以使个体处于良好的情绪状态，以适应社会和环境的需要。由于多种因素的影响，在择业过程中，大学生作为一个特殊的求职群体，面临着特定的压力与挑战，摆在他们面前的常常是希望与痛苦并存、挑战与机遇同在。大学生在求职过程中如果能够客观地认识遇到的压力和挫折，积极调节自己的不良情绪，以合理的方式缓解不良的心理状态、控制情绪低潮，顺利就业还是可以实现的。

（二）具有良好的人际沟通能力

人际沟通能力指一个人与他人有效地沟通信息的能力，包括外在技巧和内在动因。美国著名人际关系学家卡耐基说："一个职业人士的成功，75%靠沟通，25%靠天才和能力。"在实际工作中，一个人的沟通协调能力是很重要的，良好的沟通往往会使人很快在工作中打开局面，赢得更加宽松的发展空间，并且有更高的成就；而沟通不畅则经常会让人感到举步维艰，有较强的挫折感。大多数企业在选择毕业生时，如果学生专业能力相当，会优先选择沟通能力强的学生；甚至有的企业（如营销、管理、服务岗位）对毕业生专业知识要求相对不高，反而更强调人际沟通能力的重要性。良好的人际沟通也是大学生交流信息、获取知识、认识自我、完善自我的必要手段，还是大学生个性发展与社会协调进步的重要条件。

（三）能够积极地面对挫折

挫折是指人们在有目的的活动中，遇到自己无法克服的阻碍。就业是从学校进入社会的转折点，在此过程中遇到挫折是正常的。挫折并不可怕，以正确的心态合理地看待它，及时调整好情绪，把挫折转化为新的动力，不仅能够磨炼自己的意志，还会促进个体的飞速成长。如果用消极的心态面对挫折，就会导致意志消沉、一蹶不振等后果。所以大学生在求职时一旦遇到挫折，要保持冷静、理智，尽快重新树立信心，同时找出受挫原因，及时总结经验教训，认真分析存在的问题，从而找到解决问题的办法。应把挫折视为锻炼自我的宝贵机会，以加快自立自强的转化过程，成为新时代的开拓者。

三、拥有合理的职业价值观

职业价值观是价值观在职业选择上的体现，是人们对于职业目标、职业选择、职业价值取向的总体看法，也是一个人对职业的认识和态度及对职业目标的追求和向往。合理的职业价值观对大学生首次就业和未来职业的发展有着重要的影响。合理的职业价值观可以帮助大学生确定合理的职业期望值，提高自我认知和职业认知能力，增强自主择业和竞争择业意识，树立正确的职业价值取向；同时能够帮助大学生适应择业过程中可能面临的复杂关系、各种矛盾冲突等问题，促使他们沿着正确的发展方向实现自己的人生理想，推动个人职业生涯的发展。

案例 11－2

我准备好了

小袁，来自九江市都昌县的一个农村家庭，家里有三个姐妹。小袁选择音乐教育专业

（五年制师范定向），主要考虑自己家庭经济条件一般，读五年制定向师范不仅可以减少很多开销，还可以提前就业。虽然毕业会分配工作，但是小袁并没有放松自己，在她看来，自己只是高职师范毕业，家庭条件普通，而且没有高中音乐艺考的基础，以后工作中需要和本科层次的同事一起竞争，未来的职业道路并不轻松。为此，小袁并不满足于毕业后的工作，而是积极学习音乐演奏技能、钻研小学音乐教育教学方法、积累实践经验、准备教师资格证考试。在大一时，她便通过了钢琴、古筝等器乐演奏高水平等级考试；在校期间加入学生会并担任班委，努力提高自己的综合素养和社交、自我管理能力；平时关注行业发展方向和动态、积攒相关的人脉和信息资源；遇到困惑时会主动找老师、同学寻求帮助，平时也会和朋友到周边爬山、散步来放松心情，调整好自己的状态。目前，小袁对就业和未来的职业道路充满了信心和期待。

启示：从上述案例中可以看出，正确的自我定位、客观的环境分析、积极的求职心态、完善的人格状态都是未来顺利就业的关键心理素质。

第三节　心理问题的自我调适

心理调适是实现心理健康的手段。为了维护心理健康，大学生应该了解并掌握心理调适的途径和方法，不断调整自身的心理状态，积极适应社会的变化，勇敢地迎接挑战。在人生的某些阶段，由于环境条件的改变，社会对个人会提出更高的要求，使个人感到难以适应。此时如果个人能够自觉地改变自己或改变环境，使个人与环境保持协调，就可以渡过难关，顺利进入新的人生阶段。面临就业压力时，毕业生需要重新认识自己，调整就业认知，掌握一些自我调节方法，从而保持心理平衡，使自己能够做出最佳选择，并尽快适应职业生活。

一、正确认识并悦纳自我

悦纳自我是指个体能正确评价自己、接受自己，并在此基础上使自我得到良好的发展。以愉悦的心情接纳自己、容纳自己，接受自己的优点和缺点，并根据自身的条件，在悦纳自我的基础上调节自身行为，不断完善和塑造自我，促进自身发展。

（一）客观地认识自己

客观地认识自己包括对生理自我、心理自我及社会自我的认知。生理自我的认知是指个体对自己外表及生理状况的观察和了解，包括个体的外貌、风度、健康状况等方面；心理自我的认知是指个体对自己精神世界的观察和了解，包括对自己的智力、能力、性格、兴趣、爱好、特长等方面的认识；社会自我的认知是指个体对自己的社会地位的认识，对大学生来说，主要是自己在学校班级中的位置和作用、公共生活中的举止表现及社会适应能力。总之，要客观全面地了解和评价自己。

（二）正视自己的优点和缺点

每个人都是独一无二的存在，每一个独特的“我”都有优点和缺点。在客观认识自己的基础上，发现自己的优点，欣赏自己的优点，帮助自己获得自信，从而更加勇敢地面对生活。同时也接纳自己的缺点，敢于正视自己的缺点并悦纳自己。事物都具有“相对性”，凡事都是一分为二的。因此，学会将缺点赋予积极的意义，有助于帮助大学生接纳自己的缺点。

二、调整就业期望

（一）认清就业形势

大学毕业生要认清日趋严峻的就业形势，树立与经济和社会发展相适应的就业观。第一，在择业前，大学毕业生要分析客观实际，正确认知自我、认知就业环境、认知社会需求，找准自己与社会需求的最佳契合点，以良好的心态迎接社会的选择；第二，要敢于竞争，在客观自我评价的基础上，充分相信自己的实力，敢于通过竞争去实现自己的人生目标；第三，当获得一个理想职业的时机还不成熟时，须从自身的实际情况出发，树立“先就业、后择业、再创业”的意识，把先就业当成取得个人职业生涯经验的经历，然后通过合理的职业流动逐步实现自我价值。

（二）合理调整期望值

就业期望值高是大学毕业生就业时的一个普遍现象，也是人之常情。但是，这个期望必须建立在正确认识社会需求与自身竞争条件的基础上。大学毕业生可以根据现实需求、自身条件，灵活地调整自己的就业期望值，寻找适合自己的岗位，力求做到自身与社会协调同步发展。合理调整就业期望值不是对单位不加以选择，而是在自己的现实条件基础上重新规划职业发展路径，树立长远职业发展观念。如可以选择从大中城市走向中小城市，从繁华都市走向乡镇基层。

三、常用的自我调适方法

（一）理性情绪法

理性情绪法是美国心理学家阿尔伯特·艾利斯创立的，他认为人的情绪和行为障碍不是由于某一事件激发直接引起的，而是由于经受这一事件的个体对它不正确的认知和评价所引起的，最后导致在特定情景下的情绪和行为后果。人的不良情绪产生根源是人的非理性信念。调整对诱发事件的认识、评价和态度，转变非理性信念，可以消除不良情绪的困扰。

大学毕业生在运用理性情绪法时，首先应分析自己在就业过程中出现了哪些消极情绪，从中分析、综合、概括出相应的非理性信念，并对其进行挑战、质疑和论辩；同时对比两种信念状态下个人的内心感受，鼓励自己向理性信念方面转化，从而排除不良情绪。如大学毕业生在择业过程中受到挫折便出现消沉、苦闷或怨天尤人的心理，其主要原因在于自身意识中存在“我非常优秀，单位应该要我”“我过去事事顺利，这次也不应例外”等想法，如果将这些想法加以纠正，不良情绪在一定程度上可以得到控制。大学毕业生可以通过个人职业生涯规划来确立适当的自我概念；通过个性测试，明白“我是谁”；通过能力分析、环境分析，加强对职业的了解，明白“我能做什么”。

（二）合理宣泄法

合理宣泄法是指把不良情绪通过合理的方式释放出来，防止心理疾病产生的有效方法。为自己的不良情绪找一个合理的宣泄方式，可以使焦虑和紧张的心境得到缓解和改善，适度倾诉、写日记、哭等都是不错的选择。在择业过程中遇到心理困扰时，可向挚友、师长、家人倾诉忧愁和苦闷，使不良情绪得到疏导和释放，在获得更多的情感支持和理解的基础上重新起航。如果一时找不到合适倾诉对象或不便向他人倾诉，也可以用写日记的方式宣泄，在重新认知自己情绪的过程中，不良情绪也得到了宣泄；此外，哭也是一种很好的情绪宣泄方法，可以释放情感、调节情绪，将人体内因紧张或悲伤而产生并积累的不良情绪排泄出来。需要注意的是，宣泄要适度，使用时要注意场合、气氛和方式，并确保是无破坏性的。

（三）注意力转移法

注意力转移法是指个体主动把注意力从引起不良情绪反应的刺激情境转移到其他情境或从事其他活动的自我心理调节方法。大学毕业生在就业过程中出现不良情绪时，可以采取注意力转移法，主动离开使自己困惑的场景或情境，寻找一个新的刺激，使不良情绪逐渐消失，调整心智达到平衡。如听音乐、看电影、做体育运动、郊游、玩游戏、与朋友逛街、上网看电视或小视频等。

（四）自我暗示法

自我暗示法指通过主观想象某种特殊的人与事物的存在来进行自我刺激，达到改变行为和主观经验的目的。积极的自我暗示认为自己正在进步，可以成功并且会越来越好。通过进行肯定自我的练习，用一些积极的思想和概念来替代过去陈旧的、否定性的思维模式。自卑感、依赖感强的同学可以通过积极的自我暗示来增强自信心。平时多用肯定的语气，如“我能行”“别人能干的事我也能干”“有志者，事竟成”“事在人为”“坚持就是胜利”等，增加自己战胜困难与挫折的勇气。也可以用书面形式罗列自己的优势，如个性方面的优势、专业知识技能方面的优势、自己的特长、自身的道德修养、人际交往方面的优势等，张贴或摆放在醒目的地方，时时刻刻提醒自己，增强自信心。还可以把自己曾经成功的案例罗列出来，以其激励自己，以增强自信心，达到积极暗示的效果。

（五）放松训练法

放松训练法是指使机体从紧张状态松弛下来的一种练习过程。放松训练的直接目的是使肌肉放松，最终目的是使整个机体活动水平降低，达到心理上的松弛，从而使机体保持内环境平衡与稳定。常见的放松训练法有深呼吸放松法和想象放松法。

深呼吸放松法见效快并且最容易做。具体做法是双肩自然下垂，慢慢闭上双眼，然后慢慢地深深吸气，吸到足够多时，憋气 2 秒钟，再把吸进去的气缓缓地呼出。自己要配合呼吸的节奏给予一些暗示和指导语，呼气的时候尽量告诉自己现在很放松很舒服，注意感觉自己的吸气、呼气，体会“深深地吸进来，慢慢地呼出去”的感觉。每次重复做这样的呼吸 20 遍，每天两次。该法适用于紧张场合。

想象放松法是心理咨询与治疗常用的技术之一，运用时常结合暗示、联想等方法一起进行。想象自己进入舒适、惬意、放松的情境，通常可以想象在大海边。给别人放松时，要注意语气、语调的运用。自我想象放松可以自己在心中默念，节奏要逐渐变慢，配合呼吸积极地进行情境想象，尽量想象得具体生动，全面利用五官去感觉。

（六）自我慰藉法

自我慰藉就是自我安慰，实际是自我辩解。人不可能事事顺心，如果遇到困难，已尽了主观努力仍无法改变时，可说服自己适当让步，不必苛求，找一个可以接受的理由让自己保持内心的安宁与稳定，承认并接受现实，消除焦虑、抑郁情绪，有助于保持心理的平衡。“算了”“不要紧”“会过去的”是自我安慰时常用的词语。

第四节 建立个性化的心理调适方法

在就业中遇到心理冲突、困惑，产生一些不良情绪都是正常的。遇到就业问题时，需要学会调节自己的心态，使自己能从容、冷静地面对就业这一人生大事，并做出正确、理智的选择。就业制度的改革为大学毕业生提供了很多参与竞争的机会，大多数学生对此渴望已久，他们十分清楚，在世界经济面向“大市场”的情况下，一个人如果没有强烈的竞争意识，就不可能成就事业。但当他们真正参与竞争时，许多人又顾虑重重，缺乏勇气，有的怕竞争失败丢了面子，有的怕竞争伤了和气，有的认为不正之风干扰太大，竞争也是白费力气。他们把不愿参与竞争的原因归结到外界，其实，真正的原因是他们自己主观努力不够，缺乏实践的能力和勇气，这是消极心态的一种表现。因此，毕业生除了要学会基本的心理调适方法之外，还需要学会符合自己的个性化心理调适方法。

一、正确认识个性化的心理调适

实践告诉我们，正确认识大学生的个性化的心理调适是非常重要的。美国是世界上开展就业指导最早的国家，1919 年，美国哈佛大学首开先河，在大学里开设了职业指导课。他们的经验告诉我们，大学生的个性心理调适指导是一项专业性极强的工作，不仅要实现人与职业在某一时期暂时的相互匹配，而且还要从人的发展考虑对他的培养。具体来说，要指导大学生了解市场的需求和发展，指导大学生开展个性化心理测试和就业心理训练，提高大学生的职业兴趣、职业定向意识及择业技巧，指导大学生协调人际关系和正确处理职业生涯危机等。

二、个性化的心理调适方法

（一）坦然面对，学会退而求其“次”

就业市场化、自主择业给大学生带来了机遇，但一部分大学毕业生对就业市场残酷的一面认识估计不足，对就业市场的客观实际了解不够。经过对就业市场、就业形势的客观了解与深刻体验后，大学毕业生必须坦然面对现实、接受现实，不能怨天尤人。大学毕业生在求职时要适时降低预期，有一种说法是“求上得中、求中得下”，意思是说对事情的期望值不要太高，“退而求其次”才能找到属于自己的平衡点。因为事情的结果往往和所预想的有一定差距，需要有“从最坏处着想，向最好处努力”的思想准备，放弃过去那种“择业就是一次到位，要求绝对安稳”的观念。同时，随着国家政策向贫困地区的发展以及西部大开发的倾斜，这些地区将给毕业生们提供更多的发展机会，到西部地区就业也是很好的就业选择。

（二）凝聚目标，以实际行动化解心理压力

对于当代大学生来说，职业目标是一种激励，可以促使他们更加努力地朝着职业生涯规划的终极目标前进，直至到达事业成功的彼岸。然而，现实情况是，尽管很多大学生结合专业和兴趣给自己制定了就业目标，但是随着就业环境的不断变化、他人的影响及自身心理的变化，很容易迷失目标，开始出现就业迷茫和心理焦虑，在临近毕业找工作时，出现这样或那样的问题。大学生需要提早凝聚就业目标，排除周边环境的负面干扰，结合自己的不足坚定地付诸行动，全面提高自己，从而化解心理压力，不断提升就业的竞争力，实现顺利就业。

案例 11-3

圆梦特岗教师

我叫小何，是2016级美术教育专业毕业生，我来自江西省上饶市的一个农村家庭。进入大三，我开始出现不自信和心理焦虑，不知道自己是去当老师还是和同学去外面试一试（创业）。例如，由于自己是艺术生，感觉自己文化基础不好，当面临考教师资格证与考编（考入编制内的职业）时，会感觉压力很大。另外我担心大专文凭找不到工作。在毕业前我与学校老师、家人都沟通了就业情况，我的班主任程菲老师支持我创业的想法，但更支持我去考农村地区的美术老师。起初我纠结了很久，在外面也有听到负面声音，比如“年轻人就得去外面闯一闯”“教书就是固定了自己的生活”等。但最后我还是坚持了考特岗教师的想法，因为我们班这次参加九江地区农村学校支教工作对我的触动很大，我相信从事教师职业是最适合自己，也是最能体现自己价值的职业。为此，我调整心态和就业期待，承认别人的优势，也不抱怨自己的处境，参加了考前能力培训，并在五月份和七月份分别通过了笔试与面试。这次圆梦教师，让我觉得树立适合自己的职业目标并坚持努力非常重要。

启示：从上述案例中可以看出，小何对就业存在自卑和焦虑，但是她对自己和社会环境有准确的认知，在毕业前就做好职业规划并坚定择业目标，利用参加支教和培训班提升自己，在应对外界各类声音时能够独立思考，最终圆了自己的教师梦。

（三）学会调整，重新建立心理平衡

在求职择业过程中，大学毕业生容易遇到各类心理问题，把神经绷得很紧，甚至出现自暴自弃、消极就业、精神失常等情况。因此，大学生应当自觉提高自我心理调适的主动性，当自身心理平衡难以维持，即将产生或已经产生心理障碍时，应通过调整心态、寻求帮助、放空自己等，重新建立心理平衡。首先，可以进行积极的自我心理暗示，鼓励自己、相信自己，把问题暂时放一边，帮助自己渡过难关；其次，可以向朋友、老师倾诉，寻求他们的安慰与支持；最后，可以通过体育锻炼、听音乐、郊游等方式转移自己的注意力，排解心中的烦闷，放松自己的心情，等待时机成熟再重新起航。

（四）开拓进取，勇于谋划尝试创业

青年学生是有理想、有抱负、有创新精神、敢作敢为的青年先锋。因此大学生可以尝试自主创业，这既可以在毕业后马上实现，也可以通过一定的社会积累后再实行。大学生们一定要有开拓自己事业的信心与勇气，当前虽然有一些大学生创业遇到了困难，但也有很多的成功案例。虽然不是所有人都适合创业，但是只要大学生具备坚定的意志、市场调研和社会实践经验等基本条件，能够承担创业失败的风险，创业肯定是值得鼓励的，关键是要有正确的观念与思路，对自己有一个合理的规划与定位，并与有市场经验的人合作，从而摆脱学生公司的意识，实现科学化、职业化的管理。

第五节　职场情商的培养

职场情商是个全新的概念，是职场中个人信心、恒心、毅力、责任感、灵活度、思维取向、合作精神等一系列与人的素质有关的综合表现。与知识和能力不同，它是决定我们在职场中能否取得成功的重要非智力因素。要想顺利就业并取得事业成功，智商是基础，职场情商则是关键。一个低职场情商的人，很难取得成功；一个高职场情商的人，很可能重写自己的命运；而一个智商高、职场情商高的人，在职场中成功的可能性最大。大学毕业生要想在激烈的职场竞争中脱颖而出，特别要重视职场情商的培养。具体而言主要体现在良好形象的塑造、积极心态的表现、思维方式的修炼、行为习惯的养成、人际交往的艺术几个方面。

一、良好形象的塑造

良好的个人形象是人际交往的重要资本。大学毕业生初到工作岗位时，树立良好的职业形象是职业精神的体现。良好的第一印象是职业形象成功的开端，因此初入职场塑造个人形象是职场成功的第一步。

（一）衣着整洁，仪态大方

仪表是职业形象的基本外在特征，是一个人文化素养的外在表现，端庄的仪表会给人良好的第一印象。不同性质的单位，服饰仪表有着不同的审美标准和习惯。但是，无论从事何种工作，都应整洁、大方、顺应职场潮流，不能过于花哨、过分新奇另类或不修边幅，这些都有损自身形象。

刚参加工作时，日常的待人接物、言谈举止都会给人留下深刻的印象。得体的言谈举止应该表现为亲切、热情、有礼貌。与人交谈时，应注意发现别人感兴趣的话题，不要太多地谈论自己，要善于倾听别人的言论，尤其注意不要随便打断别人的谈话。与人相处应不卑不亢，并注意倒茶、让座、接听电话等日常礼节。

（二）成熟稳重，踏实肯干

一个成熟的职业人要有强烈的责任感做支撑，对自己的决策和行为负责。既然选择了这个岗位，就要具备强烈的责任心，自觉遵守各项规章制度和工作纪律。相反，迟到早退、行为散漫、不守约、不守信、爱好“八卦”、喜欢打听公司或他人秘密，容易给人留下不好形象，也不可能赢得别人的信赖和尊敬，是很不成熟的表现。

大学毕业生走上工作岗位后，首先要经历一个由理论到实践的过程。要少说多做，注意将学到的理论知识积极运用到解决实际问题中，展现自己踏实肯干的态度。注重从经验和实践中学习，不断提高自己分析问题、解决问题的能力。对待工作善始善终，任劳任怨，甘于奉献，不能因为某些工作太脏、太累、太苦、太单调而轻视或推脱。

（三）自我管理，主动学习

职场新人的迷茫，部分是由于缺乏自我管理，导致工作生活没有章法可循。要学会对自己进行时间管理，对于每日要做的事项分门别类做好时间计划，对当日日程心中有数，样样东西井井有条。大学毕业生到了工作单位后，在工作安排上，不可能每个人都是专业对口，特别有些中小企业，需要的是“全才”“通才”。为了适应工作的要求，大学毕业生需要不断地学习，遇到学习、培训的机会要主动争取，多接受各种训练，提高自己的工作能力，及时补充业务知识的不足，从知识、能力结构上去适应工作的新环境、新要求。

二、积极心态的表现

初入职场，一定会遇到很多不适应和挑战，并产生一些消极情绪。比如别人不愿干的事情总是推给你做，有些同事对新人不冷不热，甚至还有意刁难，这时难免会出现消极情绪。职场情商对职业情绪的要求就是保持积极的工作心态。积极的工作心态表现在以下几个方面。

（一）工作状态积极

每天精神饱满地来上班，与同事见面主动打招呼并且展现出愉快的心情。如果上班时谁见到你都是一副无精打采的面孔，说起话来有气无力没有任何感情色彩，就很难得到上级的赏识，也很难让同事对你产生好感。

（二）工作表现积极

积极就意味着主动，工作表现积极即在工作表现上做到以下“五个主动”：一是主动发现问题；二是主动思考问题；三是主动解决问题；四是主动承担责任；五是主动承担分外之事。可以毫不夸张地说，做到“五个主动”是职场获得高职高薪的“五大法宝”。

（三）工作态度积极

积极的工作态度就是积极想办法解决问题，而不是千方百计找借口。成功激励大师陈安之说：“成功和借口永远不会住在同一个屋檐下”。遇到问题习惯找借口的人永远不会成功。

（四）工作信念积极

对工作要有自信心，相信自己的能力和价值，即使遇到挫折和困难，也保持积极阳光的心态，相信努力就会有收获，相信生活不会亏待有心人。只有抱着积极信念工作的人，才会充分挖掘自己的潜能，为自己赢得更多的发展机遇。

三、思维方式的修炼

控制情绪说起来容易，做起来往往很难，甚至在遇到某些自己很敏感的问题时，根本就忘了控制自己的情绪。要驾驭自己的情绪，除了保持积极心态，还必须要从改变思维方式入手从而改变对事物的态度。要以积极的思维方式看待问题，使消极的情绪自动转化为积极的情绪，从而实现自我情绪控制。

在工作方式上要培养积极的思维方式。积极的思维方式就是以开放的心态去处理工作中的人际关系和事情，包括多向思维、反向思维、横向思维、超前思维等。了解他人的情绪需要反向思维，也就是逆向思维（同理心），要站在对方的角度看问题，理解对方的内心感受。

处理与上级、同事、下级的关系都需要反向思维。比如自己辛辛苦苦去努力完成一件工作，本想得到上级的肯定、表扬，不料却因为一点忽视导致了微小差错遭到上级的否定和批评，心里就感到不平衡；但是站在上级的角度思考，他们最需要的就是下级工作的成果，自己工作过程中的辛苦没有得到肯定也就可以理解了。处理同事关系同样需要反向思维，要善于站在对方的角度了解他的想法，才会实现双赢的沟通，建立良好的人际关系。

四、行为习惯的养成

要想成功，就必须有成功者的行为方式和习惯。良好的工作心态和思维方式都要体现在工作行为上。对于自己的工作行为，要以结果为行动导向。一个人形成的习惯就是自己的舒适区，要改变不好的习惯就要突破自己的舒适区，敢于给自己主动施加适度的压力，努力突破自己以往的舒适区，培养出积极的职业习惯。

（一）突破情绪舒适区

例如：当你失去了一次本该属于自己的涨薪机会时，你就愤愤不平、坐立不安，就想找上级评评理或者“讨个说法”；当别人办了一件错事时，你就忍不住斥责一顿；当上级批评你时，你就很难保持一副笑脸面对。喜怒哀乐是人的情绪对外部刺激的本能反应，但是如果对消极的情绪不加以控制，往往发泄情绪的后果对自己并没有好处。职场中应该避免的这几种消极情绪：抱怨、不满、愤怒、怨恨或仇恨、嫉妒、害怕失败、居功自傲等，这些都是低职场情商的典型表现。

调节自己的情绪有很多方式，其中最重要的是要给自己强化一个意识：在工作场合我的情绪不完全属于我，我必须要控制自己的情绪！

（二）突破沟通舒适区

每个人的性格脾气决定了他与人沟通的方式：有的人快言快语，有的人却该表态的时候也沉默寡言，有的人说话爱抢风头，经常不自觉打断别人的谈话，有的人习惯被动等待上级的工作指示，有的人喜欢遇到问题主动请示和沟通。每个人都习惯以自己的方式与别人沟通。

要实现同理心沟通，就必须有意识地改变自己平时的沟通方式，学会积极倾听对方。良好的工作沟通不一定是说服对方，而是真正理解对方的想法。即使是争辩，也应该是对事不对人的良性争论，不能进行人身攻击和恶语相向——这是职场人际沟通中最应该避免的行为。

（三）突破交往舒适区

人们都习惯和自己脾气相投的人交往，所以无论在哪个单位组织，都存在非正式的组织和团体，这是正常的现象。但是人在职场，不能总待在交往舒适区，还要和其他组织内的人以及外部的客户打交道，所以就要学会适应不同性格的人。突破交往舒适区，就是要有意识地和不同性格的人打交道。比如，主动找与自己不同性格的人聊聊天。这看似简单，但职场中大部分人都难以做到。一旦你去尝试和其他不同性格的人沟通，看似一个小小的突破，却对提高你的职场情商有帮助。

（四）行事以目标为出发点

一是要了解公司的目标，二是要制定明确的个人目标，并且使公司目标和个人目标相结合，才可以形成职业发展的合力，相互推进，通过配合完成公司目标而实现个人目标，通过达成个人目标而推进公司事业的发展。

在有些情况下，个人的长期目标并不一定总是和你目前服务的公司目标相一致的，但是既然你在这个公司工作，就要把一切经历变为有助于你个人职业发展的财富，你的个人阶段目标必须服从你的公司目标。

（五）工作以结果为导向

以结果为导向就是要站在实现结果的角度去思考问题，站在完成成果的角度去衡量自己的工作。以结果为导向既是一种思维方法，又是一种行为习惯。只有以结果为导向，才能保证目标不偏离。如果面对一项工作，你还没有全力去做就认为自己“办不成”，这样的思维妨碍了能力的发挥，那么就有可能真的办不成。所以在工作中需要以结果为导向，把整体目标分成几个小目标，再以每个小目标的结果来驱动下一个小目标，最后达到整体目标的实现。

五、人际交往的艺术

不管进入什么性质的单位，都存在人际关系的问题，每一个单位都有一张人际关系网。要想成就事业就要建立良好的人际关系，这不仅是生活的需要，更是工作的需要。刚参加工作的大学毕业生要想在职场上建立良好的人际关系，应注意以下原则。

（一）热情主动

主动是人际交往的首要原则。要懂得对他人先表示友好。当他人遇到困难、挫折时，主动伸出援助之手，“雪中送炭”比“锦上添花”更令人感动和难忘。

（二）尊重他人

“爱人者，人恒爱之；敬人者，人恒敬之”。尊重他人是一切人际关系的基础。记住他人的名字则是非常实用有效的方法之一。事实上，能否记住名字或面孔本身就是对他人是否尊重和重视的检验。进入工作环境后，要尽快地记住同事、领导的名字与面孔，这样既能避免见面时不知如何称呼的尴尬，又能让他人感受到你的平易近人，为建立和谐的人际关系打下良好的基础。

（三）学会倾听

当一名好听众也是在人际交往中获取好感的一个办法。与人相处不但要懂得说话，更要懂得倾听，因为大多数人都希望别人能够分享自己的想法与情感，并且获得他人的理解与支持。在表达自己的不同看法时，首先要认可别人的想法，再礼貌地提出自己的看法，这样就会在表明观点的同时避免冲突，不伤及彼此的关系。

（四）学会赞美

赞美是世界上最美的语言。如果想在人际关系中得到别人的好感，就要学会在恰当的时机用恰当的方式赞美他人。赞美能让人身心愉悦、精力充沛，还能激发自豪感、增强自信心。所谓恰当，就意味着一定要真诚，发自内心。赞美时切忌夸大其词，不着边际和虚伪做作。另外不能“人前一套、人后一套”，当面说好话、背后说坏话，甚至传递其他人之间相互指责、诋毁的话。

（五）学会宽容

“海纳百川，有容乃大”。世界上不存在完美无缺的人，同样也不存在一无是处的人。在人际交往中不要总是看到他人的短处，要多想想他人的长处。用宽容的态度对待他人，不利于团结的话不说，不利于团结的事不做，不挑拨是非，不猜疑嫉妒，堂堂正正做人，踏踏实实做事，这样就一定能建立和谐的人际关系。

（六）换位思考

“己所不欲，勿施于人”。在与人相处时要适当地替他人着想，切忌以自我为中心，损人利己。经常思考如果自己处在他人的位置上会怎样，这样就能理解他人的反应，也就不会出现自己也做不到强求他人做到的情况。在争取自己利益的同时，也要兼顾他人的利益，才能在人际交往中受人欢迎。

（七）谦虚随和

谦虚随和容易给人一种平易近人的感觉，大家都喜欢与谦虚随和的人交往，觉得彼此之间愉快舒畅。大学毕业生刚到单位上班，要“放下架子，甘当小学生”，遇事多用请教和商量的口吻说话，不能以己之长比他人之短。人际交往中切忌孤陋寡闻而又自命不凡。

（八）甘当配角

初入职场，要有表现自己的勇气，也要有甘当配角的气度。缺乏经验的新人在羽翼未丰之时，虚心做配角十分重要。新人往往对工作抱有很高的期望值，不满足业务“打杂”，心气很高。其实，主动为上级或其他同事做些辅助性工作，也是学习和锻炼的好机会，举轻若重、一丝不苟地做好工作中的每一件“小事”，就能为以后做“大事”积累足够经验。

思考题

1. 通过网络方式，查找本行业国家中长期发展规划纲要和最新国家政策，结合自己和专业情况分析这些对就业的帮助。

2. 通过本章学习，探索适合自己的心理调适方法。

3. 结合就业心理素质谈谈你的优点和不足。

4. 以宿舍为单位，课后讨论大学毕业生在就业时可能出现的心理问题，并探讨各自解决问题的办法。

第十二章　就业权益与保障

评价目标

知识目标： 本章主要介绍了毕业生就业权益与就业权益保障的途径和方法。使毕业生了解其在求职择业及上岗成为新职业者的过程中，依法享有不容侵犯的就业权益。

能力目标： 毕业生在求职及就业中，受到侵害时懂得运用法律手段来维护自己的合法权益。

情感价值观目标： 由于体制、机制、观念等方面的原因，毕业生在就业过程中权益受到侵犯的现象比较普遍。对于就业权益，每一位毕业生都需要认真对待。

教学方法

课堂讲授、典型案例启示、课堂讨论、社会调查。

随着国家就业制度改革的不断深入，毕业生自主择业的情况越来越多。但在就业过程中还存在信息不对称、录用不公平等侵害毕业生权益的情况，同时，用人单位也屡屡出现侵权行为，使毕业生就业者处于不利地位。再加上毕业生对于相关就业知识的缺乏，使得其维权行为更是举步维艰。因此，掌握就业权益与保障的相关知识就显得尤为重要。

第一节　就业权利与义务

一、大学生就业的权益

毕业生的就业权益包括两个方面：一是在择业过程中享有的权利，二是录用单位给予的权利。当就业权益受到侵犯时，毕业生可依据《中华人民共和国民法》（以下简称《民法》）《中华人民共和国合同法》（以下简称《合同法》）《中华人民共和国仲裁法》（以下简称《仲裁法》）中的相关规定进行自我维护。

案例 12－1

小心收费陷阱

某高校学生收到一家保险公司的复试通知，这让他十分欣喜。但是该公司接下来提出的要求让他十分犹豫。该公司要求他在面试时交 100 元培训费、180 元考试费。如果他愿意再交 20 元，就可以将考卷买回家，提前做好上交。应聘怎么要交这么多钱？到底该不该去？想到这家公司的待遇还可以，如果放弃了就太可惜了，该同学陷入两难的境地。

案例启示：这个案例很典型，招聘单位以诸如培训费、考试费、服装费、资料费等名目向求职者收取费用，绝大多数都是虚假骗钱的招数。作为刚毕业的学生，千万要警惕。大型跨国企业和知名国企等的正规招聘一般都不会向求职者收取费用。

（一）获取就业信息权

就业信息是毕业生择业成功的前提和关键，只有在充分了解有用信息的基础上，才能结合自身情况选择适合自身发展的用人单位。毕业生获取就业信息时，应注意以下3方面的问题。

（1）信息公开，即所有用人信息须通过一定方式或途径向社会或全体毕业生公开。目前，我国很多地方都已建立了高校毕业生需求登记制度，凡需录用高校毕业生的用人单位，需到当地高校毕业生就业指导中心办理信息登记，并由其向毕业生发布用人需求信息，任何单位和个人不得隐瞒、截留需求信息。同时，各地人社部门或人才市场也会向社会发布人才招聘信息。

（2）信息及时，即毕业生获取的信息必须是及时、有效的，不能将无利用价值的信息传递给毕业生。

（3）信息全面，即毕业生有权获得准确、全面的就业信息，以便对用人单位有全面的了解，从而做出符合自身需要的选择，而不是盲目的选择。

（二）接受就业指导权

学生有权从学校接受就业指导。学校应成立专门机构安排专门人员对毕业生进行就业指导，包括向毕业生宣传国家关于毕业生就业的有关文件、方针、政策，对毕业生进行择业技巧的指导，引导毕业生根据国家、社会需要，结合个人实际情况进行择业，使毕业生通过接受就业指导，准确定位，合理就业。随着毕业生就业指导的市场化，也有不少毕业生开始主动到市场上寻求和接受一些合法机构的就业指导。

（三）被推荐权

高等学校的就业指导中心在指导就业工作中的一个重要职责就是向用人单位推荐毕业生，为毕业生充分就业搭建平台。实践证明，学校的推荐会在很大程度上影响用人单位对毕业生的取舍。毕业生享有被推荐权，包含以下几方面内容。

（1）如实推荐。即高校在对毕业生进行推荐时，应实事求是，根据毕业生本人的实际情况向用人单位进行介绍、推荐。不能故意贬低或随意捧高毕业生的在校表现。

（2）公正推荐。学校对毕业生进行推荐应做到公平、公正，应给每一位毕业生以就业推荐的机会，不能厚此薄彼。公正推荐是学校的基本责任，也是毕业生享有的最基本的权益。

（3）择优推荐。学校根据毕业生的在校表现，在公正、公开的基础上，还应择优推荐。用人单位录用毕业生也应坚持择优标准，真正体现优生优用，人尽其才。这样才能调动广大毕业生和在校生学习的积极性，不断提高他们自身的综合素质，在激烈的就业竞争中取胜。

（四）自主选择权

根据国家有关规定，高校毕业生在国家就业方针、政策指导下，进行自主择业，鼓励自主创业。任何学校、单位和个人强令毕业生到某单位，或从事违背毕业生意愿的工作都是侵犯毕业生自主选择权的行为。毕业生可结合自身情况自主与用人单位协商、签订就业协议。

（五）公平待遇权

用人单位在录用毕业生的过程中，也应遵守公平、公正、一视同仁的原则。当前，完全开放、公平的就业市场机制尚未真正建立，用人单位录用毕业生还在不同程度上存在不公平、不公正的现象，如有的单位以貌取人、重文凭轻能力、女生就业难等，仍然是困扰高校毕业生就业的一大问题。因此，公平待遇权是毕业生最为迫切需要得到维护的权益。

（六）违约及求偿权

毕业生与用人单位签订就业协议书后，由于某些特殊的原因和情况，不能到已签约的用人单位工作，毕业生本人可提出违约。也就是说，违约也是毕业生求职过程中的一项权利。但是，违约权利的行使必须依照就业协议书中违约条款的规定进行，毕业生必须承担相应的违约责任。另外，有的用人单位因为内部情况的变化，造成不能履行就业协议而提出违约。用人单位的违约，会给毕业生造成很大的损失，严重的甚至造成毕业生长期不能就业。在就业双向选择的过程中，与用人单位相比，毕业生是弱者，为了使这项权利的行使有保障，学校应在审查就业协议时督促毕业生和用人单位对赔偿的金额进行约定，同时约定赔偿的条件。

（七）户档保留权

在有的省份，毕业生有在择业期（两年）将其档案、户口在省级地方行政主管部门毕业生就业指导服务中心保留两年的权利。毕业生如在毕业当年未能找到工作或只是找到非正规就业单位，其有权在毕业后两年内将档案、户口在省级地方行政主管部门毕业生就业指导服务中心保留。

（八）毕业生签订劳动合同后的主要权利

（1）有要求用人单位履行协议接收毕业生的权利。协议书是国家专用于毕业生就业的正式文本，具有法律效力。双方一旦签约就有义务严格履行协议，不得无故进行更改。用人单位必须依照协议接收毕业生，并妥善安排毕业生的工作，提供相应的工作和生活条件，以保证毕业生的正常工作。

（2）有要求用人单位按照《中华人民共和国劳动合同法》（以下简称《劳动合同法》）规定，提供各种劳动保障的权利。毕业生到用人单位报到后应签订劳动合同，用人单位应按照合同规定给予员工相应待遇。

（3）有追究用人单位违约责任的权利。如果用人单位一方不能按照协议的内容履行，或者打折扣，毕业生有追究用人单位违约责任的权利。

（4）毕业生享有国家和省规定的与就业有关的其他权利。

二、大学生就业的义务

随着毕业生就业工作逐步走向规范化、制度化和法制化，毕业生应该增强依法就业的意识，在学会用法律武器维护自己权利的同时，还要认真学习国家有关毕业生就业的方针、政策、规定，自觉履行国家法规和有关政策规定的相关义务，否则不利于自己今后的职业发展。

案例 12-2

随意撕毁就业协议书

某高校学生想自费出国留学，并已向国外多所大学发函。等待录取通知的同时，又担心自己如果没被国外学校录取就会错过在国内的就业机会。于是他有意隐瞒了正在联系出国的事实，与某单位签订了协议。临近毕业时，他接到了国外一所大学的录取通知书，并拿到了全额奖学金，便决定撕毁协议。该生此举侵犯了用人单位的利益，而且对学校的声誉造成了伤害，按有关规定需向用人单位做出经济赔偿。

案例启示：毕业生与用人单位之间签署的就业协议，属于我国民事法律调解的范畴。任何一方不得无故毁约，应该严格按照协议商定的有关程序操作，并履行相应的义务。只有当约定的解除协议的条件成立，或由于不可抗力出现时，毕业生才可单方解除协议，放弃履行就业协议。

（一）服从国家需要的义务

虽然毕业生在就业时有了相当大的自主择业的权利，但也应当服从国家需要的义务。当国家重点建设项目或某些行业急需人才的时候，应积极为国家的重点建设项目或重点领域服务，如西部志愿者、“三支一扶”、服兵役等。

（二）向用人单位介绍个人情况并接受测试、考核的义务

毕业生在向用人单位进行自我推荐、自我介绍和接受考察时，有义务全面地、实事求是地反映个人情况，以利于用人单位的遴选，不得夸大其词、弄虚作假。用人单位为了招聘到符合要求的毕业生，一般都要通过一些测试或考核手段来了解毕业生的情况，通过比较，做出是否录用的决定。因此，毕业生应予以积极配合，充分展现自己的能力，接受用人单位的测试和考核。

（三）履行就业协议的义务

毕业生与用人单位之间签署的就业协议，属于我国民事法律调解的范畴。根据《合同法》第八条规定：“依法成立的合同，对当事人具有法律约束力。当事人应当按照约定履行自己的义务，不得擅自变更或者解除合同。依法成立的合同，受法律保护。”毕业生应认真履行协议或合同，不得擅自变更或自行解除。如果单方违约，必须主动承担违约责任。

（四）恪守职业道德的义务

在职业生涯中恪守职业道德是一个社会公民的基本良知和义务。高校毕业生在走向社会服务大众过程中，尤其要重视职业道德素养和职业能力的提高，热爱本职工作，恪尽职守，讲究职业信誉，刻苦钻研本职业务，对技术和专业精益求精，努力做到服务人民，奉献社会。

（五）不断提高职业技能的义务

毕业生无论今后从事何种职业，不仅要有相应的职业技能，更要有提高职业技能的意识。而这种意识不是在从事具体的工作后再培养的，而是在成为一个合格的毕业生之前就

应该注重提高。因此，大学生在校学习期间，应注重人文素质的养成和职业能力的提高，认真学习相关专业的基础理论知识和最新专业技术，努力将专业理论转化为实际工作能力。

第二节　就业权益的保障

在就业过程中，侵害毕业生权益的事情时有发生，各级部门和毕业生应采取合法的途径和方法，合力加强对毕业生就业权益的保护。

案例 12-3

口头协议无效

某单位接收某毕业生。当时已通过体检、政审考核等程序。该单位表示同意录用该生，但提出没有带公章，请学校先盖章签署意见，他们同意之后再补办有关手续。就业指导中心为慎重起见，反复提醒该生，最好等单位先盖章，学校再盖章。但单位和学生本人都很急。单位说，反正我们已同意接收，只要方便同学简化手续，谁先盖章都无所谓。学生说我体检、政审都通过了，请给我一次机会，我愿意写保证，保证因手续不全后果自负。鉴于此，学校先盖了章。谁知刚过两天，该单位将该生协议书退回。

案例启示：签协议一定要慎重。必须把双方的约定以文字形式写下来，盖章签字方可生效。“君子协议”“口头协议”都是“空头支票”，没有任何法律效力。一旦发生纠纷，毕业生的利益将无法得到保障。因此毕业生必须学会保护自己。一般来说，毕业生最好是亲自前往单位签约盖章，如果一定要将协议书寄去签，应该要求单位先出具书面接收函，以确保万无一失。

一、毕业生权益保护主体

（一）毕业生就业主管部门的保护

我国毕业生就业主管部门有两个：①毕业生学校的就业办公室；②各地方人力资源和社会保障局及其人才中心。他们都会制定相应的规则来确保毕业生的权益，并对侵害毕业生权益的行为予以抵制或处理。

（二）毕业生所在高校的保护

学校对毕业生权益的保护最直接。对于用人单位在录用毕业生过程中的不公平、不公正行为，学校有权予以抵制，以维护毕业生的公平受录用权。高校在毕业生签订就业协议过程中应进行指导和监督。对于用人单位与毕业生签订的不符合国家有关政策规定的就业协议，学校有权予以抵制、拒签，以维护毕业生的公平受录用权，未经学校审核同意的就业协议不能作为编制就业方案的依据。

（三）毕业生个人权益的自我保护

毕业生权益保护的一个重要方面就是毕业生的自我保护，具体表现在3方面。①毕业生应了解目前国家关于毕业生就业的有关方针、政策和规则，熟悉毕业生在就业过程中的权利和义务，这是毕业生权益自我保护的前提。②毕业生应自觉遵循有关就业规则，接受其制约，保证自己的就业行为不违反就业规则，不侵犯其他毕业生和用人单位的合法权益。③毕业生应学会用法律手段维护自身的合法权益。针对侵犯自身就业权益的行为，可先与有关用人单位协商解决，协商不成，可向签订协议所在地的毕业生工作主管部门申请调解；也可运用法律手段，依法向有关部门申请仲裁或直接向人民法院提起诉讼。

案例 12-4

两种不同维权方式的选择

浙江省某市劳动保障局办公室里发生一起杀人案。根据案发后的调查，事件的起因是一名叫周某的大学应届毕业生因身患某种疾病，被劳动保障局拒绝录用。记者了解到，招聘条件里没有特别强调有此种疾病不能被录用，同时，这种疾病也不影响该生正常工作。周某用匕首刺死了当时负责录取工作的该局人力资源科科长。杀人是严重的犯罪行为，周某一审被判处死刑。

无独有偶，就在周某被判处死刑的时候，在安徽省某市，同样是公务员考试，又有一名大学生被拒绝录用，其原因也是该生患有这种疾病，并由此引发了我国第一起关于公务员录取歧视案。原告张某毕业于安徽省某学院，参加了安徽省国家公务员考试，笔试和面试的成绩在近百名竞争者中排名第一位。然而在随后的体检中被查出身体患有某种疾病。安徽省某市人事局正式宣布：张某因体检不合格不予录取。张某于是向安徽省某市人事局所在的区人民法院提起行政诉讼，状告该人事局侵犯了其就业权益。后经法院判决，张某胜诉。

案例启示：两位大学生在面对自己的权益受到侵犯时，采取了截然不同的维权解决方式。前者的极端行为给自己招致了更为严重的后果；而后者理智地通过法律程序加以解决，不仅引起了社会的广泛关注，也为问题的解决带来了生机。两种不同的解决方式的结果值得我们深思。

案例 12-5

社保局发布八大求职陷阱　需擦亮眼睛谨防受骗

“恭喜你，已被我公司录用，入职需要交纳相应资料费，请你于近日前往我公司进行入职登记。”“是的，我们需要在每个员工入职前为员工购买相应五险一金，请你放心，这是正常收费。”……重庆市人力资源和社会保障局发布八大陷阱提示，请求职者在遇到此类情况时，要谨慎对待。不法分子正利用求职者求职心切的心理，诱导其受骗，请一定要擦亮眼睛，谨防受骗。

重庆市人力资源和社会保障局提醒求职者在接到招聘邀约后，要及时核查相关信息，特别是要到市场监管部门的官网查询该用人单位的注册或备案情况。如遇遇求职陷阱或人身安全受到威胁，请立即向公安部门报警。政策咨询、信息查询、办事指南等可拨打电话12333咨询。

求职者具体要警惕“黑中介”“假猎头”“假老乡”“假兼职”“乱收费”“扣证件”“培训贷”“非法传销”八种陷阱。

资料来源：《社保局发布八大求职陷阱　需擦亮眼睛谨防受骗》重庆晨报，2019-04-26.

二、毕业生就业权益保护的相关法律法规

与毕业生就业关系最紧密的法律法规主要有《中华人民共和国合同法》《中华人民共和国劳动法》《中华人民共和国劳动合同法》《中华人民共和国劳动合同法实施条例》《中华人民共和国劳动争议调解仲裁法》《普通高等学校毕业生就业工作暂行规定》《就业服务与就业管理规定》《人才市场管理规定》等。

下面就《中华人民共和国合同法》《中华人民共和国劳动法》《中华人民共和国劳动合同法》等法律法规作简要叙述。

(一)《中华人民共和国合同法》

《中华人民共和国合同法》(以下简称《合同法》),是调整平等主体的自然人、法人、其他组织之间设立、变更、终止民事权利义务关系协议的法律。毕业生与用人单位签订就业协议也应符合《合同法》的有关规定。如《合同法》规定：合同当事人法律地位平等，一方不得将自己的意志强加给另一方。当事人依法享有自愿订立合同的权利，任何单位和个人不得非法干预。当事人应当遵循公平原则确定各方的权利义务。当事人行使权利、履行义务应当遵循诚实信用原则。当事人订立、履行合同，应当遵守法律、行政法规，尊重社会公德，不得扰乱社会经济秩序，损害社会公共利益。依法成立的合同，对当事人具有法律约束力，当事人应当按照约定履行自己的义务，不得擅自变更或解除合同。当事人订立合同，应当具有相应的民事权利能力和民事行为能力。当事人订立合同，有书面形式、口头形式和其他形式。当事人订立合同，采取要约、承诺方式。当事人对合同的效力可以约定附条件。附生效条件的合同，自条件成立时生效；附解除条件的合同，自条件成立时失效。无效的合同或者被撤销的合同自始没有法律约束力。合同部分无效，不影响其他部分效力的，其他部分仍然有效。当事人一方不履行合同义务或者履行合同义务不符合约定的，应当承担继续履行、采取补救措施或者赔偿损失等违约责任。因而毕业生在与用人单位签订就业协议之前，应对《合同法》的有关规定做些了解，以便在订立就业协议时更好地维护自身的合法权益，体现自己的真实意愿。

毕业生就业，即毕业生、用人单位通过双向选择等方式确定毕业生去向，通过协议的形式确定下来。一旦毕业生到用人单位报到后，双方将产生由《合同法》所调整的劳动法律关系（毕业生录用为公务员和比照实施公务员制度的事业组织和社会团体的工作人员，以及为军队系统接收，不适用《合同法》),这种劳动法律关系体现为劳动者与用人单位签订的劳动合同。

劳动合同应当以书面形式订立，不能采用口头形式。劳动合同一经订立就涉及劳动合同的履行，即用人单位与劳动者发生各自义务，进而实现各自权利。双方的权利义务是相对的，一方的权利往往表现为另一方的义务，一方未履行合同的义务，另一方有权要求其承担违反合同的责任。

根据《中华人民共和国劳动争议调解仲裁法》，劳动者与用人单位发生劳动争议后，当事人可以协商解决；不愿协商或者协商不成的，可以向调解组织申请调解；调解不成的，可以向劳动争议仲裁委员会申请仲裁。当事人也可以直接向劳动争议仲裁委员会申请仲裁，对仲裁裁决不服的，除本法另有规定的外，可以向人民法院起诉。

(二)《中华人民共和国劳动法》

《中华人民共和国劳动法》(以下简称《劳动法》)规定，劳动合同可以约定试用期，

试用期最长不超过6个月。

《中华人民共和国国家公务员法》规定，新录用的国家公务员试用期一年。毕业生被录用为国家公务员的，试用期与见习期时间一致，均为一年，试用期满，见习期亦满，合格后正式任职。新录用公务员在机关最低服务年限为五年（含试用期）。《上海普通高等学校学生就业工作管理办法》规定，本、专科毕业生上岗后，一般实行一年见习期。一般来说，如在劳动合同中约定试用期，试用期满后，上岗毕业生即转为正式职工，是否继续实行见习期，由录用单位视具体情况而定。

（三）《中华人民共和国劳动合同法》

《中华人民共和国劳动合同法》（以下简称《劳动合同法》）的颁布实施，对于更好地保护劳动者合法权益，构建和发展和谐稳定的劳动关系，具有十分重要的意义。

《劳动合同法》既坚持了《劳动法》确立的劳动合同制度的基本框架，包括双向选择的用人机制，劳动关系双方有权依法约定各自的权利和义务，依法规范劳动合同的订立、履行、变更、解除和终止等，又对《劳动法》确立的劳动合同制度做出了较大修改，使之进一步完善。

第三节　试用期常见的侵权行为及维权方法

大学生毕业就业初始必须在就业单位试用一定时期。按照我国相关法律规定，就业试用期一般在3～6个月，超过此期限属于侵权违法行为。大学毕业生要主动学习、了解有关就业权益保护的法律知识，运用法律武器保护自己的合法权益。

案例 12-6

工资待遇不公

刚从某交通职业技术学院汽车系毕业的小妮，应聘到某汽车修理厂工作。单位以她刚毕业经验不足为由，试用期只给800元工资。小妮为了保住这份工作，不得不干满了一年才转正，工资调到与其他员工的同等水平。

案例启示：案例中，该同学遭受的正是用人单位假借试用期对学生权益构成的侵害。提醒大学生注意的是，试用期内劳动者已与用人单位建立了劳动关系，用人单位就必须按照合同的约定给劳动者支付相应的工资报酬，并且不得低于政府规定的当地最低工资标准。

一、大学生就业试用期常见的几种侵权行为

（一）试用期用人单位不与劳动者签订劳动合同

现实中，一些用人单位在招聘劳动者时，往往只与劳动者口头约定，先试用几个月后再与劳动者签订劳动合同。用人单位的这种随意用工行为，其目的是规避劳动法律，可以在试用期内使用廉价劳动力，并且能够与劳动者随时终止合同。

（二）试用期内工资的支付不符合法律规定

《劳动合同法》规定，试用期工资不得低于本单位相同岗位最低档工资或者劳动合同

中约定正式工资的80%，且上述两项工资均不得低于用人单位所在地最低工资标准。用人单位在支付劳动者工资时应当遵循“两个不低于”标准。对于试用期工资不符合约定的，可以要求用人单位支付赔偿金。但现实生活中，许多用人单位将试用期内劳动者的工资定在当地最低工资标准之下，并谎称最低工资标准通常不适用于试用期，导致劳动者在试用期内的工资非常低，严重损害了劳动者的合法权益。

（三）用人单位延长或重复试用期

《劳动合同法》规定，同一用人单位与同一劳动者只能约定一次试用期。然而现实中，存在许多用人单位以劳动者变更工作岗位为由，恶意延长或重复使用试用期的现象，这种行为是违法的。

（四）用人单位不给试用期劳动者缴纳社保

享有社会保险是劳动者的一项重要权利，其内容包括生育保险、失业保险、养老保险、医疗保险、工伤保险，同时应为劳动者办理住房公积金。然而许多用人单位在试用期内，以试用期是考察期为借口，要么不为劳动者办理社会保险手续，要么声称等试用期过后再替劳动者补缴，严重侵犯了劳动者的合法权益。

《劳动合同法》明确规定了社会保险为劳动合同必备的条款，用人单位如未依法为劳动者缴纳社会保险费，劳动者能够随时解除劳动合同，并要求用人单位支付相应的经济补偿。

（五）“只试用，不录用”的恶意侵权行为

《劳动法》规定，在试用期内被证明不符合录用条件的，用人单位可以解除劳动合同。所以有些不良的用人单位在大学生试用期满之后找出各种理由，诸如“你迟到了两次，说明你时间观念不强”“你生病了，说明你的身体不健康”“你怀孕了，会影响正常的工作”等理直气壮地辞退大学生。

（六）与劳动者签订“霸王合同”，大学生就业者意志遭剥夺

用人单位在劳动合同的订立中居于主导地位，在劳动合同订立时多使用的是一些预先拟定好的合同文本，大学生就业者只有签与不签的选择，很少也很难与用人单位平等协商，使劳动合同事实上成为格式条款。其表现形式常有：不与劳动者协商，不向劳动者讲明合同内容；在合同中，只从企业的利益出发规定用工单位的权利和劳动者的义务，而很少或者根本不规定用工单位的义务和劳动者的权利。如有的用人单位不按法律规定履行劳动安全义务，妄图以与劳动者约定工伤概不负责的条款逃避责任。签订这类合同的往往正是从事高度危险作业的单位。这类企业劳动保护条件差，安全隐患多，设施不安全，生产中极易发生安全事故。还有的用人单位与劳动者在合同中约定“劳动者一切行动服从用人单位安排”，一旦签订合同，劳动者就失去人身自由，在工作中加班加点，被强迫劳动，有的甚至连吃饭穿衣上厕所都规定了严格的时间，剥夺了劳动者的休息权、休假权，劳动者的生活娱乐和人身自由受到限制。

二、大学生就业维权方法与途径

大学毕业生在就业过程中发现自己的合法权益受到侵犯，应当通过正当的途径依法维权，具体做法主要有以下几方面。

（1）向用人单位的领导及上级主管部门反映解决。某些侵犯大学生就业合法权益的行为是具体执行人员所为，如暗地收取押金、服装费、培训费等，有可能用人单位的领导或者上级主管部门对此并不知道。面对这些情况，大学生就业者可以向用人单位的领导或者其上级主管部门进行反映，通过用人单位的内部监督程序加以改正。这是权益保障最直接、最有效、最迅速的途径，也是就业者维权的首选途径。

（2）向当地政府劳动和社会保障部门投诉。县级以上各级人民政府都有劳动和社会保障监督检查机构，负责受理各种劳动违法行为的监督检查。目前，已经开通了全国统一的劳动监察举报电话 12333。大学生就业者在就业权益被侵害的情况下，可以拨打 12333 劳动监察举报电话，由政府主管部门依法纠正用人单位的违法行为，保护就业者的合法权益。

（3）向当地劳动争议仲裁机构申请解决。我国法律规定对涉及诸如用人单位不缴纳职工社会保险，违规收取押金、违约金等劳动合同争议纠纷，应当首先向当地劳动争议仲裁机构申请仲裁，对仲裁结果不服的，才可以向人民法院提起诉讼。

（4）向当地人民法院提起诉讼。如上所述，劳动争议仲裁机构不予立案，或者经仲裁后对仲裁结果不服的，行为人可以向当地人民法院提起诉讼，由人民法院依法予以裁决。

（5）向新闻媒体反映，获得舆论援助。《中华人民共和国宪法》规定，中华人民共和国公民具有言论自由。当大学生就业者的合法权益受到侵犯但不能得到有效解决时，还可以尝试通过向新闻媒体反映以期能够得到舆论援助。但应当特别注意，必须实事求是地反映问题，不得歪曲事实进行炒作，不得借助新闻事件敲诈勒索，不得恶意攻击党和政府，不得发表反动言论，否则，应当承担相应的法律责任。

第四节　就业协议与劳动合同的签订

案例 12－7

注意防止出现不正当竞争

王某，大学毕业后被招聘到某电子厂工作，并与该厂签订了为期五年的劳动合同。入厂后王某一直在该厂的关键技术岗位工作，掌握了该厂某产品的核心技术参数，为企业创造了可观的经济效益。因其同学的一再要求，王某将有关技术资料的复印件转送给其同学开办的企业，给原厂带来较大的经济损失。电子厂以王某违反劳动合同中保守商业秘密的义务为由，将王某诉至劳动争议仲裁委员会。

案例启示：为防止不正当竞争，用人单位一般与高级职员在劳动合同中约定，劳动者在终止或解除劳动合同后的一定期限内，负有保密义务，不能到生产同类产品或经营同类业务，且有直接竞争关系的其他单位任职，这是劳动合同中的竞业禁止条款。

在择业过程中，如何与用人单位签订就业协议书、劳动合同等法律文件，是毕业生普遍关心的问题。本节主要讲述毕业生签订就业协议、劳动合同的有关法律知识和注意事项。

一、就业协议的主要内容和法律效力

目前，随着国家就业制度改革的不断深入，毕业生双向选择自主择业已成为当今大学生就业的主流。在签订就业协议和劳动合同时，毕业生如何行使和保护自己的权利，在行使自己权利的同时应承担哪些义务，发生争议时如何解决等，是人们普遍关心的问题。

（一）就业协议的主要内容

“就业协议”与“就业协议书”是两个不同的概念。简单地说，“就业协议”是内容，“就业协议书”是载体。

目前，大学毕业生与用人单位签订的“全国普通高等学校毕业生就业协议书”（简称“就业协议书”或“三方协议”）是教育部提供的统一样本，并要求毕业生在与用人单位签订就业协议书时，必须使用该统一样本，目的在于统一和规范毕业生与用人单位签订就业协议书的行为。就业协议书以书面形式明确毕业生、用人单位、学校在毕业生就业工作中的权利和义务，具有法律约束力。其主要内容有以下几个方面。

（1）毕业生应按国家的有关规定就业，向用人单位如实介绍自己的情况，了解用人单位的使用意图，表明自己的就业意向，在规定的时间内到用人单位报到，如遇特殊情况不能按时报到，需征得用人单位同意。

（2）用人单位要如实介绍本单位的情况，明确对毕业生的要求及使用意图，做好各项接收工作。

（3）学校要如实向用人单位介绍毕业生的情况，做好推荐工作。用人单位同意录用后，经学校审核，报主管部门审批，办理派遣手续。

（4）三方应严格履行协议，任何一方若违反协议，应承担违约责任。

（5）如有其他约定，应在就业协议书的备注栏中明确，并视为本协议的一部分。

为避免就业协议和劳动合同的矛盾，使就业协议拟定的权利和义务更加明确，目前，有的地方已开始试行就业协议和劳动合同合二为一的做法，即在就业协议中增加劳动合同的内容，如劳动合同期限、工作内容、劳动保护和劳动条件、劳动报酬、劳动纪律、劳动合同生效条件、违反劳动合同的责任等条款，切实履行和维护毕业生和用人单位双方的权利与义务。

（二）就业协议的法律效力及违约

目前，毕业生在就业前所签订的就业协议书是三方协议，这三方协议并不是简单平等的协议。

首先，从签订就业协议的主体来看，就业协议的签订须三方在就业协议上签字或盖章才能生效。也就是说，签订就业协议的主体是毕业生、用人单位、学校。在签订就业协议的过程中，毕业生与用人单位是平等的主体，相互之间的法律地位是完全平等的。双方是否在就业协议书上签字，完全取决于双方各自的意愿，不存在强迫对方的问题。可是，学校作为签订就业协议的一方主体，具有双重主体的身份。一方面，学校是以平等主体的身份参加到签订就业协议中来，并按照签订“就业协议书”的规定和程序签字盖章。另一方面，学校是以管理者的身份对就业协议进行审查，符合政策规定的予以签字盖章，使就业协议生效；不符合政策规定的，不予签字盖章，就业协议不能生效，同时告知毕业生重新择业，致函用人单位就业协议不能产生效力。学校的这种作用实质上是行政管理权力的体现。由于学校有管理职能和维护学校声誉的权利，所以在一定程度上学校的主体地位高于毕业生和用人单位的主体地位。

其次，从就业协议的客体来看，毕业生、用人单位、学校三方共同达成一致意见是：毕业生愿意到用人单位就业，用人单位同意录用毕业生，学校经审核同意。所以，签订就业协议主要反映的是一种劳动人事关系，也就是毕业生将成为用人单位的成员，是否能成为用人单位的内部成员还需要具备一定的条件。当然，随着改革的不断深入，今后的协议可能只要用人单位与毕业生签订即可生效，学校只是作为见证方。目前，上海、江苏等省市已经这样做了。

案例 12-8

多头签约不讲诚信的代价

某校，某毕业生用学校发的协议书跟浙江A单位签了约，又擅自用已考取研究生同学的协议书跟广州B单位签约。B单位协议书已到学校盖章签字，但该生反悔又想去A单位，不得已只好到B单位谎称学校要其将协议书取回补办手续，并保证什么时间之前一定办好。B单位也相信他，将协议书全部还给了他。而他本人一拿到协议书即到学校谎称是B单位欺骗了他，解决不了户口将其退回，要求学校在A单位协议书上盖章。学校为慎重起见，出面与B单位联系，得知该生不诚实的行为，对其进行严肃批评，并责令其向B单位道歉，请求谅解。谁知该生以学习法律专业自居，不但不道歉请求B单位谅解，还声称B单位没有任何证据（即协议书不在手）证明他欺骗了B单位。B单位一气之下，打电话到学校，指出该生欺骗单位又欺骗学校，不讲诚信希望学校给予严厉批评教育，否则将影响学校的声誉。最后，该生以不讲诚信受到相应处理。

案例启示：毕业生在签就业协议书的过程当中，也要重视职业道德修养。高校毕业生在走向社会进入职业中时，要实事求是，把握分寸，把遵守职业道德当作一个社会公民基本的良知和义务。

无论是就业协议书还是劳动合同，发生法律效力后，任何一方不得擅自毁约。如用人单位无故要求解约，毕业生有权要求对方严格履约，否则用人单位需对毕业生进行补偿。如2017年有一家单位在学生毕业后去报到时就宣布企业裁员，新去的毕业生一个也不接收。显然该企业违约了。通过学校与该企业商量和调解，最后该企业支付给学生一定数额的违约金，由学生另找单位。应该说，违约也是一种权利，签约的一方因特殊情况确需违约的，经另两方同意后，违约方应向另两方承担相应的违约责任。承担违约责任有多种方式，如赔礼道歉、赔偿损失、支付违约金等，但是不管采取哪种承担违约责任的方式，都应当在签订就业协议书时约定。

二、劳动合同的主要内容和法律效力

（一）劳动合同的主要内容

劳动合同，是劳动者与用人单位为确立劳动关系，明确相互之间权利义务关系而达成的书面协议。

劳动合同的内容，指的是规定双方当事人权利和义务的、双方共同达成的有关事项。

劳动合同的内容表现为劳动合同条款。任何一份劳动合同，都应包含两个基本部分。

第一部分，是订立合同双方当事人自己规定的条件。这一部分，在不与国家法律及有关规定相抵触的前提下，由劳动者与用人单位双方协商约定。如生活福利、劳动者担任的义务、发生争议时解决的途径等内容。这部分内容，又可以分为"必要劳动条件"和"补充条件"两种。

必要劳动条件是双方自己规定条件中的主要事项，是劳动合同成立的必要条件。比如劳动者将要从事何种工作、担任何种职务、劳动合同的期限等。

补充条件则是双方自己规定条件中对必要劳动条件的补充。比如单位是否为职工提供住房、住房条件、住房期限；职工是否享受子女入托及其他福利；争议解决途径等补充协议事项。

第二部分，又称劳动合同的法定条款，是劳动合同必须具备的、不由当事人双方商定，而是按法律、法规执行的条件，主要包括以下几个方面。

（1）劳动合同期限。

（2）工作内容。

（3）劳动保护和劳动条件。

（4）劳动报酬。

（5）劳动纪律。

（6）劳动合同终止的条件。

（7）违反劳动合同的责任。

劳动合同的法定条款充分考虑了合同双方当事人的权利与义务关系，具有强制性。例如劳动安全与卫生、最低工资标准等问题在《劳动法》中都有明确规定，劳动合同订立以后，双方当事人即应无条件执行。

（二）劳动合同的法律效力

依法订立的劳动合同，一经订立即具有法律效力。

（1）违约责任。劳动合同中规定的义务，双方当事人在劳动过程中必须履行。如果一方擅自变更、终止或者不履行义务，必须承担法律责任。双方当事人都有权要求对方全面履行义务，并有权要求赔偿由于对方违约而造成的损失。

违约责任主要分为经济责任和行政责任。如合同规定：用人单位有为劳动者提供某种劳动保护的义务，如果用人单位在合同期内擅自终止提供，造成劳动者身心健康的损害，劳动者有权要求用人单位继续提供，也有权要求赔偿，这种责任是经济责任。如果合同期内劳动者违反了合同规定的必须遵守的规章制度、必须承担行政责任，对于当事人双方某一方的违约责任，他方都有权要求对方承担。

（2）独立执行。劳动合同一经依法订立，任何单位和个人都不能非法干预当事人享受合同规定的权利，履行合同规定的义务，违约者必须承担相应的法律责任。如果由于第三者的非法干预使一方当事人违约，从而给另一方造成经济损失的，在要求赔偿和承担责任时，必须遵循法定程序，一般先由违约方负责赔偿，然后再由违约方向第三者追偿。

（3）争议处理的法定程序。劳动合同订立后，如果双方当事人在合同期内发生争议，其解决方法必须遵守一定的程序。经协商不能解决争议的，双方当事人都有权提请用人单位劳动争议调解委员会调解。调解不成的，可向当地劳动争议仲裁委员会申请仲裁。对仲裁不服的，要在规定的期限内向有管辖权的人民法院起诉。当事人必须执行法院已生效的裁决，否则人民法院可强制其执行。

三、就业协议与劳动合同的签订

（一）就业协议与劳动合同的区别

就业协议与劳动合同均为用人单位录用毕业生时所订立的书面协议。在就业过程中，有些毕业生对二者的认识比较模糊，因此，有必要对就业协议与劳动合同进行分析比较。

（1）适用的法律、法规不同。劳动合同适用《劳动法》及劳动人事部门颁发的有关劳动人事方面的规章。而就业协议只能适用教育部颁发的《普通高等学校毕业生就业工作暂行规定》（以下简称《暂行规定》）和有关政策。

（2）适用的主体不同。劳动合同是劳动者与用人单位之间确立劳动关系的协议，只要双方当事人协商一致，符合国家的法律、行政法规，无欺诈、胁迫等手段，经双方签字盖章，合同即生效。就业协议除毕业生与用人单位双方签字、盖章外，还需学校介入。

（3）签订的内容不同。依据《劳动法》的规定，劳动合同的内容包括七项必备条款（如前所述）。劳动合同除规定的必备条款外，当事人可以协商约定其他内容。就业协议主要包括毕业生如实向用人单位介绍自己的情况，愿意在规定期内到用人单位报到，用人单位同意录用该毕业生等内容。

（4）适用的人员不同。劳动合同可以适用于各类人员。凡是中华人民共和国公民，只要有劳动能力并符合法律规定的条件，经过供需见面、双向选择，一经录用，都可以与用人单位签订劳动合同。而就业协议适用的人群相当单一，只适用于大中专院校毕业生和已毕业的研究生。

（5）签订的时间不同。一般来说，就业协议签订在学生离校前，劳动合同是毕业生到用人单位报到后订立的。

（二）签订就业协议的原则和应注意的问题

1. 签订的原则

（1）主体合法原则。签订就业协议的当事人必须具备合法的主体资格。用人单位必须具有从事各项经营或管理活动的能力，拥有录用指标和录用自主权，否则毕业生可解除协议而无须承担违约责任。

（2）平等协商原则。就业协议的当事人在签订就业协议时的法律地位是平等的，一方不得将自己的意志强加给另一方，如用人单位不应在签订就业协议时要求学生缴纳高额的风险金、保证金。当事人的权利和义务应是一致的。除就业协议书规定内容外，当事人如有其他约定事项，可在就业协议书“备注”内容中加以补充确定。

2. 应注意的问题

毕业生就业协议明确三方的权利和义务，具有法律约束力，也涉及毕业生的切身利益，因而毕业生在签订就业协议时应注意以下几个问题。

（1）查明用人单位的主体资格。由于就业市场招聘单位类型多样，不乏鱼目混珠的情况，因此毕业生在与用人单位签订就业协议时应慎重，只有仔细了解用人单位的基本情况，才能做出正确的判断，避免浪费其他的就业机会。

（2）明确协议条款的内容。毕业生与用人单位协商，如果确有必要对协议书条款进行补充或具体化，就应签明具体内容（如考研、出国、工资福利待遇、工作期限、试用期或见习期违约责任等涉及双方权利和义务的问题）。如无附加条款，应当将协议书中空白部分划去，或注明“以下空白”。

（3）注意与劳动合同的衔接。应尽可能将劳动合同主要条款的内容体现在就业协议的约定条款中，并约定就业时签订的劳动合同要包括这些内容。若事先没有书面约定，一旦双方就劳动合同有关内容达不成一致意见，而双方又不能就解除就业协议达成共识，那么毕业生不能到岗时就要承担违约责任。

（4）按规定程序签订协议。毕业生在签订就业协议时，应按照规定程序进行。一般来说，毕业生应通过和用人单位协商，在双方对就业协议的条款和内容达成一致后，双方同时在就业协议书上签字盖章，然后把就业协议书交学校毕业生就业工作部门，列入毕业生就业方案。按照规定程序签约，有利于保护毕业生和用人单位的合法权益，可避免任何一方在另一方不知晓的情况下，另增加有损于对方权益的其他条款和内容。

（5）对协议的解除条件进行事先约定。毕业生就业协议一经订立，就对当事人具有约束力，任何一方不得随意解除，否则应承担违约责任。毕业生可能对用人单位情况不是很了解或感到不完全满意，但又担心就业市场的变化，一旦放弃后落实就业单位可能更困难；或本人又在考研，准备出国等。在这些情况下，毕业生可以与用人单位在就业协议中就解除条件作约定。约定条件一旦成立，毕业生可依约解除协议，而无须承担违约责任，避免产生经济损失或其他争议。

（6）进入民营企业（以下简称民企）工作要规范协议和劳动合同的条款。随着我国民企的迅速发展，民企对人才的需求也与日俱增。但少数民企在用人机制和权益保障制度方面尚不够健全，如不按规定买保险、人事关系无处挂靠、不签订用工合同等；签订了合同但合同内容不符合劳动法律、法规，如将上岗合同代替劳动合同等。鉴于一些民企用工制度不规范的现状，建议准备到民企就业的大中专院校毕业生增强择业中的法律意识，善于用《合同法》《劳动法》等保护自己的合法权益，签好合同再进民企。

（三）签订劳动合同的原则和应注意的问题

1. 签订的原则

（1）坚持平等自愿的原则。劳动者与用人单位订立劳动合同，必须遵循平等自愿原则。这就是说，劳动关系双方当事人在法律地位上是平等的，应以平等的身份，依法共同协商订立劳动合同。平等自愿原则的延伸是协商一致的原则。劳动合同的订立要依照双方当事人的意志，不能强加于人和使用欺骗等手段。

（2）不得违反法律、法规规定的原则。不得违反法律、法规，这一原则是订立劳动合同最基本、最重要的原则。劳动者与用人单位订立劳动合同，要经过法定程序。首先需要签订劳动合同，然后要由劳动行政部门鉴证合同是否真实和合法。对劳动合同的鉴证工作，有利于劳动合同的认真履行。因为，凡是违反法律强制性条款的劳动合同都属于无效劳动合同。例如，有的合同中规定：“在本企业工作，发生一切工伤事故、死伤一概由工人本人负责，企业不负任何责任。”这就是属于违反劳动安全卫生和工伤保障方面相关法律条款的无效劳动合同，应当废除。经过鉴证的劳动合同生效后，具有法律约束力，双方均不能毁约。如一方有毁约行为，要到劳动仲裁机构处理。

2. 应注意的问题

用人单位和劳动者签订劳动合同时地位平等，应当在自愿的基础上协商一致。在实践中，较为常见的是用人单位事先拟好劳动合同，且不允许改变合同内容，也就是签订格式合同。因此，劳动者签约时应当注意全面理解格式合同的条款内容，并对其中的不合理部分提出异议。格式合同中不合理的部分通常体现在以下方面。

（1）劳动合同的内容。要避免违反劳动合同的责任条款，因为《劳动法》和《违反〈劳动法〉有关劳动合同规定的赔偿办法》规定，双方可以协商约定责任的认定、赔偿的范围、计算方法和承担方式，所以由用人单位提供的格式合同的“霸王条款”常见于此，一旦发生纠纷，用人单位常常持此“尚方宝剑”提请仲裁，而使劳动者处于不利的地位。

（2）涉及保密义务。在劳动合同中，劳动者在终止或解除劳动合同后的一定期限内，负有保密义务，不能到生产同类产品或经营同类业务，且有直接竞争关系的其他单位任职，这是劳动合同中的竞业禁止条款。针对竞业禁止条款用人单位应向劳动者支付一定数额的补偿费。在竞业禁止的年限内，补偿额一般不低于避止人员原工资的50%，而且禁止的年限应当适当，一般不超过两年。劳动者在签订竞业禁止条款时应特别注意工资补偿、禁止年限、禁止范围等，进行有效的自我保护。

（3）劳动者易忽略的具体权利。劳动合同约定的试用期是包括在合同期限内的，最长不得超过6个月；工作内容可以规定劳动者从事某一项或者几项具体的工作，也可以是某一类或几类工作，但都要求明确而具体。用人单位不得将劳动合同的法定解除条件列为约定解除条件，借以逃避用人单位在解除劳动合同时应当承担的经济补偿义务。同时，用人单位和劳动者必须依据法律参加社会保险，双方可以就医疗、养老和人身意外伤害等补充商业保险订立相应的条款。

第五节　违约责任与劳动争议

案例 12-9

以高薪为诱饵，骗人先掏钱

每一位求职者都希望能找到一份高薪的工作，因此，一些用人单位就以夸张离谱的高薪为诱饵来吸引求职者。例如，一家根本就不起眼的公司，开出“欢迎社会新人，薪水8 000元起”这样诱人的高薪来诱导求职者上钩。等到求职者办理“入职手续”时，对方就会要求应聘者交“建档费”“服装费”“风险押金”……

毕业生小李通过网上求职发现一家公司要招人，与公司面谈后，人事主管当即决定录用小李，并承诺了相当高的月薪待遇，但要求小李在签订就业协议时缴纳2 000元押金，待小李在公司工作满一年后归还。

案例启示：刚参加工作薪酬不高是正常的，相反，如出现一个不熟悉的单位提高薪酬时，应引起毕业生注意，因为少数不法人员企图利用高待遇的幌子，骗取毕业生的所谓押金、培训费、服装费等。在当前的就业形势下，毕业生千万不要相信在工作初期就很容易获得高收入。同时，对有些单位提出的所谓押金、培训费、服装费等收费项目要敢于说不。如有的地方劳动合同条例就有相关规定，用人单位与劳动者订立劳动合同不得收取或者变相收取抵押金、抵押物、保证金、定金等。

毕业生在择业过程中与用人单位签订就业协议书、劳动合同等法律文件后，由于种种原因，本人或者用人单位可能会出现违约行为。本节主要讲述毕业生关于就业协议违约责任及劳动合同争议的解决办法。

一、关于就业协议的违约

毕业生和用人单位经“双向选择”确认后，就要以就业协议的形式固定下来。用人单位不得拒收毕业生，否则按违约处理，还需缴纳违约金，并给毕业生一定的经济赔偿。同样，毕业生也不能随意违约、更换单位。倘若有的毕业生单方面违约，学校应视情况予以批评和教育，并征求用人单位一方的意见；如果单位同意，应由毕业生向学校和用人单位交纳一定数额的违约金。

二、毕业生就业违约的几种状况

(1) 草率签约。由于就业市场的激烈竞争，许多大学毕业生为了不放过任何一个机遇，当有用人单位对其表示录用时，非常兴奋，便匆忙与用人单位签订了协议。但是，实际工作后，才发现自己并不适合这项工作，或产生纠纷后，才发现双方的权利和义务不明确，无奈之下只好选择违约。

(2) 先后与多家单位签约。有的大学毕业生为了增加就业率，掌握更多的选择权，会与多家用人单位签约，最后在其中选择一家待遇最好、最适合自己的单位，从而对其余的用人单位产生违约行为。

(3) 用人单位欺诈。有的用人单位为吸引优秀的大学毕业生，往往会做出诱人的口头承诺，但是不会以书面形式写进就业协议中，大学毕业生签约、正式工作后才知道这些口头承诺只是美丽的泡影而感到气愤不已，但是又拿不出证据要求单位兑现承诺，一气之下就会选择违约。

(4) 其他违约行为。有的大学毕业生发生意外情况，如出国、参军、选干、考取专升本或研究生等，致使所签订协议不能履行。

三、违约责任及毕业生违约后果

从实际情况来看，就业违约多为毕业生违约。毕业生违约，除本人承担违约责任支付违约金外，往往还会造成其他不良的后果，主要表现为：第一，给用人单位带来时间资源的浪费，造成工作安排被动；第二，给学校带来管理不严、声誉下降的负面影响；第三，给其他毕业生造成就业信息浪费，影响其他毕业生就业。因此，毕业生在就业过程中应慎重签约，认真履约。

案例 12－10

违约的损失

具有双学位的小卢与一家药业公司签约了，但是，他并不是很满意这家公司，因为公司要他从基层做起，站着做流水线的工作。因此，他的工作态度并不是很积极，虽然签了约，却以生病为由，请假去联系另外的用人单位。不过，世上没有不透风的墙，他后来找的那家有意向的单位，知道了他已经与别的用人单位签约的事，就拒绝了他，没有与他签约。而他先前已经签约的单位知道他又去找另外的单位，觉得他这个人没有责任感，不能踏实地从小事做起，于是果断取消了与他签订的协议。这时的小卢已经错过了最佳就业机会，他的户口、档案等关系只能迁回出生地。

案例启示：在就业的签约阶段，大学毕业生面临着多重择业方案的问题，有发生违约的可能。违约对于大学毕业生来说，一方面要支付一定的违约金，另一方面也会影响到学校在用人单位的信誉。所以，以诚实的态度处理好与签约单位的矛盾是十分必要的。

四、就业协议争议和劳动争议的解决办法

（一）就业协议争议的解决途径

目前，对于就业协议的争议在《普通高等学校毕业生就业工作暂行规定》中还没有具体的规定。在实践中解决就业协议争议的主要办法如下。①毕业生与用人单位协商解决。②由学校出面与用人单位协商解决。③请求当地省级主管毕业生就业工作的部门协商解决。④协商解决不成的，毕业生可以直接向人民法院起诉，通过法律程序解决。

应该说，目前使用的就业协议书还有许多不完善的地方，还不能完全适应《劳动法》的规定，其中的条款还不够明确。所以，国家也正在考虑进一步深化毕业生就业制度的改革，健全法律、法规和规章以适应社会主义市场经济的发展需要。

毕业生持报到证到用人单位报到后，应当与用人单位依照《劳动法》的规定签订劳动合同。因为就业协议书不可能代替劳动合同。劳动合同的内容规定要非常详细和具体，而就业协议书是不可能做到的。

（二）劳动争议的解决途径

1. 劳动争议的概念及分类

劳动争议是指劳动关系双方——劳动者与用人单位在执行劳动法律、法规或者履行劳动合同的过程中，因劳动权利和义务发生分歧而引起的争议。

按不同标准划分，劳动争议有不同的分类。

（1）按劳动者人数划分，劳动争议分为个人劳动争议和集体劳动争议。个人劳动争议指劳动者个人与其所在用人单位发生的劳动争议。集体劳动争议指劳动者在3人以上（含3人）并有共同申诉理由的劳动争议。

（2）按合同类型划分，劳动争议分为劳动合同争议和集体合同争议。劳动合同争议，是指因确认劳动合同效力和履行劳动合同而发生的争议。集体合同争议，是指因订立、履行集体合同发生的争议。

（3）按争议内容划分，劳动争议分为如下几种：因开除、除名、辞退职工和职工自动离职而发生的争议；因执行国家有关工时、工资、保险、福利、培训、劳动保护的规定而发生的争议；因履行劳动合同、集体合同而发生的争议；法律、法规规定的其他劳动争议。

2. 劳动争议处理体制与法定受理范围

（1）劳动争议处理体制。我国现行劳动争议处理体制为“一调一裁两审”制。处理劳动争议的机构有劳动争议调解委员会、劳动争议仲裁委员会和人民法院。

劳动争议处理程序如下。

① 协商。劳动争议发生后，当事人应当协商解决。但是，协商不是处理劳动争议的必经程序，不愿协商的，可以申请调解。

② 调解。劳动争议发生后，当事人不愿协商或协商不成的，可以向本单位调解委员会申请调解，但调解也不是处理劳动争议的必经程序。

③ 仲裁。调解不成的，可以向劳动争议仲裁委员会申请仲裁。当事人也可以直接向劳动争议仲裁委员会申请仲裁。仲裁是处理劳动争议的必经程序。

④ 诉讼。《劳动法》第八十三条规定："劳动争议当事人对仲裁裁决不服的，可以自收到仲裁裁决书之日起十五日内向人民法院提起诉讼。一方当事人在法定期限内不起诉又不履行仲裁裁决的，另一方当事人可以申请人民法院强制执行。"

（2）劳动争议的法定受理范围。劳动争议的法定受理范围有以下 4 种：因企业开除处理辞退职工和职工辞职自动离职发生的争议；因执行国家有关工资、保险、福利、培训、劳动保护的规定发生的争议；因履行劳动合同发生的争议；法律、法规规定应当依照有关条例处理的其他劳动争议。

第六节　社会保险的有关知识

社会保险是国家或政府通过立法的形式，采取强制手段对公民或劳动者因年老、疾病、生育、伤残、失业、死亡等社会特定风险而暂时或永久失去劳动能力、失去生活来源或中断劳动收入时的基本生活需要，由国家和社会提供物质援助和社会服务的社会保障体系。社会保险主要包括养老保险、医疗保险、失业保险、生育保险和工伤保险。

社会保险具有强制性的特点，就是用人单位和个人都需要缴纳费用。社会保险的作用就在于老有所养、病有所医、生有所保、伤有所疗、失有所得，也就是让人在老、病、伤、失的时候，能获得一定费用的补偿和救济。

个人只需要缴纳养老、医疗和失业 3 种保险，生育和工伤保险由用人单位缴纳。个人缴纳养老保险比例为 8%，医疗保险为 2%，失业保险为 1%，以个人的工资额为缴费基数，按月缴纳。

一、养老保险

养老保险是劳动者在年老退出劳动岗位以后，由政府提供物质帮助，保障其基本生活需要的一项社会福利制度。政府建立养老保险基金，并以税收优惠的形式负担部分费用，职工和用人单位按工资收入的不同比例，按月向社会保险经办机构缴费。职工缴费的全部加上用人单位缴费的一部分实行个人账户储存。劳动者在到达法定的退休年龄和缴费年限时，可按月领取政府的养老金和享受其他的养老待遇。

二、医疗保险

医疗保险是社会保险制度的重要组成部分。医疗保险是指由国家立法，通过强制性社会保险原则和方法筹集建立医疗保险基金，当参加医疗保险的人员因疾病需要获得必需的医疗服务时，由经办医疗保险的社会保险机构按规定提供医疗费用补偿的一种社会保险制度。医疗保险与养老、失业、工伤、生育等其他保险一起，共同对劳动者的生、老、病、死、残起着保障作用。

三、生育保险

生育保险是指妇女劳动者因怀孕、分娩导致不能工作，收入暂时中断时，国家和社会给予必要物质帮助的社会保险制度。建立生育保险是为了保证生育状态的劳动妇女的身体健康，减轻其因繁衍后代而产生的经济困难，同时也是为了保证劳动力再生产的延续。生育保险不单单是指对女职工生育子女所花费的生育手术费、住院费等费用的补偿，还应当包括通过建立社会生育基金的方式对女职工在规定的生育假期内，因未从事劳动而不能获得工资收入的补偿，以及男职工生育结扎、生殖健康等享受费用报销和津贴。

四、工伤保险

工伤保险是社会保险的一个组成部分。它通过社会统筹，建立工伤保险基金，对保险范围内的劳动者在生产经营活动中所发生的或在规定的某些特殊情况下遭受意外伤害、职业病，以及因这两种情况造成死亡，在劳动者暂时或永久丧失劳动能力时，劳动者或其遗属能够从国家、社会得到必要的物质补偿，以保证劳动者或其遗属的基本生活，以及为受工伤劳动者提供必要的医疗救治和康复服务。

五、失业保险

失业保险是指国家通过立法强制实行的，由社会集中建立基金，对因失业而暂时中断生活来源的劳动者提供物质帮助的制度。它是社会保障体系的重要组成部分，是社会保险的主要项目之一。它具有普遍性、强制性和互济性的特点。

总之，社会保险可以说是国家为每个公民提供的一种福利制度。社会保险要求累计缴费时间不低于 15 年，缴费年限越长，缴费金额越多，则将来领取的保金越多。

不管是就业还是创业，有了工作还是暂时没有工作，如何缴纳社会保险是毕业生普遍关心的问题。一般来说，毕业生参加社会保险主要有 3 种形式。第一种情况最为普遍的，即毕业后学生与用人单位签订劳动就业合同，毕业大学生由用人单位代扣代缴社会保险，具体缴纳的险种是职工养老、医疗、工伤、生育、失业五项；第二种情况是没有就业返回原籍的毕业生，可由户籍所在地的公共就业服务中心等人事代理机构代为办理，缴纳职工养老、医疗保险；第三种情况是没有就业的毕业生，可以在户籍所在地的社区或街道缴纳城乡居民基本养老保险。

目前仍存在各种原因导致很多毕业生参加工作但没有缴纳社会保险的情况，这样对他们是不公平的。已毕业和即将毕业的大学生应该了解，用人单位为职工缴纳社会保险具有强制性，如果用人单位不给职工缴纳社会保险，可向单位所在地的劳动保障部门投诉。

思考题

1. 毕业生就业过程中有哪些基本合法权益？
2. 就业权益保护的方法与途径有哪些？
3. 就业协议和劳动合同有哪些主要区别？劳动合同必备条款有哪些？
4. 劳动争议的类型有哪些？如何处理劳动争议？

第十三章　就业程序

评价目标

知识目标：熟练掌握大学生就业前应准备的相关资料；了解人事代理的相关内容及其对大学生的职业生涯所起到的作用。

能力目标：熟练掌握大学生毕业时需要办理事务的手续及流程；熟练掌握就业协议书的作用与变更流程；熟练掌握就业报到证的作用与变更流程。

情感价值观目标：及时了解国家在大学生就业方面的措施和程序，顺利完成从学生到职业人的转变。

教学方法

采取讲述法，讲解重要知识节点；使用多媒体辅助，进行实际案例样本展示；采用多层次的互动竞赛法，让学生体验就业程序中所有文书的填写及办理。

在大学生们职业生涯规划的起始阶段，就应熟练地掌握就业前、毕业时、毕业后等时间段中即将面临的国家规范要求的相关工作及流程，这样可以尽量避免因为某个流程的错误而影响到就业工作。

第一节　毕业生就业前的相关资料准备

就业前准备好相关求职资料对毕业生来说尤为重要，求职资料是给用人单位充分展示自身的文化素养、个人修养、综合实力的资料，可以让用人单位全面了解毕业生的学习状况、工作经历、能力结构、特长、奖惩等情况。求职资料也可以反映毕业生的文字表达能力、逻辑思维能力、实践工作能力等。

求职资料通常包括毕业生推荐表、自荐信（求职信）、简历，以及各种证书、已发表的文章、取得的成果等证明材料。这几种资料虽然都能单独成立，但各自的侧重点有所不同。求职资料的写作是一门学问，有一定要求和规范，但同时又不拘一格。所以具体准备时，应把握好基本的原则，以效果最佳为准则。

一、毕业生推荐表的填写

毕业生推荐表是指学校发给毕业生填写的并附有学校书面意见的推荐表。其中的综合评定及推荐意见部分由最了解毕业生全面情况的班主任或辅导员填写。毕业生推荐表是在毕业生即将毕业实习但又未取得毕业证书的情况下，学校以组织的形式向用人单位推荐的材料，具有较大的权威性和可靠性，所以大部分用人单位把该表作为其他书面资料的证明和接收毕业生的主要依据。

毕业生推荐表一般由以下几个部分组成。

1. 毕业生的基本情况

该部分包括：姓名、性别、民族、出生年月、政治面貌、特长、健康状况、籍贯、家庭住址、邮政编码、联系电话、主要经历、学习成绩、担任职务、参加社会实践活动经历、各类证书、奖惩情况等内容。

2. 在校学习成绩

毕业生在校所学专业课程的学习成绩是推荐表中重要的组成部分。用人单位想了解毕业生在校期间所学知识掌握程度，就需要通过这一部分了解。成绩单必须由学校教务部门提供，并加盖教务部门公章方有效。成绩单签章后不得涂改，涂改视为无效。

3. 院（系、部）的鉴定和推荐意见

此部分主要是由所在院（系、部）对毕业生在德、智、体、美等方面的简要鉴定，以及对毕业生的推荐意见，需要加盖院（系、部）公章。

4. 学校就业管理部门的推荐意见

学校就业管理部门是负责毕业生就业工作的主要部门，为毕业生就业全程指导服务，为毕业生就业提出推荐意见并加盖部门公章。

毕业生推荐表是学校统一发给毕业生参加双向选择的重要依据，是求职的“身份证”，因此毕业生在填写时必须认真、仔细、实事求是，具体要做到如下几点。

(1) 姓名与户口簿、身份证上的姓名必须一致，否则会在求职过程中给自己带来不必要的麻烦。

(2) 其他相关信息应实事求是，不可弄虚作假。

(3) 必须贴一寸近期免冠半身照片。

毕业生推荐表如表 13-1 所示。

表 13-1 毕业生推荐表

×××大学毕业生推荐表　　　　×××大学就业处制

<table>
<tr><td>姓名</td><td></td><td>性别</td><td></td><td>出生年月</td><td></td><td>民族</td><td></td><td rowspan="3"></td></tr>
<tr><td>专业</td><td></td><td>学制</td><td></td><td>毕业时间</td><td></td><td>政治面貌</td><td></td></tr>
<tr><td>籍贯</td><td></td><td>电话</td><td></td><td>有何特长</td><td colspan="3"></td></tr>
<tr><td>现家庭住址</td><td colspan="8"></td></tr>
<tr><td>在校奖惩及获得证书情况</td><td colspan="8"></td></tr>
<tr><td>在校任何职务</td><td colspan="8"></td></tr>
<tr><td rowspan="7">主要课程及学习成绩</td><td>课程名称</td><td>成绩</td><td>课程名称</td><td>成绩</td><td>课程名称</td><td>成绩</td><td>课程名称</td><td>成绩</td></tr>
<tr><td></td><td></td><td></td><td></td><td></td><td></td><td></td><td></td></tr>
<tr><td></td><td></td><td></td><td></td><td></td><td></td><td></td><td></td></tr>
<tr><td></td><td></td><td></td><td></td><td></td><td></td><td></td><td></td></tr>
<tr><td></td><td></td><td></td><td></td><td></td><td></td><td></td><td></td></tr>
<tr><td></td><td></td><td></td><td></td><td></td><td></td><td></td><td></td></tr>
<tr><td></td><td></td><td></td><td></td><td></td><td></td><td></td><td></td></tr>
</table>

续表

实习经历	
班主任或辅导员、院系党组织对学生德、智、体情况的评语（包括思想表现、组织纪律、专业知识、外语、计算机、工作能力、组织管理、社会活动、创新能力等）。 院（系、部）盖章　　年　　月	
校就业处意见	盖章　　年　　月
接受单位意见	盖章　　年　　月
接受主管单位主管部门意见	盖章　　年　　月
备注	

注：此表一式叁份，接受单位、主管单位签署意见后，自留一份，寄回×××大学就业处一份，学生自存一份。

我们已经在第九章介绍了自荐信和简历的重要性和要求，本章再从操作的层面介绍自荐信和简历的撰写和制作。

二、自荐信的撰写

自荐信也叫求职信，是求职者以书面形式向用人单位提出求职态度和意愿的请求信函。写自荐信是目前毕业生求职择业的一种比较常见的，也是十分重要的展示自我的手段，可以给用人单位留下良好的印象，以争取进一步相互了解的机会。一封好的自荐信是打开就业之门的“敲门砖”。

（一）自荐信的格式和基本内容

自荐信的格式和一般书信大致相同，其格式主要包括称呼、正文、结尾、落款等。

（1）称呼。自荐信称呼应比书信的称呼正规，称呼一般是姓加职衔或官衔，对既有职衔又有官衔的一般以较高者称呼。称呼的对象是招聘单位的人事部门，因此称呼要随用人单位不同而改变。如果是国家机关事业单位的人事部门，称呼用职务，如“尊敬的某某处长或科长”；如果是企业单位，称呼用部长或主任，如“尊敬的某某企业人力资源某某部长或主任”；等等。

（2）正文。在自荐信中正文是核心部分，要简洁、目标明确、有针对性。先要介绍个人的基本情况，包括姓名、性别、出生年月、政治面貌、学历、毕业院校、所学专业、特长爱好、身体状况、优缺点、受奖惩情况等。同时说明用人单位信息的来源，做到师出有名，让用人单位感觉很愉快。

自荐信中说明所要应聘的岗位和自己具备的条件，重点突出所学专业知识和技能，以及所具备的工作能力和潜能，表露出自己乐意与该单位共同发展的愿望，消除用人单位的后顾之忧。正文要体现出你是有备而来、十分关注这份工作的，突出你能给用人单位做哪些事，能担任哪些岗位工作，表现出对这份工作的极大热情。

(3) 结尾。自荐信结尾要表示出希望对方给予明确答复，真心希望能给予面谈机会，要把想得到工作的迫切心情表达出来，并写明若被用人单位录用后应如何工作，以争取他们的信任。行文语气要热情、诚恳、有礼貌，在寄信之前检查信封是否标准、地址和落款是否清楚、提供的证明材料和数据资料是否齐全等，同时要写上简短的祝福语，如“身体健康，万事如意”等。

(4) 落款。落款处要写上“自荐人×××”的字样，落款用规范体的公元纪年和月日，随文要说明回函的联系方式、邮政编码、地址、电话号码、QQ号及E-mail等，落款处必须由自荐者亲自签名（以示郑重和敬意），切不可打印签名。

（二）撰写自荐信应注意的问题

(1) 自荐信篇幅不宜太长或太短，字多了可能让招聘用人单位看得厌烦，字少了可能说明你不诚恳、不务实，对待事情不严谨。自荐信应突出重点、有针对性、言简意赅、字迹工整，以1 000字左右为宜。

(2) 自荐信重点要突出，要简洁地概述自己的经历，突出自身特点，使对方觉得你各方面的情况与招聘条件相一致，与有关职位要求相吻合，行文的语气要成熟而务实。总而言之，突出的宗旨就是让用人单位感觉到你能为他们做什么、创造什么，最主要的是你适合他们。

(3) 自荐信用语要流畅，要有务实的风格，谦虚谨慎，又要落落大方，既迎合对方，又要不显痕迹，切不可用华而不实的修辞语，要实事求是、恰如其分地介绍自己。

(4) 自荐信要充分展示你对这份工作的极大热情和对单位的崇敬，要体现出你的敬业精神和团队协作精神，重点凸显富于开拓与创新精神。

(5) 自荐信整体要有美感，字迹要工整、清洁、美观，行间和段落间间隔适当。信中切不可出现错别字，不要留下污垢、不要涂改，让人取得好的第一印象。信纸、信封不要太花哨，信封宜白色，字迹清楚，书写端正，干净整洁、漂亮，切不可用印有别人单位名称的信纸和信封。

案例 13-1

大学生自荐信范例

尊敬的领导（先生/女士）：

您好！首先感谢您在百忙之中抽出时间阅读我的求职材料。

贵单位良好的资信、一流的形象、严格的管理、积极的精神显示着旺盛的生命力和强劲的发展态势，在社会上赢得了广泛的认可和赞誉，成为众多青年的理想去所。我跃跃欲试，渴望得到贵单位的青睐，与全体同仁一起开创更加辉煌的明天。

经过三年的刻苦学习，我打下了坚实的理论知识基础，掌握了较强的应用能力，包括系统地学习了计算机原理和结构，计算机软、硬件知识，计算机网络，数据库概论，编译原理，汇编语言，C++编程技术，掌握了较强的中英文表达能力，英语达到了国家四级水平，系统地学习了数理基础，有较强的计算机运用能力，形成了口径宽、专业深的知识结构。

在校期间，我积极投身到实践活动中，本着“服务同学，锻炼自我”的工作宗旨，组织参加了各种学术、文艺、体育、社会公益等活动，培养了自己严谨、踏实、诚恳的工作态度和团结协作的精神。重要的是，塑造了我朴实、稳重、创新的工作风格。

我正处于人生精力充沛的时期，渴望在更广阔的天地里展露自己的才能。我不满足于现有的知识水平，期望在实践中得到锻炼和提高。我真诚希望能够加入贵单位。我会踏实工作，竭尽所能为单位的发展贡献力量。我相信经过自己的勤奋和努力，一定会做出应有的成绩，相信我的努力能为贵单位的事业添砖加瓦。

随信附上我的简历，如有机会与您面谈，我将十分感谢，即使贵单位认为我还不符合你们的条件，我也将一如既往地关注贵单位的发展，并在此致以最诚挚的祝福。

此致

敬礼！

自荐人：×××

××××年××月××日

三、简历的撰写

简历又叫履历表，主要是针对求职者想应聘的工作，将相关经验、业绩、能力、性格、成长过程、特长爱好、所获成果、获奖证书、联系方式等简要列举出来。简历有的是表格形式，有的是排列整齐有序的文字形式，无论哪种形式，都必须条理清楚、项目明白、叙事简洁。一份成功的简历，往往可以抓住用人单位的注意力，赢得机会。

（一）简历的基本内容

（1）标题。以“简历”“个人简历”或“求职简历”为标题。

（2）个人简要信息。主要指姓名、性别、出生年月、民族、籍贯、政治面貌、健康状况、婚姻状况、就读学校、所学专业、学位、家庭住址、联系电话等。

（3）学历。用人单位主要通过学历情况了解应聘者的智力及专业能力水平，一般只要写大学的教育经历，包括本科和研究生阶段，书写学历的顺序由高到低，即高学位、高学历先写，依次写清楚所就读的学校，院（系）专业（方向）、学习和经历。

（4）求职目标。表明求职的愿望与招聘的职位适合相符，求职目标要简明扼要地表达。

（5）实践经历。用人单位特别是外企、合资企业非常注重求职者的工作经历，也是对毕业生综合素质要求不断提高的表现。虽然大部分毕业生都没有很多工作经验，但是从在校期间承担的社会工作、组织活动等情况，以及假期社会实践和学校安排的顶岗实习情况中，可以让用人单位了解你的组织能力、协调能力、领导能力、团队精神和吃苦耐劳精神等。

（6）外语、计算机应用水平。外语作为一种工具、计算机水平作为一种技能，用人单位非常重视。

（7）所获荣誉和奖学金情况。在校期间所获的荣誉，如“三好学生”“优秀班干部”，以及所获得各类奖学金的情况等。

(8) 业务课程。把所学专业课程列出，说明自己的知识结构。

(9) 兴趣、爱好和特长。有利于用人单位对你综合素质的了解。

(二) 简历撰写应注意的几个问题

(1) 要注意简历的整体布局，构思要精巧，书面干净整洁，切不可结构混乱、层次不清。简历写完后要认真反复核对，不可出现错别字、病句等低级错误。

(2) 简历一定要实事求是，绝不虚构（所有用人单位都讨厌造假者），陈述的能力、技能多用数字、事实来说明。

(3) 简历语言要精练、简明扼要，篇幅不要太长，不要超过两页 A4 纸，如果页数过多、篇幅太长，可能导致用人单位无心看下去，进而失去应聘的机会。

(4) 重点凸显工作经历和特长，突出与所申请职位相关的经验与技能。如果没有参加过社会实践或未参加过顶岗实习，简历重点应放在学习成绩和课外活动、实验实训课上。

(5) 简历中要突出自己可以胜任的优势，回避不足，在内容分布顺序上可以突破时间上的倒叙等常规限制，如可以先重后轻，突出你与其他的竞争者的不同。

简历的撰写没有固定格式，其目的就是介绍自己，吸引用人单位的目光，使其感兴趣并读下去，达到求职效果。

案例 13-2

纯文字形式个人简历

姓　　名：李××　　　　毕业学校：×××大学

性　　别：女　　　　专　　业：国际金融

出生年月：××××年×月×日　　　　邮　　编：××××××

通信地址：×省×市×镇×街　　　　手　　机：138××××××××

联系电话：××××-×××××××　　　　求职意向：业务员

电子邮件：××××

英语水平：能熟练地进行听、说、读、写、译，现已通过国家英语专业八级考试，有极强的英文写作能力和翻译能力。

计算机水平：已获国家计算机等级考试二级，程序员资格证，精通办公自动化，熟悉编程等。

社会实习经历：20××年 7 月在某某国际信托投资公司实习。实习期间主要职责是协助业务主管整理相关经营资料；协助业务员联系信托市场和业务单位开展投资贸易洽谈业务。

主修课程：应用统计学、财务管理、企业战略管理、管理会计、财务报表分析、财务审计、税收概论、国际贸易、国际商法、组织行为学、市场营销学、市场调研、职业生涯规划、生产运作管理、企业信息管理、人力资源管理、微积分。

获奖情况：一次国家励志奖学金，三次学校一等奖学金，两次学校二等奖学金。

自我评价：诚实可靠，吃苦耐劳，工作态度严谨，有团队精神，对单位忠诚，能自觉遵守单位的各项规章制度，善于与同事相处。最大优点是工作能动性和创新意识强。

表格形式个人简历见表 13-2 示例。

表 13-2　表格形式个人简历

姓名	王××	性别	男	出生年月	1998.6	照片（2寸）
籍贯	江西九江	民族	汉	政治面貌	团员	
专业	会计			学历	大专	
业务专长	熟悉国家财务制度和相关政策法规，对会计电算化软件应用熟练					
接受教育经历	××××.9—××××.7 某大学经管学院财务会计系 ××××.9—××××.7 市第二中学就学 ××××.9—××××.7 桃园初级中学就学					
社会工作经历	××××.9—××××.7 担任学校学生会副主席，系团支部书记、班长 高中、初中阶段一直担任班长、学习委员职务					
社会实践经历	××××年暑期参加团市委组织的“三下乡”活动，本人指导村会计规范财务制度及重新整理陈年旧账					
外语及计算机能力	能熟练地进行听、说、读、写，现已通过国家英语六级考试，有较强的英文写作能力和翻译能力。已获国家计算机等级考试二级、程序员资格证，精通办公自动化，熟悉编程等					
获奖情况	××××年度获一等奖学金，被评为三好学生，优秀团支部书记 ××××年度获二等奖学金，被评为优秀学生会干部					
主干课程	财务会计、成本会计、财务管理、审计、经济法、税法、会计原理、珠算、财务软件应用技术等					
个性特点	诚实可靠，任劳任怨，埋头苦干，敬业爱岗，具有高度的敬业精神和团队精神，尊重领导，能开创性工作					

四、证明材料

证明材料有很多种，凡是能证明你有某种素质和能力的书面的东西都可以整理成证明材料，常见的有毕业证、学位证、计算机等级证书、获奖证书、技术鉴定证书、职业资格证书、职称水平证书、聘书、参加社会实践证明、主要作品或论文摘要等。证明材料原件要妥善保管，以便录用时给予用人单位验证。所有证明材料均可用复印件，证明材料要有目录，这样有利于用人单位查阅，也会给用人单位留下考虑问题细致的好印象。

如果想让自己准备的求职资料对招聘单位有吸引力，能引起对方的兴趣，我们就必须要对求职材料封面进行一番精心设计，材料统一用优质 A4 纸打印、复印，最后用软塑料透明活页夹装订，形成一份整洁美观、突出特色、吸引眼球的翔实的应聘求职材料。

第二节　毕业生离校手续及户、档传递与管理

学生通过大学的学习，修完了教学计划规定的课程，达到毕业要求，准予毕业。为使毕业生在毕业离校时间段及时办理相关手续，顺利走上工作岗位，各校对毕业生离校工作都做了周密细致安排。

一、毕业生离校工作日程安排

根据教育部颁布的《普通高等学校学生管理规定》（教育部第 41 号令）及省教育厅毕业生分配办公室对毕业生毕业派遣时间要求，各校均会在 6 月份完成相关毕业手续，一般安排如下。

1. 前期准备

（1）各院系部对毕业生毕业资格鉴定。

（2）组织毕业生填写高校毕业生登记表。

（3）组织毕业生学习学校颁发的毕业生离校工作日程安排以及学习毕业生文明离校的校级文件精神。

（4）各院系部回收已落实就业去向的毕业生就业协议书，并报就业处。

（5）组织毕业生填报户、档去向意向表，确定去向。

（6）组织未落实就业去向的毕业生填写“普通高校未就业毕业生情况登记表”，其中有就业愿望但尚无意向单位的毕业生还须填写“普通高校待就业登记表”；自主创业、自由职业等灵活就业的毕业生还须填写“普通高校毕业生灵活就业登记表”；择业代理毕业生须填写“择业代理申请表”。

（7）各院系部提前 10 天将所填写的登记表分类整理好后上报学校就业处或毕业生就业服务指导中心，再由学校主管就业工作部门分类整理，制好数据盘上报省就业主管部门进行派遣。

2. 论文（设计）答辩及补考工作

（1）各院系部精心组织，周密安排，确保毕业生论文（设计）答辩及补考工作的顺利开展，按时、按质、按量完成此项工作，不得推后。

（2）各院系部组织安排毕业生离校集体购票工作，由学工处负责联系客运部门统一购票或请客运部门来校售票，毕业生也可自行网络购票。

（3）发放由学生工作处统一印制的“毕业生离校手续审批表”至每一位毕业生，以院系部为单位，集中进行审批。

（4）各院系部将毕业生评优评奖材料分别上报给校学工处进行审定，以确保评优评奖材料及时进入学生档案，学生及时获得表彰。

3. 财产清理及清费

（1）各院系部凭“毕业生离校手续审批表”统一到有关部门办理物品、党团关系转接等手续，欠费的毕业生要缴清有关费用。同时，财务处进行毕业生退费工作。“毕业生离校手续审批表”签章后交给教务处办理毕业证书。

（2）校国资处、后勤管理处、学工处宿管科清理毕业班教室、寝室等公共财产，查看是否完好，遇损失、损坏等情况，拿出处理意见。

（3）集中审批毕业生离校手续时，各相关部门要安排好人员，以简化手续、方便毕业生为原则，做好此项工作。

4. 毕业活动

（1）各院系部组织开展毕业班学生合影留念、召开毕业座谈会等形式多样的活动。

（2）各院系部自行组织毕业典礼或参加全校毕业典礼。

（3）有序组织毕业生全部离校。

5. 毕业生档案转接及派遣

（1）各院系部将毕业生的归档材料存入学生个人档案，检查无误后移交给学工处，学工处将奖惩等材料存入学生个人档案后进行封装、登记，制定移交表交给校就业处统一管理和邮寄。

（2）就业处、保卫处分别到相关部门集中办理毕业生“就业报到证”（图 13.1）“户口迁移证”（图 13.2），同时将按“学生就业去向意愿表”的详细地址随同学生档案一同寄出（就业单位、生源所在地毕业生就业指导中心、人事代理机构等）。

图 13.1　就业报到证

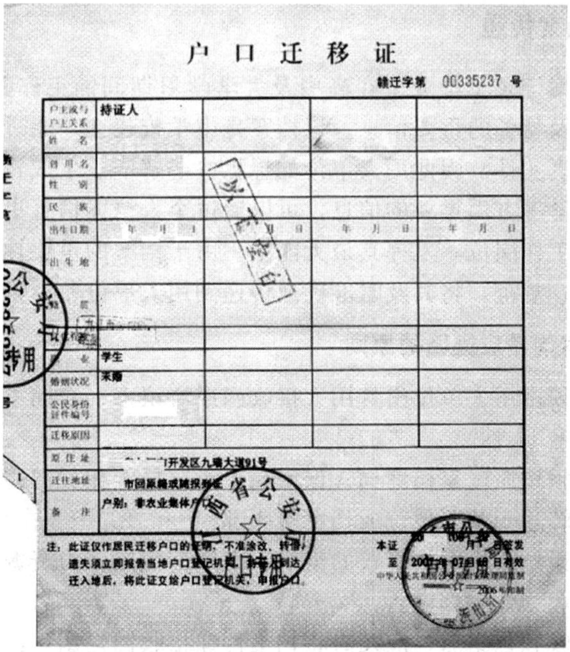

图 13.2　户口迁移证

二、毕业生的户口迁移

1. 户口迁移的原则

(1) 由学校保卫处（户口管理部门）到辖区公安机关（派出所）按规定办理。

(2) 户口迁移公安机关按毕业生就业报到证上标明的就业单位地址迁移户口。

(3) 毕业生不得自行指定迁移地址或随意涂改就业报到证上的地址。涂改后的就业报到证将无效。

(4) 户口迁移证开出后，毕业生应按报到证上规定的落户时间及时到迁移辖区公安机关办理落户手续。落户时间过期该证将无效。

2. 户口迁移证保管注意事项

(1) 户口迁移证是公民的户口所在地变动时，由原户口所在地迁往新落户地址的凭证，是由户口迁出地的公安机关开具，其他单位和个人无权开具。

(2) 户口迁移证开出后，毕业生应仔细核对户口信息，并妥善保管，确保信息准确无误，切不可丢失。

(3) 户口迁移证不可折皱、污损、破损、模糊，更不能自行涂改，否则作废。毕业生应避免不必要的落户麻烦。

3. 毕业生离校时未落实工作单位的户口处理办法

经个人申请，学校保卫处同意可暂时将户口保留在学校，待落实工作单位后，将其户口迁入工作单位所在地。未落实就业单位的毕业生也可将户口迁回入学前户籍所在地（入学前户籍是农村的，入当地的非农业户口）。

4. 毕业生到非公有制单位就业或自主创业的户口处理办法

其户口可转入家庭所在地，也可转入单位集体户口，符合单独立户的，允许其单独立户，不具备上述条件的，可落户到当地政府劳动社会保障部门所属人才交流中心集体户口。

三、毕业生的档案传递

毕业生的人事档案记录了毕业生在高中及大学学习期间的工作、生活、学习、奖惩、政治思想、个人爱好及特长的重要信息。该档案是由学校建立，通过较长时间积累的个人资料，具有权威性、真实性。因此用人单位如想尽快了解毕业生成长过程，以及毕业生的德、能、勤、绩、才学等方面重要的信息，可以通过个人档案信息更好地了解情况，依据个人特长安排适合的工作岗位，发挥其最大能量。由于档案的重要性，所以对毕业生档案的传递要求更加严格、规范，将其及时准确地传递到用人单位尤为重要。

（一）毕业生档案传递应遵循的原则

(1) 档案传递必须由用人单位出具用人接收函或协议书、合同书，根据调档函上标明的地址进行传递。

(2) 档案传递必须按照国家档案局、保密局、机要局等相关部门规定，由当地机要部门通过机要通信方式转达到就业单位或档案接收部门。

(3) 档案只能传递给有自主人事权的组织、人事部门或人力资源部门。用人单位的其他部门和个人无权接收毕业生档案。

(4) 用人单位接收到档案后，应及时将档案传递接收回复函寄给校方就业处或毕业生就业服务指导中心，以便掌握档案邮寄去向。

（二）档案传递应注意的事项

（1）档案传递一定要注意传递范围，凡派遣单位不属于机要传递范围的中小公司、企业以及县区以下单位，毕业生应向学校提供准确的就业单位的详细地址。

（2）凡机要局无法寄递的单位或地域，可由就业单位持介绍信来校领取毕业生档案。

（3）个人或亲属不得领取或自带档案到用人单位。

（4）正常情况下，档案寄递后一周内可到达用人单位，毕业生可向就业单位的人事部门查询，如较长时间没有收到档案，用人单位人事部门应及时向校方就业主管部门通报情况，校方就业主管部门将向机要部门申请寄递查询。

（5）未落实工作单位的毕业生的档案，可根据国家规定在校保留两年，超过规定期限仍未落实工作单位的毕业生，档案将转至入学前所在地劳动社会保障部门所属的人才交流中心或转至入学地所辖毕业生就业服务指导中心。

（6）自主创业和灵活就业的毕业生的档案可在校保留两年，保留期内毕业生未来校办理档案转移手续的，学校将毕业生档案挂靠到入学当地人才交流中心。

（7）档案留校两年期间，学校只提供与就业有关的服务，办理与就业有关的手续，其他如出国、结婚、买房、公务员报考、补办身份证等需要办理手续的，按教育部规定可不予办理。如需办理，应将户、档关系转入后再行办理。毕业生户、档留校期间，学生没有学籍，不享受在校生待遇。

第三节　就业协议书的作用与签订更改

一、就业协议书概述

“普通高、中等学校毕业生就业协议书”，是普通高等中等学校毕业生和用人单位在正式确立劳动人事关系前，经双向选择，在规定期限内确立就业关系、明确双方权利和义务而达成的书面协议，是用人单位确认毕业生相关信息真实可靠以及接收毕业生的重要凭据，也是学校进行毕业生就业管理、编制就业方案以及毕业生办理就业落户手续等有关事项的重要依据。协议在毕业生到单位报到、用人单位正式接收后自行终止。就业协议书一般由就业主管部门统一制表，由各学校统一打印。

2019年4月28日，教育部办公厅印发《教育部办公厅关于进一步加强高校毕业生就业状况统计核查工作的通知》（教育厅函〔2019〕22号）要求各高校要严格执行四不准规定，即不准以任何方式强迫毕业生签订就业协议和劳动合同，不准将毕业证书、学位证书发放与毕业生签约挂钩，不准以户、档托管为由劝说毕业生签订虚假就业协议，不准将毕业生顶岗实习、见习证明材料作为就业证明材料。

二、就业协议书的领取

到了大学毕业前的最后一学年开学，毕业生需要填写毕业生基本信息，经省就业办审核后，在微信公众号“微就业”平台中注册、申请就业协议书。通过后，到学校就业处打印领取就业协议书，就业协议书一式三份。

三、就业协议书的签订

毕业生领取就业协议书后，按国家规定，可在毕业前与用人单位达成意向，签署就业协议书，按规定填写好，并与学校、单位三方盖章、签名后，三方各存一份。

四、就业协议书的更改

毕业生如果与就业单位解除劳务关系，或因其他原因需重新签订就业协议书的，在省就业网公示原就业协议书作废、无效后，可向学校就业处申请重新打印一份空白的就业协议书。

第四节　就业报到证的改派

就业报到证是由原来的派遣证转化而来的，是应届普通高等学校、中等专业学校（普通全日制，也就是统招生）毕业生到就业单位报到的凭证。毕业生需按报到证上规定的时间，到报到证上打印的单位报到。

一、就业报到证的作用

（1）就业报到证是毕业生到单位报到的证明。毕业生到有国家编制的工作单位就业时，须持就业报到证。用人单位凭就业报到证为毕业生办理手续。

（2）当地公安部门凭就业报到证为毕业生办理落户手续。

（3）学校相关部门依据就业报到证为毕业生办理档案投递、组织关系转移和户籍迁移等手续。

（4）就业报到证是毕业生报考公务员必备的资料。

二、就业报到证改派的手续

就业报到证可以改派，但要有必要的材料和履行相关手续。

（1）有国家编制的用人单位或地方人社局在毕业生改派表、录用函或就业协议书上盖章。

（2）就业报到证原件。

（3）身份证复印件。

专升本的学生需向就业处交还就业报到证原件，做注销处理。

第五节　人事代理制度

一、人事代理制度的含义

人事代理，在我国是指在社会主义市场经济条件下，经组织人事部门批准或授权成立的人才服务机构，受单位和个人委托，运用社会化服务方式和现代化手段，按指定的法律和政策规定，为他人代办有关的人事业务。简单地说，就是把“单位人”变成“社会人”，实现人事关系管理与人员使用分离，即单位管用人，而一些具体的人事管理工作，如档案管理、计算工龄、评定职称、社会保险等，由人才交流中心代管。

1995 年 12 月人事部正式提出推行人事代理制度，使之规范化、法制化。这预示着人事代理将促进人才产业化，最终使人事管理变成一种公众服务。

二、人事代理的具体内容

目前，全国各地人事代理发展迅速，代理内容不断丰富，代理形式趋于多样化，概括起来主要包括四个方面。

（1）围绕人事档案管理进行的低层次的人事代理，包括存放或转递人事关系、调整档案工资、评定专业技术职称、办理因私因公出国政审、出具各种人事证明等。

（2）围绕社会保障进行的新形式的人事代理，包括失业保险、养老保险、医疗保险、生育保险、工伤保险、住房公积金等。

（3）围绕人力资源开发进行的深层次代理，包括人才招聘、人才测评、人事诊断、人才考核和人才发展规划等。

（4）围绕信息咨询进行的服务性代理，包括发布人才供求信息、代发招聘广告和公司形象设计、工薪制度咨询、就业指导、职业咨询等。

人事代理最初服务对象大都是三资企业、民办科技企业、乡镇企业和非国有单位，现已发展到代理国有企事业单位。

三、人事代理有关规定

（1）凡注册三资企业、私营企业、股份制企业、民办科研机构等无主管单位，以及不具备人事管理权限的单位，聘用专业技术人员和管理人员，均由单位办理委托人事代理。其他以聘用方式使用专业技术人员和管理人员的单位，可根据需要办理委托人事代理。

（2）各级人事行政部门所属人才流动机构在核准委托人事代理的有关材料后，应当和委托单位或个人签订人事代理委托合同书，确立委托关系。

（3）单位委托人事代理人员及个人委托人事代理人员在委托人事代理期间，工龄连续计算。

（4）尚未就业的个人，委托人事代理人员重新就业后，其辞职、解聘前的工龄和重新就业后的工龄合并计算。

（5）在委托人事代理项目内有档案工资关系的，其代理期间涉及国家统一调整工资的，档案工资的调整根据国家及省有关政策，按照自收自支事业单位的工资标准核定。

（6）单位委托人事代理的大中专毕业生，其见习期考核、转正定级，由用人单位按期向人才流动机构提供有关毕业生见习期间工作表现等书面材料，其手续由委托代理的各级人才交流机构负责。

（7）单位委托人事代理的大中专毕业生在见习期间解除聘用（任）合同的，毕业生可应聘到其他单位工作，代理其人事关系的人才交流机构继续负责毕业生的见习期管理。待聘期超过一个月的，见习期顺延。

（8）委托期间，所委托代理的人员被全民、集体单位正式接收，由其委托代理的人才交流机构凭接收单位人事主管部门的接收函办理其人事关系及档案的转递手续；被其他单位重新聘用的委托人事代理人员，应及时变更人事代理手续。

四、人事代理的对象

对于高校毕业生来说，适合办理人事代理的主要有几类。

（1）被无主管部门的非公有制企业（如中外合资、中外合作、外商独资、镇区、村办、内联、私营、个体企业和驻外联络办事处、民办科研机构等单位）接收。接收单位没有人事接收权，或无法解决档案户口问题。

（2）没有落实就业单位。

（3）近期工作有可能产生变动。

（4）拟继续升学深造，想保留户口与档案。

（5）其他情况。

上述毕业生可以在接收单位所在地或生源地政府人事部门所属的人才交流服务机构办理人事关系挂靠或档案托存。

五、人事代理程序

（1）委托方向代理方提出申请，并提供有关材料。

个人办理委托人事代理，根据各自情况的不同，须向当地人才交流服务机构分别提交下列有关证件：毕业证书、就业报到证、档案、学校证明、身份证复印件、聘用合同或接收函等。

① 应聘到外地工作的，须提交委托人事代理申请、聘用合同复印件、身份证复印件、聘用单位证明信（证明其单位性质、主管部门、业务范围）等。

② 自费出国留学的人员，须提交委托人事代理申请、原单位同意由人才流动机构保存人事关系的函件、出国的有关材料等。

③ 辞职、解聘人员尚未落实单位的，须提交委托人事代理申请及辞职、解聘证明，身份证复印件等材料。

（2）代理方对委托方申报的材料进行审核。

（3）委托方与代理方签订人事代理合同。

（4）代理方向有关方面索取人事档案及行政、工资、组织关系等材料，并办理有关手续。

（5）人事代理当事人的权利和义务，由双方以协议的形式予以明确，共同遵守。

六、人事代理的特点

人事代理制度的特点是法制化、系统化、社会化和专业化。

（1）法制化——就是人事代理单位和委托单位要有严格的合同约束，有明确的权利、责任、义务保证。开展人事代理业务要以人事法规政策为依据，符合人事管理的每个环节。

（2）系统化——就是人事代理业务扩展到人事管理的每个环节，从宏观的人事规划到具体的人事管理业务。

（3）社会化——就是人事代理的范围和服务领域具有广泛性和市场化的特点，国有企事业单位可以委托，其他多种经济成分的用人单位也可以委托；单位可以委托，个人也可以委托；既可以全权委托，也可以单项委托。

（4）专业化——就是人事代理机构应当具有较强的人事代理业务能力和相关的专业技术设备、技术手段，能提供具有较高专业水准的服务。

七、未办理人事代理的后果

单位如不办理人事代理，相应的人事业务，如职称评审、各类资格认证、人员正常流动、接受大中专毕业生、调整档案工资等工作，因无主管部门盖章，手续无法正常审批；

大中专毕业生如不及时办理人事代理，在涉及落户口、身份认定、职称评审、工龄计算等方面均会受到很大影响。也就是说，应办而不办理人事代理，将无法保障单位和个人的合法权益。

思考题

1. 针对自身特点撰写一份自荐信。
2. 结合个人基本情况，制作一份个人简历。
3. 简述毕业生离校手续办理程序。
4. 简述人事代理的基本程序和用途。

第十四章　职业适应与发展

评价目标

知识目标：正确认识职业适应，了解如何度过试用期。

能力目标：融入社会，学会人际沟通和职业适应，把握机会，实践自己的职业理想。

情感价值观目标：理性看待职场流动，遵守职业操守，完成“学生”向“职业人”的转换。

教学方法

讲授法、案例教学法、陶冶法。

大学毕业生从学校走向社会，其行为方式、生活方式和思维方式必将产生重大改变，是其一生中重大的一次转变。这在人生中是一个关键的分水岭，标志着一个年轻的生命从“学生”的角色向“职业人”的角色转变。每位毕业生必须认真面对并积极思考如何进行职业适应、融入社会、发掘潜力、把握机会、践行自己的追求。

第一节　如何度过试用期

一、正确认识职业适应，尽快进入职业角色

职业生涯的适应，与你在职业生涯中的地位和角色有关。要学会在职业生涯中不断开拓进取，克服所遇到的困难，首先要认知你的“角色”，而这种认知在职业生涯规划期和步入职业生涯开发期的交替中尤为重要。

角色的原意指戏剧舞台上的人物。社会角色是指由人们所处的特定社会地位和身份所决定的一整套规范和行为模式，是人们对具有特定地位的人行为的一种期望，是社会群体的基础，它随着社会实践的发展而不断更新。社会角色由角色权力、角色义务和角色规范三要素组成。职业适应也称工作适应，是指人在职业活动中，对工作提出各种问题时的一系列心理过程，主要是指个体对工作环境、工作任务、工作活动的适应，以及对自身行为和新的工作需要的适应。

随着新时期大学生择业价值取向的变化，影响职业适应的因素也凸显出来，具体表现如下。

1. 职业期望

大学毕业生的职业理想在很大程度上受到利益取向的制约。这种趋势和大学生在市场经济条件下的逐步“世俗化”有关，是我国由计划经济向社会主义市场经济转轨的反映。大多数的大学生经过了十几年的寒窗苦读，急于显露自己的才华，以期能更好地回报家人和社会，因而他们对未来职业有很高的期望。

2. 职业心态

大学毕业生在职业生活中已摒弃了“铁饭碗”的观念，而转向对实现自身价值的追求。大多数人希望专业对口，在事业上有所作为。在具体生活中，对职业的考虑是多方面的，这是职业心态务实化的一个表现，即大学生在择业时既追求精神上的满足感和事业上的成就感，又希望在物质上有足够的保障，表明了大学生涉世之初的不自信和隐隐的担忧。

3. 职业风险

工作安定性反映出当代大学生既渴望参与竞争，又期望“饭碗”稳定这样一种矛盾心态。刚毕业的大学生有一股敢闯敢做的拼劲，这是创业所需要的，对于他们的能力和意志都是一种锻炼，具有进步意义。但同时也可以看出，这种风险不是单纯的冒险，而是有条件的，如果达不到这一条件，那么他们就会对工作的环境和职业的性质等比较在乎。

4. 职业待遇

目前，大学生普遍比较看重经济待遇，关注生存条件，这已成为相当一部分大学生职业适应的关键因素。当今社会是开放的社会、流动的社会，而较高的经济水平既是职业流动的物质保障，又是向高一层职业流动的筹码。当然，这也与社会压力有关，这种压力主要来自社会、家庭对他们较高的期望。

5. 职业声望

时代的发展使人们已改变了“一锤定终身”的观念，由于种种原因大学生很可能不会一下子找到最适合自己的职业，但他们往往倾向选择相对稳定、声望较高的职业。这说明大学生职业价值观中还存留着传统观念的痕迹。他们特别关注职业性质及其前途，有较强的竞争意识和自主性，希望职业符合个人兴趣爱好，关心职业声望和职业报酬。重点大学及经济发达地区的大学生更是如此。

6. 自我价值

随着社会对“以人为本”价值观的进一步认同，大学毕业生也越来越注重自我价值的实现和个人发展前途，出现了价值的多元化，形成了个人价值并非一定要由经济待遇来体现的观念。对大学毕业生来说，选择适当的职业是他们跨入社会、走向成功、实现价值的重要一步。

7. 人际关系

在强调团队和协作精神的今天，和谐的人际环境对职业适应举足轻重。有些大学毕业生虽然能力很强，但因为与领导、同事相处不好而陷于困境。

除此之外，性格、就业准备程度也对职业适应产生影响。性格越外向，适应越快，有助于个人在受挫折时积极调整好心态，从逆境中奋起，再创辉煌。就业准备越充分，在同等条件下，找到合适工作的机会越多。大学期间社会实践活动的经历、兴趣爱好、工作单位领导的作风、工作效率等职业要素也影响着大学毕业生的职业适应。

二、从“学生”角色到“职业人”角色的转换

案例 14－1

从一个好学生到一个好老师

我叫陈××，曾是江西省九江市一所高校2010级语文教育一班的班长。我于2014年

9月通过江西省教师招聘考试，被录取为弋阳县教师编制，担任弋阳县一所中心小学教导主任一职。2016年7月—2017年1月，由弋阳县教体局派往《中国教育报》挂职学习半年时间。2019年被任命为学校副校长兼工会主席一职。以下是我参加工作以来所获得的荣誉。

2015年6月，荣获上饶市中小学（幼儿园）课例一等奖（课题名称《再见了，亲人》）。

2015年11月，在“国培计划（2015）——江西省中小学（幼儿园）教师培训项目”学习期间，参加教案设计竞赛，荣获二等奖。

2017年9月，荣获弋阳县2016—2017年度师德标兵。

2018年1月，荣获2017年度全国“寻找我身边的好老师”征文比赛三等奖。

2018年2月，荣获2017年弋阳县教育系统“人寿杯”征文比赛（学校组）一等奖。

2019年9月，荣获弋阳县“丁秉钧”园丁奖，成为获此殊荣的10位教师之一，在教师节上受到隆重表彰。

教师节，一样的9月10日，不一样的记忆。五年前的今天，是我教师职业生涯的起点，遇见的人与事，给了我不断成长的平台和氛围。感恩所有的遇见，一直以来所有人的支持与鼓励给予我自信和勇气。坚持初心，专业为本。愿在工作的第二个五年里，弋阳教育前方的风景依旧，我们能在教育的交集中遇到更多平凡的感动！相信自己，相信未来。

角色转变成功的标志是不再抱怨，对自己的职业生涯、情感生涯和健康生涯负起责任，为自己、为家庭、为企业、为社会创造物质财富和精神财富。

从“学生”到“职业人”，要了解下述就业流程：了解就业政策→接受就业指导→准备求职资料→获得就业信息→落实就业单位→试用实习→签订就业协议→办理就业离校手续→领取就业报到证→转递个人档案→报到上班→反馈就业信息。从学生时代过渡到索取报酬的职业工作状态，实际上就开始了一个人的职业生涯，是人在一生中一个新阶段的开始。

参加工作是一个人职业生涯开始的关键标志。在大学生的职业生涯规划中，能否在告别校园走入社会时初步确定自己的职业定位，将在一定程度上决定大学生能否稳步和社会实现对接，尽快完成从“学生”向“职业人”的角色转变。

（一）职场的要求和需求

环境的改变要求刚走出校门的年轻人思维和行为方式都要发生变化。

职场是什么？职场是大家谋生的场所，但同时也是大家学习成长、发挥才能的地方。在这里，大家将经历竞争，同样也将找到合作伙伴。它和学生十几年来熟悉的校园是有很大差别的。

1. 职场的要求有变化

职场更重视团队的成功。在职场，由于任务的复杂性，只依靠个人的能力就能完成的工作很少，通常一项事业的成功要依靠团队的成功来达到。而一些刚走出校门的年轻人，由于过去对此意识不够、锻炼不足，在团队协作方面比较欠缺。这是职场新人的一大弱势。

社会竞争很激烈，许多职场需要严格的规章制度来保证生产服务的不中断和无故障，有时很小的过错，都是无法容忍和承受的，因此散漫的年轻人在这样的公司里是无法生存的。

在一些职场中，同事间只有工作关系，没有私人交情，失恋、生病等个人原因不可以作为没有完成工作的理由。有些学生毕业后到陌生的城市就职，遇到这样的环境，就要坦然做好接受考验的准备：一是工作能力，二是对寂寞的心理承受能力。

2. 职场的需求有变化

职场中的竞争与压力要比学校激烈得多，首先是职位上有被取代的可能，其次还有理想职位的竞争。

企业是通过提供有价值的产品或服务来满足客户的需求从而获得利润的。刚走上职场的年轻人如果明白其中道理，也就能理解：为什么你和领导谈话时因要接听客户的电话而中断，领导不会介意；平常上班偶尔迟到，领导不会介意，但与客户会面迟到，领导会大发雷霆；你和客户争执，即使你是对的，领导依然要在客户面前批评你……这些皆是职场特质。

（二）缩短试用期，迅速适应工作

一般来说，每一个新参加工作的人都有一段试用期。试用期是用人单位对劳动者是否合格进行考核，劳动者对用人单位是否符合自己要求也进行考核的互相了解、双向选择的考察期。在试用期间，用人单位在职业实践中全面了解试用者的才智、能力、劳动态度、职业知识与职业技能水平等，试用人员可以在此期间了解单位情况、工作性质、人际环境、自己能否胜任岗位职责等。在试用期结束时，双方都有权继续或终止这种关系：或重新签订合同，成为正式聘用人员；或单位拒聘、试用者不与单位续约。如何缩短试用期，争取试用期结束时能继续留在该部门工作，是新参加工作人员必须慎重对待的问题。

在试用期，毕业生需要做两件事：第一，判断这家公司是否符合自己的要求；第二，答案如果是肯定的，证明自己可以胜任这份工作。可以从以下几方面做好准备。

1. 进入职业工作状态的心理准备

在毕业前这个阶段，应开始思考和认清自己将来打算扮演的社会角色，预计未来的职业，逐渐形成自己的思想意识和世界观。在行动上，要积蓄力量准备走自己的路，培养自己独立的意识，并慢慢确认自己独立的身份。

我们要逐渐学会自己拿主意，学会决定自己应该做什么和怎样去做，学会思考职业前景与所从事事业的关系，为将来的发展做准备。在这方面成熟与幼稚的分界就是思考的内容与方式的区别。

（1）克服依赖性，增强主动性。不少学生在学校与家庭中生活中，已经习惯于依赖老师与父母，习惯于长辈对一切都做好事先安排，不存在义务与责任的压力。因此，养成了依赖他人的习惯，思维与行为都欠缺独立性和主动性。在工作岗位上，领导与同事都欢迎热情主动的新同事。那种“支一支、动一动”的人，是不受欢迎的，在工作上也是不会有好评的。性格上的差异，如不爱多说话、不合群等，与工作上的主动性如何并不等同，在职业工作中能否发挥好积极性，不能片面强调个人的性格问题。

（2）增强职业责任感、义务感。任何一种职业，都具有相应的职业规范和道德标准，人要“干一行、学一行、精一行、不愧对一行”。提高职业道德水平，增强职业责任感与义务感，在这里有两层意思。一是对人，即有些岗位直接与人打交道，必须做到礼貌待人、热情尊重、服务周到、讲求信誉。二是对物，爱护国家与集体财产，公平论价，不以次充好坑害他人；抵制生产与销售假冒伪劣产品；清正廉洁，不侵吞国家与集体财物。每一个职业岗位都有相应的岗位规范与职责，对该岗位工作人员在职业道德、业务能力、操作要求、注意事项等方面都具有严格规定，不打折扣地完成这些职责，遵守这些规定，就是具备职业道德的表现。

（3）敢于面对困境，正确对待挫折。进入一个新的职业岗位，融入新的人际环境，面对许许多多新的工作要求和新的面孔，对一个刚参加工作的人来说，不可能是一帆风顺的。特别是在工作中由于不熟悉业务，或对操作程序缺乏心理准备，就可能挫伤了自己刚参加工作时的锐气，一时手足无措，觉得自己遭受这样的不顺利"实在倒霉"。可能面临的困境和遇到的一些问题，有时是多种原因造成的，有主观方面的原因，也有客观方面的原因，只有正确和全面地分析与认识这些原因，才能正确对待。没有一个人在工作中不遇到困难，关键是自己能以积极的态度正确对待，想办法克服困难和摆脱困境。如果一个人遇到一点点困难就一蹶不振，那么他也做不成什么事业。

（4）业务上精益求精，具有学无止境、努力奉献的追求精神。消极懒惰是成就不了大事业的。因此，要想在职业岗位上有所作为、有所发展，必须要求自己养成学习的习惯，不断补充新的知识与技能，充分认识业务上学无止境、精益求精的重要意义。在职业生涯中不懈地追求，就能在平凡的岗位上做出不平凡的成绩。

案例 14-2

"最美奋斗者"李素丽

李素丽，女，汉族，中共党员，1962 年 4 月生，北京市人，退休前任北京公交集团客服中心主任，现任中国志愿服务基金会副秘书长。她 19 岁当上售票员，视乘客如亲人，始终坚持微笑服务，做到"四多六到"，即多说一句、多看一眼、多帮一把、多走几步，话到、眼到、手到、腿到、情到、神到，受到乘客和社会公众的一致好评。她负责的北京交通服务热线，平均每天接电话 1.7 万余个，被评为全国青年文明岗和巾帼文明岗。她始终践行"一心为乘客，服务最光荣"的工作理念，被乘客誉为"微笑的天使"。她当选为党的十五、十六大代表，荣获全国优秀共产党员、全国劳动模范、全国三八红旗手、全国职业道德标兵等荣誉称号。

资料来源：https：//baijiahao. baidu. com/s? id=1644739296290687015&wfr=spider&for=pc，2019-09-15.

班车有终点，奋斗无终点。无数像李素丽一样的奋斗者兢兢业业、扎根基层，在平凡岗位上创造非凡业绩，为国家富强、民族振兴、社会和谐、人民幸福做出了不平凡的贡献。他们是民族的脊梁，是时代的先锋，是祖国的骄傲，是最美的奋斗者！没有等来的辉煌，只有拼来的精彩，奋斗是走好新时代长征路的最好姿态！

（5）保持良好的人际智能。人际智能，具体地说是指一个人与他人良好相处、有效调节关系、协同工作、发挥人际效能的能力，同时也是了解他人的能力，如何引起和激发他人动机、了解他人如何工作，以及如何与各种各样的人协调合作的能力。人际智能显示了一个人与他人和睦相处的能力，在当今社会具有特别重要的意义。在现代社会中，人的相互了解、激励、竞争、协作，以及利益共享、风险共担的合作意识与能力，是事业成功的重要条件。留意他人差别的能力，是人际智能的核心，特别是观察他人的情绪、个性、动机、意向等。更高境界的和更纯熟的人际智能，甚至能读出他人的意向和期望，即使他人有意隐藏也能"破译"。

2. 树立良好的仪表形象

（1）第一印象。第一印象是指人们初次见面、接洽工作和业务交往时给对方留下的有关外貌、人品、能力、气质等方面的印象。这种印象与以后相处或共同工作的印象有时是一致的，有时并不一致，但是对人们之间的交往、态度等都会有一定的影响。最初走入社会的青年人，如果没有人提醒或指出应该怎么做，很容易在工作中走弯路。第一印象是一种普遍存在的社会心理现象，人在社会群体中生活和工作，任何事情都需要有一个良好的开端，出于正确的目的和良好的动机，学会与他人初次交往的技能，就可尽早获得他人的信任，投入良好的合作。当然，我们也应注意对他人印象的分析判断，避免片面和先入为主，不要被他人的最初印象所迷惑，要学会全面地、发展地看待他人。

（2）礼貌待人。初次进入工作环境，对正在工作的师傅与同事应有礼貌，该打招呼时要主动向大家问好；当领导向同事们介绍自己时，要起立向大家点头致意；当领导一一介绍同事们的姓名时，要努力记住他们的特征和姓名，尽快记住他们各自所在的工作位置。接受对方名片时，要双手去接，同时致谢，然后仔细看名片并记住对方的姓名和职务。递给他人名片时，也要双手送过去，以示尊重。平时在与领导和同事接触时，要相互尊重、热情友好。说话与行为动作注重文明礼貌，掌握尺度，要与自己的身份相符。

（3）愉快接受任务。对上级交办的任务要愉快地接受，努力去完成。对自己不熟悉或从没做过的工作，要勇于大胆尝试，不能简单地予以回绝。在完成任务的工作过程中，及时向主管上司汇报工作进程，遇到不能按时完成任务或无法继续进行工作的情况时，要尽早找领导说明，不要耽误时间影响工作进程。对完全没有把握、缺乏经验的事情，不要蛮干和擅自决断。与经常交接班的班组同事在工作交接时，要认真、细致、准确，要主动为下一个班的同事创造好条件。

（4）认真负责，实事求是。工作要认真负责，不能敷衍了事，完成任务不能马虎，要认真履行岗位职责。特别是有些职业岗位是关键性的，责任重大，决不能在上班时间擅自离开工作岗位。对工作质量评估要实事求是，不虚夸、不遮掩，踏踏实实，讲求实效。

3. 迅速适应新的工作

（1）学习是适应的前提。不断学习可以给人们提供新的知识与技能，从而更好地适应新的工作。要善于结合工作实际不断学习，首先分析一下自己在新的工作岗位上缺乏哪些方面的知识与技能，然后采取“急用先学，就近学习，虚心请教”的办法，解决眼前的问题。对需要比较系统地学习和培训的内容，可以做出计划，逐步补上。

（2）积极投入，勇于承担职责。一个人在二十多岁的时候，就应该努力去承担责任和义务，一旦自己下决心选择了一种职业，就应十分珍视这个选择，让自己在职业实践中努力去适应新的工作和新的环境 。

（3）不断对自己在环境适应方面进行调整。所谓环境适应，包括工作环境、物质条件、人际关系的适应等。

首先要摆正自身在工作中的位置。比如，你现在是商店售货员，就要为顾客做好服务，当好参谋。你在学校时是班上的干部，可以指挥同学组织各种活动，到了工作岗位在试用期间，你可能只是个最基层的工作人员，不可随意指挥他人，而应踏踏实实地做好本职工作。

其次是物质条件方面适应的调整。比如，原来上学时在学习或实习过程中使用的工具、劳动场所、生产手段等与现工作岗位上的物质条件差距较大，应尽快对这些新条件加以适应。

最后是人际关系适应。一般来说，任何一个群体都有其自身的组织特点、工作风格和职业习惯，应在参加工作试用期间，学会观察、了解。遇到不理解的问题，可根据具体情况，适当地向与自己工作联系较多的老同事询问，然后采取适当态度对待。工作中不闲聊，积极参加公司活动，注重建立和谐的人际关系。

（4）不要轻易放弃工作机会。试用期间，是双方相互了解和考察的过程，也是让自己试一试能否胜任该职业岗位工作职责的过程。只要努力在试用期间培养和锻炼自己，虚心学习，在实践中证明自己具备工作才干，树立坚定的自信，就能顺利度过试用期。只要试用部门能留用，一般来说，不要轻易拒绝而离去。在寻找和选择职业时，自己应该经过慎重考虑，同时，在当前就业比较困难的情况下，能争取到一个工作职位是不容易的，要对就业的困难状况有足够的认识。要认真对待试用单位提出的要求，对自身的缺点或不足，有信心在今后的工作实践中加以克服，更好地完成任务。

在当前市场经济条件下，企事业单位在深化改革过程中，用人机制和工资分配制度都在进行改革。市场经济大潮迫使企事业单位寻求生存与发展，每个人同样也在寻求个人的生存与发展，社会人员流动现象极为普遍。尽管如此，如果获得了一份工作，千万不要轻易放弃，不能盲目流动。“跳槽”现象很正常，但是，是不是“跳槽”了就一定有新的发展呢？这需要认真考虑，要和你自己对个人的职业生涯设计联系起来整体考虑，还要看放弃了原有的职业岗位，能不能找到更适合自己条件和理想的位置，这种调换是抓住了新的机遇，还是失去了你原有的发展机遇。当前在国家经济体制改革的过程中，企业为了能在市场竞争中主动适应体制改革的需要，实行“减员增效”，提高企业经济效益和市场竞争能力。国有企业的下岗职工，面临再就业的选择，需要重新寻求更加适宜自己的职业岗位。他们在下岗、求职、再就业等过程中的经验和教训，是值得我们青年学生借鉴和思考的。

第二节　试用员工与正式员工的区别

劳动合同已经签了，其中有试用期，请问，试用期中，是正式员工吗？试用期员工与正式员工有什么区别？

以上是满心欢喜找到接收工作单位的大学毕业生想了解的问题。请看××矿泉水有限公司对新员工试用期是如何考核的，见案例 14－3。

案例 14－3

《××矿泉水有限公司新员工试用期考核程序》节选

1. 目的

1.1　完善现有考评体系，明确公司价值导向，不断增强公司的整体核心竞争力。

1.2　通过对试用期员工的考核沟通，使其尽快了解公司，明确岗位职责，融入公司文化，并为新员工的去留及转正定级提供依据。

2. 定义

试用期是指在劳动合同期限内所规定的一个阶段（试用时间段），在此阶段，用人部门可全面考察被录用员工是否真正符合聘用条件，满足公司岗位需求。同时被录用者也可进一步了解公司的工作条件及环境，判断自己能否适合或胜任所承担的工作，从而决定是否继续保持劳动关系。

3. 考核责任

本部门及相关部门同事、直接上级、人力资源部共同承担考核责任。原则上直接上级为一级考核者，对考核的公正、合理执行负责；本部门及相关部门同事为二级考核者，主要负责反馈；人力资源部为三级考核者，对考核进行监督、指导。

4. 考核内容及办法

考核主要由思想态度、道德品质、组织纪律、专业技能、文字综合能力、组织管理能力、工作态度、工作效率、工作业绩以及用人部门确定的考核内容等方面的要素组成。在考核中，被考核人员在试用期间，有下列情形之一者，即解除劳动合同。

① 发现与招聘职位任职资格条件不符、有弄虚作假行为者。

② 违反国家法律、法规，并受到处罚者。

③ 工作不负责任，推诿扯皮，消极被动，贻误工作，造成一定损失及后果者。

④ 业务素质差、工作能力弱、不胜任本职工作，经常完不成工作任务者。

⑤ 工作态度不端正，玩忽职守，有失职、渎职、营私舞弊、弄虚作假、骗取荣誉等行为者。

⑥ 违反职业纪律、违背职业道德，以职务之便谋取私利，造成一定影响者。

⑦ 纪律涣散，经常无故迟到、早退，工作时间擅离职守者。

⑧ 不服从工作安排，影响正常工作秩序者。

⑨ 思想作风不正，造成不良影响者。

⑩ 因病长期不能坚持正常工作者。

⑪ 本人自愿放弃录用资格者。

⑫ 因其他问题不适合录用者。

从以上案例可以看出，劳动合同已经签了，不但有试用期，而且还有企业的行业要求和本单位对其严格的考核程序。单位对试用期员工和对正式员工的考核办法和具体的要求也有差异。单位会对试用期员工进行德、能、技、勤的全面考察，以决定是否能转正，继续聘用。

对许多应届毕业生来说，他们初入社会，许多社会经验都不足，对公司或企业对试用期和入职及正式入职的规定也不是十分清楚，可能产生误解，从而导致他们与公司或企业产生误会。

试用期是指用人单位和劳动者在建立劳动关系后，为相互了解而约定的最多不得超过半年的考察期。试用期是伴随劳动合同而出现的一个概念，先有劳动合同，后有试用期。当然，劳动合同中既可以约定试用期，也可以不约定试用期。

所以，试用期对刚入职的毕业生的职业生涯发展非常重要。试用期也是大多数招聘单位借以考察应聘者综合素质、能力的一种重要手段。大学生应分清楚试用员工和正式员工的区别，以做好心理和能力上的准备。

一、主体间劳动关系不同

试用期员工是非正式员工，没有同企业签订正式的劳动合同，与用人单位之间是非正式劳动关系；正式员工签订正式的劳动合同，与用人单位之间是正式劳动关系。

毕业后，正式入职前应该算实习期，实习期不算正式员工。

二、工资待遇不同

《劳动合同法》第二十条规定：

劳动者在试用期的工资不得低于本单位相同岗位最低档工资或者劳动合同约定工资的

百分之八十，并不得低于用人单位所在地的最低工资标准。

但是试用期员工享受不到正式员工的全部待遇，正式员工拿的是合同约定的全额工资。

虽然《劳动合同法》明确规定了聘用双方劳动合同可以约定试用期，但法律关于试用期的工资待遇问题却并没有明确表述。很多招聘单位都认为“试用期的工资完全可以由企业自主确定”，但这并不等于招聘单位可以不受任何限制地、任意地制定试用期员工的工资水平，因为用人单位必须保障劳动者的最低工资。可见，在不违背劳动法律、法规的前提下，用人单位可以自主确定劳动者试用期工资标准。具体说，就是用人单位有权在当地最低工资标准以上，自主确定劳动者试用期内的工资标准。

三、劳动合同双方当事人权利义务不同

在辞职上，试用期与正式员工有区别。试用期员工辞职需提前三天向公司提出，且公司要发现员工有相关问题，可以辞退员工，试用期辞退一般没有补偿金。正式员工辞职需提前一个月向公司提出，否则要赔偿公司的损失，而公司不能随便辞退员工，正式工辞退一般有补偿金。

四、当事人的工作重点不同

在试用期间，主要是用人单位对劳动者是否合格进行考核，即为了得到满足需要的人力资源；正式员工的重点是劳动者的生产或经营活动，是为了更好地完成工作任务。

用人单位自用工之日起即与劳动者建立劳动关系，所以员工何时开始上班即何时入职，入职即与单位建立劳动关系，因此新员工正式入职时间应按照员工第一天上班的时间确定。

法律依据：《劳动合同法》

第七条　用人单位自用工之日起即与劳动者建立劳动关系。用人单位应当建立职工名册备查。

第十条　建立劳动关系，应当订立书面劳动合同。

已建立劳动关系，未同时订立书面劳动合同的，应当自用工之日起一个月内订立书面劳动合同。

用人单位与劳动者在用工前订立劳动合同的，劳动关系自用工之日起建立。

以下是《劳动合同法》中与试用期相关的条款。

(1)《劳动合同法》中与试用期时间相关的条款。

第十九条　劳动合同期限三个月以上不满一年的，试用期不得超过一个月；劳动合同期限一年以上不满三年的，试用期不得超过二个月；三年以上固定期限和无固定期限的劳动合同，试用期不得超过六个月。

同一用人单位与同一劳动者只能约定一次试用期。

以完成一定工作任务为期限的劳动合同或者劳动合同期限不满三个月的，不得约定试用期。

(2)《劳动合同法》中与试用期合同相关的条款。

第十九条　试用期包含在劳动合同期限内。劳动合同仅约定试用期的，试用期不成立，该期限为劳动合同期限。

(3)《劳动合同法》中与试用期工资相关的条款。

第二十条　劳动者在试用期的工资不得低于本单位相同岗位最低档工资或者劳动合同约定工资的百分之八十，并不得低于用人单位所在地的最低工资标准。

(4)《劳动合同法》中与试用期辞退相关的条款。

第二十一条　在试用期中，除劳动者有本法第三十九条和第四十条第一项、第二项规定的情形外，用人单位不得解除劳动合同。用人单位在试用期解除劳动合同的，应当向劳动者说明理由。

第三十九条　劳动者有下列情形之一的，用人单位可以解除劳动合同：

（一）在试用期间被证明不符合录用条件的；

（二）严重违反用人单位的规章制度的；

（三）严重失职，营私舞弊，给用人单位造成重大损害的；

（四）劳动者同时与其他用人单位建立劳动关系，对完成本单位的工作任务造成严重影响，或者经用人单位提出，拒不改正的；

（五）因本法第二十六条第一款第一项规定的情形致使劳动合同无效的；

（六）被依法追究刑事责任的。

第四十条　无过失性辞退有下列情形之一的，用人单位提前三十日以书面形式通知劳动者本人或者额外支付劳动者一个月工资后，可以解除劳动合同：

（一）劳动者患病或者非因工负伤，在规定的医疗期满后不能从事原工作，也不能从事由用人单位另行安排的工作的；

（二）劳动者不能胜任工作，经过培训或者调整工作岗位，仍不能胜任工作的；

（三）劳动合同订立时所依据的客观情况发生重大变化，致使劳动合同无法履行，经用人单位与劳动者协商，未能就变更劳动合同内容达成协议的。

第三节　理性看待职业流动

拓展阅读

鼓励人才合理流动

教育部、公安部、人事部、劳动保障部《关于进一步深化普通高等学校毕业生就业制度改革有关问题的意见》第六条指出：制订鼓励人才合理流动的政策。

1. 落实企业用人自主权的规定，鼓励用人单位根据实际需要多招聘高校毕业生。

2. 取消对接收高校毕业生收取的城市增容费、出省（自治区、直辖市）费、出系统费和其他不合法、不合理的收费政策。

3. 省会及省会以下城市放开对吸收高校毕业生落户的限制。省会以上城市也要根据需要，积极放宽高校毕业生就业落户规定，简化有关手续。公安部门对应届毕业生凭用人单位与毕业生签订的《就业协议书》和高校毕业生所持的《普通高等学校毕业证书》《全国普通高等学校毕业生就业报到证》办理落户手续；对非应届毕业生凭用人单位录（聘）用手续、劳动合同和《普通高等学校毕业证书》办理落户手续。

各省纷纷出台结合本省情况的就业优惠和帮扶政策。在就业难的大环境下，相当多的应届毕业生认可“先就业再择业”的观念，先进入一个工作岗位，等工作几年后，再看下一步的发展。这些政策也使得毕业生就业有了多重选择，减少了后顾之忧。

一、职业流动的含义

职业流动是指在个人职业生涯中，从一个职业或职位到另一个职业或职位的变更。社会学家霍珀表示，职业流动的结果，在某些情况下，可能表明社会阶级流动及由此产生的经济和身份流动；在另一些情况下，可能仅表明经济流动和身份流动的数量变化。合理的流动有利于人力资源的利用，也有利于个人特长的发挥。个人所受的教育是影响各类流动的重要因素。

二、职业流动的原因

在市场经济条件下，职业流动作为一种正常的社会现象，有着深刻的社会背景和个人因素。

（一）社会进步、科学技术水平的提高是促成职业流动的根本原因

在科学技术迅猛发展的今天，面对信息时代的挑战，为了保证社会再生产的正常进行，就必须承认职业的合理流动，打破“从一而终”的传统就业观念。年轻人流动性和流动意愿比较强，也在一定程度上体现了劳动力市场的活力。

（二）就业制度是促成职业流动的保障条件

劳动力市场是市场经济的基本要素，在市场经济条件下，市场机制不仅配置和调节着社会的物质资源，而且也配置和调节着人力资源。今天，双向选择意味着契约性的交换方式和交换过程。对于劳动者而言，他（她）可以自由地寻找能够发挥自己的能力、专长、志趣的有发展前途的单位（或部门）及劳动岗位。对单位（或部门）而言，则可以自由地按职业需要来选择合适的劳动者。如果任何一方，甚至双方发现在双向选择中有了差错，经过彼此同意便可以解除契约，或期满后不再续约，从而使差错得以纠正。

（三）就业的社会心理因素对职业流动具有指导和约束的作用

就业主体受其主观意识、情感愿望、价值取向、伦理规范，以及社会习俗沿袭和继承下来的就业观念的影响，对职业流动往往做出好与坏的评价。

（四）职业流动存在着利益驱动的问题

职业的基本功能是人们谋生的手段，通过职业活动，谋取个人生存、发展，提高家庭物质文化生活水平所需要的经济条件。由于职业在不同地区和不同部门（单位）给劳动者所支付的劳动报酬的差别，促使一些劳动者从收入低、待遇低的职业部门（单位），流向能够获取“高薪”的职业部门（单位），从而导致职业流动。

（五）人际关系冲突是促使个体职业流动的原因之一

在职业活动中，人际关系的好坏直接影响着人们劳动的积极性、创造性和工作效率。人际关系不好，有可能直接促成个体职业流动的发生。

（六）职业能力水平对职业流动产生一定的影响

前面提到，个人对职业有个适应过程，个人的职业能力展现也需要一定的过程。由于个人不适应或不称职，也会导致职业流动。特别是在当代社会，随着科学技术的迅速发

展，职业内容和能力要求越来越高，信息和技术的更新越来越快，每一次更新，都会引起由于不适应或不称职导致的职业流动。

三、职业流动的几种表现形式

（1）水平流动和上下流动。以职业地位和职业声望为标准，可以把职业流动分为水平流动和上下流动。劳动者在同一职业地位和同一职业声望的职业系列中的流动就是水平流动；劳动者在不同地位等级和不同职业声望的职业系列中的流动就是上下流动或垂直流动，从一种职业地位等级较低的职业流动到职业地位较高的职业就是向上流动，反之则为向下流动。

（2）代际流动。两代人之间从事的不同职业的变化可表现为代际流动。如父亲是农民，儿子是工人；父亲是大学教授，儿子是企业经理，这种状况就形成了代际流动。代际流动的状况和频率可以表现一个社会的封闭和开放程度，并且受一定社会形态及人事管理制度、教育水平等多方面的影响。现代社会，代际流动显著，而且向上流动的频率明显加快。

（3）一生流动。以劳动者个人在整个职业生涯过程中，其职业地位的水平流动和上下流动的总和来看，表现的是一生流动。

（4）结构性流动和个别流动。从职业流动引起社会职业结构性变化的情况看，表现为结构性流动和个别流动。凡是职业流动引起和影响社会职业结构发生大规模变动的流动就是结构性流动。例如，科学技术的迅猛发展，新技术的广泛应用，第三产业职业的需求量大增，伴随而来的必然是职业的结构性流动。由劳动者自身因素引起而对职业结构的变化无足轻重的职业流动，就是个别流动。员工转换职业方向的前三大原因分别是：追求高薪、工作与生活平衡、行业下滑。

四、理性看待职业流动

（一）职业流动的特征

（1）与人力资本投入成反比。受教育和训练的时间长，人力资本投入大的劳动者，一般从业于地位高、声望高、收入高的职业，流动的数量少、频率低；而以体力劳动为主的劳动者，因为投入低、适应工作能力低，流动的数量多、频率高。

（2）与年龄成反比。年轻群体中职业流动的数量和频率远远超过中年和老年。

（3）区域性差别。一方面，从不发达地区流向发达地区；另一方面，不发达地区内职业流动较缓慢，发达地区职业流动的频率远远高于不发达地区。

（二）理性看待职业流动

在职业流动中，凡是促进劳动者全面发展、发挥专长，使其最大潜能得到施展的流动都属正常流动；由于某一方面的偏好或个别原因使劳动者从适合自己的岗位流动到不能发挥自己特长的岗位属非正常流动。职场流动中应尽量避免非正常流动。

在欧洲的一些国家，很多上了年纪的人还在做工程师，年轻的技术人员也没有对管理职务竞相追逐，他们专注于技术，在自己的职位上一做就是很多年。而我国的一些年轻技术人员，刚工作两三年就觉得自己是“老人儿”了，纷纷转岗转行。据分析，现在很多全球化公司在中国都设有研发机构，但核心技术放在中国的却很少。所以，我国很多技术人员感觉自己只是在做简单重复的工作，没有多少职业成就感，觉得做技术没有地位。加上人们普遍认同做管理的人“比较牛”，所以年轻人会倾向转到管理、顾问等岗位。

还有一些年轻人“总想赚快钱，而不是踏实奋斗”。他们在聊天时总会抱怨自己的行业，希望找到体面、高收入的工作。“渴望寻找更好的工作”代表了年轻人对现有工作不稳定、收入过低的不满，这加剧了人们流动的意愿。有学者担心，不断流动和跳槽的行为，会使年轻人习惯于这种流动模式。

该如何理性对待职业流动呢？

遵守劳动合同和劳动契约是对毕业生顺利就业并持续自己的职业生涯的基本要求。在市场经济条件下，劳动就业契约关系的形成，有利于职业流动，但契约关系需双方信守合同，解除劳动的契约关系也需符合规范。频繁的转行、换岗位容易造成违约和失信的风险，大学生可以通过学习本章第五节职业道德和职业操守，加强职业道德修养。

年轻人不应轻易放弃自己的专业，也不要轻易改行，因为这样做会损失很多职业积累。政府除了要着力缩小行业收入差距之外，也要加强就业市场信息公开化、透明化。

另外，政府和社会在职业流动方面应有宏观调控的约束机制，以防止非正常的结构性流动所带来的社会问题。

第四节　工作中的人际交流与沟通

先思考在人际交流方面，哪些是符合你的描述的？

我总能够很快地说到点子上或者写长、短文，清晰地表达自己的观点。

我会耐心地倾听对方说话，并让别人知道自己被倾听并且被理解。

我会选择合适的场景说合适的话。

我能意识到不同场合不同的双方身份，选择恰当的沟通方式。

我知道如何用表情、动作、语气、服饰等方式加强自己的表达。

如果符合你的描述越多，那就说明你已经有一定的职业素养和技能，知道如何与人相处。在职场中，这是非常重要的特质。

一、建立良好的人际关系

（一）正确对待上司

即处理好上下级的关系。踏入工作岗位之后，与上司的关系是领导与被领导之间的关系，是下级服从上级的关系，它具有共担责任又各负其责、顾全整体又注重本职的意义，而且，与上司的关系往往会对人的处境、经济利益和晋升带来一定的影响。因此，到了工作岗位以后，应学会处理好与上司之间的关系。

如果你是在国家事业单位、企业、公司等部门工作，作为下级，应该服从上级、尊重领导。一般担任领导职务的人，应该具有领导的人格魅力和风度。因此，服从领导的工作安排，遵照领导布置的任务进行工作，是我们的职责。除特殊情况外，都应该无条件地服从上级领导对工作的分配。如果个人有意见，可以正面向领导提出，诚恳地进行沟通。特别要注意防止在领导布置工作时，无理拒绝、顶撞或发生口角。学会通过正常渠道和正确方式反映个人的意见。

（二）与同事友好相处

即处理好与同事的关系。在工作岗位上，相处机会最多的就是同事，需要协作的也是同事。与同事相处，最重要的原则就是互相尊重、互相帮助、友好相处。既不能狂妄自大、看不起同事，也不能妄自菲薄，被别人看不起。不能随便轻视和侮辱他人，不能在背后对别人的缺点和不足妄加议论，不负责任地说三道四。如果对方真的有缺点，也应该十分谨慎、恰如其分地私下提出。

人们普遍喜欢态度友好、热情为他人提供帮助的人，当同事在生产、生活中需要帮忙，或遇到其他麻烦时，要主动关心，并及时热情地给予帮助，尽量多做些力所能及的事。当别人有求于自己，而自己的能力有限，也要实事求是地讲清楚，请他人理解，不要产生不必要的误会。

与同事相处，信誉很重要，自己说过的话要认账，不能自食其言。对同事和朋友的承诺要慎重。对做不到的事不轻易做承诺，对能做到的事可以应承，但要适当留有余地，因为对任何一件复杂的事情，制约因素是很多的，不一定有十分把握。

同事之间不可互相猜忌，要坦诚相待。同事有了进步或提升了职位，应真心表示祝贺，并向人家学习，切不可妒忌他人。听到他人对自己议论，不要盲目发火，先冷静下来分析一下，人家说的有没有道理，如果有道理，就应该看成是对自己的帮助，要尽快改正；如果是一般的小事，可以不去理睬；如果属于诬陷，可以找有关领导评理，严重的甚至可以诉诸法律。

（三）人际关系因职业特点不同而不同

由职业特点决定的工作性质，可能会与各种不同的工作对象打交道，与这些在业务上有往来的人接触，也要十分注意搞好人际关系。

比如，列车乘务员需要熟悉站名，以便解答旅客提出的问题，要满足旅客的各种要求，服务热情周到，使旅客愉快地度过旅途中的时光。职业决定了他们要与旅客保持良好的关系，也是考证工作业绩重要的一条。饭店服务员要热情接待过往客人；公共汽车售票员要耐心对待各种乘客；商店售货员要礼貌待人，对顾客服务周到，才能多争取回头客；公司业务员要在经营过程中接待客户，洽谈业务，如果人际关系处理不好，得罪了客户，就会影响公司收入，甚至因此而被老板“炒鱿鱼”。

如果从事个体经营，那么，与各个方面合作者的关系更加重要。对商业来说，从筹集资金、进货、运输到经销；对企业来说，从购买原材料、生产、运营到批发零售，各个环节都离不开与人打交道，无论哪一个环节出问题，都会带来麻烦，甚至遭受经济损失。

大学生无论是就业还是创业，都是要与人打交道，人际关系的相机处理是一门学问。

通过以上分析，可以看出，与职业性质有关的人际关系，不单纯是人与人的相处问题，实际上与职业道德有关，因此，我们无论从事何种职业，都要十分重视人际关系。良好的人际关系既有利于人的成长和聪明才智的发挥，也有利于人的职业创造与全面发展。

二、学会良好的沟通技巧

在职场工作中，沟通是一件很重要的事。不管是对上司、下属、同仁、客户，或对各接洽商谈的单位，都需要良好的沟通技巧，即所谓的人际沟通。有时我们在沟通时，会不自觉地用一些否定式、命令式或以上对下的说话方式。例如：你错了，话不能这么说。或是：哎呀，跟你说过多少次了，你这样做不行啦。一般来说，人都不喜欢被批评、被否定。但是，有时我们在言谈间却不知不觉地流露出自我中心主义和优越感，觉得自己都是对的，别人都是错的。有句话说：强势的建议，是一种攻击。即使我们说话的出发点是善良的、好意的，但如果讲话的口气太强势、太不注意对方的感受，在对方听起来，就会像是一种攻击，很不舒服。所以，我们只有掌握人际沟通的原则和技巧，才能在工作中更好地与他人沟通，使人际关系更融洽。

（一）人际沟通的含义及功能

1. 人际沟通的含义

人际沟通是指一种有意义的互动历程，它包括以下三个重要的概念。

（1）人际沟通是一种历程。在一段时间之内，有目的地进行一系列行为。

（2）人际沟通的重点在于它是一种有意义的沟通历程。沟通的过程中，其内容表现出的是“什么”，其意图所传达的是“为何”，以及其重要性的价值对应出此沟通“有多重要”。

（3）双方在沟通历程中表现的是一种互动。在沟通的过程中及沟通之后所产生的意义都要负有责任。

从沟通组成看，一般包括三个方面：沟通的内容，即文字；沟通的语调和语速，即声音；沟通中的行为姿态，即肢体语言。同样的文字，在不同的声音和行为姿态下，表现出的效果是截然不同的。所以有效的沟通应该是更好地融合这三者。

从心理学角度，沟通中包括意识和潜意识层面，有效的沟通是在潜意识层面的，有感情的、真诚的沟通。

2. 人际沟通的功能

人际沟通具有心理、社会和决策等功能，与我们生活的层面息息相关。

（1）心理功能。为了满足社会需求和他人沟通。心理学认为人是一种社会性动物，人和他人相处与人需要食物、水、住所等同等重要。如果人与其他人失去了接触与相处的机会，大都会产生一些症状，如产生幻觉，丧失运动机能，且变得心理失调。通过沟通，我们能够探索自我，肯定自我，自己有什么专长与特质，有时是从别人的评价中获知的。

（2）社会功能。人际关系提供了社会功能，且借着社会功能我们可以发展和维持与他人的关系。我们必须经由与他人的沟通来了解他人，借着沟通的历程，使关系得以发展、改变或者维系下去。

（3）决策功能。我们无时无刻不在做决策，不论是否要去看电视，明天要穿哪一套衣服，或者是否该给对方一个微笑，都是在做决策。有的决策是靠自己就能做出的，有的决策需要和别人商量后才能做出的。

3. 人际沟通的特性

（1）目的性。人与人沟通时，有其目的性存在。比如你在一个城镇中迷路了，想开口问路，希望能够因此而获得帮助，不论你问的是什么对象，一名警察或是小孩，不论你的语气是和缓或着急，均有一个你所要设法求得的目的性存在，就是你想知道你身处何方，如何找到你要走的路。

（2）象征性。沟通可能是语言性的也可能是非语言性的，如面部表情能够表现出你的非语言沟通，若用文字沟通，如书信、文章、文摘等，能够传达出其表征的含义，均有一种象征性的作用。

（3）关系性。其意指在任何的沟通中，人们不只是分享内容意义，也显示彼此间的关系。在互动的行为中涉及关系中的两个层面，一种是呈现于关系中的情感，另一种是人际沟通中的关系本质在于界定谁是主控者。而关系的控制层面有互补的也有对称的。

（4）学习性。因为人际关系是自然的、与生俱来的能力，所以很少有人注意沟通形态与技巧。有时把一些沟通上或态度上的错误都想成“这是天生的、无法改变的”，就不尝试去改变自己的错误沟通态度。我们必须学好人际沟通，而且要不断从学习和实践中获益。

（二）人际沟通的技巧

一位哲人说过：“没有交际能力的人，就像陆地上的船，永远到不了人生的大海”。沟通能力对个人成功的影响很大。我们在与人沟通时，应注意以下几点。

1. 清晰、简洁地发送信息

在信息发送过程中，信息包括三个方面内容：信息、思想和情感。也就是说，在沟通中，发送的不仅仅是信息，还有思想和情感。因此，在发送信息的时候，要注意以下几个问题。

（1）选择有效的信息发送方式。这就要求我们要针对沟通对象和目的的不同选择不同的信息发送方式。信息发送方式很多，比如会议、电话、亲笔信件、电子邮件、面谈等。如果是一般的说明情况的信息沟通，通过信件、电话、邮件就可以解决；如果是为了交流感情和增加信任，则应该在合适的时间、地点面谈为好。

（2）何时发送信息。例如何时约见客户，何时发出致谢函，何时向领导汇报，何时与下属谈心，要讲究“天时、地利、人和”，这一点非常重要。

（3）确定信息内容。信息的内容是沟通的实质，不存在没有任何内容的沟通。因此，在沟通开始前，应该对信息的内容做些适当准备，哪些该说，说到什么程度，哪些不该说。信息的内容应该清晰简洁，用词准确，避免模糊不清或容易引起误解的表述。

（4）谁该接收信息。沟通中的“身份确认”：谁是你信息的接收对象；了解接收者的观念；了解接收者的需要；了解接收者的情绪。针对不同的沟通对象，如上司、同事、下属、朋友、亲人等，即使是相同的沟通内容，也要采取不同的声音和行为姿态。

（5）在何处发送信息。在正式场合还是非正式场合，比如销售部经理要求财务部改善服务流程和服务态度的建议，就不宜在会议场合提出，而应在平时与财务部经理进行“私下”沟通，否则会被人误解为“发难”或“告状”。而与客户前期预热洽谈阶段，则不一定要在办公室这样的正式场合，在休闲的茶社、咖啡厅等地方比较合适。

2. 积极倾听

掌握别人内心世界的第一步就是认真倾听。在陈述自己的主张说服对方之前，先让对方畅所欲言。需要你把对方沟通的内容、意思把握全面，这样才能使自己在回馈给对方的内容上，与对方的真实想法一致。例如，有很多人在沟通中有时会不等对方把话说完，就急于表达自己的想法，结果有可能无法达到深层次的共情。倾听不仅是耳朵听到相应的声音的过程，而且是一种情感活动，需要通过面部表情、肢体语言和话语的回应，向对方传递一种信息——我很想听你说话，我尊重和关心你。

高效倾听的技巧包括：主动；鼓励对方先开口；切勿多话；切勿耀武扬威或咬文嚼字；表示兴趣，保持视线接触；专心，全神贯注，表示赞同；让人把话说完，切勿武断下结论；鼓励别人多说；让别人知道你在听；使用并观察肢体语言，注意非语言性的暗示；接受并提出回应；暗中回顾，整理出重点，并提出自己的结论。

3. 积极反馈

一个完整的沟通过程是这样的：首先是信息的发生者通过“表达”发出信息；其次是信息的接收者通过“倾听”接收信息；最后是反馈，即信息的接收者在接收信息的过程中或过程后，及时地回应对方，以便澄清“表达”和“倾听”过程中可能的误解和失真。

（1）反馈的类别有两种：一种是正面的反馈，一种是建设性的反馈。正面的反馈就是表扬对对方做得好的事情，希望好的行为再次出现。建设性的反馈就是在对方做得不足的地方，给他提出改进的意见。请注意，建设性反馈是一种建议，而不是批评。

（2）如何给予反馈？在沟通中要肯定对方谈话的内容，不是说一些敷衍的话。这可以通过重复对方沟通中的关键词，甚至能把对方的关键词语经过自己语言的修饰后，回馈给对方。这会让对方觉得他的沟通得到认可与肯定。站在对方的立场和角度上，针对对方最为需要的方面，给予反馈。反馈要具体、明确、有建设性，要做到对事不对人。

（3）如何接受反馈？接受反馈是反馈过程中一个十分重要的环节。在接受反馈时应该做到耐心倾听，不打断；要抱着谦虚的态度，以真诚的姿态倾听。

① 不打断，不拒绝。无论这些意见在你看来是否正确和是否中听，在对方反馈时都要暂时友好地接纳，不能打断别人的反馈或拒绝接受反馈。

② 避免自卫。自卫心理是每一个人本能的反应。对方在向你反馈时，如果仅仅站在自己的立场，一旦听到对自己不利、不好或不想听的东西，就去辩解和辩论，另一方可能马上终止反馈。

③ 表明态度。别人对你反馈之后，自己要有一个明确的态度，比如理解、同意、赞成、支持、不同意、保留意见、怎么行动等。不明确表示自己对反馈的态度与意见，对方会误解你没有听懂或内心对抗，这样就会增加沟通成本，影响沟通质量。

案例 14-4

有效沟通自我检测的四要素

对于个体成员来说，要进行有效沟通，可以从以下几个方面着手。

一是必须知道说什么，就是要明确沟通的目的。如果目的不明确，就意味着你自己也不知道说什么，自然也不可能让别人明白，也就达不到沟通的目的。

二是必须知道什么时候说，就是要掌握好沟通的时间。比如在沟通对象正大汗淋漓地忙于工作时，你要求他与你商量下次聚会的事情，显然不合时宜。所以，要想很好地达到沟通效果，必须掌握好沟通的时间，把握好沟通的火候。

三是必须知道对谁说，就是要明确沟通的对象。虽然你说得很好，但如果你选错了对象，自然也达不到沟通的目的。

四是必须知道怎么说，就是要掌握沟通的方法。要用对方听得懂的语言——包括文字、语调及肢体语言进行沟通。

以上四个方面可以用来自我检测，看看你是否能进行有效的沟通。

资料来源：http：//opinion. people. com. cn/big5/n/2014/1024/c159301－25901072. html，2019-10-24.

人是生活在社会中的，每个人都需要社会关系。幸福的人往往拥有更多的朋友和更好的亲密关系，同时社交圈也会更广。改善并培养与他人之间的关系将使你更幸福，而幸福的提升也会让你变得更有魅力，从而建立更高质量的人际关系。

第五节 职业道德与职业操守

案例 14－5

建筑行业职业道德的思考：毛竹片可以代替钢筋吗?

在北方一个城市的一家楼盘，在建设过程中，涉嫌用毛竹片来替代钢筋使用。一位业主刚拿到房子就开始装修，而在敲开位于阳台上的空调隔墙时发现，墙体内部竟然没有一根钢筋，取而代之的是两片长约一米、宽十多厘米的毛竹片。建房子用毛竹片代替钢筋，这不是偷工减料，而是谋财害命！面对业主的质疑，开发商竟然称是施工人员的恶作剧，目的是跟业主开个玩笑。用毛竹片代替钢筋，漠视住户生命，这个玩笑开得太大了吧？在进一步追问下，开发商又辩称是业主与施工人员合谋，目的是以此来敲诈开发商，将自己的责任推得一干二净。这个事件除了要追究开发商法律责任，也考量了建筑行业的职业道德。正是职业道德的缺失，有些人才铤而走险、不择手段，同时执行者若视而不见，则成了帮凶，最终可能造成严重的后果。

你是如何从职业道德的角度看待以上案例的？请你替这个开发商算笔账：遵守职业道德和不遵守职业道德的近期、中期和远期的收益和损失。

资料来源：https：//baijiahao. baidu. com/s? id=1596335410795492951&wfr=spider&for=pc，2019－3－30.

这种“楼脆脆”“桥脆脆”“堤脆脆”给我们的教训还少吗？职员离职带走客户资源、泄露企业机密而对簿公堂等，这些缺乏最基本的职业操守的情形也同样引人关注。事件背后揭露的是职业道德缺失这一危害严重的职场毒瘤。联系到目前毕业生求职高峰时段频繁发生的大学生毁约事件，当代人职业道德评判缺失已经成为威胁企业安全、影响个人职业发展的重大隐患。

一、职业道德的含义

所谓职业道德，就是同人们的职业活动紧密联系的符合职业特点所要求的道德准则、道德情操与道德品质的总和，是一定社会中道德基本要求在不同的职业活动中所表现的特定行为规范。

在内容方面，职业道德总是要鲜明地表达职业义务、职业责任及职业行为上的道德准则。它不是一般地反映社会道德和阶级道德的要求，而是要反映职业、行业以至产业特殊利益的要求；它不是在一般意义上的社会实践基础上形成的，而是在特定的职业实践的基础上形成的，因而它往往表现为某一职业特有的道德传统和道德习惯，表现为从事某一职业的人们所特有的道德心理和道德品质，甚至造成从事不同职业的人们在道德上的差异。

救死扶伤是医生的职业道德，维护法律和社会正义是律师的职业道德，客观公正是记者的职业道德，“三爱两人一终身”是教师的职业道德。而对在企业里工作的人来说，不向竞争对手透漏商业情报，不公开贬损自己同事的个性化细节，这些都是职业道德的一部分。

职业道德不仅关系到个人的名誉和形象，也关系到社会的持续发展。经济学中有个著名的劣币驱逐良币定律，说的是在铸币时代，当越来越多因磨损而成色不足的铸币（劣币）进入流通领域，人们就会倾向于将那些足值的铸币（良币）储藏起来，结果，市场上的良币被驱逐，而劣币大行其道。最后的结果是大家又恢复以物易物，金融市场就没有了。所以一个职业道德的缺口，往往导致整个行业的衰败，最后的受害人还是自己。

例如，在二手车市场，由于买卖双方的信息不对称，二手车商家常将收购来的车况较差的车从表面将其伪装成一辆好车，购车者根据外观推测一辆车的报价可能就存在误区，无法辨别车子质量的优劣，从而使得优质车市场被劣质车市场占据。

二、职业道德的特点

对于从业人员而言，要理解职业道德需要掌握以下四项内容。

（1）职业道德具有适用范围的有限性。每种职业都担负着一种特定的职业责任和职业义务。由于各种职业的职业责任和义务不同，从而形成各自特定的职业道德的具体规范。

（2）职业道德具有发展的历史继承性。由于职业具有不断发展和世代延续的特征，不仅其技术世代延续，其管理员工的方法、与服务对象打交道的方法，也有一定的历史继承性。如“学而不厌，诲人不倦”，从古至今始终是教师的职业道德。

（3）职业道德表达形式多种多样。由于各种职业道德的要求都较为具体、细致，因此其表达形式多种多样。它总是从本职业交流活动的实际出发，采用制度、守则、公约、承诺、誓言、条例，以及标语口号之类的形式。这些灵活的形式既易于为从业人员所接受和实行，而且易于形成一种职业的道德习惯。

（4）职业道德具有强烈的纪律性。纪律也是一种行为规范，但它是介于法律和道德之间的一种特殊的规范。它既要求人们能自觉遵守，又带有一定的强制性。就前者而言，它具有道德色彩；就后者而言，又带有一定的法律色彩。就是说，一方面遵守纪律是一种美德，另一方面遵守纪律又带有强制性，具有法令的要求。例如，工人必须执行操作规程和安全规定；军人要有严明的纪律；等等。因此，职业道德有时又以制度、章程、条例的形式表达，让从业人员认识到职业道德具有纪律的规范性。

三、职业道德的作用

职业道德是社会道德体系的重要组成部分，它一方面具有社会道德的一般作用，另一方面又具有自身的特殊作用，具体表现如下。

（一）调节职业交往中从业人员内部以及从业人员与服务对象之间的关系

职业道德的基本职能是调节。一方面，职业道德可以调节从业人员内部的关系，即运用职业道德规范约束职业内部人员的行为，促进职业内部人员的团结与合作。如职业道德规范要求各行各业的从业人员，都要团结、互助、爱岗、敬业、齐心协力地为发展本行业、本职业服务。另一方面，职业道德可以调节从业人员和服务对象之间的关系。如职业道德规定了制造产品的工人要怎样对用户负责；营销人员怎样对顾客负责；医生怎样对病人负责；教师怎样对学生负责；等等。

（二）有助于维护和提高本行业的信誉

一个行业、一个企业的信誉，也就是它们的形象、信用和声誉，是指企业及其产品与服务在社会公众中的被信任程度。提高企业的信誉主要靠产品和服务的质量，而从业人员职业道德水平高是产品和服务质量的有效保证。若从业人员职业道德水平不高，则很难生产出优质的产品和提供优质的服务。

（三）有助于促进本行业的发展

行业、企业的发展有赖于高的经济效益，而高的经济效益源于高的员工素质。员工素质主要包含知识、能力、责任心三个方面，其中责任心是最重要的方面。而职业道德水平高的从业人员必然有责任心。因此，职业道德能促进本行业的发展。

（四）有助于提高全社会的道德水平

职业道德是整个社会道德的主要内容。职业道德一方面涉及每个从业者如何对待职业，如何对待工作，同时也是一个从业人员的生活态度、价值观念的表现，是一个人的道德意识、道德行为发展的成熟阶段，具有较强的稳定性和连续性。另一方面，职业道德也是一个职业集体甚至一个行业全体人员的行为表现，如果每个行业全体人员、每个职业集体都具备优良的道德，对整个社会道德水平的提高肯定会发挥重要作用。

四、职业理想与职业道德

职业道德虽然是一种社会意识，但它是直接作用于社会行为的特殊意识，具有其他道德不具有的社会现实性和具体性。例如，一个人是不是从事着自己喜爱的职业？他是不是把自己的工作看作自己人生理想的实现？如果当一个人从小热爱一种职业，并树立起对它的理想追求，那么，在他长大成人后，终于能够从事这项工作时，或许会保持一种较高的职业理想追求，因而具有较高的职业道德。但在很多情况下，我们是被动地选择着自己的职业，或者自己学习的专业限制了职业的选择，这就在某种程度上使自己的理想与职业产生矛盾。如何树立正确的职业理想，如何适应社会主义经济发展的需要，发挥自己的才能，就成为一个重要的问题。

应该说，职业理想的形成对今后职业道德建立的影响是很大的，而树立正确的职业理想，一般需要有以下几个条件。

第一，把生活看作一个劳动过程。当你确立依靠自己的劳动创造自己未来的目标时，就会使自己的职业理想建立在一个客观的现实的基础上，就会努力创造条件，不断追求，使职业理想不断升华，人生更显光彩。

第二，热爱自己的祖国，热爱自己的家乡。这看似与职业理想关系不大，其实它是树立职业理想的基本思想条件。当你从心底里建立起这两个热爱，你就会把个人的职业理想与祖国的命运、家乡的发展、父母的企盼联系在一起，从而把个人的理想与平凡而伟大的职业联系在一起，有了这样的职业理想就一定会有高尚的职业道德。

第三，正确地评价自己的职业理想，客观地看待社会发展条件是否允许实现个人职业理想。其实一个人可能一生都在寻求自我职业理想的实现，但客观地认识社会发展水平和实现自我职业理想的条件，就是一个主观见之于客观的过程，只有当理想与现实达到一致时，职业理想才能成为现实。

正确的职业理想形成后，它的突出作用，首先表现在选择职业时，不以个人喜好为转移，不受不现实的理想所干扰，不为个人得失和名利所诱惑，就能正确地做出职业选择，并全身心地投入工作。其次是正确的职业理想对创造性工作和特殊职业的职业道德的确立具有促进和提高作用，如教师、医生、军人、警察等职业，就需要极高的奉献和敬业精神。因此，大学生在选择职业前，如果能树立正确的职业理想，这将会对正确地选择职业、建立高尚的职业道德，起到不可估量的作用。

五、加强职业道德修养

职业道德修养有一个不断完善的过程。

1. 树立职业道德意识

职业道德意识，即从业者通过学习和实践体验，将外在的职业道德原则、规范和职业岗位道德的基本要求，内化为自身的职业道德认知、情感、信念和意志，它是从业者实施职业道德行为的一种精神力量。

(1) 提高职业道德认识。这是职业道德的起点和形成良好职业道德品质的第一步。强化职业道德认识，有利于提高学习职业道德理论的主动性。

(2) 陶冶职业道德情操。从多方面丰富职业道德知识，不断深化和总结职业道德体验，使之成为理性、稳定的情感。在职业活动中，培养职业道德情感能够加深对真善美喜爱的体验，强化对假恶丑憎恨的体验，从而使职业道德情感更趋深沉、持久和成熟。

(3) 增强职业道德信念。增强职业道德信念，即从业者具有发自内心地对某种职业道德义务的真诚信仰和强烈责任感，它是坚持职业道德行为、形成职业道德习惯的个性心理倾向。增强职业道德信念是从业者提高职业道德意识的主要方面，是遵守职业道德规范的重要保障。

(4) 锻炼职业道德意志。从业者在履行职业道德义务的过程中培养自觉克服困难和障碍，做出职业道德选择的毅力。它是贯彻职业道德信念并使职业道德行为持之以恒的重要精神力量。

大学生应在学习期间认真学习社会主义职业道德的有关理论，通过专业知识的学习、实训、实习和社会实践的体验，加深对职业道德理论的理解，以便在将来或现实的职业岗位的工作实践中身体力行，养成良好的职业道德习惯。

2. 加强职业道德实践

职业道德的认识、情感、信念和意志只有通过职业道德行为才能表现出来。

(1) 在日常生活中培养。好的习惯是在日常生活中长期养成的，这就要求我们从小事做起，从自我做起。

(2) 在专业学习中训练。职业素养、职业技能是能否胜任工作岗位的基本条件。这要求我们在遵守职业规范的同时，努力提高自身的职业素养。

(3) 在社会实践中体验。实践是知行合一的主要场所，我们一方面要培养职业情感，另一方面要学做结合，做到知行合一。

(4) 在自我修养中提高。客观看待自己，敢于自我批评，努力做到经常自省；在生活中学习榜样，努力做到“慎独”。

(5) 在职业适应的活动中强化。将道德知识内化为信念，将职业道德信念外化为行为。

心态养成行为，行为练就习惯，习惯成就性格，性格决定命运。我们每天工作的同时，努力遵守职业道德，就有了好的心态；在职业道德的指导下努力工作，就是一种好的行为；每天都认真地去做，就是在养成一种工作上的好习惯；有了这个好习惯，不用人来监督，自己就会按照高标准认真去工作，努力工作、认真负责慢慢地就内化成了自己性格中的一部分。那么，性格就决定了命运。只有职业道德修养达到一定的境界，人才能在职业中充分发挥个人的智慧和力量，在职业中充分体验到人生的幸福。

思考题

1. 初入职场可能会面临的问题以及解决的方式是什么？
2. 对将毕业的大学生来说，要想获得职业规划成功应该做好哪些方面的准备？
3. 你如何看待职场人际沟通的重要性，我们在大学期间应该如何与人交往？
4. 我们应树立怎样的职业理想，如何在实践中培养我们的职业道德？
5. 毕业生应如何面对角色的转换？结合实际谈谈如何积极适应社会。

参考文献

陈刚，董塔健，2017. 大学生就业指导［M］. 北京：中国中医药出版社.

崔爱惠，张志宏，刘铁群，2017. 大学生职涯发展与就业指导实训教程［M］. 北京：现代教育出版社.

古典，2014. 你的生命有什么可能［M］. 长沙：湖南文艺出版社.

季靖，魏巍，王红，等，2013. 大学生求职实战案例精析［M］. 北京：中国财富出版社.

刘彪文，等，2016. 大学生创新创业基础［M］. 南昌：江西高校出版社.

刘畅，2018. 陕西高校大学生就业心理问题研究［D］. 西安：西安建筑科技大学.

田一，2017. 我的青春我做主［M］. 北京：现代教育出版社.

余晓玲，等，2017. 职业生涯规划与就业指导［M］. 北京：新华出版社.